统一战线
与当代经济社会发展
——华南师大统一战线研究文集

胡社军 刘 鸣 主编

中国社会科学出版社

图书在版编目(CIP)数据

统一战线与当代经济社会发展：华南师范大学统一战线研究文集 / 胡社军，刘鸣主编. —北京：中国社会科学出版社，2013.12
ISBN 978-7-5161-3851-9

Ⅰ.①统… Ⅱ.①胡…②刘… Ⅲ.①统一战线工作—中国—文集 Ⅳ.①D613-53

中国版本图书馆 CIP 数据核字 (2014) 第 007574 号

出 版 人	赵剑英
责任编辑	冯春凤
责任校对	胡新芳
责任印制	王炳图

出　　版	中国社会科学出版社
社　　址	北京鼓楼西大街甲 158 号（邮编 100720）
网　　址	http：//www.csspw.cn
	中文域名：中国社科网　010-64070619
发 行 部	010-84083685
门 市 部	010-84029450
经　　销	新华书店及其他书店
印　　刷	北京君升印刷有限公司
装　　订	廊坊市广阳区广增装订厂
版　　次	2013 年 12 月第 1 版
印　　次	2013 年 12 月第 1 次印刷
开　　本	710×1000　1/16
印　　张	31.5
插　　页	2
字　　数	535 千字
定　　价	88.00 元

凡购买中国社会科学出版社图书，如有质量问题请与本社联系调换
电话：010-64009791
版权所有　侵权必究

编委会

主　编：胡社军　　刘　鸣
副主编：黄晓波
编　委：陈金龙　　卢晓中　　彭璧玉　　邓　毅
　　　　　刘志铭　　刘　凌　　郭小川　　华维勇
　　　　　黄子响　　杨柳青

目 录

上编　统一战线服务广东经济社会发展实践研究

一　服务广东"双转移"及经济转型发展
　　控制通货膨胀，建设幸福广东 …………………………（ 3 ）
　　广东劳动力转移情况调查报告 …………………………（ 38 ）
　　广东省"专业镇"技术创新的制约因素及解决思路 ………（ 50 ）

二　服务民主政治建设
　　扩大公众有序政治参与研究
　　　　——以行政决策的参与机制为视角 …………………（ 59 ）

三　服务教育改革与南方教育高地建设
　　广东产业转型升级需求与师范大学战略定位 ……………（100）
　　高师教育改革与发展的追问与言说 ………………………（127）
　　珠三角大学生就业实况与高等教育改革的调查报告 ………（139）
　　当前高校自主创新研发平台的相关问题与建设路径 ………（151）
　　艺术复合型人才的培养对建设幸福广东的意义 ……………（156）
　　关于"义务教育资源的合理配置"问题的调研报告 …………（161）

四　服务社会管理创新
　　转型时期广东外来务工人员社会管理机制研究 ……………（168）
　　加强城乡社区治理，夯实社会建设基础 ……………………（198）
　　非公有制企业构建和谐劳动关系问题研究 …………………（228）

五　优秀提案选摘
　　建立战略性新兴产业引导基金，加快广东产业转型升级 ……（244）
　　我省战略性新兴产业应借鉴"高铁发展模式" ………………（247）
　　关于省人大常务委员会增设预算工作委员会的建议 …………（250）
　　关于采取有效措施促进广东学前教育健康发展的建议 ………（253）

关于进一步加快我省学前教育发展的建议 …………… (256)
关于完善广东省高等学校办学筹资机制的建议 …………… (264)
建议修改我省生态示范建设的评价指标体系 …………… (268)
加强湿地保护，建立重点湿地生态补偿机制 …………… (270)
建立广东基于碳的生态补偿市场机制的建议 …………… (273)
关于着力绿色低碳经济，加快发展碳汇林业的建议 …………… (282)

下编　统一战线发展理论研究

一　"同心"思想与多党合作

"同心"思想基本内涵、科学定位以及实践要求 …………… (287)
"同心"思想指导下统战工作对文化发展方式转变的
　适应与创新 …………… (298)
多党合作的历史、现实与未来 …………… (307)
中国共产党领导的多党合作制 …………… (316)

二　统战工作实践研究

关于高校民主党派代表人士队伍建设的思考 …………… (331)
社会主义和谐社会视野下非政府组织（NGO）统一战线
　问题的思考 …………… (340)
高校统战工作的文化软实力塑造功能及其创新方向探索 …………… (347)

三　海外统战工作研究

海外华侨政治基础界定问题研究
　——一种类型学方法的分析 …………… (355)
论中国国家形象建设背景下的海外统战工作 …………… (364)

四　参政议政工作研究

社会主义民主与统一战线 …………… (373)
人民民主、协商民主与中国政治发展 …………… (380)
网络问政与民主党派参政议政 …………… (385)
论民主党派参政议政与党政决策优化 …………… (395)
当前提高我国民主党派参政绩效的若干思考 …………… (419)
协商民主视域下的人民政协理论之思考
　——以哈贝马斯公共领域理论为方法 …………… (425)

五 民族宗教问题研究

中共第三代领导集体与中国的宗教问题 ………………（435）

新形势下广东宗教管理社会化之路径探析 ……………（450）

宗教同社会主义社会相协调问题的探讨 ………………（457）

六 人才培养与组织建设研究

高校党外干部成长因素的实证研究

——以近两届广东省人大政协副省级干部为例 ………（462）

新一代民主党派代表人士的现状及成长规律分析

——以广东某党派 X 为调查分析对象 …………………（474）

构建网络平台，提高高校民主党派基层组织自身建设 …（485）

参考文献 ………………………………………………（490）

后记 ……………………………………………………（495）

上 编

统一战线服务广东经济社会发展实践研究

一 服务广东"双转移"及经济转型发展

控制通货膨胀,建设幸福广东

方兴起[*]

当通货膨胀和通货膨胀预期在 2011 年初日趋严重时,温家宝总理在政府工作报告中指出:"当前,物价上涨较快,通胀预期增强,这个问题涉及民生、关系全局、影响稳定。要把稳定物价总水平作为宏观调控的首要任务。"[①] 显然,抑制通货膨胀也就成为建设幸福广东的首要任务。试想,随着物价的大幅上涨,人民的购买力,特别是中低收入阶层的购买力大幅下降,人们的幸福感从何而来?随着国家宏观调控政策的相继出台和省政府采取相应的落实措施,物价快速上涨的势头(CPI 在 2011 年 7 月一度触及 6.5% 的近三年高点)在 2011 年底得到一定程度的遏制。但是在通货膨胀的压力仍然未消除的同时,受欧盟债务危机和美国经济复苏乏力的冲击,高度依赖出口(欧美市场吸收了中国出口总额的一半)的中国经济出现下行的压力。因此,2011 年底的中央经济工作会议明确把稳增长、控物价、调结构和惠民生作为 2012 年经济工作的目标。2012 年 2 月 20 日,中共中央政治局讨论政府工作报告的会议再次重申稳增长、控物价、调结构和惠民生的经济工作目标。

即使 2012 年出现类似于 2008 年下半年的情况,即从反通胀政策转向扩张性的刺激经济政策,讨论抑制通货膨胀与建设幸福广东的关系,仍具有理论与现实意义。因为通货膨胀问题并没有得到根本解决,一旦实现了

---

[*] 作者简介:方兴起,男,华南师范大学经济与管理学院教授,原广东省政协常委。
注:本文部分内容以"当前通胀:新视角的重新认识"为题载《学术研究》2012 年第 4 期。
[①] 需要说明一点的是,通货膨胀与建设幸福广东有着直接的关系。但是,由于通货膨胀不可能只出现在一个省,在一个省的范围内也就不可能解决通货膨胀问题。因此,本章是基于全国视角来探讨控制通货膨胀,建设幸福广东的。

稳增长的目标后，回过头来还得解决通货膨胀问题。2008年下半年至2010年的情况就充分地证明了这点。

一 当前通货膨胀的新特点

我国改革开放以来，共发生三次大的通货膨胀，即1985—1988年通货膨胀、1993—1995年的通货膨胀和2002年底以来的通货膨胀。为了说明当前通货膨胀的新特点，有必要回顾1985—1988年和1993—1995年的通货膨胀。

（一）1985—1988年通货膨胀

自1979年至1988年，除1985年财政预算略有结余外，其余年份均为"赤字预算"。政府试图通过财政赤字来支撑投资和消费需求的双膨胀，以刺激经济增长。持续的巨额财政赤字除了通过借债弥补外，主要是通过中央银行发行票子的办法填补了财政赤字的窟窿，由此导致了货币超经济发行。从1984年开始，货币发行量连续以三位数递增，增幅同比都在两位数。1984年货币净投放262.33亿元，比上年增长49.5%；1985年净投放327.12亿元，比上年增长24.7%；1986年增幅为32%。1984—1986年来货币流通量平均每年增长32%，大大高于同期工农业总产值平均增长13.7%的水平。现金年年超计划发行，1984年计划发行80亿元，实际发行262亿元，超过计划227.5%，1985年又超过计划24.36%；1986年计划发行180亿元，实际发行230亿元，超过计划27.78%。[①]

货币超经济增长必然引发通货膨胀。从1985年至1988年，物价连续上涨，逐步升级，由一位数升到了两位数。具体来说，1985年为8.8%，1986年为6%，1987年为7.3%，1988年达到18.5%。在生活资料涨价的同时生产资料涨价幅度也达20%。在物价轮番上涨的情况下，1988年8月发生了市场抢购风潮。朱镕基在其《朱镕基讲话实录》中谈到这次抢购时说："出现了全国性的抢购风潮。我那时在上海当市长，南京路上人山人海，什么都抢购。实际上，那时商品还没有匮乏到

---

① 吕益民、张宁：《通货膨胀概览》，经济日报出版社1990年版，第217页。

那个程度，主要是因为老百姓的心理承受能力不够。"① 抢购风潮波及银行储蓄。从 8 月份起，由南京、杭州等城市为发端，继而在全国大中城市普遍出现了排队挤提银行储蓄存款的现象。连续多年以平均 30%以上速度稳步递增的城乡居民储蓄，在 1988 年 8 月出现了负增加 26.8亿元，这在历史上是罕见的。专业银行储蓄存款增长疲软，资金来源减少，但未能相应压缩贷款，结果信贷差额扩大。中央银行只能被动地增加对专业银行的再贷款。

值得指出的是，我国曾经以投入的商品量与货币量的经验比例，来确定货币的供给总量。不管这样做是否科学和切实可行，它实际上是以货币供给总量与现实的商业性资源保持一致为原则的。不过，果真以此原则来确定货币供给量，则是人为地制造资金短缺，不利于经济发展。因为，除现实的商业性资源可供使用外，潜在的商业性资源也可供使用。按上述原则确定的货币供给总量，是与现实的商业性资源相一致，但却小于现实的商业性资源和潜在的商业性资源之和的。这就必然使潜在的商业性资源在缺乏第一推动力，即货币的情况下，不能转变为现实的商业性资源。在这里，权且把货币供给总量与现实的商业性资源相一致的情况，叫作货币同步增长。

如果货币供给总量大于现实的商业性资源，而与现实的商业性资源和潜在的商业性资源之和保持一致，则会出现人们通常说的货币超前增长，即在一定时期内，货币供给总量大于现实的商业性资源。由于货币的超前增长能将潜在的商业性资源转化为现实的商业性资源，所以是有利于经济发展的，也就是说，就整个社会而言，货币的增多可以使社会的现实的商业性资源增加。

当货币供给量大于现实的商业性资源和潜在的商业性资源之和时，就会形成货币超经济增长。由于货币超经济增长，实际上是人为地制造资金充足，其结果必然导致通货膨胀。我国 1988 年的情况表明：在通货膨胀下，随着货币量的增多，现实的商业性资源不仅不会增多，反而会减少。由此可见，在其他情况不变时，货币供给量与现实的和潜在的商业性资源保持一致，是实现货币与经济发展相辅性的基本条件。

---

① 《朱镕基讲话实录》第 2 卷，人民出版社 2011 年版，第 363 页。

(二) 1993—1995 年的通货膨胀

1993—1995 年的通货膨胀是改革开放以来最为严重的一次。1993 年消费物价指数涨幅为 14.7%，1994 年消费物价指数涨幅为 24.1%，1995 年消费物价指数涨幅为 14.8%。最高涨幅为 1994 年 10 月的 27.7%。导致如此严重的通货膨胀的直接原因仍然是货币的超经济增长（1992—1994 年，每年的货币发行量高达 1200 亿—1500 亿元），而具体原因是投资规模过大和农产品供求严重失衡。

1992 年 3 月，各地根据邓小平同志的重要谈话和中央政治局全体会议精神，相继出台了加快改革开放的若干措施，全国经济发展和改革开放出现了很好的形势。但是，"在执行邓小平同志指示的时候，不那么全面，有点过头，以致出现了房地产热，1992 年、1993 年搞得很凶。……很多搞房地产的公司后台都是地方政府"[①]。一些地方不顾实际可能，不研究市场的需要，盲目攀比速度，急于上项目、铺摊子，从而要求银行大量贷款，甚至乱集资。从 1992 年到 1993 年，有些地方把农田推掉，大搞开发区、房地产、城市建设，基本建设的摊子高达几万亿元。再加上 1993 年外资大量涌入，推动了物价的快速上升。房地产热和开发区热发展到 1993 年的时候，"日子就过不下去了，1993 年年初，大量地发票子，人民银行钞票都印不过来。1991 年，钞票发了 590 亿元；1992 年就翻了一番，发了 1200 亿元。……1993 年发了 1530 亿元。到了 1994 年，尽管我们在 1993 年进行了宏观调控，但由于滞后效应，还是发了 1400 多亿元"[②]。

在当时，钞票是通货膨胀的晴雨表，因为其他的支付手段还不发达。1992 年至 1994 年的"贷款规模、货币发行量都增加很猛，这都是历史上没有过的"，由此而形成的通货膨胀也是改革开放时期所仅有的。美国《纽约时报》、《华尔街日报》都认为，中国经济已经过热，正陷入一个从膨胀到破灭的周期，现在采取任何治理经济过热的措施都已为时过晚。

另外，在粮食增产的基础上放开粮食价格，以为把农产品推向市场、把农民推向市场，就什么问题都解决了，政府就可以撒手不管，从而把对

[①] 《朱镕基讲话实录》第 2 卷，人民出版社 2011 年版，第 364 页。
[②] 同上。

农业的补贴拿去干别的。结果，1991年和1992年粮食丰收时，出现卖粮难，"打白条"。市场上的粮价随之下跌，甚至下跌到成本线以下，农民利益受到很大的损失。农民因此不愿种地了，生产积极性遭到很大的打击。1993年农业减产，显然既有天灾，也有耕地撂荒的因素。到1993年11月下旬，粮油大幅度涨价（主要粮食品种如大米、玉米、小麦的价格都上涨一倍以上），由沿海地区到内地，由南方到北方，波及全国，由此带动了对家电产品、金银首饰和其他商品的抢购。朱镕基说："农业是基础，粮食是根本。粮食价格的抬高会引起万物价格的上涨。"[①]

值得指出的是，虽然这次通货膨胀比较严重，但并没有出现像美国《纽约时报》和《华尔街日报》所预期的那种从膨胀到破灭的结果。经过1993—1995年的三年宏观调控，抑制了通货膨胀，但经济发展速度并没有降得很低，从13.3%降到9.8%，仍然是较高速度。之所以能做到这一点，首先是"在内部向人民银行总行下了死命令"控制货币发行量，从而能够将货币发行量由1994年的1400多亿元降至1995年的596亿元。而为了确保货币发行量控得住，中央下决心压基本建设规模，并在农业政策方面下了很大功夫以保证粮食等主要农产品的供应[②]。这样，"到1995年，宏观调控是真正地见效了"。正如朱镕基所说："新中国成立以来的历史经验证明，经济发展上折腾，都是从基本建设规模失控开始的。基本建设规模一失控，它的后果一定是忽视农业，直接地发票子，最后就是通货膨胀。这几十年，我们栽的几个跟头就是这么栽的。这次中央的宏观调控政策为什么能成功呢？就是中央从根本上抓住基建规模失控这个根子，抑制了一下，把基本建设规模压下来，把票子控制住了；同时，流动资金没有受影响，保证了生产需要，物价也就涨不上去。"另外，"加强对粮

[①] 《朱镕基讲话实录》第1卷，人民出版社2011年版，第364页。

[②] 朱镕基说，抓好农业，就是加强对粮食市场的宏观调控和抓好"菜篮子工程"。而任何一个国家，包括发达国家没有不对农业进行补贴的。美国的做法是大量补贴生产过程，欧洲共同体是补贴销售过程。没有哪个国家不是想办法去补贴农业的，都得保护农民的利益。日本的政策是美国的粮食再便宜也不进口。日本的大米始终保持很高的价格，这就是保护农民的利益。否则的话，农民都不种稻子了。以为把粮食、农产品经营一放开，政府就可以撒手不管，就不要提供补贴了，而把对农业的补贴拿去干别的，这就要吃大亏了。没有一个粮食的平准基金，就不能保护农民的利益。后来我们发现了这个问题，制定了保护价制度，保证农民不吃亏。粮食再丰收，价格也不能掉到成本线以下。怎么能够实行保护价呢？这就得靠平准基金。没有这个平准基金，怎么能够保证实行保护价呢？（见《朱镕基讲话实录》第1卷，人民出版社2011年版，第301—302页。）

食市场的宏观调控。粮食市场不能够绝对地放开,要'放而有管,管而不死'。粮食是基础",并且"抓'菜篮子工程'。保证人民生活的基本水平、保证物价不飞涨,这是衡量一个地方政绩的重要标准"①。

(三) 2002年底至今的通货膨胀

传统的通货膨胀定义是指商品的价格水平（PPI 或 CPI）持续上升。因此,一国是否发生通货膨胀？通货膨胀的程度如何？抑制通货膨胀的政策是否有效？只需盯住物价指数,特别是消费物价指数（CPI）即可。客观地说,基于传统的通货膨胀理论,在政策层面上以 CPI 为依据来判断和控制通货膨胀,在过去一个相当长的历史时期都是有效的。但是在当今世界,当资产（主要指房地产和股票。其他有价证券、证券化的金融产品,以及资产化的大宗商品和特殊商品等都属资产范畴）规模已大到足以影响整个经济体系,从而因资产价格持续上涨所引发的通货膨胀（通常称为资产泡沫或经济泡沫）已屡见不鲜。如日本在 20 世纪 80 年代末至 90 年代初因房地产价格和股价持续上涨所引发的资产型通货膨胀、美国在 20 世纪末因股价持续上涨所引发的资产型通货膨胀,以及美国在 2001—2006 年因房地产价格持续上涨所引发的资产型通货膨胀。其实,资产型的通货膨胀并不是新事物,远在 1636 年,所谓的"郁金香热"就是一种不典型的资产型通货膨胀,因为当时的人们实际上是将郁金香作为一种资产,而不是作为一种商品持有或交易的。而 1719 年的所谓法国密西西比泡沫和英国南海泡沫,以及 1929 年的美国股市泡沫都属于典型的资产型通货膨胀。

将通常所说的"资产泡沫"或"经济泡沫"明确界定为一种类型的通货膨胀,从而将通货膨胀分为三种类型：商品型的通货膨胀、资产型的通货膨胀,以及商品和资产混合型的通货膨胀,无疑在学术界会引发争论,但是就决策层面来说,对政策取向具有极其重要的意义。因为在资产价格持续上涨的初期,政府很难判断是否产生了"资产泡沫"或"经济泡沫"。以美国股市为例,道·琼斯指数 1991 年 4 月 17 日为 3000 点,到近 4 年后的 1995 年 2 月 3 日涨至 4000 点,而 1 年后的 1996 年 10 月 14 日则高达 5000 点。当时任美联储主席的格林斯潘公开指出美国股票市场处

---

① 《朱镕基讲话实录》第 2 卷,人民出版社 2011 年版,第 366 页。

于"非理性繁荣",但他也坦承无法判断股票市场是否出现泡沫,从而难以采取具体措施。这样,在美联储放任政策下,道·琼斯指数在1999年3月15日攀升至10000点。而一旦真正形成了资产泡沫,政府则在决策上处于两难选择:既不能任其发展,又不能刺破它。任何一种选择所带来的后果都是难以承受的。日本政府主动刺破20世纪80年代末的房地产泡沫和股票泡沫,导致日本深陷"复合型萧条"长达20年之久。而美国政府放任2003—2006年形成的房地产泡沫,导致了美国2007年8月爆发次贷危机并引发全球性金融与经济危机。

实际上,资产价格的持续上涨与物价水平的持续上涨都同属于货币现象,都是货币超经济发行的产物。既然可以将后者界定为通货膨胀,为什么就不能将前者界定为通货膨胀呢?!更为重要的是,如果将资产价格的持续上涨界定为一种类型的通货膨胀,那么就国际通行的通货膨胀目标制来说,只能允许它在一定幅度内上升(至于限定的升幅应该是百分之几,则需要根据各国情况来决定),一旦其升幅超过所限定的范围,则必须采取抑制性的政策措施。因此,将资产价格的持续上涨界定为一种类型的通货膨胀,在决策层面上既容易判断,又便于采取措施,可操作性强。试问,作为经济学者,是将一种经济现象弄得如"灯镜传影,叫人一目了然,却琢磨不得"(中国古人写诗的境界)有利于政府部门决策呢,还是像凯恩斯那样"在我们实际生活的这种经济体系中,选出那些中央当局能够慎重地加以控制或者管理的变量"[①] 有利于政府部门决策呢?答案是不言自明的。显然,"资产泡沫"属于前者,"资产型通货膨胀"属于后者。如果将资产价格指数像消费物价指数那样纳入各国中央银行的通货膨胀目标并据以调整宏观经济政策,则日本就不会在其资产价格涨幅达5位数时才采取调控措施;美国也不会在其资产价格长期大幅上升时放任不管;我国更不会对国内房地产市场在2002年底出现拐点而不采取调控措施。

另外,通货膨胀与通货紧缩是周期性变动的两个相互联系的阶段。在市场经济中,经济繁荣与经济衰退往往会周期性地出现。自1825年以来,经济周期就与市场经济具有共生性。一般而言,通货膨胀往往出现在经济繁荣期,通货紧缩往往出现在经济衰退期,因此,通货膨胀与通货紧缩之

---

① 凯恩斯:《就业利息和货币通论》,魏埙译,陕西人民出版社2004年版,第230页。

所以具有周期性根源于经济的周期性。显然，政府经济政策的过度调整，也是造成通货膨胀与通货紧缩具有周期性的原因（确切地说是一种引致性原因）。改革开放以来，我国经历了两个通胀与通缩周期：1985—1990年的通胀与通缩周期；1993—2002年的通胀与通缩周期。在这两个通胀与通缩周期中，显然存在政府经济政策的过度调整。

传统的通货膨胀理论从不考虑通货膨胀与通货紧缩之间的关系，从而将通货膨胀与通货紧缩视为两个毫无关联的问题。诺贝尔经济学奖获得者米尔顿·弗里德曼的通货膨胀理论是这方面的典型代表。由此，从通货膨胀与通货紧缩周期推导出来的货币政策就会不同于将通货膨胀视为孤立的经济现象而推导出来的货币政策。突出的不同点在于：前者以不产生过度紧缩效应为前提推行反通货膨胀政策，以避免由通胀滑向通缩；而后者则以通缩为代价来推行反通货膨胀政策，从而往往由通胀滑向通缩。基于这个视角来看改革开放时期的两个通胀与通缩周期，显然因未曾考虑通胀与通缩的周期因素而存在政府经济政策的过度调整。

总之，20世纪80年代末以来，国内外抑制通货膨胀的实践表明，传统的通货膨胀理论及以该理论为依据的政策措施已不能应对新型的通货膨胀。形势迫使我们必须探索新的通货膨胀理论并依据该理论提出相应的政策措施。

如果说1985—1988年通货膨胀和1993—1995年通货膨胀主要表现为CPI的大幅上升，那么，2002年至今的通货膨胀则主要表现为资产价格的大幅上升而不是CPI的大幅上升。这是后者不同于前者的最为显著特点。因此，如果基于传统的通货膨胀理论，即以CPI的升幅来判断2002年以来何时出现了通货膨胀或通货膨胀的严重程度如何，则会误导政府的宏观调控政策。非常遗憾的是这种情况却在现实中发生了。

2002年底至2003年初，中国经济出现拐点，即由通货紧缩转向通货膨胀。由于这一拐点表现为资产价格的两位数大幅上涨（房价上升20%—30%），而不是CPI的大幅上升（2003年1—9月CPI同比上升0.7%），故未能引起基于传统通货膨胀理论决策的政府部门的关注，从而错失了控制通货膨胀的最佳时期。因为如果在此时，即通货膨胀的初期采取政策措施限制对房地产的投机和投资的同时，在政策上鼓励居者有其屋，则不仅能在最短的时间内以最小的代价控制住通货膨胀，而且能使长期陷入通货紧缩中的经济健康快速地发展。但是直到2003年8月，政府才采取反通胀的政策措施。由于此轮通货膨胀的特点与改革开放以来前两次通货膨胀存在显著的不同,因此政府采用传统的反通胀政策并未收到明显的效果。加之在反通胀的同时还必须保证经济快速增长,直到2008年上半年我国政府仍不得不推行反通货膨胀的政策。

因美国引发的全球性金融与经济危机对我国经济的巨大冲击,2008年下半年我国政府被迫从反通胀政策转为扩张性的财政政策和货币政策。先后4次下调存款准备金率,5次下调存贷款基准利率,并推出4万亿元的经济刺激计划。由于通胀问题并没有得到根本解决,而扩张性的财政和货币政策又导致巨额资金被注入市场,到2010年初我国又面临通胀的巨大压力。政府不得不转而采取反通胀的政策,从而在这一年6次上调存款准备金率,2次加息。但反通胀政策的效果仍不明显。2010年底以来虽然增大了反通胀政策的力度(仅2011年1至6月就6次上调存款准备金率,3次加息,并加大了调控房地产市场的力度,如限购、限贷、限价、试征房地产税以及大规模建设保障性住房等),但无论是通胀还是通胀预期都仍日趋严重。因此,维持物价(不仅是消费品价格,还有资产价格)稳定成为2011年宏观调控的首要任务。到2011年底,CPI涨幅回落和房价涨幅被遏制的同时经济面临下行压力。据此,不少人认为通货膨胀出现了拐点。但实际情况是物价和资产价格上升的压力与经济下行的压力同时并存。而经济下行的压力不仅来自反通胀政策,更来自国际因素。显性的欧债危机和隐性的美债危机及欧美经济复苏乏力,对高度依赖欧美市场的我国经济所产生的负面影响日益明显。

因此,我国在2011年底的情况类似于2008年的下半年,即因经济面临下行压力而被迫从反通胀政策转为扩张性的财政政策和微调型的货币政策,只是扩张的力度远小于2008年下半年的水平。这是由于欧美债务问题对我国的负面影响并未完全释放出来,一切皆取决于欧美债务及其经济在2012年是否会进一步恶化。如果忽略这一国际背景,仅凭CPI涨幅回落和房价涨幅被遏制就断言通货膨胀出现拐点,实在言之过早。因此,2011年底的中央经济工作会议明确把稳增长、控物价、调结构和惠民生作为2012年经济工作的目标。

客观地说,我国在2003年至2011年期间出现的通货膨胀,是一种商品和资产混合型的通货膨胀。尽管CPI涨幅在一位数(远低于1988年的18.5%和1994年的24.1%),但资产价格的涨幅在三位数以上。由于收入差距悬殊，这两方面的价格上升对于广大中低收入人群来说都是难以承受的，而资产价格持续和大幅上升严重危及国家经济安全。显然，政府部门并未将现实中的通货膨胀定性为商品和资产混合型的通货膨胀。因此，资产价格并没有像 CPI 那样用来作为反映通货膨胀程度的统计指标。但是，应该看到，自 2010 年以来，政府部门的反通胀政策实际上既以 CPI 为目标，又以资产价格为目标。并且在面对资产价格大幅上升时，吸取了日本和美国的教训，既不放任资产价格的大幅上涨，又防止资产价格的大幅下跌，从而能够在治理通货膨胀中，高度关注并适时调整反通胀政策的力度。到目前来看，在没有导致房地产市场崩盘的情况下，成功地控制住了 CPI 涨幅和房价涨幅。

在这种情况下，许多西方人士却在唱衰中国的经济。如美国诺贝尔经济学奖获得者克鲁格曼在 2011 年底发表的一篇文章中认为中国正在变成世界经济的又一危险区域和危机的新震源。可查实的资料显示，西方人士对中国经济预测的成功之处，在于其反复证实了经济活动中存在"测不准定律"。不过，克鲁格曼的言论反映出霸权国臣民的一种心态：拥有如此之多的诺贝尔经济学奖获得者的美国都成为了世界经济的震源，中国即将成为世界经济的新震源是不容置疑的。

（四）防止通胀演变为"滞胀"

"滞胀"是指经济停滞的同时出现通货膨胀。"滞胀"问题首次出现在西方国家 1973—1975 年的经济危机之中。在这次危机前的历次经济危机都呈现出经济下滑的同时物价下跌。而针对经济与物价同向下行的情况，政府只需采取扩张性的财政政策和货币政策就能够达到刺激经济和物价回升的效果。但是，在应对"滞胀"问题时，政府就会陷入两难困境：如果采取扩张性的政策，虽然在一定程度上能够缓解经济的停滞，但会使通货膨胀进一步加剧；如果采取紧缩性的政策，虽然在一定程度上有利于抑制通货膨胀，但又会进一步加剧经济下滑。当美国经济在 1973—1975 年出现滞胀问题时，时任美国总统的尼克松认为首先要解决的问题是经济停滞，因此采取扩张性的经济政策来应对滞胀问题，结果通货膨胀更为严重，而经济也难以从根本上好转。尼克松转而宣布通货膨胀是美国人民的公敌，从而采取紧缩性的经济政策，结果失业率上升，通货膨胀也未能控制住。直到尼克松下台时，都未能解决美国的滞胀问题。当时有人主张：

谁能解决滞胀问题，他就可以获得两个诺贝尔经济学奖。一时间不少美国经济学家都自称其理论和政策主张能够解决滞胀问题，但真正将陷入滞胀之中长达十余年之久的美国经济拉回正轨的是里根总统的"全球大循环"。由此可见解决滞胀问题的难度之大。

在1985—1988年通货膨胀期间，有学者就提请政府关注并防止通货膨胀演变为滞胀。在1993—1995年通货膨胀期间，不仅有学者再次提到滞胀问题，而且当时的总理朱镕基同志还专门谈到滞胀问题。他说："很可能出现两种情况，现在就要设法避免。第一种是通货膨胀继续发展，生产发展速度下不去，资金紧张，产品没有销路。在这种情况下，如果还继续投放资金，就会出现新的积压，就会发生通货膨胀，这个教训不能忘！一旦再造成大量的三角债，这个问题就很难办。第二种是如果不投放资金，不允许制造积压，那就会出现滞胀。仓库里的东西销不掉，又不允许制造积压，企业的生产增长速度降下去了，企业亏损，人员下岗，这就叫'滞胀'。这也是不得了的！我看到了这个问题，我们要不研究市场，就会走滞胀的道路，这个事情不好办呀！"① 面对当前的通货膨胀，温家宝总理多次谈到滞胀问题。在2011年的两会期间，温家宝总理再一次提到滞胀问题。他说，我们一定要努力避免滞胀这一最坏的结果。

当前我国经济发展中不平衡、不协调、不可持续的矛盾和问题仍很突出，经济增长下行压力和物价上涨压力并存。要想避免当前的通货膨胀演变为滞胀这一最坏的结果，就需要总结国内外治理通货膨胀成功的经验和吸取国内外治理通货膨胀失败的教训。通过比较分析，探寻一些防止和应对滞胀的可行措施。

上面讲到成功破解美国滞胀问题的"里根全球大循环"，值得引起我们的关注。所谓"里根全球大循环"，是指在里根执政时期，美国不断增长的财政赤字（即扩张性的财政政策），主要是为了维持其军事装备产品的绝对优势，以保障其庞大的军事机器对全球的控制力。而美国的军工联合体模式，也在一定程度上促进了经济的增长。另外，不断增长的美元发行量（即扩张性的货币政策），一方面，直接（美联储购买美国国债）和间接（各国央行用其美元储备购买美国国债，即美元—国债回流机制）地支撑着美国财政赤字的增长；另一方面，则支撑着美国消费者的过度消

---

① 《朱镕基讲话实录》第1卷，人民出版社2011年版，第389页。

费，从而刺激美国经济的增长。由于美国衰落的实体经济不能满足美国政府和消费者的过度需求，只能靠不断增长的贸易赤字，利用全球资源来满足这种过度需求。随着全球资源源源不断地流入美国，超经济发行的美元也就因不断增长的贸易逆差源源不断地流向全球。这样，扩张性的财政与货币政策既解决了经济停滞，又解决了通货膨胀，从而化解了长期困扰美国经济的滞胀问题。显然，在全球泛滥成灾的美元如果不能回流美国，"里根全球大循环"必然会中断。美国在无法通过正常的贸易渠道回流美元的情况下，只能通过对外举债的方式，通过"美元—国债"回流美元。这里的关键在于美元是主要的国际储备货币，从而美国能以本国货币对外借债。但是，不能不看到"里根全球大循环"实际上是向全球输出通货膨胀和掠夺全球资源。我国不应该，也不可能效仿"里根全球大循环"来应对滞胀问题。不过，从中可以悟出一条道理：应对滞胀问题必须以开放的经济环境为前提，而在封闭的经济环境中是根本不可能解决滞胀问题的。

具体来说，如果我国需要应对滞胀问题，则必须在有效利用两个市场和两种资源的基础上采取宏观调控措施。所谓两个市场和两种资源是指国内市场与国外市场、国内资源与国外资源。应该说作为全球第一大贸易国、第一大出口国、第二大进口国、第一大外汇储备国和第二大经济体的我国完全有条件基于市场原则充分利用两个市场和两种资源。但是如果不转变经济发展方式和对外经济发展方式，我们据以利用两个市场和两种资源的有利条件都会丧失。这是由于改革开放时期放弃了被动型的进口替代的工业化发展道路，转而选择了出口导向的工业化发展道路，从而保证了我国经济的持续快速发展。值得指出的是，我国的出口导向的工业化发展道路与日本的出口导向的工业化发展道路分别形成于不同的历史环境，从而存在明显的不同。日本利用冷战时期美国在亚洲扶植日本的战略需要，在对本国市场采取保护主义政策的同时，不受限制地利用美国的技术和市场，并通过技术创新和品牌创新，形成了自己的核心技术和品牌。这样，日本的出口导向完全是基于自己的企业、技术、品牌和全球销售网络。与日本的自主型出口导向相比，我国则是由外资企业及其核心技术、品牌和全球销售网络主导的出口导向。一些地方政府在吸引外资时所提出的"不求所有，但求所在"，"你发财，我发展"的口号，最为典型地反映了这种外资主导的出口导向的特征。显然，从中国所处的历史环境来看，只能选择外资主导型的出口导向，而根本没有条件选择日本那样的自主型出口导向。因为在改革开放初期，我国面对强大的西方跨国公司，根本没有能力在短期内通过技术创新和品牌创新，自主开发出能够与其抗衡的自己的核心技术和品牌，而美国虽不再公开与中国为敌，但其遏制中国的政策始终未变，从而不可能让中国不受限制地利用美国的技术和市场。

外资主导型的出口导向带来了一些新的问题：第一，在利润和出口竞争力决定一切的情况下，导致了初次分配的不公平，从而抑制了大多数人的消费需求，使消费长期难以成为拉动经济增长的主要引擎。如果13亿人口的消费欲望不能转化为有支付能力的购买力，必将造成经济增长更加依赖出口和投资的恶性循环。第二，对外资企业的技术和工业装备的高度依赖，严重削弱了我国工业装备的制造能力，而工业装备是一个大国的脊梁。没有脊梁的大国，是难以立于世界民族之林的。第三，在地方政府"你发财，我发展"，"不求所有，但求所在"的错误决策下，外贸增长，乃至经济增长主要依赖于外资企业，公有企业和民营企业被边缘化。其结果是外企带走的是巨额利润，留下的是一些可观的统计数字和中国需要承受的资源短缺、生态环境恶化、廉价的劳动力报酬难以维持劳动力简单再生产等社会经济问题和紧张的国际贸易关系。因此，在2007—2009年全球性金融与经济危机爆发前，基于国内的压力，中央政府早就认识到，如果继续走外资主导型的出口导向的工业化发展道路，则无论从资源、生态环境和社会来说都是难以承受的，从而提出转变经济增长方式或经济发展方式的问题。但是许多地方政府在这方面的不作为或根本就不想作为，使我们错失了国内外环境较为宽松的最好的转变期。

2007—2009年全球性金融与经济危机对中国经济的巨大冲击，使人们亲身感受到了外资主导型的出口导向，成为美国向中国转嫁危机的一个有效的渠道，从而危及国家的经济安全。更为严峻的形势是，美国为走出当前的困境已经拉开了与中国打贸易战和货币战的架势，并计划在5年内使其出口翻一番。这意味着严重依赖美国等发达国家的市场的外资主导型出口导向已走到了尽头。正是在这种背景下，基于国外的压力，胡锦涛总书记提出要加快转变对外经济发展方式。

显然，从根本上说，只有加快改变外资主导型的出口导向，才能加快转变对外经济发展方式。具体来说，要加快转变对外经济发展方式，既不能继续走外资主导型的出口导向的工业化发展道路，又不能回到过去的那种被动型的进口替代的工业化发展道路，而只能走自主型的进口替代与出口导向相互协调的经济发展道路。中国高铁产业就是这一新的经济发展道路典型的成功案例（尽管"高铁模式"在国内仍存在争议）。

世界上掌握成熟高铁设计和制造技术的企业是德国西门子、法国阿尔斯通、日本川崎重工和加拿大庞巴迪。这几家企业皆希望利用在华合资公司分食中国高铁蛋糕，但遭到铁道部的明确拒绝。中国高铁产业既没有继续走外资主导型的出口导向的发展道路，也没有回到过去的被动型的进口替代的发展道路，而是以国内国有企业为主体，基于"三必须"原则（外方关键技术必须转让；价格必须优惠；必须使用中国的品牌），引进国外企业联合制造。通过技术引进、吸收和创新，中国高铁产业在短短的6年时间里，就形成了高于国外原创的自主核心技术并成为相应标准的制定者。然后凭着自己的竞争优势走向世界，使得包括美国在内的一些国家都愿意购买中国的高铁产品，而不是将其拒之门外。目前，铁道部已成立了中美、中俄、中巴、中沙、中委、中缅、中吉乌、中波、中印等境外合作项目组，组织国内有关企业开拓境外铁路工程承包和装备出口市场。不难看出，中国高铁走的是一条实实在在的自主型进口替代与出口导向相互协调的发展道路，并取得了成功。如果我国在几个主要产业领域，特别是战略性新兴产业领域能够在自主型进口替代与出口导向相互协调的发展道路上取得成功，那么，加快转变对外经济发展方式的目标是不难实现的。特别值得指出的是，"高铁模式"表明自主型进口替代与我国历史上被动型进口替代的显著不同点在于：在用自己的核心技术和品牌替代国外的技术和品牌的基础上，充分利用了国际分工与合作。

外资主导型的出口导向的发展道路，源于外商在中国境内的大规模直接投资（截至2010年3月，外商在中国的直接投资规模已超过1万亿美元）。不能否定外商直接投资的历史作用，但应该清醒地认识到，历经30年的发展后中国的制造业仍然依赖于外商直接投资，那么，外商直接投资就会成为中国制造业的"鸦片"——只要我们能引进外商直接投资，我们就无须承担核心技术、品牌和销售网络创新的风险，而成为世界的制造业中心。这种制造业的"鸦片"必将腐蚀、败坏和毁灭我们的创新精神，从而毁灭我们的企业（我国汽车合资模式就是这方面的典型）。在当今世界，一个没有自己的强大的企业群的大国，是难以立足于世界民族之林的，更遑论中国的崛起。因此，由外资主导的出口导向的发展道路转向自主型进口替代与出口导向相互协调的发展道路，是加快转变对外经济发展方式的关键。而由外商直接投资转向"中国高铁式"的联合制造，则是改变外资主导的出口导向的发展道路的关键所在。

总之，发展"双需型"（内外都具刚性需求）的战略性新兴产业，是提高我国开放水平，转变对外、对内经济发展方式的必由之路。而如果实现了现行经济发展方式和对外经济发展方式的转变，那么，我国就可以在全球产业链的高端利用两个市场和两种资源。这不仅可以有效防止和应对滞胀问题，而且许多的问题，如初次分配不公、生态环境、外贸依存度、紧张的国际贸易关系等问题也将随之迎刃而解。

二 通货膨胀的具体历史原因

米尔顿·弗里德曼提出的"通货膨胀是一种货币现象"的著名论断，无疑在任何时代、任何制度下都是正确的。但是如果不进一步去分析产生这种货币现象的具体历史原因，那么，就会把这一著名论断变成一种粗浅的同义反复。而仅依据这种同义反复，只会将通货膨胀视作一种超历史的经济现象，而根本看不到每一次通货膨胀都是特定历史环境的产物，从而有着它具体的历史原因。因此，即使是弗里德曼本人在研究其所处时代的通货膨胀现象时，也并未停留于揭示通货膨胀是一种货币现象（即通货膨胀的直接原因是货币泛滥），而是进一步去研究作为货币现象的通货膨胀的具体历史原因。

基于上述观点，我们认为虽然"流动性过剩"是我国当前通货膨胀的直接原因，但只要回顾2002年末以来的国内外历史环境，就不难发现引发当前通货膨胀的具体历史原因有三个方面。

（一）农业为工业化和城市化承担了社会成本（农业与工业的失衡）

改革开放初期，家庭联产承包责任制的改革适应了农村现阶段的生产力发展水平，从而极大地促进了农业产量的增长。但随着市场取向的改革逐步深入，家庭联产承包责任制这种非社会化的组织和制度安排，就越来越难以适应社会化的市场体制。而摆脱这种困境的唯一选择是在不改变家庭联产承包责任制的基础上，创建各种类型的真正的合作制组织，是适应市场经济的最好的制度安排。这已被一些发达国家和发展中国家的经验所证明。但是，由于人们对改革前的那种行政化的合作组织仍然记忆犹新，因此在相当长的一段时间里，农村的经济活动由过去的过度组织化变为无组织状态。这样，单家独户的农民面对市场的系统性风险，其后果是可想而知的。显然，这是形成"三农"问题的一个重要原因。

更为严重的是，农业地区的这种无组织状态的经济活动又遇到了新一轮有组织的工业化和城市化。在比较利益原则的支配下，农村大量的青壮年劳动力和大量的储蓄资金都流向工业，流向城市。而在"唯GDP论"的误导下，地方政府的政策向工业化和城市化倾斜（因为即使在田里种钞票也"收获不到多少GDP"），从而大量农田被圈作工业园、房地产开发商的"花苑"和被划入城区；大量的农村青壮年成为工业化和城市化的参与者，但却不能与城里人同等享受工业化和城市化所带来的成果；农村地区本来已极为短缺的资金被非农业产业吸走。这样，农业因为承担了新一轮工业化和城市化的社会成本而在国民经济中的基础地位遭到严重的削弱。但是，它却靠低于世界人均水平的耕地，靠老弱的农村劳动力，靠传统的耕作方式来满足中国13亿多人口手中的巨大"米袋子"和"菜篮子"对农产品所形成的刚性需求。显然，如此巨大的刚性需求是国际农产品市场所无法替代的。这种不对称状态是引发1993—1995年和2002年底以来通货膨胀的具体历史原因之一。因此，从现象来看，CPI的上升，往往总是主要由农产品价格上涨引起的。

（二）内部部门为外资主导的外部部门承担了社会成本（内部部门与外部部门失衡）

外资企业凭借其在核心技术、品牌和国际销售网络的垄断地位，不但主导了中国的外部部门，而且还挤占了内部部门发展的市场空间，并将其生存空间压缩在产业价值链的低端。另外，政府政策向外部部门的倾斜，导致在很长一段时间内主导外部部门的外资企业在中国享受超国民待遇，税费负担主要由内部部门承担。从而内部部门为外资主导的外部部门的发展承担了社会成本，由此严重削弱了支撑其长期发展的资本积累和竞争力。这两方面的压力所带来的严重后果不仅造成大多数工薪阶层（特别是农民工）的收入严重偏低，从而使得我国现实的消费能力远远小于潜在的消费能力，而且造成内部部门的生产资本因无利可图而脱离生产领域，流向房地产市场和股票市场，甚至变成社会游资或投机性资本，从而对资产价格形成巨大冲击，这是引发资产价格型通胀的一个重要原因。

（三）中国为美国的霸权地位承担了社会成本（中美经济失衡）

美国自 20 世纪 70 年代初进入霸权衰落期至今，仍然在全球处于支配地位。这在世界霸权兴衰史上不能不说是创造了一个"美国奇迹"。不过，"美国奇迹"不是源于恢复其原来超强的经济实力，而是源于其超强的军事实力和作为主要世界货币的美元的互相支撑。美国拥有能够威胁任何一个主权国家生存的超强的军事实力（全球所有的国家和地区都处在美国所划分的战区内，无时不感受到美国的军事威胁）。而这种军事实力是历史上任何一个霸主国家都不曾拥有的，也是当今除美国外的任何一个国家不可能具备的。但是，强者必有其弱，弱者必有其强。美国的军事实力虽然超强，却也存在一个致命的弱点，这就是它严重依赖于充当世界货币的美元。美国的军事机器在全球范围内得以正常运转，靠的是利用美元在全球吸纳所需的资源。如果哪一天美元丧失了国际储备货币的职能，美国的战争机器还能开动吗？恐怕其航空母舰在香港获得补给都成问题，因为香港不会再接受用美元作为支付手段。而美元能够充当世界货币的经济基础，早在 20 世纪 70 年代就崩溃了。美元之所以至今仍然主导国际货币体系，又完全依赖于美国超强的军事实力。如果哪一天美国的战争机器毁灭了，美元的国际储备货币的职能也就丧失了。这在理论上看似乎是一种循环论证，实际上，两者互为条件、共存共亡的关系，是客观存在的事实。当今的国际货币体系正是建立在"美元—武力本位"的基础上的。这种非经济的、反市场原则的货币本位是全球金融持续动荡的根源。

不过，如果泛滥于全球的美元不能回流美国，那么，美元早在 20 世纪 60 年代就崩盘了。因为美元在全球的流通量早在 20 世纪 60 年代就因超经济发行而失控。面对美元在全球的流通量失控，美国虽然可以通过控制美元的发行量来加以化解，但却无法承担由此带来的严重后果，即在冷战中丧失军事上的优势。唯一可行的选择是迫使持有大量美元的顺差国购买美国国债来回流美元，以维持美元在全球泛滥的可控性。因为，只有美国国债在量上可以与泛滥的美元相匹配，即无限制发行的美元可以通过无限制发行的国债回流。对美国而言，两者都是取之不尽的。而且从美国的角度看是符合市场原则的：当美元从美国流向国外，美国得到的是实体性商品和劳务，以及资产，而别国的商品和劳务，以及资产转化为美元这一主要的国际储备货币；当美元回流美国时，别国获得了既无风险又有收益的"金边债券"，美国则既控制住了美元在世界上的流通量，从而相对稳定了美元的对外价值，又获得了国际收支盈余国超低利率的贷款。"在全能的神的保佑之下，完成着互惠互利、共同有益、全体有利的事业。"[①]

这样，在20世纪70年代初，虽然美元与黄金脱钩，但美元并未遭遇到大英帝国衰落时期的英镑那样的厄运，应该说"美元—国债"回流机制发挥了关键的作用。正因为如此，美元完全取代了黄金的世界货币职能，即美元作为纸币却无黄金的支撑，作为主权货币却无超强的经济实力的支撑，但是它仍然具有世界货币的职能。黄金则完全被非货币化了。自此以后，世界货币不再是黄金，也不再是代表黄金的价值符号，而是纯粹的纸币，而且是主权货币。这意味着美国可以在毫无任何国际约束的情况下，任意发行美元这种世界货币。之所以没有任何一个国家或国家集团，任何一个国际机构有能力监控美国发行的美元形式的世界货币，是由于美国拥有世界货币发行权，是因为美国拥有超强的军事实力。一言以蔽之，20世纪70年代末以来，处于国际货币体系中心地位的是"美元—武力本位"。这种非经济的、反市场原则的货币本位是全球金融持续动荡的根源。美国霸权的苟延残喘，不仅给世界各国人民带来无尽的灾难，而且也给美国人民带来无尽的灾难。

具体来说，自1971年8月美元与黄金脱钩后，不受黄金约束的美元发行完全失控，从而导致美国在1973—1975年经济危机中出现史无前例的"滞胀"问题，并引发全球普遍性的通货膨胀。黄金价格从1971年初的1盎司35美元，猛涨到70年代末的850美元（而在2007—2009年大衰退之后，1盎司黄金的价格狂涨到接近2000美元的价位）。这显示"美元—国债"回流机制的作用仅限于政府层面，而在美国国债利率通常低于市场利率的情况下，泛滥于美国国内市场和国际市场的美元是不会进入这一回流机制的，从而最终构成对商品价格和资产价格的强大而持久的冲击。美国的武力再强大，也无法扫荡市场。面对难以应付的"滞胀"问题和美元的大幅贬值，美国不得不在70年代末至80年代初采用弗里德曼的"单一规则"来限制美元的发行量，并且大幅提高基准利率，以防止美元的崩盘。这可算是美国出于自身利益，破天荒地控制美元的发行量。

[①] 马克思：《资本论》第1卷，人民出版社1975年版，第199页。

但是，处于美国霸权衰落期，弗里德曼的"单一规则"，乃至极端供给学派的恢复金本位的主张，都实在过于天真。殊不知，离开了美元的泛滥，衰落的美国霸权很快就会衰亡。实际上，单一规则导致美国经济在80年代初陷入衰退和美元汇率高估，里根政府不得不又回到可控的美元泛滥政策。本来在实体经济方面，美国的许多产品在国内外都竞争不过日本，美元汇率的高估，更凸显日本的国际竞争力远胜于美国，从而对美国霸主地位构成严重威胁。一时间，各种日本危险论的论著充斥了美国的书摊。这样，在20世纪80年代，削弱日本的经济实力，就成为维持美国霸主地位的头等大事。大英帝国当年削弱美国经济实力的做法，被美国如法炮制来对付日本。逼日元大幅升值的1985年广场协议，导致日本深陷"复合型萧条"长达20年之久。可悲的是，在1985年，傲慢的日本人以雪耻战败国的心态，欣然接受了广场协议。

1985年的广场协议，不仅削弱了日本的经济实力，而且为实现美元泛滥的可控性奠定了基础。而美元泛滥与美国新自由主义经济政策的结合，为美国培育出了一个庞大的金融衍生品市场。这一市场形成了"美元—衍生品"回流机制，从而成为美元回流的第二大渠道。与"美元—国债"回流渠道相比，"美元—衍生品"回流渠道的突出特点是高回报屏蔽了因信息的高度不对称所隐藏的高风险和欺诈（这种信息的高度不对称，完全是美联储有意放任的结果），因此，对持有美元的各国中央银行和美国国内外市场主体具有很大的吸引力和欺骗性。

在1997—1998年的亚洲金融危机中，以索罗斯为首的美国对冲基金对亚洲一些国家和地区的金融市场实施的"金融恐怖主义"的袭击，造成了灾难性的后果。他们无须借助军队，就可以将那些在经济与金融安全方面未设防的国家或地区变成"提款机"，这些金融蝗虫可以在瞬间将一国或一个地区几十年积累起来的财富吞噬一空，留下的不是光秃秃的树枝，而是失业、贫困和死亡。为了防御国际"金融恐怖主义"组织，即对冲基金的袭击，为了应对美元的"潮汐效应"，亚洲的一些国家和地区（包括中国）所储备的美元远远超过其对外贸易和对外负债的需要。就中国而言，仅因外汇的超额储备就要超经济发行人民币20多万亿元，这是引发2002年底以来通货膨胀的又一重要原因。

这样，亚洲不仅成为为美国提供廉价的商品和劳务的基地，而且成为继欧洲、中东之后的第三大美元泛滥区和美国通过"美元—国债"回流机制和"美元—衍生品"回流机制获取廉价资金的市场。如果亚洲金融危机不是源于马哈蒂尔所说的"美国阴谋",那么,对冲基金的"金融恐怖主义"在客观上为美国在亚洲扩张美元泛滥区,从而扩大掠夺范围发挥了决定性的作用。正如有的学者所指出的,对冲基金专干美国想干而不敢干的事情,但决不干美国反对干的事情。人们不禁要问:没有美国的默许,对冲基金敢在全球如此胆大妄为吗?

总之,在美国霸权衰落时期,美元从三大渠道流出美国,即美国全球战区的巨额开支;美国巨额的经常项目逆差;以及美国对外国的短期和长期投资,从而在全球泛滥成灾。而美国能够使泛滥的美元保持在可控的状况,是由于美元能够通过三大渠道回流美国:"美元—国债"回流机制;"美元—衍生品"回流机制;外国对美国的短期和长期投资。当然所有这些,都是以"美元—武力"本位为基础的。正是"美元—武力"本位和虚拟性金融交易的美元回流机制,美国在其霸权衰落期改变了几百年来贸易顺差国和债权国主导国际金融与国际贸易的世界格局,从而维持了美国这个当今世界上最大的贸易逆差国和债务国的霸主地位。而中国作为美国的最大债权国和最大的贸易顺差国,在客观上为美国的霸权地位承担了社会成本:以高回报率吸引美国跨国公司的直接投资,而以购买美国极低回报率的国债方式向美国政府贷款;另外,将物美价廉的商品出口到美国,维持了其国民的高消费,而换来的却是不断贬值的美元。中美经济的这种不平衡是我国反复出现经济下行压力和物价上升压力的一个重要的外部原因。

三 控制通胀,建设幸福广东

通货膨胀发展到一定程度,国民经济就会陷入混乱,从而诱发许多经济、社会和政治问题。通货膨胀会导致生产企业的成本上升,从而其产品价格上涨。通货膨胀也会导致消费者形成价格上涨预期而挤提银行存款和抢购商品,促使商品"一天一个价"。这种"成本推进"和"需求拉动"会对通货膨胀产生加速效应,瘫痪市场有效配置资源的功能,扰乱经济活动的正常秩序,扭曲经济效益。结果资金都流向产生暴利的流通领域,特别是虚拟性金融交易领域。一时间,煤、大蒜、生姜、绿豆和房屋等等,只要被纳入虚拟性金融交易领域,就像被投入炼金炉,统统变成金融资产。这些商品的生产者可能只能获得相对微薄的利润，甚至会亏本，但这些商品的投机者却会在一夜之间成为暴发户。通货膨胀的这种再分配效应会造成两极分化，使得中低收入阶层难以维持原有的生活水准，而一些暴发户却比通货膨胀前生活得更好，从而加剧了社会各阶层之间的矛盾，危及社会的稳定。显然，通货膨胀使大多数人远离幸福。更为严重的是，美国政府因2007—2009年的大衰退在国内外陷入困境，而为了摆脱当前的困境并显示美国价值观和"美国经济模式"的普适性，美国实际上推行着一个搞乱全球的战略——通过美国的三大信用评级机构搞乱欧盟，利用"阿拉伯之春"搞乱西亚北非，并正在利用类似的"阿拉伯之春"来搞乱俄罗斯。当然，许多美国政客唯恐中国不乱。2012年2月4日，美国参议员麦凯恩在慕尼黑安全政策会议上公开叫嚣"阿拉伯之春"应当进入中国。为了防止"阿拉伯之春"在中国重演，控制通货膨胀，稳定社会，从而使人民，特别是大多数中低收入人群幸福地生活，就显得尤为必要。具体就广东而言，控制通货膨胀，建设幸福广东，首先需要在国家层面上控制住货币发行量和信贷规模，以及出台相关的政策措施以控制CPI和资产价格。而就广东省来说，需要做好以下工作。

（一）确保农产品的供应以稳定物价

在我们这样一个发展中的大国，农业在国民经济中的基础地位是任何产业都无法取代的，过去、现在和未来都莫不如此。但是，历史与现实的教训告诉我们，在工业化发展战略的主导下，农业的基础地位往往被忽略，尤其是在片面地追求GDP增长的时期，农业就完全被边缘化了。因为，就是在"田里种钞票"，也无法像工业那样大幅增加GDP。只有当农业出了问题，各级政府才会想到农业的基础地位。当前的通货膨胀正是农业出了问题的反映。其实，农业出了问题，所产生的后果决不仅仅反映在通货膨胀上，而是具有全局性的。

1. 转变农业地区的经济发展战略

2007年中央一号文件明确将发展现代农业，而不是将发展工业园作为社会主义新农村建设的首要任务，是特别值得我们注意的。该文件认为"建设现代农业的过程，就是改造传统农业、不断发展农村生产力的过程，就是转变农业增长方式、促进农业又快又好发展的过程"。显然，传统农业与现代农业都属于动态概念，从而具有相对性。就当前而言，"绿色农业"属于现代农业,"非绿色农业"属于传统农业。

就广东而言,珠三角地区的工业发展道路的历史必然性及其对全省经济发展的巨大贡献是不容置疑的,但是,它所带来的一些在短期内难以解决的极其严重的经济、社会和生态环境问题也是客观存在的。要保持广东经济的可持续发展和人与自然的和谐,一方面必须加快珠三角地区经济发展方式的转变,以舒缓该地区的经济、社会和生态环境问题。另一方面,广东省的一些欠发达的农业地区不能再走类似珠三角地区的工业化发展道路,而必须以珠三角地区为依托,跨越工业发展阶段,从传统农业直接向新型"绿色农业"发展。

然而,直到目前为止,在广东一些欠发达的农业地区几乎没有一个市县不是在步珠三角发展模式的后尘,即走工业化的发展道路。这是一个关系全局性的严重问题,因为,无论就国际分工格局来看,还是就地区分工格局来看,现代工业和现代城镇都是一种地缘经济的集群现象。简言之,不是所有的地区都可以通过发展现代工业来取代传统农业的,也不是所有的地区都可以以城镇取代乡村。这既不可能,也无必要。看看经济发达的西方国家的情况,就不难理解这点。目前,在发展就是增长的观念支配下,工业化被普遍理解为引资办工业企业。而城镇化则被普遍理解为城区化和非农化。基于这种观念,广东省各地无论条件是否具备,都大搞工业化和城镇化。这样,在那些不具备条件的地方,工业化演变为"人造工业园"运动,城镇化演变为造城运动或"被城市化"。[①] 结果,不仅不能从根本上解决广东省区域发展的不平衡问题,而且还导致第一、二、三产业发展的不协调,以及生态、环境和社会等一系列问题。其实,对农业地区来说,工业化和城镇化应该被理解为用现代生产方式和生活方式改造传统的农业生产方式和生活方式,而不是以工业取代农业,以城镇取代乡村。这才是建设社会主义新农村的真正内涵。

如果粤北地区再出现类似珠三角地区的发展模式,那么,当广东还没有进入发达地区的时候,就因生存环境(饮水、食品、空气等)严重恶化而成为不适宜人居住的地区了。实际上,广东省近30年的经济发展经

[①] 山东诸城在全国最先大规模撤销全部行政村,小村庄合并成大的农村社区,山东淄博、临沂、济宁、德州、聊城等地都相继推出了"撤村改社区"的做法。这种"被城市化"可能使大量农民成为"三无"(无土地、无工作、无社保)人员。

验表明：以工业园的方式在欠发达的农业地区推行工业化发展战略，并不能从根本上解决"三农"问题，因为粤北地区和东西两翼地区不可能都像东莞市那样，通过工业化把农村转变为城镇，把农民转变为城镇居民，把农业转变为工业。东莞的"三农"基本上消失了，也就不存在"三农"问题，但这不过是在一定历史环境中形成的特例，其他地区根本无法效仿。更何况即使经济最发达的美国，也存在农业、农场和农场主。因此，建工业园决不是广东省农业地区的根本出路。

当前，无论省内外还是国内外，随着人们日益重视食品和药品的安全，"绿色蔬菜"、"绿色水果"、"绿色粮油"、"绿色水产品"、"绿色中药材"等"绿色产品"都大受消费者的欢迎。而"非绿色农产品"则越来越没有市场。市场上的绿色产品价格远高于非绿色产品价格传递着这样的信息：欠发达的农业地区既面临着一个难得的发展机遇期，又面临着严峻的挑战。显然，在这种情况下，仍然停滞在传统农业，仍然生产"非绿色农产品"，那么"三农"问题只会日趋严重。而抓住机遇，创新农业生产方式，生产绿色农产品，是建设社会主义新农村的基础。为此，应采取一些切实可行的措施来促进绿色农业的发展，具体来说：

（1）无论就政策层面，还是就生态环境层面来说，广东省欠发达农业地区的工业化发展战略都不具有可持续性。因为中央政府现已明令禁止圈地新建工业园。而广东省欠发达的农业地区多处于全省水源地带，工业化发展战略对这些地带的生态环境的破坏是不可避免的。可以预测的是：因这些地区所处的特殊地理位置，其工业化发展战略一旦破坏了生态环境，其后果要远比珠三角地区严重得多。而要治理这些地区的生态环境问题，其社会成本要远远大于这些地区发展工业所能得到的收益。显然，就全局而言，广东省欠发达的农业地区是不宜推行工业化发展战略的。

广东省欠发达的农业地区不发展工业，并不意味着为了保护生态环境而牺牲该地区的经济发展。这些地区可以引进国内外的相关新技术来发展绿色农业。从发展绿色农业的国家和地区来看，在欠发达的农业地区发展绿色农业，既有利于保护生态环境，又有力地促进了经济发展。总之，广东省欠发达的农业地区必须以绿色农业发展战略取代工业化发展战略。这种战略转变在微观层面上将惠及每一家农户，在宏观层面上将惠及全省人民，以及生活在南粤大地上的子孙后代。

（2）与传统农业相比，绿色农业对生产环境、投入的生产要素、生产组织形式以及生产方式都有着较高的要求。换句话说，对资金、土地、技术、信息、劳动者的素质以及生产的组织结构等的要求是比较高的。而广东省千百万普通农户在单个家庭经营的基础上，是很难达到这些要求的。要实现传统农业向绿色农业的转变，除了建立面向农业的社会服务体系外，必须在现存的家庭经营的基础上，实现专业合作社与专业生产基地相结合的新的农业发展方式。

家庭联产承包责任制的历史贡献与现实的合理性是不容置疑的。但是，它的局限性则随着经济的发展日益显现出来，即它限制了农业的规模化生产和集约化经营。这是形成当前"三农"问题的一个最重要的原因。在不改变家庭经营体制的前提下，要避免这种局限性的唯一可行的途径，不是土地的私有化，而是基于家庭经营体制，基于市场原则，农户自愿组成专业合作社，并建立相应的专业生产基地。这样，家庭经营体制仍是基础，但通过合作制和生产基地则形成了专业化的分工和规模化的生产，从而突破了家庭联产承包责任制的局限性。与公司加农户的模式相比，专业合作社加专业生产基地使农民的经济活动更具有自主性和协作性，更有条件从传统农业转向绿色农业。

值得注意的是，自改革开放初期在农村推行家庭联产承包责任制后，政府对农村经济活动存在两种倾向。一种是放任农户独自面对市场，结果仅凭单门独户的力量难以化解市场风险。另一种是行政过度干预，"王书记来了种桃，张书记来了种瓜"。结果市场行情一变，农民则遭受严重损失。只要注意观察就可以看到，农村经济活动中存在一种发展趋势，那就是农民在不改变家庭联产承包责任制的前提下，自愿组成各种专业合作社来共同面对市场，并且，建立各种专业生产基地来扩大产品的生产规模。尽管这种组织形式和生产方式还需要在农村经济活动的实践中不断完善，但它在一些发达国家和发展中国家有着成熟的经验，并且在市场经济活动中具有强大的生命力。

显然，在市场经济条件下，对于农民的经济活动，政府既不能放任自流，也不能过度干预，而应该基于市场原则，通过各种经济手段和必要的行政手段，引导农民通过专业合作社加专业生产基地的模式来发展绿色农业，引导第二产业和第三产业建立面向"三农"的服务体系。

总之，基于广东的情况来看，要解决农业发展方式转变的问题，首先必须解决农业的边缘化问题，解决农业地区的发展战略问题。只有被边缘化的农业回归到国民经济的基础地位，只有农业地区由工业化的发展战略转变为绿色农业的发展战略，才能谈得上农业发展方式的转变，即由完全的家庭经营的农业发展方式转向基于家庭经营的专业合作社加专业生产基地的农业发展方式。

2. 治国安邦的头等大事是确保粮食安全

农业在国民经济中的基础地位，可以用我国杂交水稻之父袁隆平院士的一句非常通俗的话来加以诠释："没有饭吃的时候，什么事也干不成。"遗憾的是，现在恐怕没有多少人相信会出现这种情况，这是十分危险的。因为，即使有钱也不一定在任何时候、任何情况下都能买到粮食。但任何时候、任何情况下都必须满足中国13亿人对口粮的需求。所以，党的十七届三中全会的决定强调，"必须巩固和加强农业基础地位，始终把解决好十几亿人口吃饭问题作为治国安邦的头等大事"。就广东省而言，1998年至2007年，全省粮食播种面积减少了19%，即从5148万亩下降到4172万亩。全省人均耕地不足0.4亩，约为全国人均耕地水平的1/3，为联合国划定的警戒线（0.8）的1/2。从我省粮食需求方面看，每年光口粮消费就达1810多万吨，加上食品和工业等用粮，则每年的粮食总需求量接近3780万吨。我省粮食年总产量约为1436万吨，从而粮食自给率仅为38%，供给缺口约为62%。显然，弥补这么大的粮食缺口只能有两个途径：一是国内粮食市场；二是国际粮食市场。从目前的情况看，国内外粮食市场都常常出现供给缺口，从而出现一些产粮国限制粮食出口，国内外都出现了"粮食惜售"的现象。在粮食消费量高速增长的背景下，全球粮食供应紧缺已成为一种趋势。如果哪一天广东粮食供给的62%的缺口既不能从国内市场得到弥补，又不能从国外市场得到弥补的话，后果则是不堪设想的。在目前国内外粮食供给趋紧的背景下，这种假设绝对不是杞人无事忧天倾。我们这一代人经历过20世纪"三年困难时期"的饥荒，深知粮食安全问题的重要性。千万不要等到再出现类似20世纪那样的饥荒后，再来强调农业的基础地位。

因此，有关部门应从战略高度来看待我省的粮食安全。力争实现省内口粮自给。为此，应将我省口粮自给率达到100%，作为衡量我省粮食安全的底线。按目前的数据来看，我省一年的口粮消费量相当于我省年粮食需求总量的一半。根据这一底线，省农业厅应修改2015年的粮食增长指标。据报道，省农业厅力争在2015年的粮食总产量达到1600万吨。即使届时能实现这一总产量,与现在年口粮消费量1810多万吨相比,都存在210多万吨的缺口。如果考虑到人口增长的因素,这一缺口可能更大。这意味着按省农业厅的计划,到2015年,我省的口粮都难以实现基本的自给。应采取有效的措施,尽快实现我省口粮的基本自给。具体来说:(1)应制定相关法规,确保现有的耕地(4172万亩)不再减少和村委会在不改变承包关系的前提下对人为抛荒的耕地有权复耕;(2)当前的"双转移"必须兼顾有足够的人才和劳动力从事粮食生产;(3)在粮食价格波动的情况下,要激励农民种粮的积极性,必须在放开粮价的同时,国家最低收购价和相关的农业补贴应具有一定的弹性,以应对农资价格的上涨和粮食价格下跌时对粮食生产的冲击,这是工业反哺农业的一个有效渠道,我省在这方面的补贴应相应提高;(4)建立为农业服务的第二、三产业体系,这是工业反哺农业的另一个有效渠道。凡是为农业提供种子、饲料、装备、易耗品、能源、技术、信息、信贷的企业,以及教育、医疗和社保机构,政府应在政策和资金等方面给予支持。

总之,作为一个经济大省的广东,粮食安全存在问题与否,不能以短期内粮食生产的丰歉来判断,更不能以短期内国内外粮食市场能否购买到所需的粮食来判断。而必须以长期内能否实现口粮的基本自给来加以判断。基于这点,粮食安全问题必须提到省政府的议事日程。把发展粮食生产放在现代农业建设的首位,兼顾经济作物和其他农副产品的全面发展,既是保障粮食安全的需要,也是产业结构调整(当前产业结构调整的一个重要内容是将边缘化的农业恢复到国民经济的基础地位)和经济发展方式转变的需要。

3. 创建新的农村金融体系

现代经济是由实体体系和金融体系两大板块组成的,金融则是现代经济的核心。但是,在解决当前的"三农"问题中,某些政府部门更注重的是农村的实体体系,而很少关注农村的金融体系。显然,这是不利于推进社会主义新农村建设的。因此,在我省创建新的农村金融体系,是解决"三农"问题、推进社会主义新农村建设、实现村村幸福的重要举措。

随着1998年四大国有商业银行的机构撤并,从而"淡出"农村金融市场后,农信社就成为农村金融体系的唯一支柱(就体制内而言)。而体制弊端和历史包袱的不断暴露和积累,使农信社陷入吸储难、放贷难和盘活难的困境之中,从而不仅难以在农村金融市场上起到支柱的作用,反而因其自身经营风险日益加剧而成为农村金融市场的一个潜在的金融风险源。农村金融体系服务于"三农"功能的极度弱化，造成农业地区本来就极其稀缺的资源，即资金通过各种渠道大量流向城镇。仅邮政储蓄凭借其结算渠道畅通和网点遍布村村组组，就从农村吸走了大量的资金。"三农"问题的形成和难以解决，应该与农村金融体系处于崩溃边缘有着直接的关联。值得注意的是，体制外的民间借贷在农业地区的发展势头与农信社形成了强烈的反差。民间借贷大多数是邻里之间的信贷行为，违约风险小。与农信社相比，具有放贷个体经营、经营成本低、风险小、交易方式灵活和收益高的特点。客观地说，在储蓄、汇兑和借贷等方面，邮政储蓄和个体放贷户大有取代农信社的趋势。它们满足了广大农业地区，特别是落后农业地区对金融服务的日常需要，却未造成地区性的金融风险，更未像农信社那样不断用纳税人的钱来化解自身经营的风险。正是在这一背景下，新一轮的农信社改革于2003年8月首先在8个省试点，然后逐渐在全国范围内展开。直到目前，这一轮的改革并没有从根本上解决我省农信社所存在的问题。客观地说，为避免历次农信社改革的短期效应，我省农信社的改革应与重建农村金融体系结合起来，并在改革过程中借鉴农业经营体制改革的成功经验。

新中国成立以来，农业经营模式经历了由人为设计的合作经营模式取代传统的以土地私有制为基础的家庭经营模式。然后，又由农民自发采用的农业家庭经营模式取代了单一的农业集体经营模式。目前，在农业家庭经营模式的基础上，又产生了各种专业合作经营模式。我国改革开放初期就能在农业经营体制改革上取得成功，至少有两个重要的原因：第一，中央政府放弃了被实践证明不适应当时农业生产力发展水平，人为设计的单一的农业集体经营模式；第二，中央政府不再人为设计新的农业经营模式，而是支持和推广在农村自发形成的农业家庭经营模式，即家庭联产承包责任制。随着农业地区市场化程度的提高，我国农业经营模式出现了一些新的变化，即自发地形成了各种专业合作经营方式，预示着农业经营向新的合作经营模式发展的趋势。

从我国农业经营模式改革的成功经验，可以看到农信社改革的路径和农村金融机构在未来的发展趋势。历次农信社改革之所以总是以高成本的改革为代价，换来的却是短期的效应，根本原因在于农信社是脱离农村实际情况的人为设计的产物。农业地区的生产方式和生活方式决定了农信社在体制上既不能真正采取合作经营模式,也不能真正采取现代银行经营模式。而历次的改革方案都只能让它游离于这两者之间和暂时性解决不良资产问题,从而不可能建立起长效机制。更重要的是,历次改革都未重视农村金融市场中自发生成且适应农业家庭经营方式的放贷个体经营模式。这种情况直到目前先行一步完成本轮农信社改革的一些省(市)仍然没有改变。从这个意义上说,先行一步完成本轮农信社改革的省(市),其所积累的教训多于成功的经验。

为避免历次农信社改革的短期效应,确保农村资金和政府政策性支农资金在农业地区内良性循环,必须以重建农村金融体系为目标,推进社会主义新农村的建设。为此需要:(1)在我省经济发达地区和其他有条件的地区,以基层农信社和农信社县(市)联社为基础组建农村商业银行。或者将农信社和城市商业银行合并,重建为股份制商业银行。(2)在我省经济欠发达地区,以基层农信社和农信社县(市)联社为基础组建农村合作银行。(3)应像农业改革把长期非法存在的"包产到户"合法化那样,尽快将长期非法存在的放贷个体经营合法化,这不仅有利于农信社改革,更有利于农村金融的发展。当然,长期非法存在的放贷个体经营会有这样或那样的问题,因此,在确立放贷个体经营的合法地位的同时,必须使其规范化,并加强对其的监管和业务培训。按存贷分离的原则规范放贷个体经营,使其只能对农民从事放贷业务而不能向社会吸收存款,并且按央行的有关规定其放贷利率的上限为银行基准利率的4倍。放贷个体户主要以自有资金经营,但可以抵押或质押方式从广东省农村开发银行获得再贷款[详见第(5)点]。随着农业经营中的合作经营方式的普遍化,放贷个体经营方式必然会朝向放贷合作经营方式发展,从而自发地形成真正的农村信用合作经营模式。(4)因基层农信社早已不适应农业家庭经营模式,因此,不仅资产质量低下,严重资不抵债的农信社应退出农村金融市场,其整体退出农村金融市场已成趋势。为解决基层农信社退出农村金融市场所造成的对"三农"服务的缺位问题,除在政策上支持放贷个体经营外,应在政策上重点向邮政储蓄银行倾斜,因为它是在农村邮政储蓄机构的基础上创建的。邮政储蓄银行可利用邮政遍布农村的服务网点(其网点超过36000个,居国内金融机构之首)开展存贷业务,既可以"补位",又可以使"邮政储蓄"回流到农业地区。(5)随着粮棉流通体制改革的深化,中国农业发展银行的政策性金融业务空间越来越窄,难以充分发挥政府金融支农的作用。为此，应创建省级政策性银行，即广东省农村开发银行，以发挥政府金融支农的作用。凡中央政府和省政府的支农资金都应划入该银行，而且财政转移支付的资金，除维持农业地区政府的正常运行所需的费用外，也应划入该银行（简言之，就是政策性支农资金"拨改贷"）。该银行按各市、县政策资金的分配额度，以项目贷款方式发放低息或无息20年至30年的长期贷款，从而既能保证政府政策性支农资金专款专用，又能防范这方面的腐败现象。另外，农村中的一些小额贷款金融机构的资金只能存入广东省农村开发银行。放贷个体户可以抵押或质押方式在该银行获得再贷款，以作为获得资金来源的合法途径。这样，就可以最大限度地缓解农业地区的资金外流，最有效地使用政策性支农资金，以及最有力地防止放贷个体户通过非法途径获得资金。

综合第（1）—（5）点：放贷个体户、邮政储蓄银行、农村合作银行、农村商业银行和广东省农村开发银行从不同层面服务于"三农"，从而构建起我省新的农村金融体系（这里主要就经营存贷业务的金融机构而言）。

4. 推进农业科技创新，持续增强农产品供给能力

当前通货膨胀的一个重要原因是主要农产品的供给出了问题。尽管我国已连续多年实现粮食增产，农村面貌发生了很大改变，但所依靠的是传统农业模式。在耕地、淡水等资源的刚性约束进一步加剧，生态环境保护的压力越来越大，同时农业劳动力的素质呈结构性下降，用工成本迅速上涨的情况下，依靠大量消耗资源和低成本劳动力的传统生产方式推进农业发展已难以为继。在当前国内外经济形势十分复杂和严峻的情况下，要保持经济平稳较快发展，保持物价总水平基本稳定，必须避免主要农产品供给出现问题。为此，2012年的中共中央和国务院"一号文件"突出强调了农业科技，指出实现农业持续稳定发展、长期确保农产品有效供给，根本出路在科技。农业科技是确保国家粮食安全的基础支撑，是突破资源环境约束的必然选择，是加快现代农业建设的决定力量，具有显著的公共性、基础性、社会性。提出必须紧紧抓住世界科技革命方兴未艾的历史机遇，坚持科教兴农战略，把农业科技摆上更加突出的位置，下决心突破体制机制障碍，大幅度增加农业科技投入，推动农业科技跨越发展，为农业增产、农民增收、农村繁荣注入强劲动力。

为落实2012年的中共中央和国务院"一号文件"，广东需要在相关

方面有新的举措：（1）振兴发展农业教育，加快培养农业科技人才和农业实用人才。我省农业大学应专注于培养农业方面的高层次人才，而不应向综合性大学发展。因此，凡与农业无关的专业应停办，以集中有限资源办好涉农专业。另外，地级市的高等职业技术学院必须开办涉农专业以培养基层农业科技人才，并设置农业技能培训中心，以提高科技素质、职业技能、经营能力为核心，开展农村实用人才培训。另外，应加快农业中等职业教育免费进程，落实职业技能培训补贴政策，鼓励涉农行业兴办职业教育，努力使每一个农村后备劳动力都掌握一门技能。在政策方面应进一步提高涉农专业生均拨款标准和落实职业技能培训补贴政策。（2）充分发挥农业机械集成技术、节本增效、推动规模经营的重要作用，不断拓展农机作业领域，提高农机服务水平。与之配套，在不改变现有土地承包关系的前提下，为了实现规模经营和方便土地承包经营权流转，可将土地承包关系由固化在某一块实际的土地上改为体现在"农村土地承包经营权登记证"上。由此实现土地的经营权与实际经营的土地分离。这种分离可以带来这样一些好处：由于土地是集体所有，数千年被田埂隔离成的小块土地可以根据自然条件和需要连成大片的农田，以建设适合农机作业的高标准农田；如果因耕种需要田埂，则可以制造出随时可以撤装的田埂（这在技术上是不成问题的），但这种田埂不再是土地经营权的"界碑"；在土地承包经营权不流转的情况下，土地承包者可以组成生产合作社采用现代耕作方式经营拥有经营权的土地，如有土地承包者既不参与土地经营，也不流转土地承包经营权，则其所承包的土地仍由生产合作社（给予其一定的经营权收益）耕种，从而避免了耕地抛荒；在土地承包经营权流转的情况下，更有利于农业的规模经营和促进农业生产经营模式创新；土地的经营权与实际经营的土地分离，有利于制订高标准农田建设总体规划和相关专项规划，开展农村土地整治重大工程和示范建设，加快推进旱涝保收高产稳产农田建设，实施高效节水农业灌溉工程，从而全面提升耕地持续增产能力。总之，在土地承包经营权与实际经营的土地分离的情况下，即使土地承包经营权不流转，也能推广和应用农业科技；既保障了农民土地承包经营权，又实现了农田的高标准建设和规模经营。但是，应该注意的是，土地承包经营权与实际经营的土地分离会产生新的问题，如果在总量上前者大于后者，就会出现土地承包经营权的虚拟化，从而导致土地承包经营权在流转中泡沫化。为防患于未然，必须采取有效措施防止这种情况的出现。

(二) 发展实体经济以稳定资产价格

在本轮通货膨胀中，突出的特点是房地产、股市、大蒜生姜等农副产品、艺术品、煤炭资源等都在虚拟性金融交易中被炒作得热火朝天，泡沫泛起，导致资产价格大幅上涨。引致大量资金流出实体经济而进入虚拟性金融交易领域，从而对资产价格的上涨形成加速效应。针对沉迷于虚拟经济，投机取巧、巧取豪夺、一夜暴富的社会现象，2011年底的中央经济工作会议要求"牢牢把握发展实体经济这一坚实基础，努力营造鼓励脚踏实地、勤劳创业、实业致富的社会氛围"。显然，这既是吸取了美国和德国的经验教训所得出的结论，也是稳定资产价格、治理通货膨胀的有效途径。

为了弄清问题，有必要重新认识实体经济和虚拟经济。从概念的界定来说，商品交易领域一般是指商品劳务的交换。实体经济中的有形产品和无形产品的交换，都属于商品交易领域。金融交易领域主要是指金融产品的交换。借贷、债券、股票、外汇以及各种金融衍生产品的交易（包括石油、大宗农矿产品、黄金等无实物交割的期货交易等）都属于金融交易领域。在金融交易领域中，有些金融交易直接或间接与实体经济相关，有些金融交易则完全与实体经济脱钩。前一类金融交易无论所交易的对象为何物，它们都可以划入实体经济的范围，即可称为实体性金融交易。实际上，金融交易源于商品生产和商品交换。正是商品生产和商品交换对资金融通的需要，特别是商品流通中的商品信用和货币信用的形成和发展，使货币越出商品流通领域，而进入一个新的领域，即各种有价证券交易的金融交易领域。当金融交易与实体经济完全脱钩时，则无论所交易的对象为何物，它们都可以划入虚拟经济的范围，即可称为虚拟性金融交易。

这里所讲的虚拟经济与人们通常的理解不同，它被界定为与实体经济完全脱钩的虚拟性金融交易活动，因此，不能不加任何限制条件地将所有的金融资产和金融交易都归入虚拟资本和虚拟经济的范畴。比如，当股票及其交易直接或间接与实体经济活动相关时，则其不属于虚拟资本和虚拟经济的范畴。只有当股票及其交易与实体经济脱钩时，其才属于虚拟资本和虚拟经济的范畴。其他有价证券及其衍生品的交易也应该如此去加以区分。

历史地看，虚拟经济是由实体经济衍生而来，并且在一定条件下，两者是可以相互转化的。实体经济活动中的货币资本在一定条件下可以转变为虚拟资本。而虚拟经济中的货币资本在一定条件下也会转变为"实体资本"。因此，虚拟资本与实体资本、实体性金融交易与虚拟性金融交易的划分，完全是静态分析，而非动态分析的产物。这是就一国内部而言。在静态分析的视角下，如果就国家之间而言，一国货币资本一旦脱离本国的实体经济而流向他国，则不论它是进入他国的虚拟经济，还是实体经济，对本国来说都是一种虚拟性的金融交易。

基于由实体性金融交易与虚拟性金融交易定义的实体经济与虚拟经济，人们不难看到，美国在获得用美元掠夺全球资源的霸权的同时，美国的实体经济也就被剥夺了。"美元—武力本位"导致美元在全球泛滥成灾，由此所产生的灾难性后果即使是始作俑者的美国也难以幸免。具体来说，在利润的驱使下，美元的泛滥加速了资本脱离美国的实体经济而进入虚拟经济。人们通常所说的美国去工业化而泛金融化的现象，实际上是去实体经济而泛虚拟经济。在美元泛滥和美国推行新自由主义政策的宏观背景下，微观领域的金融创新，特别是金融衍生品的创新，从原本作为避险的工具，蜕变为"泡沫加速器"。任何东西只要投进这个"泡沫加速器"都会被泡沫化而丧失掉原有的属性。且不说各种有价证券在"泡沫加速器"中可以转变为无实际证券交割的虚拟性交易，黄金、石油和大宗农矿产品等一些实实在在的物质，在"泡沫加速器"中都可以变为无实物交割的虚拟性交易。总之，各种债权债务无不在"泡沫加速器"中生成五光十色的巨大泡沫。劫贫济富的新自由主义政策，一方面使"泡沫加速器"成为了美国极少数富人的聚宝盆，他们通过这个聚宝盆发财的速度之快，敛财的规模之大，在美国历史上都是罕见的。"从1929年以来，没有一个时期像现在这样快速致富似乎那么唾手可得。"[①] 另一方面使"泡沫加速器"成为了美国中下阶层的"贫困加速器"，从而他们负债规模之巨，在美国历史上也是罕见的。

更值得注意的是"泡沫加速器"将整个美国经济泡沫化了。美国的股市泡沫、债市泡沫、高科技泡沫和房地产泡沫，相对于美国庞大的泡沫经济来说，不过是冰山一角。二战后至20世纪70年代初，美国的实体经

---

① 克鲁格曼：《克鲁格曼的预言》，张碧琼译，机械工业出版社2008年版，序言第XIII页。

济的规模远远大于其虚拟经济。如果可以用金字塔的塔尖来比喻这一时期的虚拟经济的规模的话，那么整个金字塔的塔身就可以比喻为这一时期的实体经济的规模。到20世纪80年代初，两者的规模相当。但80年代以来，两者的规模呈倒金字塔状，即实体经济的规模只相当于塔尖，而虚拟经济的规模相当于整个塔身。这意味着虚拟经济在当今的美国经济活动中处于主体地位，尽管相比之下其实体经济的规模并未小到可以忽略不计的地步。在这种情况下，作为全球第一大经济体的美国，其GDP的绝大部分不再源自实体性产品的增加值，而是源自虚拟性产品的增加值。随之而来的变化是政府的税收收入主要来自虚拟性交易。"20世纪90年代后期，一件有趣的事情发生了：政府税收伴随股市开始上升，庞大的预算赤字第一次收缩了，继而变成了创纪录的盈余。"[①] 而企业界的总利润主要来自虚拟性交易，而不是实体性交易。家庭的收入也主要来自虚拟性交易（资产性收入和消费信贷等），而非薪酬。基于这样的收入结构，由政府和家庭的支出所形成的总需求，也发生了结构性的变化，即虚拟性需求在总需求中所占的比例，远大于实体性需求。这种需求结构的变化，导致需求不足与"需求过剩"（家庭的过度消费和政府的过度开支）并存于美国社会。确切地说，基于实体性收入的实体性需求不足，与基于虚拟性收入（家庭的资产性收入和消费信贷，政府的国债收入和虚拟性交易的税收）的虚拟性需求过剩并存。前者小于国内供给，所形成的需求缺口需要消费信贷和国外市场来加以弥补。后者大于国内供给，所形成的供给缺口需要国外供给来加以弥补。这些就是由美国引发的2007—2009年全球性金融与经济危机的深层次原因。不过，美国总统奥巴马吸取了这次危机的教训，他在上台伊始就将美国再工业化作为基本国策，计划美国制造业在5年内翻一番。

而德国既有发达的金融体系，也有发达的第三产业，但德国长期将发展实体经济作为第三产业，特别是金融业发展的坚实基础。因此，自二战以来，德国一直是欧洲的第一大经济体，就在于它拥有强大的实体经济这个坚实的基础。自2007—2009年全球性金融与经济危机以来，德国能成功抵御美国引发的全球性危机，并成为当前陷入主权债务危机中的欧元区的"定海神针"，也就在于它拥有全球竞争力的实体经济这个坚实的

[①] 克鲁格曼：《克鲁格曼的预言》，张碧琼译，机械工业出版社2008年版，序言第Ⅸ页。

基础。

显然，自2002年底以来，我国资产价格，特别是房地产价格的疯狂上涨，也是源于虚拟性金融交易。大规模的虚拟性金融交易通过资金渠道的传导，严重削弱了我国的实体经济这一坚实的基础，致使通货膨胀问题长期难以根治。对于房价问题来说，限贷、限购和限价等措施只能起到治标的作用。真正能起到釜底抽薪作用的是将发展实体经济作为我国的基本国策。因为只有这一国策才能从根本上解决当前所面临的经济下行和物价上涨的问题。

（三）通胀期间可采用的临时性措施

在通货膨胀期间，为缓解通胀的副作用，维持正常的生产与生活秩序，以及降低通货膨胀预期，可以采取这样一些临时性的措施：（1）通货膨胀会扭曲债权债务关系，为了在通胀中维持正常的债权债务关系，可在企业之间的长期合同中，加进"调整条款"，该条款规定双方根据通货膨胀率的变化自动调整交易金额。（2）通货膨胀会导致低收入阶层的生活水平下降。政府可向这部分人群采取物价补贴政策、提高最低工资标准、提高社会保障水平，等等，以保障低收入阶层在通胀期间的基本生活水平。（3）通货膨胀会导致市场秩序混乱，从而往往使得"脚踏实地、勤劳创业"者难以致富，而"投机取巧、巧取豪夺"者则一夜暴富。为维持正常的市场秩序，必须依法惩处扰乱市场秩序的行为。（4）通货膨胀是一种货币现象，因此，除控制货币发行量外，信贷配给（即中央银行限制商业银行的信贷规模）在短期内是较有效的行政手段。不过它只能是一种应急手段，不应使之长期化。（5）在高通胀的情况下，必须分阶段设定物价调控目标，并采取经济与行政手段来实现调控目标。（6）在通货膨胀中，"米袋子"省长负责制和"菜篮子"市长负责制，在短期内能起到保障供给、稳定物价的作用，针对当前的通胀，还应加上"住房子"（保障性住房）省长市长共同负责制。但是，就长期而言，解决"米袋子"、"菜篮子"、"住房子"的问题，必须靠长效机制，而不能靠首长负责制。

值得一提的是，在2012年的全省物价工作会议上，省物价局负责人表示，今年将继续加大价格惠民力度，集中力量办好10件价格民生实事。具体来说：（1）推进平价商店进社区进乡镇，确保到今年底全省平价商店不少于3000家；(2) 继续安排省级价格调节基金大力扶持蔬菜大棚、冷藏设施和平价商店"三项建设"，发放低收入群众临时价格补贴；(3) 分批降低肿瘤防治以及部分用量大的慢性病常用药品价格；(4) 年底前实现珠三角9市路桥车辆通行费年票互认；(5) 全面清理公路超期收费、通行费标准偏高等违规及不合理收费；(6) 取消流动人口治安联防费等一批省定行政事业性收费；(7) 对小型微型企业减免部分行政事业性收费和经营服务性收费；(8) 全面推行城市公交低票价政策，出台城市公共交通服务价格管理暂行办法； (9) 清理移动电话预付费套餐资费，适当降低收费标准；(10) 取消和下放一批价格行政审批项目。办好这10件价格民生实事，无疑会起到稳物价惠民生的作用，从而增强全省人民的幸福感。

综上所述，结论是显而易见的：如果承认我国当前的通货膨胀是一种货币现象，那么，无论就引发通货膨胀的直接原因，即货币因素来说，还是就引发通货膨胀的具体历史原因，即诸如体制、需求，以及供给等非货币因素来说，解决我国当前的通货膨胀问题的关键，在于控制货币供给量。尽管仅仅靠控制货币供给量是不足以解决通货膨胀问题的，但是，体制的改革、需求的调整，以及供给的改善等，只有在有利于把货币增长率控制在与实际经济增长率相适应的水平上时，我们才能成功地解决我国当前的通货膨胀问题，并有可能从根本上在我国消除通货膨胀。如果体制的改革、需求的调整，以及供给的改善是以货币增长失控为代价，那么，要解决我国当前的通货膨胀问题则是完全不可能的。强有力的行政手段可以暂时将通货膨胀压下去，但是，只要以货币增长失控为代价的各种经济行为和行政措施不改变，则难以从根本上解决严重影响我国经济健康发展和社会的正常经济秩序的通货膨胀问题。弗里德曼在谈到我国1994年的通货膨胀问题时，比较正确地看到了这点，他说："中国目前的问题之一是，他们还未能很好地控制货币体系。在过去的15—20年时间里，通货膨胀每隔5年就出现一次，然后他们就用'刹车'的各种办法；然后，通货膨胀又起，然后又压下去。现时通货膨胀又达到了危险的警戒线。毫无疑问，中国要使得其经济大大缓慢下来，以避免通货膨胀变得不可控制。他们要学会调控货币供应量与通货膨胀率的关系。"[①]

---

① 《经济学消息报》1994年7月7日。

广东劳动力转移情况调查报告

邬锦雯[*]

受广东省政协的委托,本课题组对广东省劳动力转移情况进行了调查评估,于 2011 年 12 月至 2012 年 1 月分别听取了相关部门的意见,收集了国内外相关文献,研究了广东省"双转移"政策文件和主要会议精神;向各市、县(市/区)和转移园区的政府、企业、务工人员、培训机构发放了万余份问卷,通过分析评估完成《初评报告》。现报告如下。

一 劳动力转移工作总体评价

劳动力转移的概念从本质上看是农村劳动力的"就业",并随产业升级而向高端化迁移的过程,即"劳动力由农村向城镇、由农业向二三产业转移"。"双转移"战略实施以来,全省劳动力转移工作初见成效,调查主体均充分肯定。

(一)劳动力转移战略成效显著

全省劳动力转移充分体现了以人为本的科学发展导向,更好地把人的发展和产业发展统一起来,增加农民收入,解放和发展了农村生产力,促进了现代化和城市化进程,满足了珠三角产业转型升级和全省区域协调发

---

[*] 作者简介:邬锦雯,女,华南师范大学经济与管理学院教授,广东省政协委员。

注:本文是 2011 年 11 月广东省政协委托华南师范大学"广东劳动力转移情况调查"评估项目报告,2012 年 3 月 20 日时任省委书记汪洋批示:省政协根据省委要求,围绕"双转移"做了大量卓有成效的工作。这份委托大学所做的调研报告,研究深入,对策也颇具针对性,请进一步结合工作实际中的体会,制定完善劳动力转移的政策举措。

展的需要。

一是紧抓以技能促就业，有效增加农民收入，促进了区域协调发展和包容性增长。首先，增加了农村居民收入，城乡差距进一步缩小。三年来全省累计培训农村劳动力266.6万人，转移就业469万人，并使其成为扶贫开发的重要途径。调查中务工人员平均月工资约3000元，农村居民人均收入近三年的平均增速超过城镇居民可支配收入1.3%，2011年全省城乡居民收入比从上年的3.03∶1缩小到2.87∶1。如表1，恩格尔系数自2007年起年均下降0.7%，全省农村全面小康实现程度由2007年的64.8%上升为2009年的76.0%，农村致富途径进一步开拓。同时，劳动力在珠三角与粤东、西、北区域间配置进一步合理，如表2，全省均有超过70%劳动力选择外出务工为家庭主要的经济来源。表3中2010年农村劳动力就地转移就业的占全部培训学员的75.5%。粤东、西、北吸纳本省农村劳动力比重从66.8%上升到76.9%，珠三角由33.2%下降至23.1%，新增劳动力同比下降122万人。粤东、西的社会保险参保人数增长速度同比显著快于珠三角。在此基础上，缩小了地区发展差距，2010年粤东、西、北生产总值增速，分别比珠三角高2.9、2.2和2.6个百分点，且其乡镇企业发展速度高于珠三角，有效促进了区域统筹协调发展。

表1　　　　　　　　全省转移劳动力收入情况

项目	年份	2008	2009	2010	2011
农村居民人均纯收入	绝对量（元）	6400	6907	7890	9371.7
	实际增长率（%）	7.6	10.7	11.0	11.9
农村人口在本地企业收入增长率（%）		—	13.2	21.0	
农村家庭恩格尔系数（%）		49.0	48.3	47.7	—
农村全面小康实现程度（%）		68.7	76.0		
城乡居民年收入比（城市∶乡村）		3.08∶1	3.12∶1	3.03∶1	2.87∶1

表2 全省转移劳动力区域比较

项目 \ 区域		粤东	粤西	粤北	珠三角
转移劳动力收入区域比较（调查）	外出务工收入为主要经济来源比率（%）	71.8	72.7	77.8	75
	平均月工资（元）	2085	1980.7	2154.3	2455
缺工企业占比（调查,%）		71.8	70	61.4	53.4
农业从业人员占比下降幅度（统计2010年同比,%）		1.1	2.4	0.8	0.3
新增劳动力数量（统计2010年与2007年比较,万人）		12	1.5	25	-122（不含广州、深圳）
乡镇企业	新增就业人数增长率（统计2010年同比,%）	10.9	-5.9	149.1	3.9
	上交税金增长率（统计2010年同比,%）	21.3	31.1	163.2	20.1
人均生产总值增长率（统计2010年同比,%）		21.8	1.8	16.2	23.5
养老保险参保人数同比增长率（统计2010年同比,%）		124.8	51.1	-11.6	29.2

表3 全省劳动力培训学员转移就业去向分布

项目 \ 年份	向珠三角转移就业		就地就近就业		其他
	人数（万人）	比例（%）	人数（万人）	比例（%）	人数（万人）
2008	10.2	28.6	23.8	66.6	1.7
2009	8.6	24.3	24.9	70.5	1.8
2010	7.0	19.9	26.5	75.5	1.6
合计	25.8	24.3	75.2	70.9	5.1

二是不断激活生产力，优化劳动力配置，推进了我省新型工业化道路和经济转型升级。首先，注重发挥本地人力资源的作用，调查中95.9%

的劳动力认为职业培训有益,如表4,本省本地就业比例大大提高,2007年末到2010年底本省农民工增加248万人,外省农民工减少199万。同时,劳动力产业间配置进一步优化,如表5,2010年参加第三产业培训人数占全部培训人数的70%;如图1,全省第一产业从业人员数持续稳定减少,5年来比重下降5.5个百分点,劳动者技能素质得到整体提升,技能人才占第二、三产业从业人员的比重近40%,优化了劳动力素质结构。进而,劳动力结构优化有力支撑了产业转型升级,全省就业结构与产业结构的匹配度不断提升,如图2,反映二者协调度的偏离度指标由2007年的48.2%下降到2010年的43.2%。

表4　　　　　　　　全省农民工来源地情况

人数	时间	2007年12月	2008年12月	2009年12月	2010年12月
农民工人数（万人）	来自本省	710	790	900	958
	来自外省	1902	1777	1738	1703
	合计	2612	2567	2638	2661

表5　　　　　　　　劳动力转移培训工种的产业分布

培训项目	培训人数（万人）			合计（万人）	比重（%）
	初级工（含专项能力）	中级工	高级工及以上		
第一产业	7.6	0.48	0.02	8.1	7.6
第二产业	22.2	1.54	0.06	23.8	22.4
第三产业	69.2	4.8	0.2	74.2	70

　　三是创新人力资源开发的模式,遵循市场规律,落实科学发展观,加快了建设幸福广东的步伐。首先是推动劳动力转移的机制科学、载体务实。三年来我省探索建立联席会议制度,实行竞争性财政资金扶持、目标责任考核评价,制定配套政策,优化劳动力转移工作体系,真抓实干,克服金融危机冲击的困难,扎实开创了"双转移"战略的新局面,建立起农业部门推力供给和城镇及非农部门拉力需求结合的机制,本地就业与异地转移相结合推动劳动力有序转移。一方面,粤东、西、北地区创新农村生产经营制度,推行土地流转制度,推动农村土地的规模化

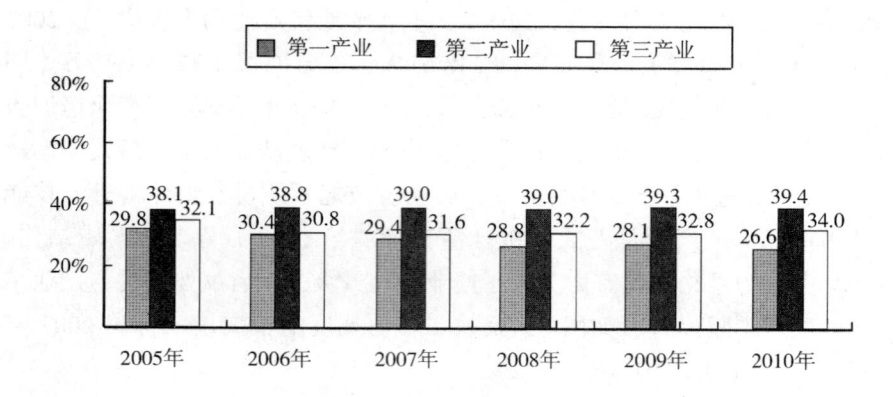

图1 广东从业人员三次产业结构变化情况

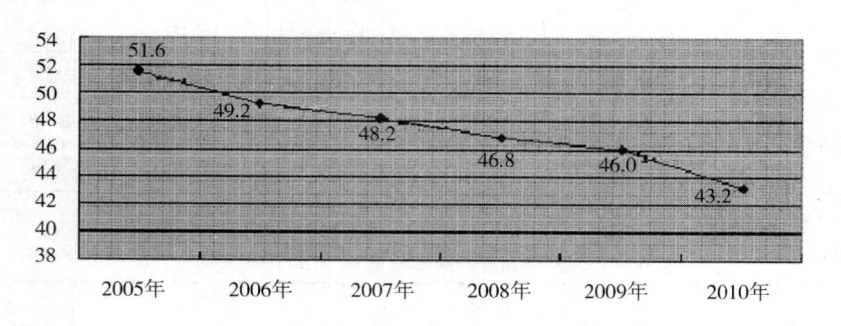

图2 全省就业结构与产业结构的偏离度

经营和产业化生产，人均耕地经营量增加，如表6，2010年，全省农业机械总动力同比增长8.1%，从而推动了农村相对剩余的劳动力脱离传统农业生产。在农业劳动力下降的情况下，留在农村的劳动力基本满足农村生产需要，农业总产值同比增长4.3%。另一方面，产业转移园和珠三角坚持创新社会服务管理机制。全省已有29.4万农民工通过积分制入户城镇。产业转移园作为当地经济发展的重要增长点，具备较高的发展能力，如表7，园区内企业的增加值劳动生产率高出全省1.54%，第二产业人均产值、人均税收显著高于全省平均水平，以良好的发展能力与前景吸引劳动力向转移园区聚集，发挥吸收安置农村劳动力的主要渠道功能。其次，以政府"有形的手"调控发挥市场"无形的手"相结合推动劳动力转移。从战略高度打破按行政区域配置要素的格局，打破城乡之间劳动力流动的界限,疏通劳动力转移渠道,发挥市场配置生产要素的效率。同时,发挥政府培训和信息服务的作用,弥补市场机制的不足,以人的发展助力产业发展。全省实施了全民技能提升储备计划,择优认定定点培训机构800多家,年培训能力90万人次以上,2010年以来共举办技能竞赛近万场,参赛人数达630多万人次。推动农村劳动力培训转移与产业园区发展无缝对接,校企合作定向培养技能人才,组织100所技工院校与1205家国内外知名企业共签订合作项目3223个。另外走进社区便民就业发挥创业带动就业,2008年以来返乡农民工创业近1万人,带动就业近5万人,举办万场农民工免费专场招聘会,企业和务工人员对政府举办招聘会的评价分别达到84.6%、77%。此外还推动建设就业人文环境,制定实施了工资集体协商制度,全省农民工劳动合同签订率达97.4%;企业和务工人员对政府劳资关系协调的满意度分别达到85.9%、72.6%。

表6　　　　　　　　　全省农业机械总动力情况

农业机械总动力		2009年	2010年
	绝对量（亿瓦特）	208.51	225.34
	增长率（同比,%）	4.8	8.1

表7　　　　　　　　　产业转移园区与全省发展比较

项目	转移园	全省
第二产业人均产值（2010年统计,万元）	37.8	10
人均税收（2010年统计,万元）	2.1	0.44
工业企业同比增速（2010年统计,%）	40.3	16.8
企业增加值劳动生产率（2010年统计,万元/人）	15.97	14.43

(二) 劳动力转移得到相关主体的充分肯定

劳动力转移工作切实增强了全省干部"干实事、抓发展"的工作精神动力,通过优化配置劳动力生产要素不断提升企业的竞争实力,农民的生活与发展条件得到改善,劳动力市场体系不断完善。据调查,政府自身、企业、务工人员、培训机构对我省政府劳动力转移工作的满意度分别为83.5%、75%、67.7%、90.6%，平均满意度为79.2%，总体上充分肯定。满意度最高的是培训机构，达到90.6%，反映出政府先后出台的政策和资金扶持得到了培训机构的充分肯定。满意度排在第二位的是政府本身。但务工人员和企业的满意度相对较低，反映出二者面临的问题要高于政府和培训机构的预期。未来制定的政策仍要以企业和务工人员的具体需求为出发点。例如在转移就业服务方面，市场供需双方满意度分别为80.3%和72%，均高于培训和社会公共服务的评价。

表8 劳动力转移相关主体对政府工作满意度情况

项目 主体	满意（%）	不确定（%）	不满意（%）
政府	83.5	15.4	1.1
企业	75	20.5	4.5
外出务工人员	67.7	22.7	9.6
培训机构	90.6	8.4	1.0
均值	79.2	16.8	4.0

二 劳动力转移中新出现的突出问题

按照汪洋书记在省政协召开的专题协商会中提出要解决劳动力转移过程中新出现的诉求和社会问题的意见，回顾《中共广东省委广东人民政府关于推动产业转移和劳动力转移的决定》并分析调查数据，我们认为在继续提升技能培训和转移就业工作的水平的同时，还要落实关于强化转移就业公共服务、推进农村劳动力就地就近就业等政策措施，此外要重视农业的产业化发展。作为一项落实"双转移"战略的制度保障形式，目前目标责任考核以技能培训转移就业为主，未将"转出"的三留问题、土地流转、技术服务、创业服务工作，"转入"的子女教育、医疗服务、住房保障、用工环境等劳动力核心权益问题纳入，同时考核指标动态调整不够，考核结果运用不足。劳动力和企业对政府考核的调查反映，不确定者与不满意者的比例分别为32.3%和25%。

据我省今年春节后返岗监测预计，企业用工缺口峰值达80万至100

万人次。缺工常态化也反映了外出务工人员的生活成本高、保障不足、尊严情感缺失等问题引起劳动力市场供求不平衡。如表9，阻碍劳动力转移的主要因素是保障和服务（见后五项）、工资收入和技能培训。可见下一阶段需要重视转移中的阻力，在提高劳动力转移数量的基础上，应以提高转移后配套服务管理质量为着力点。

表9　　　　　　　　阻碍劳动力进入企业的主要原因

	薪酬缺乏吸引	技能无法满足	家庭因素	社会福利条件差	缺乏就业介绍平台	外出务工心理压力	户籍制度
园区内（%）	53	33.3	25.6	23.1	20.5	15.4	7.7
园区外（%）	43.5	45.7	19.8	24.9	14.6	19.6	7.5

（一）生活成本不断提高导致转移的动力不足

近两年物价飞涨，尤其是农产品和房地产价格（包括房租）上涨幅度更大，受此影响生活成本居高不下。劳动力工资上升速度跟不上物价上涨速度，转移劳动力实际收入呈下降态势。如表10，企业愿意为转移劳动力提供的月薪为1778.7元/人，远低于劳动力自身的期望月薪值3441.6元/人的报酬。外出务工人员每月的平均基本生活消费为1288.14元，并随物价上涨不断提高，转移消费落差即现工作地点与原户籍所在地的消费水平相比平均为1.79倍，出现了务工最终"零节余"甚至"负节余"。温总理于2012年2月在广东视察中特别关注到工资等成本因素对中小微企业生存和实业投资的影响，直接引起物价上扬，并影响了就业的稳定。化解这一矛盾需要谋划新的分配制度突破。

表10　　　　　　　　劳动力与企业的期望对比

	期望月薪/可提供月薪(元)			劳动关系认知	
	普工	技工	管理	现劳动关系	和谐劳动关系的要素
转移劳动力	3441.6	4033	5017	56.1%认为和谐	依法签订合同（64.4%）
企业	1778.7	2380.8	2920	63.7%认为和谐	参加社保（82.4%）

（二）保障和服务不足制约转移的可持续性

家庭因素和社会福利差等阻力的比例反映出，多年来一直呼吁改革的城乡二元经济结构的土地制度、社会保障制度、就业制度以及户籍制度,仍盘根错节横亘在农民工面前。农村土地有偿流转机制缺乏操作规范,加上农村社会保障体制不健全,土地成为农村的失业保障和养老保险屏障,形成了惯性阻力,如表11,46.8%的务工者认为农村土地制度制约积分入户政策实施,使得农民工成为城乡流动就业的兼职农民,大量农民工处于"既不想进入城市就业,也不想从事农业生产"的无所事事状态,田地撂荒现象加剧。转出地的社会与经济问题隐患凸显,部分农村转出地的实际人口结构以老人、妇女、小孩等弱势群体为主。调查中家庭中有60岁以上的务工人员占全部人员的61.3%,老龄化趋势加剧,呈现出"老农民建设新农村"的迹象,推进现代农业发展面临新的挑战。如表12,外出务工人员的家庭状况显示,家庭人口和劳动人数方面各地区间的差异并不明显,但外出务工支持度方面地区间则存在较大差异,珠三角与粤东地区的支持度达到80%以上,粤西地区支持度居中,粤北地区则低至42.9%,这与参保人数增长率下降呈高度相关。此外,就业服务在基层的建设不足,农村劳动力从农村转移到城镇工作后,转入地公共服务"接入机制"不健全,造成农民工"城市边缘人"身份认同危机,直接影响农民工在城市持续稳定就业的动力。

表11　　　　　　　　需加大力度改革的积分入户配套制度

政策 项目	农村土地制度	城镇住房保障制度	城乡社保制度	子女义务教育	计划生育优惠政策
选择比率(%)	46.8	41.8	25.5	13.6	6.7

表12　　　　　　　　　　外出务工人员家庭状况

项目 地区	家庭人口(个)	劳动人数(个)	兼业情况(务工同时仍承包土地)(%)	外出务工支持度(%)
珠三角	5.3	3.2	54.5	81.3
粤东	5.3	2.8	50.8	88.5

续表

项目\地区	家庭人口（个）	劳动人数（个）	兼业情况（务工同时仍承包土地）（%）	外出务工支持度（%）
粤西	4.6	2.5	69.1	69.1
粤北	5.1	2.7	70	42.9

（三）尊严和情感等缺失影响务工的幸福感

除了基本的工资和保障之外，当代的务工人员利益诉求逐渐趋向多元化。城市主要的公共服务项目仍面向本地户籍人员，农民工与城市社区活动基本隔绝。如表13，农民工在工作中所面临的工资不高、前途渺茫、太苦太累这些也说明了现今转移劳动力的工作状况与他们的转移期望有着较大的落差。同时，农民工面临的急需解决的生活问题依次是子女教育、条件艰苦、医疗问题。在此情形下，农民工的城市归属感较低，如表14，只有17.2%认为自己是城里人。调查还发现有74.5%的农民工有心理压力，25.3%有比较严重的心理压力，近80%的农民工在生活中遭受不公平待遇。园区外问题显得更为突出。还有各种收费制度也给务工人员带来负担。农民工对政府在农民工入户城镇、心理健康保障、生存保障等方面的满意度都低于65%，企业对保障房建设满意度仅为61.9%。在城市不能融入、想得到的得不到、未来没有保障的情况下，一旦城市经济不景气，农民工就回流到农村。

表13　　　　　　　　工作与生活中所面临的困难问题

工作烦恼	工资不高	前途渺茫	太苦太累	身体疾病	人际不和	其他
所选比率（%）	58.2	19.5	14.3	5.08	2.03	9.9
生活烦恼	子女教育	条件艰苦	医疗问题	感情空虚	工友关系	其他
所选比率（%）	32.2	26.8	17.5	10	4	14

表14　　　　　　　　外出务工人员城市归属感

城市归属感	认为自己是城里人	认为自己不是城里人	现在不是，但将来会是	不打算成为城里人
所占比例（%）	17.2	48.3	25.5	8.9

（四）培训和就业工作还需要不断改进

一是高技能人才培养工作任务依然艰巨。全省70%的在岗农民工无技能等级；高技能人才占技能人才比例为15.6%，低于国家"十二五"规划纲要提出的28%比例要求；同时，如表15，68.3的企业认为较难招到合适的员工，31.9%的企业认为在岗员工不能满足工作需求。

表15　　　　　　　　　　　企业劳动力供给不足问题

劳动力供给不足问题	劳动力供给短缺	缺工给生产造成影响	招工存在困难	在岗员工不能满足工作需求
企业比率（%）	68.3	70	64.2	31.9

二是劳动力转移培训的长效机制缺失。农村劳动力被动参加转移培训，选择培训项目的话语权不强，如表16，16.1%劳动力认为需要再培训。在表17中，近47%的务工者认为培训内容不深，有39.7%认为培训覆盖面不广，有31.6%认为培训专业与企业需求不对接。部分地方对培训工作不够重视，只忙于应付上级主管部门的检查考核，存在走过场的现象，转出去的劳动力多从事低端劳动，就业稳定性不高，转移后"回流"严重。

表16　　　　　　　　　　　劳动力转移培训效果

劳动力转移培训效果	完全满足需求	基本满足需求	不清楚	需再培训	无效果
所选比率（%）	7.2	47.3	19.3	16.1	2

表17　　　　　　　　　　培训不能满足企业需求的原因

培训不能满足企业需求的原因	培训深度不够	培训覆盖面不够	培训专业与企业需求不对接	培训师资薄弱	培训没有效果	其他
所选比率（%）	47	39.7	31.6	13.9	5.8	1.5

三是劳动力转移资金管理与投入有待加强。调查中有26%的政府人员认为政府用于劳动力转移培训的专项资金存在操作过程中的漏洞，对此

需要深入了解并处理典型问题。此外，与产业转移累计226亿元的总投入，甚至"十二五"战略性新兴产业220亿元扶持相比较，目前作为并驾齐驱战略地位的劳动力转移每年7亿元资金投入面窄而且严重不足，显得"雷声大、雨点小"。

广东省"专业镇"技术创新的制约因素及解决思路

曹宗平[*]

在我国,"专业镇"仅仅是近20年才得以产生但发展迅速的一种空间经济发展模式,因此,对绝大多数人而言,这种新型空间经济发展载体显得既陌生又熟悉。因为诞生的时间较晚,所以"专业镇"这个词汇在公众的视野中出现的频率不高;因为在发达省份经济总量中占有较大权重,所以日益引起人们的关注。尽管"专业镇"的发展涉及方方面面,但受论文篇幅所限和试图聚焦于技术创新视角的目的,本文拟选择发达省份"专业镇"作为分析的样本,系统探讨"专业镇"技术创新过程中存在的问题,并探索相关的解决路径,希望为各省市"专业镇"的技术创新提供可资借鉴的经验。

一 简短的概述

"专业镇"作为一种新型的产业集群形态,其概念最早由广东学者于20世纪90年代中期率先提出。当时研究专业镇的目的是为了解决农村城镇化和农业产业化等问题。在随后的10余年间,国内学者关于专业镇概念的表述一直存在多个版本,相关文献中也频频出现"块状经济"、"特色城镇"、"一镇一业"等不同称谓。从总体上看,尽管学者们的表述存在一定的差异,但在本质上仍然趋于一致。一般认为,专业镇是经济学、

---

[*] 作者简介:曹宗平,男,华南师范大学经济与管理学院教授,民建华南师范大学支部委员。

注:本文原载《山东社会科学》2010年第3期。

行政管理学与地理学的复合性概念，是生产专业化与产业集群布局在一个建制镇的结合体，即专业镇是主导产业专门化与行政镇域的结合体，具有综合性、地域性、层次性和开放性等特点①。

专业镇的形成和演化遵循劳动地域分工规律和经济地域运动规律，由于地域条件的差异而使专业镇产业结构及其空间分布都存在不同形式，进而形成不同类型的亚类形态。概而言之，专业镇是指建立在一种或两三种产品的专业化生产优势基础上的乡镇经济，在市场经济环境下通过市场竞争和政府的适度引导使生产要素逐步向本地某一特定地域空间最具经济优势的产品及生产环节强化和集中而形成的空间经济形态。

20世纪90年代以来，中国沿海广东、福建、江浙等地的专业镇经济得到了快速发展，它带动了当地经济的起飞并对周边地区产生了积极而深远的影响。这些专业镇经济的发展，有两个鲜明的特色：一是集群，即形成小企业的空间聚集；二是聚类，即这些小企业集群中，大量同类产品及其上下游产品和相关生产企业聚集在一起，形成"一镇一品"的格局。

专业镇经济的快速发展影响着农村产业结构和就业结构的改变，是广大农民致富的一条有效的途径，专业镇对农村经济的促进作用是大家有目共睹的。在农村经济集聚优势形成、农村产业结构优化、农村企业经济制度创新等方面作用尤为突出。专业镇经济发达地区的基础设施建设、城镇交通、通信水利、医疗、教育、养老等福利建设水平普遍高于全国平均水平，城市化水平提高迅速，以非农业人口为指标的城市化曲线呈现偏离全国的城市化曲线态势，并且斜率越来越大。随着专业镇逐渐发展成为在国内外具有一定影响力的区域品牌，这些专业镇的作用不仅仅局限在带动当地经济增长，更多地体现在区域品牌的战略意义上。专业镇通过比较优势、资源禀赋形成了以某一具有竞争优势的主导产业为依托的专业化产业区，使相同或相关联产业的众多企业集中于特定的区域空间内，并获取深度分工与专业化协作效益，从而提高了区域经济整体实力和竞争力。截至目前，专业镇经济已经逐步成为发达地区县域经济的重要支柱和最具活力的经济新增长点，其后续的健康发展与否直接影响着这些发达地区经济社会发展的整体进程。

---

① 吴国林：《广东专业镇：中小企业集群的技术创新与生态化》，人民出版社2006年版，第27页。

二　制约因素分析

人们在惊叹发达省份专业镇经济发展良好态势的同时，对其未来发展过程中将遭遇到的众多不确定性以及由此引致的巨大风险需要有清醒的认识。随着外部竞争环境的变迁以及其本身所固有的弊端的制约，这些专业镇经过近20年的"超常规"发展之后其发展势头日渐放缓。其中，技术创新的瓶颈因素直接影响着专业镇的健康、良性和科学有序发展。深究其制约因素，主要体现在以下几个方面。

（一）政府主管部门服务缺位

迄今为止，不少专业镇仍然没有专门的科技管理机构，专司科技规划、管理工作的机构要么缺位，要么运作不规范。如广州狮岭镇作为省级专业镇，虽设有技术创新平台，但其各项服务功能残缺不全，缺乏有效性。还有一些专业镇，相关的科技活动竟然交由农业技术综合服务中心运作，而此类中心的业务主要着力于农产品的病虫防治、禽类养殖技术推广等领域。专业镇技术管理部门机构设置不合理和服务功能不完善的局面使其不能很好地带动辖区内产业技术的创新和应用，阻碍了专业镇技术水平的提升。另外，由于知识产权保护意识淡薄，或者出于维护本位利益之考虑，基层管理部门对于专业镇企业在技术、专利和品牌上的种种侵权行为往往视而不见，采取听之任之的态度。管理部门的这种"不干预"政策无疑助长了企业的侵权行为，导致抄袭、模拟、仿制之风盛行。投入与产出间的严重不对称挫伤了企业主技术创新的积极性，其结果是专业镇聚集的企业在数量上虽然增加了，但企业的技术创新能力并没有太大起色，长期停留在低技术层次的恶性竞争中。再者，政府各级科技管理部门在宏观上缺乏协调和统筹，没有有机整合市、区、镇和企业等各层次科研的能力，各科研主体自成体系，封闭运行，导致立项重复和实力分散并存，没有形成有效的合力，更没有释放应有的协同效应。

（二）企业创新动力疲软

就经营领域而言，发达省份专业镇的绝大多数企业集中在加工制造环节，资金投入不多，技术门槛不高，管理难度不大，主要以市场机会和低廉劳动力成本作为竞争的比较优势，技术创新压力不甚明显，其结果导致企业过分热衷于眼前利益，不思进取，忽视自主创新，研发能力严重滞后。就企业规模而言，专业镇多以中小企业为主，规模小、实力弱、处境难的特点限制了其融资能力，有限的资金成为制约专业镇企业发展的顽症。笔者调研发现，不少专业镇的中小企业主反映，他们虽然明知贴牌生产（俗称"代工"）的利润日益稀薄，在金融危机的冲击下，企业的生存状况将更加艰难，但由于自主创新的成本太高、回报周期太长、品牌维系投入过大等诸多因素客观存在，许多人只好"知难而退"，不愿意投入资金专注技术创新。即使一些稍有远见的企业主已经意识到现行的订单制生产模式利润少与风险大的弊端，甚至也曾考虑加大技术创新的投入力度，但由于融资成本过高以及其他种种顾虑，最后均只得作罢。

（三）政府和企业投入不足

在金融危机的冲击下，诸多专业镇发展面临创新资金投入与产业结构升级的矛盾。以广东省为例，尽管 2006 年专业镇镇级经济总量已经占全省 GDP 的 1/5 强，但各级政府对其中 201 个科技创新示范镇的科技投入仅 55.03 亿元，还不到全省科技投入总量的 10.2%，以上 201 个专业镇所获得政府的科技投入占全省 GDP 的比重不足 0.212%，[①]相对于专业镇技术创新的巨大资金需求而言，真可谓杯水车薪，专业镇的巨大产出与有限投入之间严重失衡。如果把因为规模小而导致融资能力弱归结为专业镇企业的先天不足，那么政府对专业镇科技投入不足则可谓后天营养不良。对专业镇企业而言，其中绝大多数起步晚、规模小、实力弱以及制造环节中惨烈的价格竞争使得它们终日疲于应对日常经营困境，无暇顾及技术创新。有些企业虽然稍有积累，但由于缺乏战略眼光，至今依然陶醉于以 OEM 代工方式赚取微薄的加工费，不愿将多年辛苦所得用于前途未卜的研发再投资。再者，从企业性质看，专业镇多以民营企业为主，政府银行或其他金融服务机构对民营企业的事实性"歧视"使得专业镇企业普遍感到融资困难，资金掣肘，对于技术创新均感心有余而力不足。因此，对专业镇企业而言，政府投入不足和企业投入有限同时并存，缺乏有力的资金支持，专业镇企业的技术创新成为无源之水、无本之木。

---

① 广东省统计局：《2008 广东统计年鉴》，中国统计出版社 2007 年版。

(四) 科技中介服务体系不健全

各级科技中介机构作为一定区域内科技创新系统的重要组成部分，不仅是知识、技术、信息传播的重要载体，也是为专业镇企业提供技术转让、产品推介、经营管理、物流服务、市场营销以及信息、人才、财税、金融、法律等方面服务的核心机构，还是沟通政府与市场的桥梁，其良性运作有利于降低市场交易成本，为专业镇企业创造更优良的软环境。但我国各级科技中介机构大多分别隶属于政府职能部门、高等院校、科研院所、国有企业、行业协会等，条块分割现象十分严重，缺乏起码的交流与协作。其运作方式也主要表现为各自为政，单打独斗，结果陷入过度竞争和重复研发的怪圈，消耗了宝贵的科研资源。另外，由于缺乏科技中介组织的协调，专业镇智力群没有集中调动起来，难以发挥相关企业研发能力的协同效应。同时，较之于市区科技中介机构，镇区科技中介机构不仅数量少，而且运作更加不规范，在科研项目的甄选、科研经费的投入和新产品的开发上均缺乏可持续的战略眼光。其结果使得有限的技术专利得不到及时推广，产品开发时滞过长，导致交易成本居高不下，从而压抑了专业镇企业的技术创新热情。

(五) 主导产业的技术定位模糊

主导产业的培育、建设、成熟是专业镇发展的标志。但我国现阶段专业镇在主导产业的技术定位上仍然主要聚焦于技术的引进和相互模仿层面，企业热衷于把稀缺的人力、物力和财力投入购买技术设备以及简单地模拟、仿制其他企业的产品上，有些仅仅在产品的外观上稍做文章，而在产品的功能上没有太大变化，更不奢望有所超越，在技术创新上普遍抱有"搭便车"心理，都试图免费共享所谓的"后发优势"，而不注重研发投入和自主创新工作。诚然，从短期来看，模仿不失为一种投入少、产出高、见效快的经营战略，然而一旦越过某一个临界值则可能扼杀企业的发展。其原因有三：其一，如果企业间的竞争更多地表现在价格上，模仿成本低廉，行业进入门槛低，自然会诱导更多的企业加入竞争，为了争夺顾客而竞相压低价格的结果必然是行业整体利润下降，企业生存环境恶化；其二，通过简单模仿就能暂时获得一定的利润会助长企业的依赖思想和侥幸心理，从长远看将严重遏制企业的科技创新能力，使得众多企业落入低层次恶性竞争陷阱；其三，模仿容易超越底线而引发侵犯知识产权行为，极有可能给企业招致更大的损失。同时，自主开发共性技术投入多、风险高和"外溢性"大的特点使得许多企业望而却步，这就使专业镇产业共性技术难以提升，从而对整个专业镇产业技术水平的提高和竞争能力的增强带来较大的负面影响。

改革开放以来，沿海发达省份经济的腾飞主要得益于"三来一补"的定制加工模式，企业无须重视产品的设计和销售，便可集中精力专注于产品的加工制造，凭借廉价的原材料和人工成本优势，充分释放了国内买方市场环境下所积累的过剩加工能力，从而获得了近30年的快速发展。这种昔日相对成功的发展模式所产生的强大惯性已经在人们的思维中打下了深深的烙印，进而沉淀为所谓的惯性依赖，越来越成为禁锢人们的羁绊。

（六）对产业转移发展战略的误读

为了践行科学发展观和加快产业结构调整的步伐，专业镇所在各级政府均重视专业镇产业的升级，但在产业结构调整和产业升级过程中均存在一定的盲目性和主观性。由于对所谓产业结构升级的机械理解，认为越高级的产业越先进，越先进的产业越可取，因此在实践中试图尽可能早地"干净彻底"地对传统产业进行异地转移。然而，这种理想化的产业升级行为往往事与愿违。从现实的情况来看，有些专业镇的传统产业确实转移出去了，但现代产业却迟迟构建不起来，人为割裂传统产业与现代产业之间的有机联系，产业的空洞化现象非常严重，镇属政府、企业和居民无所适从。相关群体意见非常多，抵触情绪也日渐高涨，专业镇的技术创新也无从谈起。事实上，产业的先进与否并非取决于该产业是否高级，而在于其是否仍有生命力，而且传统产业已运作多年，已经深深根植于当地的产业链条中，企图简单地一次性搬迁了事，将产生很多后遗症。

三 破解思路

综合审视发达省份专业镇的现状与未来发展之路，其后续的发展路径已经不能再拘泥于规模上的外延式拓展，而应注重通过技术创新逐步确定以技术和资金密集型为特色的新型主导产业,从而逐步培植专业镇未来的核心竞争力。针对上述的种种问题,可以考虑从以下几个方面着手加以解决。

(一) 完善政府在专业镇技术创新中的服务功能

尽管在市场经济体制的构建过程中,政府的行政管理角色将逐渐淡化,但这并不表明政府在专业镇的技术创新过程中无所作为,相反,在市场要素发展迟缓和专业镇企业技术创新动力严重不足的情况下,政府部门的引导、协调和监督工作显得尤为重要。事实上,专业镇技术创新项目的确立、筛选、立项、经费投入、产品开发、市场推广、知识产权保护等诸多方面均离不开政府的支持和督导,特别是在专业镇企业对技术创新因信心不足和预期不明朗而采取观望的情况下显得更为迫切。政府相关科研管理部门应强化服务意识,引导专业镇企业树立忧患意识,克服小富即安的小农情结,通过拓展服务领域和细化服务功能,逐步净化专业镇的技术创新环境。加大宣传力度,借助那些依靠技术创新而取得良好经济效益与社会效益的典型企业案例,形成强大的示范效应,逐步调动专业镇企业的创新积极性,进而形成浓厚的技术创新氛围。[①] 与此同时,各级政府部门要不断加强专业镇的公共管理和服务,加快专业镇担保体系建设,支持专业镇龙头企业或民营资本组建行业性会员制担保公司,解决中小企业融资难的问题。

(二) 激发专业镇企业的技术创新动力

从本质上考察,专业镇企业技术创新的动力源自其对外部竞争压力的评估以及对研发投入可能带来相应收益的预期。针对专业镇企业热衷于从事价值链低端的加工制造环节的短视行为,政府主管部门和市场中介机构应加大宣传力度,让企业主认识到 OEM 模式中潜在的巨大市场风险,进一步明确该模式所隐含的经营风险,使他们意识到技术创新、产业升级乃大势所趋,主动迎接技术创新的挑战,尽早形成技术创新优势,从而在未来的技术竞争中抢得先机。同时,在坚持对专业镇科技创新型企业既有优惠和扶持措施的基础上,进一步完善企业技术创新的投融资体制,努力降

---

① 王珺:《论专业镇经济的发展》,《广东科技》2000 年第 11 期。

低融资门槛，分门别类地加以指导，做到专款专用，使有限的资金发挥出最佳效益。

（三）加大专业镇技术创新的经费投入

国外的知名企业无一不重视技术创新，其研发投入一般占到企业年销售额的8%—15%。正是依托持续的大量的经费投入，不断培育企业的研发能力，形成企业的技术优势，拥有并不断提升某项核心竞争力，从而长期确保自身的竞争优势。而我国专业镇的产出与科技投入之间严重失衡，这一点可以通过前文所提供的数据一目了然。如何弥合这种差距，笔者认为可以考虑从两方面着手：一方面，加大政府科技投入力度，借此带动民间投资。政府应该成立专业镇技术创新基金管理机构，专门负责专业镇企业技术创新贷款的审验、发放、检查和督导，防止冒领、多领或者挪作他用，对于其中的违法、犯罪行为将移送司法机关从重从快地予以打击。[1]另一方面，采取措施拓宽融资渠道，形成良性的民间借贷关系。依托毗邻港澳台的区位优势和民间资本雄厚的现实，通过政策调整和制度完善，广泛吸纳国内外资金参与专业镇技术创新。

（四）厘清专业镇主导产业的技术定位

专业镇经济的腾飞得益于外向型加工企业的遍地开花和集群式发展，然而，自然资源供给量的刚性约束、劳动力成本上升的必然趋势以及环境承载力的临界值限制等要素都内在决定了这种经济发展模式不具有可持续性，除了尽早转变经济增长方式，别无选择。同时，随着肇始于2007年全球性金融危机的肆虐和扩散，这种外向型发展模式的潜在风险日益暴露出来，倘若不及时更新发展思路，沿海发达省份经济发展昔日的成功经验很可能将成为未来的失败教训。可见，在严峻的国际、国内环境下，发达地区专业镇主导产业亟待升级。在逐步压缩和转移传统的劳动力和原材料密集型产业的同时，精心培育和选择技术密集型的主导产业，力争在未来某些行业的产业链上端占有一席之地。在专业镇主导产业的重新定位和升级过程中，其关键点在于技术创新，通过完善技术创新体制、构建中介服务体系、加大投入力度和加强知识产权保护等手段，不断为专业镇技术创

---

[1] 符正平：《专业镇成长：从无形走向有形》，《学术研究》2002年第7期。

新营造良好的外部环境,通过技术创新来寻找专业镇主导产业的技术支点,并以此推动专业镇产业的升级,为专业镇在未来全球市场的竞争中赢得技术上的优势。

二 服务民主政治建设

扩大公众有序政治参与研究
——以行政决策的参与机制为视角

伍劲松,汪东[*]

一 导论

众所周知,在我国的历史和现实中,行政决策失误非常普遍,给国家经济造成巨大损失,其中凭经验决策、"拍脑袋决策"是造成我国行政决策失误频繁的根本原因,因此,如何减少乃至避免重大决策的失误已经成为必须认真研究和努力解决的历史性课题。同时,现代社会的主流决策模式已经由经验决策转向科学决策。现代科学决策的重要特征就是科学化、民主化。专家和普通公众参与行政决策已经成为现代行政决策的基本特点之一,专家和普通公众参与行政决策不仅弥补了决策者的知识与能力的不足,而且对于保证决策的合理公正亦发挥着重大作用。现代科学决策越来越重视运用科学的手段与科学的方法,从而把决策建立在科学的基础之上。在法治社会,决策科学化与民主化与法治密不可分,现代各国普遍重视将科学决策、民主决策基本要求以法的形式确立下来,以法治化促进决策科学化与民主化。行政决策缺乏制度规范,特别是缺乏法律的规范制约,是造成决策随意性强、失误多的重要现实原因,因此,行政决策法治化已经成为我国的社会共识和强烈要求。

---

[*] 作者简介:伍劲松,男,华南师范大学法学院教授,广东省广州市天河区人大代表。汪东,男,华南师范大学法学院2011级硕士研究生。

注:本文获第11届广东省高校统战理论研讨会优秀论文奖。

基于前述，本文的首要目的就是从公民参与的角度探求行政决策法治化之路，具体的写作思路如下：第一大点，笔者主要对为什么需要行政决策法治化进行一番陈述，通过论述行政决策法治化的内涵从而凸显其价值所在，进而阐述行政决策法治化的必要性和理论与现实意义，为下文的展开论述做好铺垫；第二大点，笔者主要阐述的是行政决策法治化的主要原则，主要包括依法决策原则、依程序决策原则、比例原则、权责统一原则等，主要是对行政决策法治化的理论进行总结，为下文探索行政决策法治化的路径打好理论基础；第三大点，笔者将主要探讨行政决策程序的法治化，主要目的是探讨行政决策法治化与公众参与，公民的广泛参与才能促进行政决策的法治化，而公民要想真正参与行政决策中，首先必须要让行政决策的整个过程透明、有序，即行政决策程序的法治化，这是行政决策法治化的基础，也是公众参与的前提；第四大点，笔者将主要结合我国的现实情况和行政决策体制的现状探讨公民更好地参与行政决策的路径与完善措施。

二 行政决策法治化的价值

行政决策是政府依据既定政策和法律，对面临要解决的问题，收集信息、拟订方案、做出决定的行为过程。行政决策过程是一个有限条件下的行政自由裁量过程，而且行政决策结果往往具有指导性、广泛性、长期性，对政府行为和形象具有关键影响，所以，行政决策法治化就成为现代政府建设的重要内容，我国的法治政府建设也不例外[1]。

（一）行政决策法治化的内涵

1. 根本性和全面性

要理解行政决策法治化，首先必须充分认识法治化的根本性和全面性。所谓法治化的根本性，是就法治化的本质而言的，现代民主政治提倡的法治应该是体现多数人意志的众人之治，而且多数人意志的表达是自由的、真实的，多数人意志的实现是理性的、规范的，法治化是一个动态的过程，其根本宗旨在于体现多数人的意志，保障多数人的权益，追求的是人类治

---

[1] 陈炳水：《论我国行政决策中的公民参与》，《社会科学》2005年第2期。

理的根本价值，法治化的根本性意味着肯定法治的公益性、权威性。

所谓法治化的全面性，是就法治化的范围和对象而言的，即对社会某一领域、某一现象的法治化，是指对涉及这一领域、产生这一现象的所有主体、行为、过程实行最大限度的法治，而不是对部分主体、行为、过程实行法治，同时对其他主体、行为、过程实行他治，法治化的全面性意味着推崇法治的主体性、排他性。

2. 与行政决策制度化、科学化、民主化的关系

基于对法治化的根本性和全面性的认识，本文对行政决策法治化的理解是：行政决策法治化是行政决策体现多数人意志、保障和实现多数人利益并使之规范化的过程，这个过程包括确定目标、收集信息、拟订方案、作出决定、规范监督、责任追究等。正确认识行政决策法治化，还必须厘清行政决策法治化与行政决策制度化、行政决策科学化、行政决策民主化之间的关系。

首先，行政决策法治化与行政决策制度化的关系。行政决策法治化不等于行政决策制度化，行政决策制度化是行政决策法治化的一种表象。行政决策法治化是一个政府组织下的多数人表达意志和实现利益的过程，这一过程是动态的利益博弈和静态的规范颁行的统一。行政决策法治化的核心内容是多数人的意志贯穿于决策过程，并体现于决策结果，规范的颁行必须服务于这个核心内容，而且多数人意志表达和利益实现的程度是衡量规范正当性的首要标准。行政决策制度化不能涵盖行政决策法治化的实质内容，只是行政决策法治化的一种表象。只有能够体现多数人意志的制度化设计，才能有利于行政决策法治化的实现，否则将成为行政决策法治化的障碍，甚至使行政决策由形式上的法治化走向实质上的专制化。

其次，行政决策法治化与行政决策科学化的关系。行政决策科学化是行政决策法治化的必然要求和主要手段。行政决策科学化是指，行政决策者及其他参与者充分利用现代科学技术知识方法，特别是公共决策的理论和方法来进行决策，并采用科学合理的决策程序。在现代科技尤其是信息技术快速发展、社会变革特别是社会分工不断深化的时代背景下，传统的经验型的行政决策模式已不能适应现代行政决策的需要，更难以满足以保证公众参与为主要特征的行政决策法治化的要求，这就决定了行政决策科学化必然成为行政决策法治化的主要手段，网络在信息公开、征集民意、专家咨询、舆论监督等方面的独特作用就是很好的例证。

再次，行政决策法治化与行政决策民主化的关系。行政决策民主化是行政决策法治化的主要内容和根本保证。行政决策民主化是指必须保障广大人民群众和各社会团体以及政策研究组织能够充分参与行政决策过程，在政策中反映广大人民群众的根本利益和要求[①]。只有保障广大人民群众和各社会团体以及政策研究组织能够充分参与行政决策过程，才有可能使多数人的意志在行政决策过程中获得表达的机会；只有在决策中反映广大人民群众的根本利益和要求，才有可能使多数人的利益在行政决策的实施过程中得以保障和实现。

(二) 行政决策法治化的必要性

行政决策是行政管理活动的核心，行政决策行为的施行对其他行政行为具有导向性的作用，其施行的效果对国家和社会的影响也非常巨大。行政决策的法治化，不仅有利于保障行政决策科学化与民主化的实现，提高行政效率，而且有利于促进社会主义市场经济的发展以及依法治国方略的实施。因此现阶段实现行政决策法治化是十分必要的，下文将主要从实际需求和现实意义两个角度分别进行论述。

1. 实际情况的要求

（1）现代政府建设的需要。首先，我国正处于转轨变型的特定历史时期，由于新旧体制的摩擦冲突、社会利益的分化组合、价值取向的多元变化等诸多因素的影响，各种非理性行政行为在一定程度上削弱了政府行政能力，损害了政府权威，影响了政府形象，最终导致了政府公信力不尽如人意。有学者在互联网上就政府公信力问题对网友评论进行了追踪调查并得出了以下结论：对政府持"信任"态度的约占20%，持"不信任"态度的约占80%[②]。要提高政府公信力，从政府自身建设角度看，必须从观念、制度、行为等多方面入手，其中行政决策法治化是其关键环节。其次，行政决策是政府表现其职能的主要手段和形式，它不仅是对已有法律和政策的贯彻落实过程，也是针对现实问题采取措施加以解决的过程，具有承上启下的纽带作用，行政决策法治化能够克服行政决策在制定、执行、监控、评估过程中存在的缺陷，有力保障公民对行政决策享有的知情权、表达权

---

① 刘莘：《法治政府与行政决策、行政立法》，北京大学出版社2006年版，第227页。
② 张旭霞：《试论政府公信力的提升途径》，《南京社会科学》2006年第7期。

和监督权。通过行政决策法治化，可以拓宽群众参与渠道、强化决策责任制、增加决策透明度，最大限度满足公共政策合法、合理、科学、民主的要求，从而促进公众对政府行为的认同。再次，服务型政府建设自从在我国提出后就迅速经历了一段发展的兴盛时期，各级地方政府都频频行动、新招迭出。可是，近两年来服务型政府建设明显放慢了步伐，原因就在于服务型政府建设在外在动力减小的情况下，由于缺乏对内在动力的认识，更没有建立起相应的动力运行机制，从而在一些基本的操作性措施采取完以后，无法往深层次推进。其实，行政决策法治化与服务型政府建设在内在动力和价值追求上是一致的，即都是为了体现多数人意志、保障和实现多数人利益，所以，从服务型政府建设的关键环节行政决策入手，加快推进行政决策法治化，就能从根本上把服务型政府建设推向深入。

（2）社会和谐进步的需要。和谐社会并非是一个没有矛盾、纠纷和冲突的社会，而是一个矛盾、纠纷和冲突产生后能够寻求到切实有效的救济途径和解决机制的社会。社会和谐的构成因素是多元的，从权力和权利的构成角度看，包括公权力之间的和谐、私权利之间的和谐、公权力与私权利之间的和谐，这三对组合的和谐构成了现代社会和谐的基础。因此，作为行政权行使的首要环节，行政决策法治化对促进这三对组合的和谐具有十分重要的作用。首先，从行政权的角度看，公权力之间的和谐主要体现在行政权与立法权、行政权与司法权之间的和谐。行政权相对于立法权来说，其主要内容是执行权，在现代民主社会，无论是间接民主还是直接民主，立法以体现多数人意志为根本宗旨是普遍认同和存在的事实，立法后的规范性文件能否得到真正的执行并达到应有的目的，这当中执法行为的价值取向具有重要影响。行政决策法治化的根本价值就在于体现多数人的意志，这与立法的根本宗旨是一致的，因此有利于立法目标的真正实现，从而促进立法权与执法权的和谐。司法权相对于执法权主要是一种监督权，其监督的主要依据是立法产生的规范性文件，体现的仍然是多数人的意志，只要行政决策真正实现法治化，执法权就能与司法权在体现多数人意志的基础上达到一致，执法与司法就必然会达到和谐。其次，行政权在私权利之间和谐的作用主要是通过对私权利之间利益配置的调整来实现，这正是行政决策的重要内容。行政决策只有最大限度地反映不同私权利主体的利益需要并平衡其利益构成，私权利之间的和谐才会有更加直接的制度保障，这种状况只有通过行政决策法治化才能实现，因为行政决策法治化过程是一个使行政决策符合多数人的利益需要，并使之规范化的过程。再次，从行政权角度看，公权力与私权利之间的和谐是通过行政权对私权利的尊重和私权利对行政权的信任来实现的。行政决策法治化要求的集中民智、反映民意的过程，就是一个行政权尊重私权利的过程，同时，行政决策法治化的科学性、民主性、规范性必然会有力保障公民利益的实现，从而提高行政决策的权威性，促进私权利对行政权的信任。只有尊重，行政权才会服务于私权利；只有信任，私权利才会服从于行政权，这样，行政权与私权利之间的和谐才能真正实现。

（3）公民权利保障的需要。实现和保障公民权利是行政决策法治化的核心价值所在。由权力本位走向权利本位既是现代市场经济得以发展的基本前提，也是现代民主政治不断推进的必然结果。正如权利本位的产生不是天然的一样，权利本位的实现也是一个随着人类文明进步而不断追求的辩证发展的过程，在不同的时空条件下因其影响因素的侧重而有所不同。在现代社会的政治构架中，行政权的不断膨胀几乎成为不可遏制的必然趋势，因为在权力体系中，立法权的行使具有时间和空间上的局限性，司法权的行使具有中立性和被动性，这就决定了二者很难有效地规制瞬息万变的现代社会的方方面面，而天生具有主动性和积极性的行政权最大限度地满足了现代社会发展的需要，它可以经常地、广泛地、直接地参与到社会发展的方方面面。也正是由于行政权行使的经常性、广泛性和直接性，决定了其对公民权利保障的至关重要性。作为行政权行使的首要环节，行政决策对保障公民权利作用的发挥只有通过行政决策法治化才能得以有效的实现。首先，行政决策法治化要求公众参与行政决策过程。行政决策法治化的基本要求是行政决策必须反映多数人的意志，反对个人专断。多数人的意志只有在公众广泛参与的前提下，才有可能在行政决策过程中得到足够的关注，任何个人的知识、阅历和品性都难以保证多数人意志在行政决策中得到充分的体现。公众参与行政决策的过程，实质是多数人意志的表达和被认可的过程，是防止个人专断决策的过程，是公民权利得以保障的前提。其次，行政决策法治化要求行政决策过程必须体现程序公正。行政决策过程中程序公正的关键是行政信息公开化、行政决定民主化。信息公开可以有力保证公众做出更加理性、正确的判断，防止因多数人的无知而造成多数人的武断；民主决定可以促进多数人意志的确认和规范，防止行政决策法治化流于形式，是公民利益得以保障的关键。再次，行政决策法治化强调行政决策的责任追究，任何法治化的权力都应该是受到监督的权力，行政决策法治化的责任追究制度就是为了监督、防止和纠正行政决策者违反行政决策程序、侵犯公民权利的主要形式。

2. 现实意义

（1）有利于保障行政决策科学化与民主化的实现。首先，行政决策的科学化、民主化、法治化是现代行政决策发展的一个基本趋势，三者对于保证行政决策的正确性具有十分重要的意义。其中行政决策法治化既是保障行政决策科学化、民主化得以实现的一个重要前提，又是我国社会主义法治建设的一项重要内容。行政决策的科学化，要求行政决策过程必须建立在制度的基础上，经过科学程序，广泛发扬民主，大量收集信息，充分研究论证，采用集体决策的方式，利用现代化的技术手段，把静态的典型研究和动态的系统分析结合起来，以期最大限度地提高决策精度[1]。行政决策的民主化，是指行政决策的过程要充分听取不同意见，行政主体应当在相对人进行充分利益表达的基础上进行合理的利益综合，并形成民主的决策目标，防止决策的个人专断。正所谓"制度胜过慈悲心"，行政决策的科学化、民主化，要通过法律的理性来保障。行政决策的法治化使得决策的方式方法以及过程以法律的形式固定下来，从而可以摒除决策中主观的、随意的种种因素，降低行政决策违法的概率。其次，行政决策的法治化还使得若有违法决策则行政决策主体必须承担相应的法律责任，行政相对人的合法权益若受到侵犯也可运用法律手段获得及时有效的法律救济。

（2）有利于提高行政效率。首先，从经济学角度来看，效率就是指某种投入与产出的比例关系。也即是说，少的投入带来多的产出，效率就是高的；而多的投入带来少的产出，效率就是低的。行政决策的法治化不仅可以使决策制度体系内部诸要素之间的关系相互协作配合，还能够促进决策制度体系与政府其他部门体系及市场之间的关系和谐共生、优势互补。其次，自身内在诸要素或结构协调，主要体现为行政决策体制各子系统，围绕共同的决策目标和预定的方向，各司其职，相互照应，彼此促进，实现整体效能，完成决策任务。如决策中枢系统的统率与支配，信息系统灵敏准确的信息提供，咨询系统的明智、权威的辅助，审批监控系

---

[1] 杨建平：《加速推进政府决策的科学化》，《中国行政管理》2000年第1期。

强有力的监督保障和正确抉择,执行系统的机敏快速应变和高效正确的实施等,有条不紊,按部就班,保障决策过程有效进行。行政决策体制各系统运转协调,将有助推动整个行政系统的完善和配合,达致行政系统与外界环境之间的动态平衡,保持政府活力和效率的提高[①]。

(3) 有利于促进社会主义市场经济的发展。首先,市场经济是世界贸易组织规则的基础,因此,我国加入 WTO 后,WTO 的规则和原则体系也适用于我国。虽然从表面上看,WTO 所涉及的多是经济贸易领域的规则和原则,但其宗旨却是在于消除各国对经济贸易的壁垒,建立起一个更为公平、公正以及更具活力和永久性的多边贸易体系。其次,这些规则和原则的大部分内容是针对政府行政作为而言、是以政府的行政管理活动为对象的。以 WTO 的透明度原则为例,该原则规定:第一,各成员方国内所有的对外贸易政策、法规应提前公布,以便其他成员方国内企业、公民能充分了解和熟悉这些政策、法规,从而使这些企业和自然人有一个清晰透明的商业环境;第二,各成员方国内所有地方在实施对外贸易政策、法规时,必须坚持统一性原则;第三,对外贸易政策、法规必须在指定的公开性刊物上予以公布,同时公布实施上述政策、法规的部门和执行程序。此即行政程序的公开化、办事透明化。而行政决策的法治化完全合乎 WTO 透明度原则的内在要求,因此,行政决策的法治化有利于保障社会主义市场经济的秩序性、效益性,克服市场无序竞争导致的自发性、盲目性和非计划性,从而促进社会主义市场经济的健康发展。

三 行政决策法治化的基本原则

基本原则是基础性真理和行为准则,行政决策法治化的基本原则对法律调控行政行为起着根本性的指导作用,行政决策法治化的基本原则不是单纯的法治原则,也不是单纯的决策原则,而是法治原则和决策原则的有机统一,行政决策法治化的基本原则,是对行政决策行为固有规律的反映和总结,是行政决策主体在做出行政决策行为时应当遵循的准则和基本法

[①] 林锦峰:《浅谈政府行政决策制度的体系的改进与优化》,《中山大学学报》2000 年第 2 期。

则。它和行政决策的价值取向一样，都对行政决策的法治化起着重要的指导作用。

(一) 依法决策原则

依法决策原则是指行政决策主体的一切决策行为都必须遵守法律的规定，任何行政决策权力的来源和作用都必须要有明确的法律依据，否则越权无效，要受到法律追究并承担相应的法律责任。依法决策原则是行政决策法治化最基本的原则，其他原则都建立在此原则的基础上。基于法治的基本要求，依法决策原则应当包括以下内容。

第一，行政决策权力来源于法。一切行政决策行为必须以行政职权为基础，无职权即无行政。行政决策权力必须合法产生，行政决策主体的决策权力或由法律、法规设定，或由有权机关依法授予，否则权力来源就没有法律依据。没有法律依据的行政权力从根本上说是一种非法的权力。这里强调的是行政决策主体要依法决策，而不得依言决策、依习惯决策、依长官意志或依主管意志决策。行政决策主体必须在法律规定的职权范围内活动，非经法律授权不得行使某项权力。

第二，行政决策权力受制于法。依法决策原则不仅要求行政决策权力来源于法，还进一步要求行政决策权力的行使必须具有明确的法定依据，受到法的全面的、全程的和实际的制约。这是对行政决策权力行使的要求，也构成行政决策权力法定原则的核心。行政决策权力受制于法主要是指法律、法规对行政权限做出了明确的划分，行政决策主体只有在其法定的权限范围内行使其决策权力才是合法的。当然，行政决策权力所受到的法律限制，不仅来自于实体上的权限范围，还包括程序上对行政决策权力行使的方式和过程的限制。行政决策主体行使决策权力，不仅要依据法定的权限，还要依据法定的程序。

第三，越权无效，并应承担法律责任。依法决策原则要求决策主体不得越权决策，如果越权则不具有法律效力并应该承担相应的责任，如果对社会利益造成损害或产生不良的社会影响还应该受到制裁。这是因为，法律效力必须要得到法律的授权，如不在法律授权的范围内，它在法律上就站不住脚[①]。因此，法院和其他有权国家机关可以撤销越权行政决策行为

---

① 韦德：《行政法》，中国大百科全书出版社1997年版，第44页。

或宣布越权行政决策行为无效,并应该依法追究有关责任主体的法律责任。

总之,依法决策原则表明任何行政决策必须有法定的依据,要求行政决策主体做到有法必依、执法必严,用法的合理性来约束行政的随意性,不得抗拒和规避法的约束①。

(二) 依程序决策原则

首先,依程序决策是行政法上正当程序原则的应有之义。正当程序原则的基本含义,是指行政机关做出影响行政相对人权益的行政行为,必须遵循正当的法律程序,包括事先告知相对人,向相对人说明行为的根据、理由,听取相对人的陈述、申辩,事后为相对人提供相应的救济途径等②。

其次,正当程序原则被公认为是程序正义的主要体现。程序正义一直被视为"看得见的正义",这源自一句人所共知的法律格言:"正义不仅应得到实现,而且要以人们看得见的方式加以实现。"近现代程序正义观念产生于英国法,并为美国法的"正当程序"思想所继承和发展。例如:在英国,受早期法律传统影响,人们一般相信"程序先于权利,正义先于事实",美国更是将正当程序原则奉为宪法的核心原则之一。而美国宪法所确立的法律正当程序原则,具体来说是在其本土自19世纪开始,伴随对急剧扩张的行政机构及其权力进行控制这一背景产生,然后迅速向行政法领域蔓延。台湾学者翁岳生曾就此分析并指出,该原则"最初仅指司法程序,及至现代福利国家出现,行政决策实际发生剥夺人民权利效果后,乃逐渐要求行政决策亦需要符合正当程序"③。其实在行政领域,法律的正当程序是被具体界定为行政性正当程序原则。

再次,所谓行政性正当程序原则,是要求行政机关行使行政权力涉及行政相对人的生命、自由或财产权利时,须听取当事人的意见。例如对于城市煤气、水、电等公用事业的提价,公路整治、城市规划等涉及国计民生的重大决策措施的出台等过程中真正实现公民的参与。具体来说就是在

---

① 周佑勇:《行政法基本原则研究》,武汉大学出版社2005年版,第166—171页。
② 姜明安:《行政法与行政诉讼法》,北京大学出版社、高等教育出版社1999年版,第42页。
③ 翁岳生:《行政法(下册)》,中国法制出版社2002年版,第1072页。

这一过程中，政府只有与公民之间建立起正常的沟通渠道，并通过举行听证会、专家咨询会等多种形式，广泛吸收公民参与其中，并把最终结果公之于众，才能避免行政决策中的专制主义，才能使政府做出的各项行政决策既能正确反映社会各种利益的要求，又能使政府行政决策的过程符合其自身的客观规律，从而能够使权威性的政府管理通过公民的参与而转变成为便民、利民、为民的民主、科学行政，最终使行政决策的民主化和科学化能够得到有机的统一。

（三）比例原则

现代行政法面临的一个核心问题是如何将国家权力（在行政法上为行政权，在警察法上为警察权）的行使保持在适度、必要的限度之内，特别是在法律不得不给执法者留有相当的自由空间之时，如何才能保证裁量是适度的，不会为目的而不择手段，不会采取总成本高于总利益的行为。在大陆法中，这项任务是通过对手段与目的之间关系的衡量，甚至是对两者各自所代表的、相互冲突的利益之间的权衡来实现的，也就是借助比例原则进行有效的控制[1]。行政决策行为的做出与实施上，也应当考虑比例原则，即行政决策的制定必须具有必要性与合理性。比例原则所要解决的核心问题是如何为行政决策行为的正确、有益和公正提供一个一般性的标准。行政决策行为可能在不同的决策环境下面临不同的现实条件，但是行政决策行为仍有一些一般性、共同性的要求可以遵循[2]。这些要求包括：

第一，合规律性与合目的性的统一。行政决策是为了满足人们的某种主观需要而进行的一种行为，具有一定的目的性。但是人们在按照自身需要进行抉择时不能任意妄为，决策的目的必须与客观规律相符合，此即行政决策行为必须符合规律性与目的性的统一。如果行政决策行为无视客观规律甚至违背客观规律，行政决策的目的往往就会难以实现。

第二，公正与效率的统一。在行政决策过程中，公正与效率是互相联系、互相制约的，忽视其中任何一个方面都会导致片面性。例如，公正与效率都是行政决策所追求的价值，公正有时也可用效率机制来诊释。庞德

---

[1] 余凌云：《论行政法上的比例原则》，《法学家》2002年第2期。
[2] 刘莘主：《法治政府与行政决策、行政立法》，北京大学出版社2006年版，第163页。

认为:"我们以为正义并不意味着个人的德行,它也并不意味着人们之间的理想关系。我们以为它意味着一种制度。我们以为它意味着那样一种关系的调整和行为的安排,它能使生活物质和满足人类对享有某些东西和做某些事情的各种要求的手段,能在最少阻碍和浪费的条件下尽可能多地给予满足。"① 庞德的这种认识正是对公正与效率关系的最好诠释,也是行政决策法治化所应遵循的原则。

第三,私人利益与公共利益的统一。公共利益与私人利益之间存在着一种对立统一的关系,公共利益与私人利益是互相转化、互相依赖及互相包含的。当政府在行政决策过程中面临是否要牺牲私人利益以保障公共利益的实现时,应当首先依照比例原则权衡两者的大小,考量该行为所要实现的公共利益是否真的大于其可能损害的私人利益,然后才能做出选择。而不应先入为主地认为公共利益就一定天然地优于私人利益。

(四) 权责统一原则

首先,行政决策法治化要求用宪法和法律来限制和约束行政决策主体的行为,并使决策主体及其领导者的行为受到法律和公众的有效监督,这就必须建立起决策权力与法律责任两者之间的内在联系,也就是说要明确决策者的法律责任。行政决策主体对其所实施的导致决策失误的违法决策行为,必须承担相应的法律后果,有权力必有责任、责任与权力相对应,这就是行政决策权责统一原则。

其次,长期以来,我国由于缺少决策责任制,而导致行政决策权力与责任脱节、决策不负责任的现象比比皆是,这在一定程度上助长了违法行政决策行为的滋生。因此,要想减少违法行政决策行为的发生、实现行政决策的法治化,必须从根本上使行政决策责任得以实现,做到行政决策权力与行政决策责任相统一。权责脱节的状况,使承担责任的人往往无权决策,有权发号施令做出决策的人又往往不承担后果和应负的责任,从而导致推诿扯皮、决而不议、议而不决的现象大量存在。因此,建立行政决策责任制,首先要处理好权责的关系,明确界定和规范部门乃至个人的职责权限,明确决策责任主体,做到各有各的权力、各有各的责任,别人不能干预,更不能侵犯。同时,又必须是有权还有责,违法行使权力应负责,

---

① [美] 庞德:《通过法律的社会控制》,商务印书馆1984年版,第35页。

改变有权无责、有责无权，以及有人不管事、有事无人管的状况。应注意的是，行政决策主体的法律责任不能代替依法拥有行政决策权力的政府机关行政首长的责任。

最后，行政决策是行政首长的一项基本职责，我国法律规定，人民政府实行行政首长负责制。这说明各级行政首长在享有法律赋予的行政决策权的同时，还应承担行政决策责任。因而行政决策如出现重大失误、造成严重后果，应该而且必须依法追究决策者的法律责任。行政首长不能借口"集体决策"而由"集体承担"法律责任。"集体负责"易形成"法不责众"的局面，结果是谁也不负责，从而导致"群体腐败"[①]。因此，在行政决策主体因违法决策而承担法律责任的同时，该行政机关的负责人亦应承担相应的政治责任、法律责任以及道义上的责任。

四　行政决策程序的法治化

行政程序在行政法上具有特殊的重要地位，行政决策程序也是行政决策的核心问题。因此，程序法治是行政决策法治化的中心内容。行政决策程序同一般的行政程序相比，有其特殊性；行政决策程序有其独立的价值；决策过程是一个科学过程，它必须尊重和体现决策规律；决策过程也是一个政治过程，法治社会的决策应为公民提供充分的表达和参与机会，体现决策的民主与公正。正是基于行政程序决策法治化的重要性，笔者在这一部分将主要对行政决策程序进行理论分析，并结合各国的相关立法，进而实现决策程序的法治化，完善行政决策的不足，为公民更好地参与行政决策创造条件。

（一）行政决策程序概述

1. 行政决策程序的概念

在法律意义上，程序是与实体相对的一个概念，指实施某项有法律影响力的行为所必须遵循的步骤和方式。其普遍的形态是按照某种标准和条件整理争论点，公平地听取各方意见，在使当事人可以理解或认可的情况

---

① 顾海波：《现代行政决策的法律责任探析》，《理论探讨》2005年第3期。

下做出决定①。通常所说的法律程序，主要指选举程序、立法程序、司法程序、行政程序等几种类型。行政法学界普遍认为行政程序是法律程序的一种，其构成要素有行为的步骤、方法、顺序和时限，行政程序的一方当事人是运作行政权力的行政主体。行政法学界对行政程序的概念的一个重大分歧在于行政相对人参与行政活动是否属于行政程序的内容。有三种不同的观点：第一种观点认为行政程序是行政主体的活动程序，而不是相对人应遵循的程序；第二种观点认为行政程序是行政法律关系主体在行政活动中应遵循的程序，行政程序的主体不仅包括行政主体，而且包括行政相对人；第三种观点认为行政程序主要是行政主体应遵循的过程，但在参与型行政中，行政相对人的行为也要纳入到行政程序中来②。现代民主行政中，相对人已经从被管理者转变为参与行政管理的主体，行政相对人的程序权利必须受到重视。但同时，行政程序的主体仍然以行政主体为主，也就是说，行政程序是行政主体在行使职权时必须遵守的程序。行政程序规则设定行政权行使的法定条件，规定行政活动的过程步骤，以及正当行政程序原则。

　　行政决策程序，是行政程序的下位概念。作为行政法律程序的一种，行政决策程序指行政决策的步骤、顺序、形式和时限，其本身构成一种制度。法治国家的行政决策程序是由行政程序法（包括法典及其他规范）规定的。行政决策程序的一方当事人是行政主体，在民主决策的语境下，行政相对人具有参与行政决策的程序权利。行政相对人参与到行政决策过程，有助于行政决策获得正当性，同时更好地实现相对人的权益。因此，现代行政决策程序概念包含：首先，行政决策程序是法律意义上的一个概念，行政决策程序作为行政程序的一种，是规范行政决策权运作的程序。其次，在行政决策涉及相对人基本权利时，当事人有权提出自己的观点和主张，参与到行政决策过程，行政决策主体有义务去保证这一程序权利的实现。任何违反公正程序的行政决策，都有可能构成对公民基本权利的侵犯。因此，正当行政决策程序有益于提高行政决策的正当性与科学性，使民众乐于接受行政决策，减少事实认定错误或偏差；正当行政决策程序有

---

　　① 季卫东：《法律程序的意义——对中国法制的另一种思考》，中国法制出版社2004年版，第17页。

　　② 黄学贤：《中国行政程序法的理论与实践：专题研究述评》，中国政法大学出版社2007年版，第4—5页。

益于提高行政机关的政治负责程度（political accountability），使人民有参与行政决策的机会。

2. 行政决策的特征

与立法决策程序和司法决策程序相比较，行政决策程序最显著的特征，首先表现在行政主体既是"当事人"——程序的主体，又是"决定人"——决策的主体。也就是说，行政决策程序中行政主体既是球员又是裁判员。司法决策程序中，法官作为决策主体严守中立，超脱于当事人的争执。立法决策程序中，立法者虽然是"决策主体"，但立法者本身受到所立之法的拘束，且立法一般是集体决策，个人主导性不强。其次，行政决策程序是为未来所做的决策，具有预期性和不确定性。司法决策是公开而有效地对具体纠纷进行事后的和个别的处理，存在着作为判案依据的一般性法律规范，法官只是对这种预定规范进行适用。立法决策虽然也是针对未来所做，但相较行政决策，确定性和稳定性更强一些。复次，行政决策程序是保证公民参与的程序。司法决策的对象限于特定当事人，是为明确法律上的权利、义务、责任的归属，一般无利害关系人不会参与司法决策。立法决策提倡公民参与，由于立法并不是"日常事务"，公民参与的频度远远低于行政决策，而且，立法程序的民主主义和职业主义之间存在紧张关系。这种紧张关系远甚于民主的行政决策。

3. 行政决策程序的功能

行政决策程序不具有独立的体系，它包含在行政程序法或单行法律之中，但是行政决策程序具有重要、独立的功能，直接关系法治进程乃至宪政建设的程度。

第一，保证依法决策的实现。依法决策是依法行政的重要内容，所依之"法"，既指实体法也指程序法。"由于行政管理本身是一种领域繁多、富于变化的社会活动，如果我们只是从实体的角度观察行政法，那么，就很难在理论上寻找到共同的、统一的行政法原则。"[①] 考察各国行政程序法，普遍规定了"告知"、"听证"、"说明理由"、"救济途径"等制度。行政决策不仅要实体合法，也要程序合法。行政决策要按照程序法规定的

---

① 杨寅：《中国行政程序法治化——法理学与法文化的分析》，中国政法大学出版社 2001 年版，第 84 页。

步骤、方式、时限等做出，否则将因为程序违法被宣布无效或撤销。"程序不是次要的事情。随着政府权力持续不断地急剧增长，只有依靠程序公正，权力才有可能变得让人能容忍。"[1] 行政决策程序本身具有独立的法律价值。以行政决策程序规范行政决策行为，可以防止行政决策权恣意滥用，同时还可以保证行政目的的实现。

第二，提供公众参与行政决策的机会与途径。"当代行政过程无处不在的利益冲突、竞争和妥协，表明行政过程本质上已经成为一种政治过程。"[2] 行政决策在很大程度上需要公众参与来体现利益代表和利益平衡。通过法定程序，保障参与者方便获取必要信息，对参与者提出的各种方案研究评估，并说明理由。通过行政决策程序，为公众参与构建基础性平台，保障参与者平等有效表达意见。另外，公众参与还有赖于专家的智力支持，提高参与的效能。概言之，公众参与程序是行政决策自我合法化的一个核心制度。

第三，提高行政决策的合理性。行政决策程序具有沟通理性，沟通理性将弥补行政决策合理性的裂缝。人是易犯错的，决策难免受到偏见或不当利益干扰，追求客观、理性的决策，必须以程序规范创造团体意识，尊重人性尊严，使政府行为具有预见性，减少裁量行为的错误，以准确实现实体法目的[3]。在不确定、不稳定、不可预测和复杂的环境中做行政决策，要求行政决策的过程透明，参与者之间开展讨论和对话，整合多元利益和主张。只有依据程序合理性，才可能最大限度地体现社会公正，提高决策本身的合理性。而遵循规范的决策程序，经由相对人参与的决策，易于为当事人接受，使行政决策得以顺利执行。因此，行政决策程序的民主性、公开性和适当性促进了行政决策的合理性。

第四，保护行政相对人权益。行政决策程序是对行政相对人权利的深层次保障。现代行政决策程序将对行政相对人权益的保护作为其所承担的重要功能。公民权利的保障由过去的事后救济转变为事前、事中保障。通过告知、听证等程序机制，公民可以参与行政决策。对公民带来负担的决

---

[1] 威廉·韦德:《行政法》，徐炳等译，中国大百科全书出版社1997年版，第94页。
[2] 王锡锌:《公众参与和行政过程———一个理念和制度分析的框架》，中国民主法制出版社2007年版，第40页。
[3] Jerry L. Mashaw, *Due Process in the Administrative State*, New Haven: Yale University Press, 1985, p. 105.

策在做出前，公民有发表意见、参加讨论的权利。通过行政决策程序法律化，规范行政决策权运作，可增强行政决策的正当性，有效弥补实体控制方面的局限，也为法院从程序上审查行政决策的合理性，审查相对人的程序权利是否受到侵害提供便利，从而解困于救济无法之窘境。

（二）各国的相关立法

1. 美国联邦行政程序法

1946年6月11日完成的联邦行政程序法，全文共12条，编在美国联邦法典第五篇第551条至第706条。1966年制定并于1974年修订的信息自由法，1974年制定的隐私权法，1976年制定的阳光政府法，1990年制定的协商式规则制定法，对行政程序法典做了进一步的补充。与大陆法系比较，美国联邦行政程序法是比较纯粹的程序法，按照两条思维脉络：一是按照行政机关行使的职能设计程序，二是区别正式和非正式程序。前者有三种程序：为行政调查而设的信息的获得与公开程序；为行政立法而设的规则制定程序；为行政司法而设的行政裁决程序。另外，增列了司法审查程序，以使法院有效监督行政机关。后者有四种程序：正式的规则制定，非正式的规则制定，正式的行政裁决，非正式的行政裁决。与行政决策有关的规定有：（1）信息公开。美国信息自由法确立了政府信息公开的原则，即行政机关有义务向民众公开其掌控的所有文件信息（除9项免除公开外）。公开的方式有三种：主动登载于政府公报等，提供检索、影印，提供阅览。联邦行政程序法要求，除非属于列举出的集中例外，行政部门必须将其制定的规章的草案在"联邦登记"上公布，并给予公众提出书面评论意见的机会。这是通常所说的"通知和评论程序"。（2）个人信息的保密。隐私权法规定政府对其所掌握的个人信息有保密的义务。除法律列举的12项例外之外，行政机关非经当事人书面同意，或依当事人书面请求，不得公开有关个人信息。（3）行政会议公开。阳光政府法规定联邦政府的合议制机关应公开举行委员会会议。原则上会议应准许公众旁听，会议记录应公开。（4）协商型规则制定。行政机关导入协商机制，基本运作是在公告规则草案接受评论之前，先将草拟规则的目的及主要问题在联邦公报刊发，邀请相关利害关系人参与协商，形成共同规则的初稿。

2. 奥地利行政程序法

奥地利在 1925 年通过"一般行政程序法"、"行政程序法执行法"、"行政处罚法"、"行政执行法"等四个有关行政程序的立法。可称之为"广义的行政程序"。行政程序主体分为利害关系人与当事人两类。该法第 8 条规定，利害关系人是对行政机关要求其执行职务，或受行政机关行为影响的人，当事人则是利害关系人中对行政机关有法律上请求权或法律上利益而参与该案件的人。(1) 当事人在行政程序上的权利有：卷宗阅览权、听证权、拒绝非公设鉴定人的鉴定之权、接受裁决宣示或送达的权利、提起救济、请求行政机关决定的权利。这些权利早在 20 世纪 20 年代就已确立，可谓"开风气之先"。(2) 行政机关具有程序义务。如在行政程序中负有法律教导的义务以及说明理由的义务。

3. 德国联邦行政程序法

联邦行政程序法于 1977 年 1 月 1 日生效。1998 年做了修订。从内容上看，联邦行政程序法包括了大量的原则[①]。该法规定行政程序包括行政处分、行政契约程序。行政机关订立法规命令或自治规章的程序，以及单纯事实行为与非正式行为不适用该法。该法载有非正式程序、正式程序、计划确定程序与法律救济程序。(1) 非正式程序指程序的时间、方式、内容等都没有规定的程序，行政机关依据职权主义裁量决定。行政程序以非正式程序为原则，以正式程序为例外。(2) 计划确定程序。计划确定程序比正式程序更形式化，必须以言辞辩论方式进行听证，以便解决一切有关该项计划的异议。(3) 大量程序。针对多数人参与而设计的行政程序，因为牵涉范围广泛，有关利害关系人都被许可参与程序。(4) 多阶段行政程序。多阶段行政程序并不是法律特别规定的程序类型，在专门法领域，如大型计划的行政程序需分阶段达成决定，即通过多次先行决定与部分许可，达成终局的决定。(5) 当事人的权利。依据法治国原理，行政程序当事人具有听证权；卷宗阅览权；要求保密的权利；劝告与答复的权利；选任代理人的权利。在要式行政程序中，参与人有权在做出决定之前获得表达其意见的机会。行政机关在通过"言词审理"后做出决定。任何参与人均有权要求不允许参加行政程序或有偏私之虞的委员回避。

---

① 哈特穆特·毛雷尔：《行政法学总论》，高家伟译，法律出版社 2000 年版，第 90 页。

(6) 法律救济程序①。

4. 日本行政程序法

1993年经过国会审议通过的行政程序法，经过40年的研究论证，其中有三次重大转折②。2005年日本修订行政程序法后，征求公众意见制度正式有了法律上的依据。新程序法规定，行政机关等在制定命令时要将该命令的方案等进行公示并广泛征求普通民众的意见及信息。针对命令等方案提出意见期限原则上30日，在充分参考所提出的意见后再制定命令。公开征求意见的方式有：网上刊载，行政机关窗口派发资料，报纸、杂志等报道，政府公报刊登，发表报道等。最重要的是要众所周知③。以有限立法为原则，该法规范了行政处分程序及行政指导程序。行政处分程序又区分为对申请之处分及不利益处分。不利益处分程序又分为两种：听证程序与申辩机会。听证程序规定从通知方式、代理人、参见人到笔录、报告书及声明不负等，细致周详。不适用听证程序的，原则上给予辩明机会。辩明程序是更加简明的程序。在辩明程序中，处分基准的设定、公布、不利处分的说明理由都适用，也预定了相同宗旨的处分的告知④。日本行政程序法最大特色是把行政指导列入其中。行政程序法规定了行政指导明确性的原则。行政指导有时以"纲要行政"进行，针对相对人为复数的情况，为公平期间采取公布主义。

（三）行政决策程序法治化的实现路径

1. 明确正当行政决策程序的理念

首先，确立正当行政决策程序理念，意味着行政决策程序应体现程序中立、程序参与和程序公开之要求。具体而言，第一，行政决策程序应具有中立性。现代社会存在普遍的公共利益，行政决策应体现这种公共利益。只有决策程序保持中立性，才可能让所有法律主体在程序上地位平等，参与机会平等，避免对其中一方偏私或歧视。第二，行政决策程序应保证公众参与。20世纪80年代中期以来，公民参与成为民主行政的重要

---

① 翁岳生：《行政法》，中国法制出版社2002年版，第985—993页。
② 同上书，第995页。
③ 吴浩：《国外行政立法的公众参与制度》，中国法制出版社2008年版，第434—435页。
④ 盐野宏：《行政法Ⅰ（第四版）行政法总论》，杨建顺译，北京大学出版社2008年版，第205页。

特征。美国学者 Carole Pateman 主张个人直接参与较为广泛的决策活动，这与代议民主制并不矛盾①。在公共决策过程中，通过落实公共参与权而构造对决策机构的制约机制，不仅可以促进公共权力组织的理性化，还将在很大程度上重建公共决策的"公共性"②。受到行政决策影响的相对人应该充分参与决策过程，发表意见。第三，行政决策程序具有公开性。行政机关在就行政事项进行决策时，其过程应当向社会公开，包括决策的理由、依据、步骤、顺序、方式等。这些法律程序包括：赋予相对人表达意见的机会，非经听证程序不得做出影响公民权益的决策，行政决策说明理由等。由于传统法律程序薄弱、法治历史短暂、法律技术滞后等原因，行政领域并不赞同这个外表堂皇、耗时费力的决策程序。经过几十年法治建设，国人逐渐认识正当程序之于法治的意义。《行政许可法》是《行政处罚法》之后又一部体现正当程序理念的行政法律。随着市场经济的快速发展，市场主体作为程序法治的最大消费者，对行政决策具有切身的信赖利益和预期计算。市场社会推动公民社会发育，推动政治社会开放，正当程序观念逐渐渗透进公共行政体，正当行政决策程序理念渐次形成。

其次，正当行政决策理念是对宪政精神的弘扬。我国《宪法》第2条规定："人民依照法律规定，通过各种途径和形式，管理国家事务，管理经济和文化事业，管理社会事务。"为公民参与和政务公开提供了宪法上的依据。《宪法》第27条规定："一切国家机关和国家机关工作人员必须依靠人民的支持，经常保持同人民的密切联系，倾听人民的意见和建议，接受人民的监督，努力为人民服务。"这是行政决策听证程序的宪法依据。我国宪法条文，长期束之高阁，恭而敬之，"好看不中用"，宪法程序的规定滞后。这种情势应有所改变。行政决策程序可以充作宪法与社会现实的一个中介装置，决策者以宪政精神落实相对人程序权利，通过具体的制度实施推进宪政进程。确立正当决策程序观念就是确立新程序主义宪政观。同时，行政决策程序是对公共服务精神的弘扬。政府模式发展经历了两个阶段，即统治型治理模式和管理型治理模式，现在正在向服务型治理模式转变。服务型政府以公民本位为基本理念，实现阳光运作，这是

---

① Carole Pateman, *Participation and Democratic Theory*, Cambridge University Press, 1970.
② 王锡锌：《公众参与和行政过程——一个理念和制度分析的框架》，中国民主法制出版社2007年版，第243页。

行政发展中具有划时代意义的变革。"公共服务"成为决策的价值取向，通过行政决策提供公共服务，实现社会公平。社会公平是判断行政决策行动的一项重要指标。社会公平可以理解为公民平等的政治和社会机会。

总之，我国尚未建立起普遍的正当行政决策理念，但是正当行政决策程序意识已经萌发。十七大报告对"公开"、"参与"两项程序原则充分重视，强调提高政府工作的透明度和公信力，增强决策透明度和公众参与度。2008年通过的《国务院工作规则》专门规定了"实行科学民主决策"，要求"国务院及各部门要健全重大事项决策的规则和程序，完善群众参与、专家咨询和政府决策相结合的决策机制"。我国正当行政决策理念，既是高层民主法治思想的体现，也反映出社会舆论的要求与压力。在一些地方政府，不乏重视程序正义与正当行政决策程序的主张。有序规定，必然提升政府的公信力。"尽管法律没有明确提出对程序合理性问题的关怀，但不能因此而认为程序改革仍然可以对程序合理性问题保持沉默。事实上，行政过程中程序合理性意识已经觉醒。"[①] 目前不少地方政府确立了民主开放的决策程序机制，对涉及公众利益的决策，扩大公众参与渠道，发挥专家、学者、科研机构在重大行政决策中的作用。确立正当程序的决策理念与机制逐渐成为一种趋势和潮流。

2. 建立并完善行政决策程序的规则

正当行政决策理念的确立，非一朝一夕之功。我们大可不必等建构起理念再行动。事实上，很多理念是在行动中确立的，或者在规则强制下转变的。正当行政决策规则建设，是行政程序法的一部分。按道理如果行政程序法出台，就可以解决行政决策程序无法可依的窘境。问题是这样一部法律的制定，在复杂的国情与转型的时代下是非常困难的工作。20世纪80年代中期，我国就研究制定统一的行政程序法典问题。考虑到当时条件并不成熟，决定"改批发为零售"，陆续制定出台了《行政诉讼法》、《行政处罚法》、《行政复议法》、《行政许可法》等，目前又正在审议制定《行政强制法》。

目前的现实情况是，社会经济的发展要求必须统一规范行政决策程序，使其法治化，那么该如何规范呢？笔者认为，应从现实问题切入，从

[①] 应松年、王锡锌：《中国的行政程序立法：语境、问题与方案》，《中国法学》2003年第6期。

相对人的程序性权利保护入手。所谓行政相对人的程序性权利,是指公民、法人和其他组织在国家行政机关(包括法律、法规授权的组织)及其工作人员实施行政行为的过程所享有的权利,是一种"动态的权利"[1]。正当行政决策程序涵盖决策提议、决策公开、决策听证、决策评估等环节。在内容上应包含:

(1)告知规则。公民在利益可能受行政决策影响时而具有被告知的权利。告知的目的就是为了让当事人能够及时做出有针对性的表述,行政决策做出之前,将决策的内容与理由告知当事人与利害关系人,征求其意见,以保证行政决策的合法性与妥当性,保护公民的合法权益不受公权力的侵害。告知分为事先告知、决策告知、事后告知。事先告知,也即预告,是指行政决策主体在做出行政决策之前所为,目的是促使行政决策程序权利人采取相应的程序行为(主张和预防)。决策告知,是对行政决策做出后告知决策对象及利害关系人,让相对人知悉行政决策内容,也使其对外发生效力。决策告知以书面形式。事后告知,即救济途径告知,是行政决策做出后,为方便当事人利用救济途径维护权益而告知其具体途径。告知的方式,对于行政决策程序,要求必须是书面公告,包括政府公报和媒体刊登。与一般行政程序不同,行政决策针对的是不特定多数人,告知必须在合理的时间内进行。告知必须包含足够的必要信息以使当事人能够充分地准备相关的证据以支持自己的观点。告知环节,重要的是做好事先告知。告知不是单向的,而是一种互动行为。

(2)听证规则。现代法治原则要求在作为政府行为之正当理由的事实存有争议、重要的自由或财产利益受到威胁的场合,听证程序应成为一个普遍的要求[2]。听证作为公民一项基本权利,在受指控或不利决定时进行答辩或防御,这一权利为国际公约和许多国家的宪法和法律所确认。我国适用行政听证的事项可以归为两类,即决策类和决定类。行政决策类听证结果影响不特定人的权利义务,包括行政立法、政府价格决策、城市规划等;行政决定类听证的结果影响特定人的权利义务,包括行政处罚、行政许可、城市方法拆迁行政裁决、产业损害调查、保证

---

[1] 王锡锌:《行政过程中相对人程序性权利研究》,《中国法学》2001年第4期。
[2] 理查德·B. 斯图尔特:《美国行政法的重构》,沈岿译,商务印书馆2002年版,第8页。

措施调查、反倾销与反补贴调查、医疗事故技术鉴定等。1998年我国《价格法》第一次将听证引入行政决策领域，此后，扩展到城市规划、行政规范性文件起草、环境影响评估等多个领域。但是，应该承认，行政决策听证制度尚未成为普遍适用的一般性制度。政府对行政决策听证的定位不准确。将行政决策听证定位为行政机关新的工作方式，而不是相对人的权利；听证代表人能力不足，代表产生机制不完善；代表往往由决策者审核聘请，不是由被代表者推选确定；听证不公开；没有发挥行业协会、社会团体的作用等等。

　　行政决策的听证程序可以分为两种，一种是正式听证，另一种是非正式听证。非正式程序，指相对人仅拥有陈述意见的机会，没有质证和辩论的权利。正式程序强调听证的要式性，要求听证记录对于行政决策具有拘束力。我国行政决策听证一词是作为正式听证来使用的。但是，我国法律规定的正式听证适用范围比较狭窄，行政决策类法律明确规定的只有价格听证程序。首先，从程序权利角度看，所有可能影响相对人权益的行政规范、政策的制定都属于听证事项的范围，都应采取听证会的形式，广泛听取相对人、专家、官员等的意见，特别是涉及重大公共利益和群众切身利益的决策事项，必须将听证作为决策的前置程序[①]。其次，应确保听证会参与主体的广泛性，改变听证会代表的产生方式。听证会由受到行政决策影响的相对人代表、有关专家、政府部门工作人员、媒体等参加。参加听证的有关专家应从专家库中选定，并尊重专家的意愿。再次，听证为言辞辩论，应将质证规定为听证的必经程序。在价格决策的听证中，行政主体、经营者和消费者之间的信息严重不对称，导致"听而不证"，所以应规定垄断企业公开有关信息，并由消费者选择和委托评估机构对要求提价的企业的成本进行核算和评估，对提交听证会的证据进行质证。最后，听证以公开为原则。确保听证的前、中、后期公众拥有的知情参政权最大化，引进网络技术，方便公众更广泛参与。重大听证会应通过媒体现场直播。听证结果公开，包括依据听证笔录制作的听证报告向社会公开，对没有采纳听证意见的说明公开。

　　（3）文书阅览规则。文书阅览指相对人在决策听证时就决策事项阅览行政方面的文书记录的制度。文书阅览，也称"卷宗阅览"，相对人在

[①] 姜明安主编：《行政程序研究》，北京大学出版社2006年版，第45页。

参与行政决策过程中有查阅与决策事项相关的卷宗材料的权利，即具有文书阅览权。德国《联邦行政程序法》及韩国《行政程序法》将文书阅览成文规定，美国《信息公开法》明确规定向当事人公开文书[①]。文书阅览权是为相对人更好地参与决策而服务的，现实中很多参与决策流于形式，很大程度的原因在于相对人对决策所依据的资讯一无所知。因此，确立文书阅览规则的首要法律意义是落实行政公开原则，除法律规定的例外，行政档案文书始终处于对行政相对人开放的状态。通过文书阅览，行政相对人了解行政决策的依据，并可以在决策前进行反驳或质证，也有利于相对人理解和支持决策的执行。

至于文书阅览的范围，凡是与行政决策有关的文书资料都是相对人可以阅览的范围，相对人不能查阅的文书都应当由法律明确列举，行政机关自己不能划定范围。一般而言，涉及国防、军事、外交及公务机密，涉及个人隐私、商业秘密、职业秘密等，依法规定有保密的必要。我国《政府信息公开条例》实施以来，一些地方仍然以"属于内部信息"、"影响社会稳定"为借口，成了不少政府部门推托文书公开的最常用理由。条例规定行政机关信息公开的义务有：行政机关应当及时、准确地公开政府信息。行政机关在公开政府信息前依照《保守国家秘密法》以及其他法律、法规和国家有关规定对拟公开的政府信息进行审查。文书阅览的方式有复制、摘抄、查阅。为有序管理考虑，文书查阅的时间应当限于行政机关的办公时间；行政机关应当设有固定的文书阅览室，并提供复制、摘抄文书资料的方便。

（4）说明理由规则。首先，行政决策说明理由是指行政机关（法律法规授权组织）在做出决策时，向相对人说明决策的事实因素、法律依据以及政策、公益等因素。说明理由制度在国外的行政程序法中已经有详细的规定[②]。行政决策之影响利益广泛而深刻，往往具有不可逆转性，说明理由应成为法定规则，而且说明理由不一定局限于"不利影响"，对相对人有利的决策也应说明理由。我国地方性规章有初步的规定，例如：

---

① 盐野宏：《行政法Ⅰ（第四版）行政法总论》，杨建顺译，北京大学出版社 2008 年版，第 179 页。

② 参见王名扬《英国行政法》，中国政法大学出版社 1987 年版，第 164 页；王名扬：《法国行政法》，中国政法大学出版社 1989 年版，第 157 页；朱应平：《澳大利亚行政说明理由制度及其对我国的启发》，《行政法学研究》2007 年第 2 期。

《湖南省行政程序规定》第36条、第37条分别规定:"决策承办单位应当对专家论证意见归类整理,对合理意见应当予以采纳;未予采纳的,应当说明理由。""决策承办单位应当将公众对重大行政决策的意见和建议进行归类整理,对公众提出的合理意见应当采纳;未予采纳的,应当说明理由。公众意见及采纳情况应向社会公布。"其次,行政决策说明理由就内容而言可分为合法性理由、民主性理由与合理性理由。合法性理由指具有宪法和法律上的依据。行政决策不违背宪法、法律和行政法规,有法律授权,在职权范围内做出。民主性理由指的是行政决策经过公民有效充分的参与,最终决策获得公众同意。如上述所说经过听证会等形式,征求民意,尊重公众的参与权。合理性理由一般指行政决策经过专家的论证达到科学性和技术理性的品质。如何在"公众参与、专家论证、政府决策"的体制结构中使三个角色充分发挥作用并相互制约,正是行政决策获得正当性的核心问题。形式合法性、民主性以及合理性要素构成行政决策正当化,实现路径要求依法决策、民主决策、科学决策。按照"行政决策正当性要素"的分析框架,行政决策理由说明制度可归结为一个内容,即"正当性理由说明"。

总之,尽管我国地方性规章就行政决策程序的专门规定确有一些可贵的探索,填补了我国立法空白。但是笔者认为,"诸侯法制"只能是一个过渡,不可能长期存续。行政决策程序法治最终还有赖于统一行政程序法典的出台。当然,行政程序统一立法并不排除专门立法。一个法治不发达国家,实定法的规范密度偏低,许多事情法律完全没有规范,或者规范粗糙,出现挂一漏万,无法可依,任由权力者予取予求。因此,建立一套通行的行政程序法是落实"依法行政"原则的捷径,也可弥补实体法建设远远落后于社会发展的现实。

五 行政决策与公众参与

公众参与行政决策是法治的应有之义,是民主发展的必然要求,是科学决策的重要保证。法治化的行政决策过程是体现多数人的意志、保障多数人的利益的过程,公众广泛和深入的参与是这一过程真正实现的基础。从行政决策角度,公众参与应该包括除国家机关行政决策之外的所有个人和组织的参与,而且这种参与是积极的、有效的参与。因此,公众参与行政决策是行政决策法治化的重要组成部分,笔者放在最后进行论述足以凸显这一问题的重要性,首先笔者将阐述一下公众参与的理论基础,然后分析一下我国公众参与的不足,最后提出一些实际的完善办法。

(一) 公众参与行政决策的理论基础

首先,在综合国内外学者观点的基础上,本文认为公众参与行政决策可以通过两个视角去把握。从纵向来看,公众参与行政决策就是指在做出公共政策尤其是重大政策过程中要经过咨询、论证、协商、听证、审议及集体讨论等环节。从横向来看,我们会发现,政府决策是一个由决策中枢系统、咨询系统和信息系统组成的整体,因此,公众参与行政决策可以归纳为中枢系统的开放化、咨询系统的制度化和信息系统的翔实化。简而言之,就是在政策制定中多数人说了算。其实质是以群体的力量制约个体或少数人的利益动机。从中我们不难看出,公民参与对行政决策法治化具有的重要意义。行政决策,从过程的视角来看,其发现问题、制定和选择方案对策的活动方式,始终是一个动态的、历史的范畴,而其优劣状况又与公民参与程度有着相当密切的关系。正如政治学结构—功能主义学派的创始人阿尔蒙德所言:"民主国家为普通人提供作为一个有影响力的公民参与的政治决策过程的机会。而集权主义的国家提供给普通人则是参与臣民的角色。"[①] 公民对政府决策的参与,作为政治参与的一个重要方面,是实现从专制向民主转变的决定性因素。而现代民主政治理论的产生,正是实现这种转变的理论根基。

其次,由于传统政府是建立在农业社会自然经济基础和专制的政治基础之上的,政治权力被最高统治者独占,因此,它不需要也不允许公众参与其行政决策;而作为被统治的公众只能作为绝对的被统治对象,接受政府决策。其政治状况也正如马克思所分析并指出的:"他们不能代表自己,一定要别人代表他们,他们的代表一定要同时也是他们的主宰,是高高站在他们上面的权威,是不受限制的政府权力,这种权力保护他们不受其他阶级的侵犯,并从上面赐给他们雨水和阳光。所以归根到底小农的政

[①] 阿尔蒙德:《公民文化:五国政治态度和民主》,马段君等译,浙江人民出版社1989年版,第5页。

治影响表现为行政权力支配社会。"① 在这种情况下，政府决策完全建立在个人主观臆断和个人的经验基础之上，公民被完全排除在政府决策之外。现代民主理论的产生和发展，为公民参与政府行政决策提供了理论基础。与此同时，不仅在理论层面，而且在实践层面上，近代资产阶级的政府，也开始将公民参与纳入政府决策之中，并成为其以后决策行为方式得以不断创新的重要推动力量。

再次，古典民主理论的主体是以卢梭为代表的人民主权理论。卢梭在否定专制政府的同时，明确阐述了公众与政府的关系。他认为，国家主权属于人民，主权不可分割、不可转让、不可代替，政府权力属于人民、受人民的监督，并提出公众要借助定期集会，以参与、限制、改变和收回政府权力等行为方式介入，以此来参与政府的行政决策②。1971 年，达尔出版了《多头政体》，循着熊彼特的理论思路，以"竞争"和"参与程度"为主要衡量标准，构建了一种现实存在的民主，以取代传统的理性主义的、乌托邦式的、理想主义的民主。1970 年以来，达尔的定义成为西方最流行的民主定义。③ 更为明确地提出公众直接参与政府行政决策行为思想的是托克维尔和布莱克，他们指出："现代政府在下述意义上可以说是典型的、民主的，所有的公民均在某种程度上参与政治领导人和决策的选择，个人的选择权由有效的公民自由得以保障。"④

总之，资产阶级的政治家、思想家们提出的上述观点，一方面，从理论上有力地否定了专制政府行政决策的行为方式；另一方面，在实践上也在一定程度上缓和或解决了现代政府决策权力不断膨胀与公众对其良性运作的现实要求之间的矛盾。所以，从此以后，公众对政府行政决策行为过程的参与及其相应制度保障，在西方受到极大的重视。然而，我们必须清醒地看到，这些理论的存在并不能从根本上改变西方国家政府决策所代表的自身利益这一阶级本质。真正为公民参与政府决策提供前提条件和制度保障的是社会主义制度。社会主义民主政治的理论要义在于人民当家作主，因此，只有在社会主义制度下，公民才能真正实现对政府决策的有效参与。加强公民参与政府决策的力度，对政府管理而言，是实现政府决策

---

① 《马克思恩格斯选集》第 10 卷，人民出版社 1972 年版，第 107 页。
② 陈炳水：《论我国行政决策中的公民参与》，《社会科学》2005 年第 2 期。
③ 赵成根：《民主与公共决策研究》，黑龙江人民出版社 2000 年版，第 8 页。
④ 莫泰基：《公民参与：社会政策的基石》，香港中华书局有限公司 1995 年版，第 45 页。

民主化的一种重要手段；对广大公民而言，是实现和维护自身权利和利益的一种有效途径。

（二）公民参与行政决策面临的问题

我国是民主的社会主义国家，新中国成立之初，宪法就赋予了人民当家作主的权利，包括广泛地参与公共事务决策权利。在改革开放以来的近30年里，我国政治文明程度和社会主义民主政治发展有了很大提高，但是，由于种种原因，在实践中广大公众参与民主决策的实现程度还不尽如人意。这些问题主要表现为：

1. 意见表达渠道不畅通

民主的政府决策要充分反映和平衡各方利益，因为民主在本质上隐含着对少数人专断权力的否定。基于成本上的考虑，当今世界绝大多数的民主国家采取的是代议制民主。中国就是其中之一。在这样一种间接的民主制度下，"国家政府的民主性主要体现在它对于社会利益的代表程度上，与此相关的一个民主逻辑是有关的利益群体都必须在国家政治系统中有自己的代表，必须对国家决策过程有参与和影响的机会和渠道。"[①] 这也就是说，政府要为民众提供一个畅通的意见表达渠道。然而，事实上，当前我国的决策系统却较为封闭，由此导致政府与社会的交流、公众正常的意见表达渠道被堵塞。人民大众的政策需求，除了通过全国人民代表大会和政治协商会议等主流渠道向上反映外，只能通过"信访"等辅助渠道逐级向上反映，而主流渠道参与决策的过程不够持久和深入，信访的命运则更难预料，往往会遭遇层层截留的厄运，真正能反映到决策层那里的信息往往是九牛一毛。这种情况不利于人民群众充分行使当家作主的权利，政府决策民主化也就无从谈起。

2. 公民参与的水平不高

这一现象比较普遍，其原因在于：第一，公民参与政府决策的主动性不高。出于成本—收益的考虑，大多数公民不愿意主动参与到政府决策中去，存在"搭便车"现象，具有很大的从众性。第二，参与的理性化程度低。公民参与政府决策存在一个"情绪管理"问题，即要在"政治的功利取向和情感取向之间保持平衡"。现实中，相当数量的公民参与政府

[①] 赵成根：《民主与公共决策研究》，黑龙江人民出版社2000年版，第34页。

决策并非出于政治责任感，而是凭借一时冲动。而一旦当自己的愿望并未在政府决策中得到体现或自己的要求没有得到政府及时满意的答复时，他们就有可能采取一些非理性行为，有时甚至是违法行为。

3. 公民参与的影响力较小

这一情况主要体现在：第一，参与的组织化程度低，主要是以单个个人的形式参与政府决策。这种形式的参与不仅成本高，而且影响力小，对政府决策影响有限。第二，参与能力不足。公民参与实际上是公民和政府之间的政治博弈，公民期望通过参与改变政策分配利益的状况。在公民参与政府决策的过程中，公民的政治影响力起着决定性作用，而政治影响力则是由政治资源决定的。这就是说，"人们在政治过程中的地位，在一项政策中占有的份额以及其意愿实现的程度，取决于他们所拥有的政治资源，以及因此而形成的政治影响力。"[1] 显然，与政府相比，公民在政治资源的占有度上处于劣势，加上我国公民自身文化素质的限制，造成公民参与的能力不足，进而导致其对政府的影响力就较小。

(三) 扩大公民有序政治参与之办法

1. 保障知情权——公众有效参与行政决策的重要前提

在传统的体制下，政府的重大决策往往是由少数高级领导或领导集团做出的，虽然决策也要考虑"民意"，但一般没有明确、具体、强制性的民意收集程序，民意究竟如何，主要靠领导们的"揣摩"。在现实中经常看到这样的情况：领导们在经过"集体研究"后形成了"重大决策"，然后召开动员大会、展开宣传工作，强调决策的"科学性和重大意义"。政府与公众沟通往往发生在行政决策做出之后，沟通的目的主要是保证行政决策的顺利执行。根据"民主集中"的原则，有的决策在做出之前也有过"发扬民主"的过程，但由于缺乏法律程序保证，公众的意见实际上得不到应有的重视，公众的意见最多只能是"参考"，采不采纳，那是"集中"的问题。这就不难理解，为什么很多违背民意的决策会屡屡出台、为什么很多"富民工程"、"政绩工程"变成了"扰民工程"。所以，要保障公众的决策参与权，就必须建立一套有效的公众参与决策的制度，而公众有效参与的重要前提，就是对有关决策的重要信息有必要的了解。

---

[1] 赵成根：《民主与公共决策研究》，黑龙江人民出版社2000年版，第176页。

信息权、知情权是现代信息社会的重要基本权利，它对改善我们的生活质量、提高社会政治事务的能力有着极大的影响。有人甚至认为，现代社会的主要贫困之一就是信息贫困、"数字贫困"，还把人们在信息占有方面的巨大差异称为"信息鸿沟"，把缩小"信息鸿沟"作为实现社会平等的重要内容。然而，正是在这一点上，我们在观念和制度上还存在着严重的不足。传统的行政管理体制把公众仅仅看成是管理的对象，政府与公众的关系被认为是一种"命令—服从"的关系。在行政决策问题上，不仅没有从制度上对公众的知情权予以足够的保障，有时为保证决策的"顺利执行"和"维护社会稳定"，还千方百计封锁消息、强调"保密"。这种观念在我国有着深厚的历史文化基础，至今还大量存在并发挥作用。孔子曰：民可使由之，不可使知之。在专制社会，愚民是实现统治的必要手段，但在民主法治社会，开放正是通向自由之路的大门。现代民主法治国家普遍重视政府信息对公众的公开，注重保障公众对公共事务的知情权。

美国独立宣言起草人之一杰斐逊说："我们政府的基础源于民意。因此，首先应该做的，就是要使民意正确。为免使人民失误，应通过新闻，向人民提供有关政府活动的充分情报。"另一位代表 Wilson 也大声疾呼："人民有权了解他的代理人……都干了些什么。"麦迪逊曾经这样论述人民的知情权对民主体制的重要性："如果一个全民政府没有全民信息，或者说缺乏获取这种信息的途径，那么它要么是一出闹剧的序幕，要么是一出悲剧——也可能两者都是。知识将永远统治无知，想要成为自己的主人的人民必须用知识将自己武装起来。"① 1946 年联合国通过的第 59 号决议，宣布知情权为基本人权之一，并在 1948 年的《世界人权宣言》中予以确认。美国司法部长克拉克在《信息自由法》即将实施前发表的一份序言中说："如果一个政府真正地是民有、民治、民享的政府的话，人民必须能够详细知道政府的活动。没有任何东西比秘密更能损害民主，公众没有了解情况，所谓民治，所谓公民最大限度参与国家事务只是一句空话。如果我们不知道我们怎样受管理，我们怎么能够管理我们自己呢？在当前群众时代的社会中，当政府在很多方面影响每个人的时候，保障人民

---

① 转引自程洁《宪政精义：法治下的开放政府》，中国政法大学出版社 2002 年版，第 147—148 页。

了解政府活动的权利，比任何其他时代更为重要。"① 反观西方的宪政发展史，行政信息公开立法虽然是近几十年的事，但与信息公开密切联系的民主理念和相关立法却是源远流长。就美国而言，以《信息自由法》《阳光下的政府法》《联邦咨询委员会法》《隐私权法》等为基础构建起来的现代行政公开制度，实际上是新闻出版自由、言论自由、表达自由等传统理念的延伸，是以保障个人权利为重要特色的普通法传统发展的自然结果。

政府资讯公开制度肇始于北欧之瑞典。早在1776年瑞典就制定了有关著述与出版自由的宪法性法律，据以废除制，同时引进"公文书公开"的观念。对政府信息公开制度建设产生世界性影响的国家首推美国。1954年，联邦政府拒绝承认在南太平洋上所进行的核试验导致了致命的辐射。记者想挖掘事实真相的努力在政府面前一再受阻，引发了"知情权"运动的高涨、引发了全社会对此问题的热烈讨论。知情权以"新形态人权"的姿态得以出现，"扮演参政权角色，使个人通过知晓各种事实与意见，以有效地参与政治。"对此问题的讨论最终导致了1966年《信息自由法》的通过。此后，联邦政府还对信息自由法进行了两次修订，要求联邦行政及其独立的管理机构在联邦登记上公布各种指标，并向任何求索者提供不受该法特别规定的免于披露范围的文件和记录。此外，美国还分别在1974年制定了《隐私权法》、1976年制定了《阳光下的政府法》、1972年制定了《联邦咨询委员会法》。此后影响全世界，在世界范围内掀起了一股政府行政公开立法的热潮。② 美国早在1946年的《行政程序法》就规定了公众可以得到政府的文件，但同时规定了非常广泛的限制。行政机关为了公共利益和正当理由可以拒绝提供。在实践中，行政机关经常以"公共利益"为由而拒绝提供政府文件。更为重要的是，这部法律没有规定行政机关违法后的救济手段。1966年《信息自由法》成为美国行政程序法的一部分后，原来法律中的公共利益、正当理由等模糊而广泛的拒绝公开的理由才被取消，变为"法律只强制行政机关公开政府的文件，而不强制行政机关拒绝公开政府的文件。"③ 各国信息自由法的立法目的主

---

① 王名扬：《美国行政法》，中国法制出版社1995年版，第959—960页。
② 莫洁：《宪政精义：法治下的开放政府》，中国政法大学出版社2002年版，第151—154页。
③ 王名扬：《美国行政法》（下），中国法制出版社1995年版，第955—956页。

要有三个：（1）确保公众得以接近取得评价官员行为所必需的资讯；（2）确保公众得以接近取得有关公共政策的资讯；（3）防止政府秘密制定或执行法律、行政法规或进行决策。①

我国的行政信息公开方面的专门立法还没有出台，统一的行政程序法尚未制定，公众可以通过合法途径得到的与自身利益密切相关的公共信息甚少，这种情况已经严重阻碍了公众对行政决策的有效监督与参与。尽管我国的一些立法中也散见一些有关行政公开的规定，但这些规定主要集中于行政执行领域，而不是行政决策、公共政策的制定领域，而且这些公开都是针对当事人的，而不是针对一般大众的，因而具有极大的局限性，已远远落后于公众对行政决策参与的强烈需要。如《行政处罚法》第4条规定："行政处罚遵循公开的原则。对违法行为给予行政处罚的规定必须公布；未经公布的，不得作为行政处罚的依据。"再如：《行政复议法》第4条规定："行政机关履行行政复议职责，应当遵循合法、公正、公开、及时、便民的原则。"第23条第2款规定："申请人、第三人可以查阅被申请人提出的书面答复、作出具体行政行为的证据、依据和其他有关材料，除涉及国家秘密、秘密或者个人隐私外，行政复议机关不得拒绝。"

在行政决策，特别是重大决策方面，我国至今没有专门的公共信息公开的立法规定，而且，恰恰是在这些重要方面，还存在许多阻碍公众了解公共信息的"保密性"规定。在我国保密法制定之时，全国政治协商会议曾经在提案444号中指出："我国的保密制度和保密习惯已经发展到严重地妨害经济改革和社会进步的程度……保密本身成为一种特权，而保密又保护了特权。"有学者指出，我国《保密法》中"国民经济和社会发展中的秘密事项"这一条在其他国家中难以发现，公共信息的保密范围比他国广泛得多，甚至在计划生育和卫生事业中，许多本来属于公众应该了解的内容也列入了保密的范围。据1996年《审计工作中国家秘密及其密级具体范围的规定》"涉及党和国家领导人的重要问题的审计或审计调查情况和结果"属于绝密级事项。《国有资产管理工作中国家秘密及其秘密具体范围的规定》中规定"重大国有资产流失案件的查出材料"属于机

---

① 高仁川：《资讯公开制度的理论于实际》，硕士学位论文，台湾政治大学法律学研究所，2000年，第190页。

密级事项。此外,"许多重大决策被设定为国家机密或秘密,同样削弱了公众参与决策的可能性。例如,各部委在其确定密级的规定当中,普遍都把国家中长期规划、计划的主要指标数字及实现指标的政策、措施作为机密级事项,而把拟议中的全国重大决策和调整方案及措施作为国家机密。由此,导致决策过程不能公开。"①

我国现实中还存在着大量诸如此类的问题。我国许多重大决策是在公众不知情、没有参与的情况下匆匆出台的,政策出台后出现了大量的问题,群众要求了解相关信息的呼声很高,如针对"上学难、看病难、住房难"的"新的三座大山"的问题,公众普遍要求公布相关成本和资料,但至今为止,一般群众仍对其知之甚少。在这种情况下谈何参与决策?对于决策失误造成的损失,许多政府机关采取了"捂盖子"的办法,千方百计阻碍民众了解事实真相,结果一个个更加严重的决策失误接踵而至。前几年 SARS 病毒的流行造成如此巨大的生命财产的损失,其中一个重要的原因就是少数领导没有对疫情及时报告,对社会公众也采取了隐瞒的做法,致使国家和社会没有及时采取有力的应对措施,疫情迅速蔓延扩大。教训可谓深刻。所以,实行公共信息公开、保障公众的知情权,对公众参与行政决策有着非常重要的现实意义,它是公众有效参与决策的必要前提。

2. 明确、具体的程序——公众参与行政决策的重要保证

我国政府把扩大公众对行政决策的"有序"参与作为法治政府建设的重要目标。那么,何谓"有序"呢?笔者认为,它包括两个方面的基本含义:一是相对于"无序"而言,"无序"的表现主要有:不顾实际、不讲步骤、不要法制的"大民主",一切"群众说了算",不重视发挥行政决策主体的积极作用,从根本上否认现行体制的合理性;二是指加强公众参与行政决策的程序建设,把反映现代决策客观规律和民主法治本质要求的程序以法律的形式确立下来,使参与程序明确、具体,具有较强的可操作性。我国的行政决策程序建设必须借鉴西方法治国家相关程序建设的合理成果、充分利用现有的制度与法律资源,以积极、稳妥、讲求实效的态度推进各项程序制度建设。

---

① 程洁:《宪政精义:法治下的开放政府》,中国政法大学出版社 2002 年版,第 208—209 页。

西方法治国家在保障公众参与行政决策方面有许多可资借鉴的成果。行政决策，特别是重大行政决策往往是以抽象行政行为、行政立法的形式表现出来的。西方国家通过规定公民对规章制定、行政规划等中的程序权利来保障公众对行政决策的参与权。就美国而言，美国的规章制定关于公众参与的规定主要表现在以下几个方面。

（1）规章制定前对公众的通告和"听取意见"：美国将规章草案或其主要内容向公众通告由其进行评议，作为一种最低限度的程序规定，未经过这一过程而制定的法规，将因程序上的严重缺陷而不能生效。[①] 根据美国《联邦行政程序法》，行政机关必须将规章草案的主要内容公布在《联邦登记》上，要说明制定规章活动的时间、地点和性质，说明建议制定该规章的权力的法律依据、拟定该规章的基本内容；给予规章内容有利害关系的人提供机会，让他们提交书面资料、书面意见和辩词，并按期送到行政机关指定的地点，行政机关也可以给予他们口头辩论的机会；行政机关在考虑了有关意见后，再形成正式的规章。行政机关必须至少在实施前30天将正式规章予以公布，并简要说明制定规章的根据和目的。这种程序主要强调公众的参与，听取公众的意见。[②] 美国联邦行政程序法第553条规定："在考虑利害关系人所提出相关意见后，机关应针对拟定规则的基础与目的，做出简要的一般性说明，并成为确定规则内容的一部分。"美国联邦法院要求行政机关必须在"一般性说明"中充分说明理由，以证明其已经考虑并合理回应了所有的重要评论和意见，法院甚至会审查行政机关的论证是否完整合理。

（2）规章制定过程中与公众的"协商"：美国还于20世纪80年代实验一种协商指定规章的程序作为它的补充。其基本内容是：行政机关在公布规章草案之前，设立一个由受管制的企业商业行会、公民团体及其他受影响的组织的代表和行政机关公务员组成一个协商委员会，该委员会举行公开会议，为形成规章草案进行协商。如果委员会达成合意，行政机关就采纳合意的规章作为规章草案，然后再进入规章制定的非正式程序。1996年美国国会永久性批准了《协商制定规章法》。该协商程序总的目的也是

[①] 王名扬：《美国行政法》，中国法制出版社1995年版，第360页。
[②] 同上书，第383页。

减少公众与行政机关的摩擦，加强他们之间的合作。①

（3）重大决策采用"正式听证程序"：正式程序是经过审判式听证并根据听证记录来指定规章的程序。正式程序主要包括：对于行政机关公告在联邦登记上的规章草案内容，利害关系人可以提出意见和有关证据材料，参与行政机关举行的审判式听证。在听证中，利害关系人有权进行辩论，对证据进行对质。听证活动要有记录，行政机关必须根据听证记录制定规章，听证记录具有排他性，听证记录以外的证据不得作为制定规章的根据。正式程序是公众参与程度较深的程序。②需要指出的是，美国行政立法程序中"必须举行听证制定法规"与"根据听证记录制定法规"的含义是不同的。后者是指制定法规的唯一根据是听证中的记录材料，行政机关不能在听证记录之外利用其他证据作为行政立法的根据，此即案卷排他性规则；前者只是要求制定法规时必须举行听证会，并不表示行政机关制定法规的依据仅限于听证案卷中的记录。③

在实践中美国还非常重视非正式听证程序的运用。非正式听证程序是指行政主体在做出行政立法决定前给予当事人口头或书面陈述的机会，行政机关参考这些陈述和意见做出决定的一系列程序的总和。非正式程序的实践价值是不可低估的。正式听证程序往往成本很高，影响行政效率。例如：一起关于花生酱是否应当包括90%的花生或87.5%的花生的听证，时间长达11年，记录达7700页。④所以，在实践中，正式听证程序与非正式听证程序都占有重要地位。美国行政法学家施瓦茨说："联邦行政程序法规定事先通告是为了保证规章的成熟性和合理性。实践证明这是很有益的。该法把制定规章的程序民主化了，但并没有规定太多繁琐的程序，因而保留了它的灵活性。"⑤另外，在一些发达国家，民意调查制度在决策中运用相当普遍。在美国，民意机构和媒体每周都要发布对重大政策问题的调查结果，为政府和公众提供参考。美国还发展了电子"通告—评论程序"。例如：美国原子能管制委员会（Nuclear Regulatory Commission，NRC）在考虑是否将核电站的"防火"规则从"描述性规则"转向"绩

---

① 沈岿：《关于美国协商制定规章程序的分析》，《法商研究》1999年第2期。
② 方世荣：《论行政相对人》，中国政法大学出版社2000年版，第212页。
③ 刘莘：《行政立法研究》，法律出版社2003年版，第131页。
④ 王名扬：《美国行政法》，中国法制出版社1995年版，第368页。
⑤ ［美］伯纳德·施瓦茨：《行政法》，徐炳译，群众出版社1986年版，第151页。

效导向规则"时，就建立了一个网络论坛对此加以讨论，定期请参与者就有关问题的赞成或反对在网上进行投票，以期公众的意愿得到更加充分的表达。美国还在2000年12月27日通过了《电子政府法》，对电子政务的主管部门、信息安全保障、经费保障等问题做了规定。

德国各部共同规则第24条规定将立法资料交付专家集团和有关团体并听取其意见。德国的自然保护及景观保护法规定，必须给因道路规划受影响的自然保护团体就该规划发言和查阅专家意见书的机会。德国行政程序法（1966）第5章规定了"确定计划之程序"。第59条"听证程序"规定制订计划前须征求当事人意见："确定计划之官署，应询求职务范围受计划牵涉之联邦、邦或乡镇联合体之官署及已知或由土地登记簿或其他所得证据得知之关系人的意见。""计划与其附件应由听证官署移送将受该计划影响之乡镇，陈列一个月供阅览。"公众对计划有异议权："凡其利益受计划之影响者，均得对该计划提出异议。异议应于陈列期间终了后两星期内，以书面或以记入记录之方式向听证机关或乡镇主张之。"第60条规定了"确定计划"中的公众权利："计划确定之裁决应送达拟订计划之主体与已知的关系人。裁决书之正本应附记法律救济方法之教示，并与该确定计划之正本，一并在乡镇展示两星期，以供阅览；展览之时间与地点，应依地方惯例公告之。"① 联邦德国行政程序法（1976）第73条规定了"确定规划程序"中公众的听证权利："规划承担者应将其规划提交听证机关，由其组织实施听证程序。规划由描述和解释组成，用以说明规划、其起因、规划涉及的土地及设施。""听证机关可以将规划展示于预计受规划影响的乡镇1个月，以供人查阅。""任何人的利益受规划影响的，均有权在展示后两星期内以书面或口头表达，由行政机关记录在案的方式，向听证机关或所在乡镇提出对规划的异议。""展示规划的乡镇，须至少提前一星期就展示本身以地方惯用的方式予以公告。"该法还对公告的具体内容做了具体、明确的规定。

其他国家在重大行政决策上都有较严格的保障公民参与的法律规定。日本宪法第31条规定了公民的幸福追求权，"全体国民都作为个人而受到尊重。对于生命、自由和追求幸福的国民权利，只要不违反公共福利，在立法以及其他国政上都必须受到最大限度的尊重"。日本内阁于1999年

---

① 应松年：《外国行政程序法汇编》，中国法制出版社2004年版，第71—72页。

发布了关于制定、修改和废止内阁政令、总理府令以及通告的意见提出程序（即公众评论程序，Public Comment Procedure），就制定、修改和废止行政规范时行政机关如何收集、公布和处理有关意见做出了统一规定。① 韩国行政程序法草案（1987）关于"行政计划的确定程序"也明确规定行政机关有将行政计划向公众、社会公告，以便阅览的法律义务，公众则享有向主管行政机关提出意见的权利。不过，同英美等国严格的"案卷排他性原则"相比，公众的意见只具有参考作用，这一点第 55 条说得很清楚："行政机关应确实参酌提出之意见及听证或公听会中提出之意见。"②

3. 完善行政决策体制

我国的行政决策规范结构是"公众参与、专家论证、政府决策"三结合。这是一个迈向民主与科学的决策体制，是对传统政府的决策权垄断的一次革命。《全面推进依法行政实施纲要》规定：建立健全公众参与、专家论证和政府决定相结合的行政决策机制。实行依法决策、科学决策、民主决策。这既是一种宣示，也是一种行动。温家宝总理在 2004 年政府工作报告中讲道："坚持科学民主决策。要进一步完善公众参与、专家论证和政府决策相结合的决策机制，保证决策的科学性和正确性。加快建立和完善重大问题集体决策制度、专家咨询制度、社会公示和社会听证制度、决策责任制度。所有重大决策，都要在深入调查研究、广泛听取意见、进行充分论证的基础上，由集体讨论决定。这要作为政府的一项基本工作制度，长期坚持下去。"现实中公众参与不足和虚化的情况，反映出决策体制开放性不够，民众、专家都没有赋予实质权利，政府在"三位一体"的决策结构中居于"知识—权力"双垄断的地位③，这仍然是管理型政府的特征表现。在服务型政府中，权力公共性不容侵蚀，消除"为民做主"的清官意识，代之以"以民为主"的服务意识，从管理走向服务，走出政府"双垄断"困境，扩充公民参与权利，重视公众参与实效。

---

① 朱芒：《行政立法基本程序试析》，《中国法学》2000 年第 1 期。
② 应松年：《外国行政程序法汇编》，中国法制出版社 2004 年版，第 567—568 页。
③ 王锡锌：《公众参与和行政过程——一个理念和制度分析的框架》，中国民主法制出版社 2007 年版，第 241 页。

4. 发展基层的协商民主决策制度

有学者主张，强化公众参与应该走"协商民主模式"的公共决策体制①。这不仅仅是一种学术思潮，实践中已出现协商民主决策的案例。浙江省温岭市泽国镇率先实施协商民主决策实验。这一决策模式叫作"泽国模式"。泽国模式是运用"协商民意测验"的方法，通过"民主恳谈会"的亲民形式，让抽签选出的民意代表与政府协商讨论重大决策。2008年，泽国镇将协商民主形式与财政预算相结合，协商民主进一步深化。泽国模式体现的是精致化的"民主恳谈"模式②。

这里介绍一下2005年泽国镇建设资金使用安排民主决策过程：首先，从全镇12万人口中随机抽选275名民意代表，会前10天向民意代表发送30个备选项目资料和由专家组提供的项目介绍，代表们就30个项目的重要程度填写调查问卷。会议当天，有259名民意代表参加协商民主恳谈会。上午代表以随机抽样方式分成16个小组开展讨论，每个小组由经过培训的非政府官员担任主持人，小组讨论结束后民意代表选出最关注的问题和最集中的意见参加大会发言。当天下午民意代表再分小组讨论，又带着小组讨论的新的建议和问题参与第二次大会讨论。大会上由12名中立专家分别回答各小组提出的问题。镇政府全体成员列席旁听。会后，将两次调查问卷的数据输入计算机处理，得到每个项目的得分情况和30个项目从最重要到不重要的排列顺序。比较两次问卷的结果，可以看出民主恳谈在很大程度上影响了民意代表的选择。会后，镇政府组成人员召开办公会议，讨论恳谈会上代表提出的建议和第二次调查问卷的预期结果。将第二次调查问卷中从上到下总投资约3640万元的12个项目拟定为2005年城建基本项目；将其后总投资为2250万元的另外10个项目作为备选项目。在之后召开的泽国镇第十四届人民代表大会第五次会议上，镇政府就上述内容做报告，提请大会审查讨论。经过讨论，有84位镇人民代表投票支持，7位反对，1位弃权，通过民意代表经过协商讨论所选择的12个项目为2005年城镇基本设施建设项目③。12个项目中有9个是关于环境

---

① 王锡锌：《公众参与和行政过程——一个理念和制度分析的框架》，中国民主法制出版社2007年版，第243页。

② 卢剑峰：《参与式民主的地方实践及战略意义——浙江温岭"民主恳谈"十年回顾》，《政治与法律》2009年第11期。

③ 何包钢：《协商民主：理论、方法和实践》，中国社会科学出版社2008年版，第168页。

保护、绿化园林、规划设计和城乡连接道路方面，这个结果与泽国党委政府的预期大为不同。党委政府尊重民意代表的协商结果，人大经过会议票决予以法定化。泽国模式说明协商和民主之间的联系能够把协商根植于社会中，帮助政府产生好的决策。协商民主作为公众参与的一种新形式，显示出了民众理性参与决策的力量，得到体制内的某种认可，也一路坚持下来。上述的这一经验虽然有一些不足，但是这一大胆的尝试，对行政决策体制的法制化建设却有着深远的影响。

5. 促进网络参与的发展

首先，20世纪90年代以后，随着互联网技术的发展，中国开始进入网络时代。互联网对社会交流产生广泛影响，为"参与式民主"的发展提供了广阔的平台。公众参与与网络技术有机结合，形成了一种新型的参与途径，即"网络参与"。网络参与突破了传统参与的诸多限制，为公众参与带来了革命性变革。托夫勒夫妇的合著《创造一个新的文明——第三次浪潮的政治》预言说：公民可以借助网络就公共问题直接向政府发表意见或投票表决，"半直接民主"和"直接民主"将代替工业时代的代议制"间接民主"[1]。这个预言正在变为现实，"半直接民主"在中国已经兴起。互联网的基本特征是分散化和国际化，与传统媒体相比，网络传播从单向到交互发生了质变，全新的信息传输介质，开放的信息平台，高速率的数据统计，低廉便捷的交流方式，让参与者言论更自由、更感安全，普通民众能够参加他们以前从来不可能参加的公共讨论，并为他们通过自己的言论改变政府决策提供了强大的技术支持。人们足不出户就可以了解信息，参与政府决策事务和监督政府决策实施，充分使用话语权和参与权，形成了"网络公共领域"与"网络问政"。

其次，在网络公共领域中人们可以较平等、便捷、自由地参与重大议题的讨论，具体的形式有运用电子邮件、公共聊天室、即时通信、更新博客、网上发帖等。CNNIC发布的《第25次中国互联网络发展状况统计报告》显示，截至2009年12月，我国网民规模3.84亿，互联网普及率达到28.9%。在中国，网络空间其影响力已经超过传统媒体，报纸、电视等被网络信息所导引，网民的意见得到国家领导人的重视，胡锦涛主席和

---

[1] 阿尔文·托夫勒、海蒂·托夫勒：《创造一个新的文明——第三次浪潮的政治》，陈锋译，上海三联书店1996年版，第96页。

温家宝总理都亲自上网浏览网民意见，也数次与网民直接对话。地方党政官员也开始重视网民的意见和网络参与的建设性作用。据报载，近两年全国"两会"期间，网民通过网络对政府提出的意见和对总理本人提出的问题每年多达数十万条，网络成为政府决策中收集民意的重要形式。2007年3月，厦门市民发起轰轰烈烈的反PX项目行动，在整个过程中互联网作为一个开放、便捷的平台，发挥了汇聚力量、表达舆情的重要作用。在12月8日厦门市委开通了"环评报告网络公众参与活动"投票平台，厦门人在短短一天时间内投了5.5万张反对票，支持票仅3000张。最终民意取得了胜利。厦门PX项目事件被视为公众参与的标志性事件，"厦门人"当选为《南方周末》2007年度人物。

总之，"中国当下的公众参与存在一种网络依赖症，没有哪个西方国家的互联网承载了这么大的显示民意的功能"①。目前，从国务院及其部门到地方政府及其部门基本都建立起政府网站，电子政务的推行有利于信息流通和平等共享，扩大公民参与渠道，提高政府的反应能力和社会回应力。互联网给行政结构带来了革命性的变革，传统的金字塔组织开始向扁平型发展，决策权开始走向分散化，决策主体开始走向多元化，决策结构开始走向交互化，克服了官僚主义和形式主义限制。尼葛洛庞帝的"数字化生存"预言已经成为现实，这是数字化世界的年轻公民所致，传统中央集权的观念成为明日黄花②。行政分权正逐渐弥漫于中国社会。网络技术解决了更多的参与者加入公众讨论和辩论的难题，显现出普通民众对公共权力的制衡力量。总之，网络参与作为一种新型的参与形式，不但扩展了民主，还将改变民主。为此，需要建设网络参与机制，确定不同决策类型的公众参与范围及形式，公民网络参与决策的合法权益有法律保障。与此同时，人们不要忘记网络参与仅代表网民的意见，不是全体人民的意见，大学生是中国互联网最大的网民群体。而且，网络表达具有无序性、肤浅性、随意性等诸多弊端，人们在消费"快餐式"民主的同时也可能侵蚀民主的严肃性，甚至误导政府决策。我们无法断言网络空间上的言论，如电子留言板、新闻讨论组上普通用户的言论是否能够与主流媒体在"观念市场"上平起平坐。由于经济技术能力和教育程度限制，客观存在

---

① 张小山：《互联网推动中国社会转型》，《中国改革》2008年第2期。
② 尼葛洛庞帝：《数字化生存》，胡泳等译，海南出版社1997年版，第270页。

并在扩大的"数字鸿沟"阻碍着网络参与的公平,"信息富人"和"信息穷人"表达机会不公的问题也很严重。网络空间也不是实现自由权利的天堂,推动制度化建设是网络参与有序发展的重要途径。成熟理性的民众是网络参与的基础,应注意避免"网络暴政"和"参与过度"的现象出现以及民粹主义的兴起。

六 结语

总之,通过上述四部分的论述,笔者从公众参与的角度为行政决策法治化的路径,从理论和实践两个方面进行了探讨,首先以行政决策法治化的价值为出发点,着重讨论了行政决策的必要性、可行性、基本内容、基本方法等问题。接着就行政决策法治化的具体指导原则问题进行论述,以基本原则为指导在下文中又主要讨论了行政决策程序法治化问题,在这一部分主要通过与国外相关立法进行对比,从而为我国的行政决策程序法治化的路径进行探索。最后通过论述我国公众对行政决策的参与问题,指出我国目前行政决策体制的不足,为我国行政决策法治化实践提供一些借鉴。可以肯定的是,前述的观点有些思路可能还不成熟,借此机会陈述出来仅供参考,如有不足之处愿意与各方进行商榷,笔者非常期望通过这次研究能够与相关学者深入地交流意见,共同探讨我国行政决策法治化之路。而本研究的最终目的,正如前文所言,在于通过对行政决策的制定与适用的探讨,呼唤人们来关注行政决策过程,推动行政决策制度的完善,使行政决策之实施更易为民众所接受,借此提升各级行政机关的执法水准,切实保障公民的权利。

三 服务教育改革与南方教育高地建设

广东产业转型升级需求与师范大学战略定位

白于蓝[*]

笔者致力于研究中国出土文献，在华南师范大学执教十余年，所带硕、博士研究生已有多人毕业并留在高校、科研机构、政府机关等单位工作。回首这些年的执教经历，内心颇有感触。为了梳理、总结平时在教学中产生的一些散金碎玉似的想法，并以更广阔的视界考察教育问题，笔者逐渐将部分注意力转移到当代社会发展，特别是当今广东的社会发展方面来。本文的主要内容包括：

一、当前社会经济发展形势与广东产业转型；
二、教育同社会经济发展的关系及当前的教育规划；
三、当今大学教育国际重大问题述略；
四、师范大学的战略定位；
五、结语。

俗语说，隔行如隔山，离开自己熟悉的专业领域，讨论一个比较陌生、宏大的社会问题，疏失在所难免，不当之处，敬请读者指正。

一 当前社会经济发展形势与广东产业转型

从全国范围来看，刚刚过去的"十一五"时期（2006—2010），全国各族人民在党中央、国务院的正确领导下有效应对各种危机和挑战，完成了"十一五"规划确定的主要目标和任务，我国经济社会发

---

[*] 作者简介：白于蓝，男，华南师范大学历史文化学院教授，民革广东省委会委员，民革华南师范大学支部主委，广东省政协委员，广东省广州市天河区人大代表。

展取得新的巨大成就，综合国力大幅提升，人民生活不断改善。2010年全国GDP总值达到397983亿元，按平均汇率折算达到58791亿美元，我国成为仅次于美国的世界第二大经济体。人口情况方面，以2010年11月1日零时为标准时点的第六次全国人口普查结果显示，全国总人口为1339724852人。与2000年人口普查相比，每10万人中具有大学文化程度的由3611人上升为8930人，具有高中文化程度的由11146人上升为14032人。居住在城镇的人口为66557万人，占总人口的49.68%，居住在乡村的人口为67415万人，占50.32%。同2000年人口普查相比，城镇人口比重上升13.46个百分点。这表明2000年以来我国经济社会的快速发展极大地促进了城镇化水平的提高。按常住人口数量排列，排在前五位的是广东省、山东省、河南省、四川省和江苏省。[1] 城乡就业人数从2005年末的75825万人增加到2009年末的77995万人，年均增加543万人。大量乡村富余劳动力不断向城镇转移，2010年农民工总量达到24223万人。随着城乡居民消费水平的大幅度提高，城乡居民消费支出持续增长，生活水平明显改善。城乡居民消费结构向发展性和享受性方向转变。经济社会发展中仍存在一些矛盾和问题，主要是经济发展内生动力不足，投资消费出口比例失调，结构调整进展缓慢，创新驱动作用不明显等。[2] 我国已朝全面建设小康社会的目标迈出了坚实步伐，下一个目标是要确保到2020年全面建成小康社会[3]。"十二五"期间（2011—2015），我国将发展结构优化、技术先进、清洁安全、附加值高、吸纳就业能力强的现代产业体系。淘汰落后产能，发展先进装备制造业，调整优化原材料工业，改造提升消费品工业，促进制造业由大变强。[4]

从广东省情看，"十一五"期间，广东社会经济建设取得了骄人的成

---

[1] 以上人口资料据《国新办就第六次全国人口普查主要数据公报举行发布会》，2011年4月28日，中国网（www.china.com.cn）。

[2] 以上非特别注明，均据《我国"十一五"经济社会发展成就综述》，2011年3月1日，新华网（news.xinhuanet.com）。

[3] 胡锦涛：《高举中国特色社会主义伟大旗帜 为夺取全面建设小康社会新胜利而奋斗——在中国共产党第十七次全国代表大会上的报告（2007年10月15日）》，2007年10月24日，新华网（news.xinhuanet.com）。

[4] 《中华人民共和国国民经济和社会发展第十二个五年规划纲要（2011—2015）》，2011年3月16日，新华网（news.xinhuanet.com）。

就；广东率先实施产业转型升级合乎全国产业转型升级潮流，广东勇立潮头，再次成为全国经济发展的先进示范区。

广东2010年全省GDP 45472.83亿元。其中，第一产业增加值2286.86亿元，增长4.4%，对GDP增长的贡献率为1.7%；第二产业增加值22918.07亿元，增长14.5%，对GDP增长的贡献率为62.9%；第三产业增加值20267.90亿元，增长10.1%，对GDP增长的贡献率为35.4%。三次产业结构为5.0∶50.4∶44.6。① 广东在贸易结构调整速度、工业重型化和高级化转变速度、主要污染物排放降幅方面均快于全国，显示出广东转型升级力度大于全国。广东经济继1997年超过新加坡、2003年超过香港地区和2007年超过台湾地区后，与"四小龙"中经济总量第一的韩国的差距在缩小。2010年，广东经济总量与韩国相比只少2.16万亿元左右。② 广东省工业增加值翻了一番，作为单独经济体，制造业增加值位列世界第7位，直逼英法③。2010年，广东人口总数为10430.31万人，其中城镇人口有6902.78万人，④ 城镇化程度高于全国平均水平。

广东经济社会发展中存在的主要问题：经济总量大而人均不高，经济结构不合理，城乡区域发展差距较大，资源环境约束突出，改善民生任务繁重。⑤ 产业层次总体偏低，产品附加值不高，贸易结构不够合理，创新能力不足，整体竞争力不强；土地开发强度过高，能源资源保障能力较弱，环境污染问题比较突出，资源环境约束凸显，传统发展模式难以持续；城乡和区域发展仍不平衡，生产力布局不尽合理，空间利用效率不高；社会事业发展相对滞后，人力资源开发水平、公共服务水平和文化软实力有待进一步提高；行政管理体制、社会管理体制等方面的改革任务仍然繁重，改革攻坚难度越来越大。⑥

---

① 广东省统计局：《2010年广东国民经济和社会发展统计公报》，2011年2月25日，广东省统计局官网（www.gdstats.gov.cn）。
② 《"十一五"期间广东产业转型力度大于全国》，2011年4月29日，中国网络电视台网（news.cntv.cn）。
③ 《十一五广东工业增加值翻一番 全球第七直逼英法》，2011年1月23日，人民网（http://gd.people.com.cn/GB/123935/123953/13794748.html）。
④ 参见广东人口网（http://www.gdpic.gov.cn/type.aspx? iid=954），2010年9月11日。
⑤ 广东省统计局：《2010年广东国民经济和社会发展统计公报》，2011年2月25日，广东省统计局官网（www.gdstats.gov.cn）。
⑥ 国家发展和改革委员会：《珠江三角洲地区改革发展规划纲要（2008—2020年）》，2009年1月8日，人民网（politics.people.com.cn）。

广东将加快转变经济发展方式。面临国际金融危机严重冲击,广东适时制定了"三促进一保持"(促进提高自主创新能力、促进传统产业转型升级、促进建立现代产业体系,保持经济社会平稳较快发展)的总体工作思路,提出了"双转移"(转移产业和劳动力)、"双提升"(提升产业竞争力和自我创新能力)、"双破解"(破解产业转型升级和综合竞争力提高难题、区域发展不平衡的难题)战略,抓紧转型,坚韧求进,化危为机。[①] 广东将继续着力建设以现代服务业和先进制造业"双轮驱动"的主体产业群,形成产业结构高级化、产业发展集聚化、产业竞争力高端化的现代产业体系。优先发展现代服务业。重点发展金融业、会展业、物流业、信息服务业、科技服务业、商务服务业、外包服务业、文化创意产业、总部经济和旅游业,全面提升服务业发展水平。到2020年,现代服务业增加值占服务业增加值的比重超过60%。加快发展先进制造业。充分利用现有基础和港口条件,重点发展资金技术密集、关联度高、带动性强的现代装备、汽车、钢铁、石化、船舶制造等产业,坚持走新型工业化道路。加快发展装备制造业,在核电设备、风电设备、输变电重大装备、数控机床及系统、海洋工程设备5个关键领域实现突破,形成世界级重大成套和技术装备制造产业基地。到2020年,先进制造业增加值占工业增加值的比重超过50%。近期,要适度控制新增产能,加快结构调整,为长远发展奠定基础。中央赋予珠江三角洲地区发展更大的自主权,支持率先探索经济发展方式转变、城乡区域协调发展、和谐社会建设的新途径、新举措,走出一条生产发展、生活富裕、生态良好的文明发展道路,为全国科学发展提供示范。到2012年,广东要率先建成全面小康社会,初步形成科学发展的体制机制,产业结构明显升级,自主创新能力明显增强,生态环境明显优化,人民生活明显改善,区域城乡差距明显缩小,区域一体化格局初步形成,粤港澳经济进一步融合发展。到2020年,广东要率先基本实现现代化,基本建立完善的社会主义市场经济体制,形成以现代服务业和先

---

① 汪洋:《探索广东特色之路》,2010年5月20日,人民网(http://politics.people.com.cn/GB/14562/11643455.html)。关于广东实施"双转移"战略的学术论文,可参见陈玲玲《基于产业集群视角的广东省双转移现状分析及启示》,《中国商界(下半月)》2010年第7期;郑京淑《日本的空间政策对广东"双转移"战略的借鉴——基于日本全国综合开发规划的研究》,《国际经贸探索》2010年第1期。

进制造业为主的产业结构，形成具有世界先进水平的科技创新能力，形成全体人民和谐相处的局面，形成粤港澳三地分工合作、优势互补、全球最具核心竞争力的大都市圈之一。①

二 教育同社会经济发展的关系及当前的教育规划

教育是"对国民经济发展具有全局性、先导性影响的基础行业"②。教育与经济发展的关系，教育经济学家们有比较全面的论述③，这里概述其中两方面的关系：教育与国家经济实力的关系、教育结构与经济结构的关系。

教育与国家经济实力的关系。（1）社会经济状况制约着教育的发展。首先，经济实力、社会生产力为教育发展提供经济条件、物质技术条件，也给教育提出了客观要求。国家兴办教育，总需要一定的人力、物力和财力，其中包括教育所需要的学龄组人口及其他人力资源。社会经济发展水平与教育发展水平具有很强的关联性。社会也要求教育伴随经济实力的增强而增强，伴随社会的发展而发展，以保证经济实力和生产力发展所需要的各种专门人才与熟练劳动力；社会成员个体本身在科学文化教育方面的需求，也是伴随生活条件的改善而不断增长的。其次，社会政治经济状况决定着教育的权力、培养目标、教育内容和手段。古代农耕社会生产力落后，学校主要培养统治人才，而不是普通劳动者。在当今工业化、信息化社会，教育除了要培养各个领域的高级管理人才，更要培养大量的普通劳动者，教育内容为了适应经济和科学技术发展的要求，大大加强了自然科学方面的内容，学校开设的课程门类繁多，形成了较为完整的学科门类体系。再次，经济状况决定着教育发

---

① 国家发展和改革委员会：《珠江三角洲地区改革发展规划纲要（2008—2020年）》，2009年1月8日，人民网（politics.people.com.cn）。
② 《国务院关于加快发展第三产业的决定》，1992年6月16日，中华人民共和国国家发展和改革委员会网站（http://www.sdpc.gov.cn/fwyfz/t20050804_39062.htm）。
③ 相关成果很多，此处仅略举数例。靳希斌：《教育经济学》，人民教育出版社1997年版；于向英：《教育经济学概论》，科学普及出版社2007年版；萧今：《教育经济学和教育发展的挑战》，《北京大学教育评论》2005年第1期。此外，中国教育经济信息网（www.cee.edu.cn）有大量的近期研究成果，可参考。

展的规模和速度。① 最后，社会经济状况决定着教育发展的体系和结构，见下文。（2）教育具有增强国家经济实力的功能。一方面，教育通过培养各种合格的劳动力和专门人才，提高在职的和未来的劳动力、专门人才的智力与技术水平，以及生产、发展科学技术对经济实力发生直接作用；另一方面，教育通过培养经济与社会各方面管理人员，提高现有的和未来的管理人员的素质，对经济实力发生直接作用。社会人口受教育程度越高，劳动人口质量越高，对经济实力增强的作用越大。②

教育结构与经济结构的关系。"经济结构制约着教育结构，教育结构必须与经济结构相适应，为经济结构服务。它们是一种相互制约、相互促进的辩证关系。"③ 教育结构为经济结构服务的内涵非常丰富，包括"教育体制结构如何适应经济体制结构改革的要求，为经济体制改革服务；教育的类别与专业设置，以及类与类、专业与专业之间的比例关系，如何与经济部门的产业结构、技术结构相适应；教育的级别和程度，以及级与级之间的比例关系，如何与经济部门、物质生产领域的劳动力结构相适应；各级各类学校布局结构如何与地区经济结构发展相适应等"。其中，教育结构和经济体制结构改革的关系中，"教育计划和规划要对整个国民经济计划和规划的需求具有适应性。在总的管理体制上，应把教育计划和规划列为国民经济计划和规划，以及社会发展计划和规划的一个有机组成部分，这也可以称作宏观教育结构适应宏观经济结构的需求"④。

从上述教育经济学家的论述可知，教育结构和社会经济结构有着密切的关系，教育规划是保证教育为经济发展服务的重要手段。关于我国及广东未来10年的教育规划，《国家中长期教育改革和发展规划纲要（2010—2020年）》和《珠江三角洲地区改革发展规划纲要（2008—2020年）》是

---

① 我国教育的发展与国家财政支持密切相关，但与国际教育平均支出相比而言，我国用于教育的财政支出还不理想。1993年中共中央、国务院颁布的《中国教育改革和发展纲要》写明，到2000年，财政教育支出占同期GDP的比重达到4%；但是直到2010年，这个指标也只有3.15%（12550.02÷397983，据中国财政部2010年全国公共财政支出决算表，其中教育支出为12550.02亿元；据中国国家统计局数据，2010年GDP为397983亿元）。据《中华人民共和国国民经济和社会发展第十二个五年规划纲要》，2012年财政性教育经费支出占国内生产总值比例达到4%。

② 靳希斌：《教育经济学》，人民教育出版社1997年版，第90—96页。

③ 靳希斌：《中国教育经济学理论与实践》，四川教育出版社2008年版，第64页。

④ 同上书，第64、65页。

非常重要的官方文件①，现根据本文需要，摘编如下：

我国教育还不完全适应国家经济社会发展和人民群众接受良好教育的要求。教育观念相对落后，内容方法比较陈旧，中小学生课业负担过重，素质教育推进困难；学生适应社会和就业创业能力不强，创新型、实用型、复合型人才紧缺；教育体制机制不完善，学校办学活力不足；教育结构和布局不尽合理，城乡、区域教育发展不平衡，贫困地区、民族地区教育发展滞后；教育投入不足，教育优先发展的战略地位尚未得到完全落实。普及高中阶段教育，毛入学率达到90%；高等教育大众化水平进一步提高，毛入学率达到40%。主要劳动年龄人口平均受教育年限从9.5年提高到11.2年，其中受过高等教育的比例达到20%，具有高等教育文化程度的人数比2009年翻一番。

提高高等教育人才培养质量。加大教学投入。把教学作为教师考核的首要内容，把教授为低年级学生授课作为重要制度。实行弹性学制，促进文理交融。充分调动学生学习积极性和主动性，激励学生刻苦学习，增强诚信意识，养成良好学风。提升科学研究水平。高校要牢固树立主动为社会服务的意识，全方位开展服务。为社会成员提供继续教育服务。开展科学普及工作，提高公众科学素质和人文素质。积极推进文化传播，弘扬优秀传统文化，发展先进文化。积极参与决策咨询，主动开展前瞻性、对策性研究，充分发挥智囊团、思想库作用。鼓励师生开展志愿服务。优化结构办出特色。适应国家和区域经济社会发展需要，建立动态调整机制，不断优化高等教育结构。优化学科专业、类型、层次结构，促进多学科交叉和融合。重点扩大应用型、复合型、技能型人才培养规模。加快发展专业学位研究生教育。优化区域布局结构。克服同质化倾向，形成各自的办学理念和风格，在不同层次、不同领域办出特色，争创一流。

---

① 《国家中长期教育改革和发展规划纲要（2010—2020年）》，2010年7月29日，中华人民共和国中央人民政府网站（www. gov. cn/jrzg/2010—07/29/content_ 1667143. htm）；《珠江三角洲地区改革发展规划纲要（2008—2020年）》，2009年1月8日，人民网（politics. people. com. cn/GB/1026/8644751. html）。关于高等教育发展战略方面的学术文章，可参见第五战略专题调研组《高等教育发展战略研究》，《教育研究》2010年第7期。

附表： 教育事业发展和人力资源开发目标摘要

指标	2009 年	2015 年	2020 年
高中阶段教育在校生（万人）	4624	4500	4700
毛入学率（％）	79.2	87.0	90.0
高等教育在学总规模（万人）	2927	3350	3550
在校生（万人）	2826	3080	3300
其中：研究生（万人）	140	170	200
毛入学率（％）	24.2	36.0	40.0
具有高等教育文化程度的人数（万人）	9830	14500	19500

改革教育质量评价和人才评价制度。树立科学人才观，建立以岗位职责为基础，以品德、能力和业绩为导向的科学化、社会化人才评价发现机制。强化人才选拔使用中对实践能力的考查，克服社会用人单纯追求学历的倾向。

推进政校分开、管办分离。随着国家事业单位分类改革推进，探索建立符合学校特点的管理制度和配套政策，克服行政化倾向，取消实际存在的行政级别和行政化管理模式。探索教授治学的有效途径，充分发挥教授在教学、学术研究和学校管理中的作用。

广东省教育发展规划——优先发展教育。高等教育普及化水平进一步提高，显著提升高校科技创新与服务能力。改革应试教育模式，全面实施素质教育。积极开展教学改革和教师队伍建设改革试验，深化人才培养模式改革，探寻符合人类文明成果传承规律的教育方式。扩大高等教育办学自主权，推进高等学校治理模式改革。弘扬中华优秀传统文化和岭南特色文化，培育创业、创新、诚信精神，打造具有时代特征的新时期广东人精神，促进物质文明和精神文明共同发展。[①]

从上述国家规划文献可以看出，未来 10 年我国的高中教育将向普及化方向发展，而高等教育将向优质化方向发展。作为教育母体的师范大学体系，在未来教育发展中无疑占有极其重要的地位，其战略定位与国家教

---

① 以上内容据《珠江三角洲地区改革发展规划纲要（2008—2020 年）》摘编。

育规划的实现密切相关，下文将着重讨论这个问题。

三 当今大学教育国际重大问题述略

前面两小节撮要介绍了中国经济结构调整大背景下的广东社会经济产业转型升级和相应的社会、教育发展规划。下面介绍大学教育的国际重大问题，为本文最后讨论师范大学的战略定位勾勒一个大致的教育行业背景。

大学教育的国际重大问题是一个庞大的命题，这篇文稿无法容载深入系统的讨论，笔者准备从近期召开的相关国际会议、近期国家举措及重大高等教育热点问题入手，进行撮要介绍。

（一）大学教育国际化问题

2011年8月13—14日，世界大学校长论坛在深圳举行，本次论坛主要讨论"21世纪大学的新使命和人才培养"。在经济全球化和教育国际化的背景下，近200名中外大学校长立足本国和本地区的经验，就高等教育国际化人才培养、提高大学生适应经济社会发展需求的能力、大学体育与国际视野和创新精神的培养、绿色大学的建设等议题展开了热烈的讨论。

上海交通大学张杰校长指出，上海交大和欧盟在1995年共同建立的中欧国际商学院现在已经成为世界上十大商学院之一。国际化的策略是过去10年学校发展的主要推动力，这一战略的核心环节，就是要培养在全球范围内具有竞争力和创新力的人才。

台湾东海大学程海东校长指出，在不发达国家，其师生没有机会出国，也没有机会接待来自世界其他国家的人，对于这些大学来说，怎么样能够教育这些学生，让他们面临全球性的问题还值得研究。现在必须利用领先国家的资源，去教育不发达国家的学生，让他们考虑全球的问题，譬如节约资源、碳减排，还有台风和地震的效应等等。如何从全球的视角来教育世界不同国家的学生，让每个人都意识到这是人类唯一能够赖以生存的星球，这应该是教科文组织关心的，同时也是每一位高等教育工作者应该考虑的问题。

美国纽约理工大学爱德华·奎里亚罗斯校长指出，纽约理工大学的1.4万名学生来自全球106个国家，以及美国的50个州；有1000名校友在中国生活，有超过1000名学生在中国学习，每年招收近300名中国留学生；21世纪是一个能够提供无国界教育的世纪。奎里亚罗斯提出一个新模型"全球性大学"：在世界上不同的地方只提供一个学位，一套课程，一套评估体系，一套班子管理；学生、教职员工的思想没有任何界限的约束；无论是虚拟课堂还是远程课堂，都能够融会贯通各种知识，带来真正全球化的教学内容。他解释这样的全球性大学不会变成"麦当劳"模式，因为好大学基本上是研究型大学，如果好的教授、实验设备不够，就无法复制符合此类标准的研究型大学。纽约理工大学计划在不同的校区提供不同的教学并且保证一样的教学质量。

爱尔兰都柏林大学休·布兰迪校长指出，扩展全球范围的校园，是在不同校区配置最基本、最核心的课程，但是一定会有差异。譬如在工程、医学领域，肯定有一些通用的核心课程的领域，没有办法本地化，但是全球化也必须要考虑到这些项目、课程的本土特点。为了适应本地特色，都柏林大学利用了最新的技术如远程会议技术等等，以此来解决学生面临的问题。如果全球化能够进一步帮助都柏林大学发挥当地的特色和优势，同时能够求同存异，并且让都柏林大学的学生更好地应对因为文化不同带来的挑战的话，这就是一件好事。休·布兰迪校长希望学生可以在不同的环境下、不同的国家中顺利工作，成为真正意义上的全球公民。对都柏林大学而言，其面临的挑战就是怎样充分利用现有的最新技术，打破旧的秩序，创造一个更有想象力的未来。

南非罗德斯大学萨里姆·巴达特校长指出，高等教育的国际化、学生的交流，在一定程度上促进了发展中国家高等教育的发展，使其更具活力。但是当前的学生流动并没有真正帮助发展中国家实现一个最终目的：进一步促进欠发达国家智力的发展、知识的发展、技能的发展，以及促进欠发达国家教育体系的根本性改进。南非、中国面临的挑战没有一个全球化的、统一的解决方案。南非不需要25所哈佛等级的大学，它需要有25所大学能够在本地、在国家、在全球的层面上更好地影响高等教育发展。萨里姆·巴达特校长希望能够通过合适的教育机构来实现高等教育的国际化，而不是简单地抄袭其他国家、其他地区的做法。[1]

---

[1] 张春丽：《从这里开始，不一样的精彩——世界大学校长论坛侧记》，2011年8月15日，光明网（epaper.gmw.cn/gmrb/html/2011—08/15/nw.D110000gmrb_20110815_2—06.htm？div=—1）；《教育国际化有标准吗？》，2011年8月19日，光明网（edu.gmw.cn/2011—08/19/content_2485217.htm）。

（二）大学教育区域化问题

2012 年初，第二届亚洲地区教育大学校长论坛在香港举行。此次论坛的主题是"展望亚洲教育大学的发展"，主要讨论"全球化背景下的教育发展"，"亚洲大学的使命和如何在全球教育新局中占据主动"，"大学在区域内对人的塑造、对传统的继承和发扬"等问题。

香港教育局孙明扬局长指出，在经济全球化的今天，教育不再只是为提高一个国家或地区的经济竞争力而进行的人力资本投资。现在的教师仍有责任培养学生"全人发展"，教师的道德引导在学生的发展中担当重要使命，这对于教育大学尤其重要。香港学校的课程目标在于为培养学生发展可持续的价值观和态度而提供宽阔的学习经历。香港政府希望学校教育为年青一代的终身学习和"全人发展"奠定基础，并通过多种校园内外的学习活动来浸染灌输他们有关个人和社会的核心价值观念，譬如坚韧、仁爱、归属感等等。香港大学前校长王赓武教授指出，教育界和有关部门需要确定培育教育人才的模式，并确定教育事业实质上带来了什么效果。大学固然要着重培育出拥有丰富知识和教学技巧的教师，但也要避免把这种培育变成为追求大学排名的竞争工具，却忽略了其中蕴含的传统人文价值。香港教育学院张炳良校长指出，当今全球化大多意味着主要是向西方英、美等国的资本主义制度体系靠拢；因此，高等教育的国际化不一定真能促进国际主义或世界主义的价值。许多国际基准和指标是由美国和西欧发展出来的，这使具有本土意义的人文学及社会科学研究越来越边缘化。譬如有关本土的研究，有时由于语言和内容的问题，很难刊载到英美的"国际"期刊上；如何定义"国际化"就是极为随意的：美国的学术期刊比英国或澳洲期刊更容易被评为具有"国际性"，而英澳期刊又被视为较亚洲或香港期刊更具"国际性"，这样的恶性循环，使得本地的、以中文写成的、亚洲出版的期刊被视为次等，相关学科的研究也受到很大的阻碍。如果国际化真正推广全球意识或世界主义，便应倡导一种多元面向的发展过程，趋向发展强调"多元文化"的大学。真正的全球化应是稳固地根植于跨文化滋养和互相学习之上，而非效法或靠拢任何一套"普遍性"的基准。目前，对所谓国际基准的迷信，已演变成一个游戏，由海外已建立权威的（主要是英美）学术界主导了研究项目。研究的绩效，是以被"国际"期刊刊布或其刊出的论文的引用率来界定，而不大理会研究对本土是否有贡献。于是，本土学术界的学术自由便被海外期刊编辑或院校所左右，甚至被垄断。这种考评方法，使学术研究和出版变成"学科"的追求，但不是"学问"的追求。现在亚洲区的学者须克服语言障碍，使本土的范式及学术广为人知；否则，更多的国际化只会引致单一化发展的局面，不利于开拓知识和经验。

泰国教育部前常任秘书长卡萨纳·万拉温（Kasama Varavarn）博士指出，大学应该根植本土，传播智慧。1978年泰国进行课程改革，在校内传授泰国传统智慧。泰国传统智慧及生活模式一方面各成独立学科，同时亦融入每个学科之内。最近几年，为培养更能与全球接轨、更具竞争力的劳动人口，泰国传统智慧不再是教育内容本身，而是从文化优势上为自己发展创意经济。现在，泰国传统智慧被视为一种载体，让教育可以培养能自我主导、勇于创新的学习者，主动地面向21世纪。

"亚洲地区教育大学校长论坛"发布的联合声明指出："我们确认教育对区内社会和经济发展的重要性，培养有知识、有理解力、有道德的人才，并拓展人的潜能，创造一个可持续发展的未来。""加强合作伙伴关系，推动学术交流，分享优秀实践经验，以发展本区及全球各地的教育体系和教师教育。"[①]

2011年12月20日，教育部与广州市人民政府签署了部市共同推进建设亚太教育交流与合作广州机制框架协议。该协议的主要目标是：全面提高广州市的教育国际交流合作水平，建立部、省重点支持的教育国际交流与合作试验区，搭建中国，特别是广州和亚太国家（地区）在高等教育、职业教育、基础教育、学前教育等方面交流和合作的平台，为广州市的建设和产业发展提供国际化人才培养、科学研究、社会服务和文化传承创新支撑；教育部以提升广州市和亚太地区国家（地区）间的教育国际交流合作为重要依托，试点探索扩大国家的教育对外开放、全面提升国家的教育国际交流水平。[②]

---

① 练玉春整理：《全球化背景下亚洲大学使命：追求卓越却不失灵魂》，2012年1月4日，光明网（theory.gmw.cn/2012—01/04/content_3312952_3.htm）。
② 赖红英：《教育部与广州市签署协议推进亚太教育交流合作》，2011年12月22日，中国教育新闻网（world.jyb.cn/zwyj/201112/t20111222_470980.html）。

(三) 教育改革与创新问题

在 2011 年欧债危机、世界经济疲软、多国青年就业率下降的背景下，教育被人们寄予厚望。2011 年底，世界教育创新峰会（WISE）在卡塔尔首都多哈举行，大会主题为"改变社会、改变教育"，与会者达 1500 名。

美国微软公司教育事务部负责人安东尼·萨奇托在会上指出，过去 10 年高等教育人数从 1 亿增长到 1.5 亿，这对政治经济都会产生影响。人们的预期随社会的发展而改变，学生、家庭对教育的期望越来越高。人口老龄化可能给教育带来新的机遇，即使比较成熟的教育体系，也面临变革的挑战。澳大利亚总理办公室副主任汤姆·本特利介绍说，现在澳大利亚正在实施"为了下一代"教育改革，通过增加政府、学校、教师信息的透明度，使公众获得学校表现的情况，促进教育系统的自我完善。

法国国民教育部部长吕克·夏岱尔指出，教育改革应该是一个常态化的过程，应该日积月累，融入日常工作中。米歇尔·巴伯尔根据麦肯锡公司对全球教育最佳实践经验进行的总结指出，教育改革必须超越政府任期，改革要有优先、有重点，同时改革应该是长期的，不要随意变。①

(四) 中美大学教育差异和中国高等教育发展方向问题

2005 年 7 月，温家宝总理探望科学家钱学森时，钱老曾感慨地说：回过头来看，这么多年培养的学生，还没有哪一个的学术成就，能跟民国时期培养的大师相比！"为什么我们学校总是培养不出杰出人才？"这就是著名的"钱学森之问"。2009 年 10 月 31 日，钱学森逝世。11 月 11 日安徽高校 11 位教授给新任教育部部长以及全国教育界发出公开信《让我们直面"钱学森之问"》，指出今天的中国教育存在着许许多多让人痛心疾首的问题，有些问题甚至是深层次的。例如应试教育、学术腐败、论文抄袭等等。从某种意义上说，这些问题，正成为社会主义现代化建设进程难以突破的瓶颈。②"钱学森之问"在国内引发了广泛的讨论，也引起了美国教育界的关注。下面从中美两国相关人士的言论中，撮述中美教育的

---

① 高靓：《教育改革与创新不是"赶时髦"》，2011 年 12 月 21 日，中国教育新闻网（world. jyb. cn/gjgc/201112/t20111221_ 470835_ 1. html）。

② 刘利国：《试答"钱学森之问"》，2011 年 4 月 29 日，求是理论网（www.qstheory.cn/lg/zl/201104/t20110429_ 78957. htm）。

差异问题，从中或许能够窥测今后大学教育发展的某些端倪。

美国耶鲁大学理查德·莱文校长指出，中国大学的本科教育缺乏两个非常重要的内容：第一，缺乏跨学科的广度；第二，缺乏对评判性思维的培养。绝大多数亚洲学校和欧洲大学一样，本科教育是专识教育，一般来说学生在18岁就选择了自己的终身职业，之后不再学别的东西。中国的教学法把注意力放在对于知识要点的掌握上，不去开发独立和评判性思维的能力，这对于培养一些流水线上的工程师或者是中层的管理干部或许有用，但是如果要培养具有领导力和创新精神的人才，这种方法显然难以奏效。这对于国家的长期经济增长也是不利的。或许，美国的通识教育可资借鉴。美国的本科学生在大学一二年级会尝试各种学科，然后再选择一个主科。因为通过对多个学科的接触，会有不同的视角，使他们有能力以创造性的方式解决新的问题。斯坦福大学约翰·汉尼斯校长指出，本科教育不是为了让学生得到第一份工作，而是第二份、第三份工作，让他在未来的20年到30年中，获得整个人生的基础。卓越是大学的一个核心价值观。①

张继平、余丹丹曾撰文对美国研究生教育的发展及特色进行过比较详细的论述。张、余二人指出，美国高等教育历经初期仿效英国"学院型大学"、19世纪早期和中期推崇德国高等教育模式等阶段；从20世纪60年代开始，美国联邦政府十分重视培养能够参与国际合作和竞争的国际型人才和领导者，协作理念逐渐成为研究生培养的主旋律；从20世纪70年代至今，美国培养研究生的协作模式得到了蓬勃发展。美国研究生教育对我国有若干启示，如培养目标多元化、培养过程规范化等。研究生教育应该引入末位淘汰制。美国每年都有一部分研究生因考试不过关、学分不够或因不能通过论文答辩而无法获得学位。据统计，一般研究生院淘汰率在10%—15%之间，名牌大学甚至达到30%—40%，学生不得不全身心投入到学习和科研当中，这也就保证了研究生教育的质量。②

胡自民先生则从学术讨论的角度，对中美研究生教育的差异进行了详细论述。胡先生指出，美国高校的研究生每周都有学术研讨会，而且频度很高。以美国综合排名70位左右的西部某大学为例，该大学的生物系每

---

① 蒋廷玉、陈晓春等：《国外名校校长如是回答"钱学森之问"》，2011年12月1日，中国教育新闻网（world.jyb.cn/gjgc/201112/t20111201_466894.html）。
② 张继平、余丹丹：《美国研究生教育的发展及特色探析》，《大学·研究与评价》2009年第Z1期。

周四下午 4：00—5：00 为全系师生的学术报告时间，通常都是邀请外面的大学或研究所的专家来做报告，报告时间在 50 分钟左右，剩下时间为听众提问。这一报告的水平比较高，专业性也极强，堪比一场国际性的学术报告。每周五中午 12：00—13：00 为全系师生的另一个学术报告时间，通常是系里一位教师（Faculty）先报告自己的研究内容，时间在 30 分钟左右；随后是一位高年级的博士生（硕博连读的学生一般从二年级开始）汇报自己课题的研究结果和计划，时间在 15 分钟左右（系里要求所有的研究生每次都要签名，如果一个学期下来缺席 2 次，那么学术报告这门功课就没有成绩）。全系的老师和学生都可以对报告内容进行评价和提问。除此以外，每个课题组一般在每周都有一次组内的学术报告。因此，每周下来一个研究生能参与 4 次学术报告。一年下来，每位研究生参与的学术报告次数应该在 50 次以上。由此可见中美研究生在学术研讨会的频度、水平、参与者的主动性和被动性方面均存在巨大的差别。[1]

最近有一篇文章指出，从 20 世纪 90 年代起，中国的高等学校一直在追寻着一个伟大的目标——建成世界一流大学。中国先后实施了"211"、"985"等多个冲高工程，但是，迄今为止，中国还没有一个大学真正进入世界一流大学的行列。这里面的原因值得探讨。一个大学要能被称为一流大学，一般的看法，至少应该在培育人才和科学研究方面有所突破。单就人才培养而言，中国的大学和世界一流的大学之间就存在明显的差距，著名的"钱学森之问"就是明证。该文作者以其在美国加州大学伯克利分校攻读博士学位的学习经历及先后在美国加州大学伯克利分校、新加坡国立大学、国内某著名大学的工作经历，具体从比较美国加州大学伯克利分校 2010 秋季语言学专业基础课《语言学概论》（Introduction to Linguistic Science）和国内一所著名高校中文专业与之相应的《语言学概论》的授课情况入手，指出中美高等教育在助教制度、正课教授和助教接待学生的时间安排、课外作业设置、新课程开发、教学大纲革新、课程网络建设等方面都存在巨大差距。[2] 中国要创建一流大学，就必须设法缩短这方面的差距。

从以上四个方面的介绍可知，在经济全球化背景下，世界各国的交往

---

[1] 胡自民：《从学术研讨看中美教育差别》，2011 年 12 月 5 日，中国教育新闻网（world. jyb. cn/opinion/gjjy/201112/t20111205_ 467599. html）。

[2] 梁人：《中美一流大学的差距究竟何在?》，2012 年 1 月 30 日，《文汇报》网（whb. news365. com. cn/ewenhui/whb/html/2012—01/30/content_ 83. htm）。

日益密切，教育国际化是不可阻挡的世界潮流；在教育国际化过程中，发达国家的高等教育系统因其在国际学术准则制定、科研教学力量储备、高校管理等方面的优势地位，对欠发达地区的高等教育事业产生了极大的影响；欠发达地区的高等教育在重视国际交流的前提下，必须加强本土化建设——重视本土文化资源的保护和开发、强调科研为本地发展服务；为保证高等教育培养创新人才而进行的高等教育改革，应该避免政府任期的影响，以促进高等教育系统的自我完善；高等教育是开发智能的事业，这决定了高端人才的培养须以严密、科学的管理体系做保障。显然，针对上述当今大学教育的国际重大问题，相关人士所做的评论对理解师范大学的战略定位也具有重要参考价值。

四 师范大学的战略定位

师范大学向来被称作培养基础教育教师的摇篮，这个传统似不容动摇；不过，近几年师范教育又有了新的发展动向，值得关注。

有学者指出，"师范教育"将走向"教师教育"①。2001年，《国务院关于基础教育改革与发展的决定》中首次用"教师教育"概念取代了长期使用的"师范教育"概念，提出"完善以现有师范院校为主体、其他高校共同参与、培养培训相衔接的开放的教师教育体系。"2003年，教育部在《2003—2007年教育振兴行动计划》中又一次明确提出并具体阐述了构建教师教育体系的任务，指出要"构建以师范大学和其他举办教师教育的高水平大学为先导，专科、本科、研究生三个层次协调发展，职前职后教育相互沟通，学历与非学历教育并举，促进教师专业发展和终身学习的现代教师教育体系"。这意味着将教师教育过程视为一个可持续发展的终身教育过程，体现了教师教育的连续性、一体化和可持续发展的特征。

教师教育预示着新的发展方向：（1）教师培养过程由职前培养走向终身发展。（2）教师培养的渠道由单一封闭走向多元化开放。20世纪90

---

① 袁振国：《从师范教育向教师教育的转变》，《中国高等教育》2004年第5期；钟启泉、王艳玲：《从"师范教育"走向"教师教育"》，《大学·研究与评价》2007年第9期。本段论述教师教育，非特别注明，皆来自上面这两篇文章。是否能用"教师教育"概念取代"师范教育"概念，也有不同的意见，参见栗洪武《"教师教育"不能取代"师范教育"》，《教育研究》2009年第5期。

年代后期以来,由于高等教育的结构调整和规模扩张,独立设置的师范院校专门从事教师教育的体系被突破,综合性大学和其他高校参与到教师教育的活动中来。随着形势的发展,过去以本科四年制混合培养模式正在逐步发生变化。现在可以在更大范围内动员和利用优质资源来培养教师,在开放的环境下和多学科综合背景下、在更高水平的学术平台上培养高素质教师,在更大范围内选择教师。(3) 教师形象由"教学技术人员"走向"反思性教学专家"。以往人们把教师看成是学科知识的传授者,在教育实践过程中充当"知识代言人"的角色。教师教育的首要任务是使未来教师掌握尽可能多的学科知识、教育类课程的目的是确保未来教师能准确高效地传授中小学教科书所呈现的知识,精深的学科知识以及传授的熟练程度代表了教师的专业程度,这种被称为"技术熟练模式"的教师教育,其核心理念是培养"教学技术员"。"反思性实践家"是美国麻省理工学院哲学教授唐纳德·舍恩在《反思性实践家——专家如何思考实践过程》(1983) 中提出的概念,主张现代的专家在以"行动过程中的反思"为原理的"反思性实践"中发挥专业性,去替代以往的专家"科学技术之合理运用"为原理的"技术性实践"。原来的学校制度把人当作"工具"来塑造,原来的师范教育也只是强调教师教学技术行为训练,没有意识到一个合格的教师不仅要有知识和技能,还要有不断思考和改进教育工作的意识和能力。当代教师负有选择和组织学生学习经验的责任,是课程共同要素中必要的原动力。与上述发展趋势相比,当前的教师教育模式存在很多问题:(1) 课程结构比例不合理。教育类课程被置于整个课程结构中的"边缘",高师院校的课程设置与其他专业性大学有趋同现象。(2) 教育类课程内容陈旧,以学科的体系性、逻辑性为主,不能反映教育研究的最新理论成果,并缺乏对中小学实践的研究,高师教育与基础教育的改革和实践脱节。(3) 实践性课程薄弱。(4) 职前职后课程割裂。总体上说,中小学教师的在职培训课程既不针对教师在教育教学中的实际问题,又不反映教育理论的前沿动态,不能体现在职前教育基础上的发展性、上升性、连续性和整合性。因此,当前的教师教育模式必须改革。

至于如何改革,学者的理论探讨及国内师范类名校的做法值得我们参考。

有学者指出,争创国内一流,扩大国际影响,弘扬教师教育特色,向研究型提升是当今师范大学战略发展规划中的常见理念。为了拓宽办学空间，增强办学实力，造就高素质人才，师范大学要不断提高自身的综合化程度；研究型大学有着特定的内涵，对于目标定位在教学科研型的师范大学应该打造若干研究型的学科，使之具有领头、示范、辐射与带动作用。①

北京师范大学校长钟秉林教授指出，北师大将从过去以培养教师为主的综合性师范大学转型成为综合性研究型大学，这个战略转型包括：（1）学科布局分布将从过去的文理为主向文理工管协调发展。（2）专业设置方面，拓宽很多专业，按照学科门类、一级学科、学院去招生；取消所谓师范专业和非师范专业的区别，没有师范专业了。譬如物理系的学生，获得理学学士学位，同时再到北师大教育学院深造两年，再获得一个教育学的硕士学位，此即 4+2 教师培养模式。如果学生到北师大后，放弃做教师的计划，北师大将按照学科型人才的标准去培养他。（3）人才培养方面的改革要体现多样化，在学校里强调以学生为本，尊重学生的选择。②

华南师范大学是一所学科门类齐全的国家"211 工程"重点建设大学和广东省省属重点大学。目前，华南师大正坚持以加强内涵建设和提高办学质量为核心，立足推进教师教育改革创新，立足服务广东经济社会新发展，大力实施学科立校、人才兴校、科研强校、开放活校四大战略，全面推进各领域的改革发展，凝练优势，彰显特色，增强实力，为建成特色鲜明的高水平教学研究型大学而努力。③

笔者认为华南师范大学在制定发展战略时，强调"以加强内涵建设和提高办学质量为核心"，将学校定位为"教学研究型大学"，这是值得肯定的。所谓"内涵建设"，大概是参考了发展经济学的概念。众所周知，苏联经济曾保持较高的增长速度，但苏联人民的生活水平相对于西方发达国家而言却一直比较落后。为了解释这种现象，苏联经济学家指出实现经济增长有两种方式：（1）靠增加自然资源、资本和劳动等资源投入实现的增长，即外延增长（extensive growth，或译粗放增长）；（2）靠提高效率实现的增长，即内涵增长（intensive growth，或译集约增长）。内

---

① 刘湘溶：《师范大学发展战略几个重大问题的思考》，《湖南师范大学学报（社会科学版）》2005 年第 1 期。
② 中国中央电视台国际频道：《名师面对面：北京师范大学校长钟秉林》，2004 年 11 月 25 日，中国中央电视台网站（www.cctv.com/program/msmx/20041125/101253.shtml）。
③ 参见华南师范大学网站"华师概况"（http://www.scnu.edu.cn/scnu/Demo/HSschool.jsp?code=1），2011 年 10 月 13 日。

涵增长，大体上等于科尔奈（Janos Kornai）所说的提高要素生产率以促进增产。① 虽然高校建设不能直接等同于经济建设，高校的师资、设备等因素也不能直接当作"生产要素"，但是说要在现有的教学、科研条件下，通过提高效率来优化办学质量，提升学校的综合竞争力，则应该是合乎逻辑的。中国高等教育经历了 20 世纪 90 年代以来的跨越式发展之后，不少公立高校背上了巨额的债务。"广东 2007 年省政府一次性免除高校 130 亿债务后，绝大部分高校仍处在债台高筑举步维艰的窘境。""高校负债收入总体上以基建项目支出为主，但也存在福利性支出。"② 经历了教学用地扩张、教学大楼兴建、学生宿舍楼兴建等基建项目的扩张之后，从常规意义上讲，目前不少公立高校的办学条件已经得到了很大程度的改善，追求"内涵建设"的时机已经成熟。

高校可以分为研究型、教学研究型和教学型等类型，其中研究型大学的数量最少，但研究型大学的整体科研水平最高。有关资料显示，美国高等院校的结构为：41% 为两年制社区大学；20% 为大学专科；18% 为只授予学士学位的普通大学；15% 为只授予硕士学位的普通大学；6% 为可授予博士学位的普通大学，其中 3% 为研究型大学③。研究型大学至少包括有三个显著特征：（1）研究生，尤其是博士研究生培养能力强。例如美国哥伦比亚大学在校生中 70% 是研究生，斯坦福大学在校生中 50% 为研究生。（2）科研贡献率高，包括重大科研成果的产出和重大科研成果的转化。科研贡献率高要靠充足的科研经费提供保证，科研经费的来源包括纵向的，也包括横向的，均通过竞争获得。（3）高学历、高职称、高水平的教师队伍。三者互相关联，例如研究生规模大，尤其是博士生规模大，便容易吸引"三高"教师来校工作，而"三高"教师多不但可能争取到更多的科研课题与经费，而且可能申报并获得更多的博士点和硕士点，反过来这些又促成研究生规模的扩大与维持。目前，国内除少数师范大学在制定自己的中长期发展战略时把目标设定为研究型大学，大多数师范大学将目标设定为教学科研型大学；而通过增强自己的研究生，尤其是博士研究生的培养

---

① 吴敬琏：《中国增长模式抉择》，上海世纪出版公司远东出版社 2006 年修订版，第 11、12 页。

② 韩呼生：《我国公办高校负债及其治理》，《国家教育行政学院学报》2009 年第 1 期。

③ 朱清时：《我国建设一流大学的几个问题》，载《中外大学校长论坛文集》第二辑，中国人民大学出版社 2004 年版，第 286—287 页。

能力，提高自己的科研贡献率和扩充自己的"三高"教师队伍来提升学校的层次和地位，则是几乎所有师范大学共同的发展途径。①

在"教学研究型"战略定位前提下，如何实现"内涵建设"，这还是值得探索的。从外在的学科布局和教育模式看，笔者完全赞同前述教育家们所论的新时期"教师教育"体系的外显模式。在这个前提下，笔者准备就师范大学建设的"内涵"谈以下几点看法。

其一，师范大学服务于广东省产业转型升级的可能性、必然性和结合点。关于大学是否应该服务于社会，从总体上讲，前述教育经济学家们是持肯定态度的。但是，也不可否认，当代市场经济主体狂热追求经济效益而产生的种种不良之风，也严重冲击了高校的价值体系，引发了不少乱象。② 复旦大学校长杨玉良在接受采访时表示，现在大学精神有点迷失，出现了一种相对来说比较广泛的精神虚脱。作为全社会来讲，包括大学，功利主义盛行。具体到老百姓，就是嫌贫爱富。当精神虚脱后，大学就开始过分地赶时髦，成为服务站。杨玉良教授说："大学教育不能纯粹为了就业。学校教得好不好，学科布局合理不合理，招生太多或太少，社会经济情况如何，企业的用人理念，学生的选择和就业观念……一系列的因素决定了就业的情况。社会上现在有种不良倾向，把就业都怪罪于学校，这是不对的，学校只是负责各环节中的一部分。高校不能像农民，今年大蒜好卖就种大蒜。""所谓的'钱学森之问'，不出大师，实际上就是缺少为学术而学术的人。""大学担负着培养一代代精英的责任，像北大、清华、复旦这些学校培养的人以后的素养怎么样，决定着国家的走向。对中国这样一个大国来讲，这批人的素养甚至决定着世界的安宁。所以二战之前，英国的哲学家罗素表示担心，发现德国、日本的法西斯教育特别危险，果然这代人出来以后世界不能安宁。"③ 杨教授的谈话至少有两点值得注意：（1）培养精英的研究型大学毕竟是少数，因为有充足的资金保证，那里的教授可以为了学术而学术，实现智识精英替普罗大众追求真理的社会功

---

① 刘湘溶：《师范大学发展战略几个重大问题的思考》，《湖南师范大学学报（社会科学版）》2005年第1期；张金标、江敏：《教学研究型大学教学与科研关系探析》，《中国校外教育》2011年第9期。

② 陈伟：《学生会：大学最阴暗的一角》，2011年10月8日，中国教育在线网（http://gaokao.eol.cn/kuai_xun_3075/20111008/t20111008_690648_2.shtml）。

③ 《复旦校长：中国大学精神虚脱 才子流氓贻害社会》，2010年6月22日，《中国青年报》官方网站（http://zqb.cyol.com/content/2010—06/22/content_3288723.htm）。

能；但如前所述，即使在高等教育极其发达的美国，研究型大学占其高校总数的比例也不过3%；对于大多数教学型大学和教学研究型大学而言，我们培养的是劳动者，高素质的劳动者。从这个角度看，绝大多数高校确实具有"服务站"性质的一面。（2）杨教授提到的"学科布局"，其中必然包含有前述教育经济学家所说的社会经济结构对高校教育结构的制约性；杨教授关于"大蒜"的比喻，恰好说明高校教育结构的改革，相对于社会经济结构的变迁应该具有前瞻性，这才是高校服务于社会经济的有效途径；但不应该据此完全否认多数高校的社会服务功能。国家投入大量经费办高等教育，对各层次高校的期盼是不同的，但总的来说，希望高校有利于民族兴盛则是肯定的。从这个角度看，办高等教育就是一种功利，大功利。从这种意义上讲，定位成教学科研型的师范大学是可以服务于社会的，也是必须服务于社会的。师范大学没有必要在综合资源禀赋不如知名研究型大学的现实格局里，自命不凡地盲目追求升格为世界一流的研究型大学，这不符合社会分工的定式。落实到广东的社会实际，我们已知广东乃至全国的产业转型升级已成为社会发展的必然趋势，明智的选择就是赶在发展的潮头，早做准备。师范大学同广东产业转型升级的有效结合点，概而言之，无非是其科研成果及由其培养出来的学生，及至于这类高校辐射出来的社会价值观念。产业转型需要什么成果，师范大学能提供什么样的科研成果，由于学有专攻，在此不能深论；但我们可以将目光转向学生，因而师范大学的战略定位问题就部分地转化为应该培养具备何种素质的师范大学学生或如何培养这类学生的问题。① 接下来就讨论这个问题。

其二，科学认识"服务"行业，强化师生"服务"意识。1935年，英国经济学家费希尔提出了"第三产业"概念，认为以提供非物质性产品为主的行业即第三产业，服务业属于第三产业。根据《国民经济行业分类》（GB/T 4754—2002），服务业的产业范围包括信息传输、计算机服务和软件业，交通运输、仓储和邮政业，批发和零售业，住宿和餐饮业，金融业，房地产业，租赁和商务服务业，科学研究、技术服务和地质勘查业，水利、环境和公共设施管理业，居民服务和其他服务业，教育，卫生、社会保障和社会福利业，文化、体育和娱乐业，社会组织和公共管理

---

① 此处笔者所用的概念"师范大学学生"不等于"师范生"，而是泛指从这类院校毕业的学生。

等等。2000年至今，中国进入发展现代服务业阶段。① 有学者指出，现代服务业具有"两新四高"的时代特征：一新，新服务领域——适应现代城市和现代产业的发展需求，突破了消费性服务业的领域，形成了新的生产性服务业、智力（知识）型服务业和公共服务业的新领域。二新，新服务模式——现代服务业通过服务功能换代和服务模式创新，而产生新的服务业态。"四高"即高文化品位和高技术含量；高增值服务；高素质、高智力的人力资源结构；高感情体验、高精神享受的消费服务质量。② 现代服务业在社会经济中占有重要地位。经济发展的趋势是GDP和就业岗位的创造由农业社会的以农业为主，到工业社会的以工业为主，再到信息社会的以服务业为主。国际上流行的看法认为，服务业理想比例是"七七"比例，即服务业占整个经济的70%，生产性服务业又占服务业的70%。美国服务业占78%，其中70%为生产性服务业。我国经济发展最前沿的省份之一广东，服务业比重仅43%，与制造业密切相关的交通、运输、仓储、通信等生产性服务业在服务业中的比例只有30%，这同我国经济转型的需求相比还有很大差距。③ 发展现代服务业将是广东产业结构调整和经济转型升级的重要内容。

如前所述，广东将继续着力建设以现代服务业和先进制造业"双轮驱动"的主体产业群；可以想见，服务业在未来广东社会将持续繁荣。在这样的社会背景下，强化"服务"意识应当是本身就属于服务业的高等教育的责任之一。

如何强化高校师生的"服务"意识呢？这里先从2011年11月中国教育部发布的《关于做好2012年全国普通高等学校毕业生就业工作的通知》（教学〔2011〕12号，下文简称《通知》）谈起。现将《通知》中需要讨论的部分移录于下：④

　　2012年，全国普通高校毕业生规模达到680万人……高校毕业

---

① 李健：《现代服务业及其标准化问题研究》，《电信网技术》2010年第1期。
② 崔建华：《广东发展现代服务业应正确处理好的关系》，《市场经济与价格》2010年第1期。
③ 李健：《现代服务业及其标准化问题研究》，《电信网技术》2010年第1期。
④ 中国教育部：《关于做好2012年全国普通高等学校毕业生就业工作的通知》，2011年11月23日，新职业网——全国大学生就业公共服务立体化平台（www.ncss.org.cn/zx/zcfg/qg/265576.shtml）。

生就业总量压力和结构性矛盾依然突出,就业形势严峻,促进高校毕业生就业的工作任务更为艰巨繁重。

各省级教育行政部门、各高校要把创新创业教育作为培养创新型人才的重要途径,普遍建立地方和高校创新创业教育指导中心等机构,积极开发创新创业类课程,并纳入学分管理。要探索建立聘用企业家和创业成功人士担任创业导师、学校专职教师到用人单位挂职锻炼双向交流的有效机制。广泛开展创业大赛、创业模拟等实践活动,着力提升学生的创新精神、创业意识和创业能力。

省级教育行政部门和高等学校要紧紧围绕国家和地方"十二五"规划要求,超前部署国家战略性新兴产业等所需专业设置和人才培养工作。探索建立高校毕业生就业和重点产业人才供需年度报告制度,健全专业动态调整和预警、退出机制,对就业率连续两年低于60%的专业,调减招生计划直至停招。要优化人才培养结构,继续扩大全日制专业学位硕士研究生招生规模,开展本科和高职高专专业综合改革试点,加大应用型、复合型、技能型人才培养力度。

《通知》中"就业率连续两年低于60%的专业,调减招生计划"一句,在社会上引起热议。天津大学招办李振宇主任认为,高校的专业设置应根据国家产业结构调整和自身学科发展的需要进行主动调整,而不是以就业率为标准进行被动调整。政策应该对综合类院校、专业院校、高职院校等进行细分。以职业技术教育为主的高校,应该面向社会需求,紧紧抓住对学生职业素质和职业技能的培养。著名教育专栏作家熊丙奇则认为,不同大学有不同的办学定位,985高校、211高校这类院校,应该实施精英教育,以能力为导向培养学生,职业教育学校则以就业为导向。如果都用就业率评价大学办学,无疑将把所有学校都变为职业培训所。在社会需求不足、基础学科不受学生欢迎的情况下,政府应该加大扶持力度,通过特殊政策,保障这些学科的发展。以就业率定专业"生死",不但让某些基础学科岌岌可危,还将使学校在追逐社会热门中迷失办学方向。[1]

笔者认为,先撇开教育部以就业率60%为界划定高校专业生死线的

---

[1] 《专业设置与学生就业率挂钩 高校会越来越功利化吗?》,2011年12月6日,新华网(news.xinhuanet.com/edu/2011—12/06/c_111218642.htm)。

办法是否合理不论,有一点可以肯定:目前中国大学生就业难是非常严峻的现实,无论从大学毕业生就业总量还是从毕业生专业技能结构方面分析,都存在问题。因此,无论什么层次的高校,都应该严肃对待大学生就业问题。

从教师的角度讲,严肃对待大学生就业问题就是教师增强服务意识的表现之一。教师以其人生阅历和专业素养,对学生的专业发展前途有较大的发言权。一般而言,所谓实行精英教育的985、211高校,其毕业生综合素质较好,就业难度相对来说可能低一些;但这类学校多崇尚自由,不少高中毕业生从之前的家庭、高中约束之中"解放"出来,进入大学之后,变得自由散漫、无心向学。这时专业教师对于学生的学习状况最有发言权,教师应该设法劝勉学生刻苦学习。无论社会如何变迁,严谨、认真、兢兢业业总是一种好的精神品质,教师应该保持这种品质,并让下一代传承之。对于研究生,笔者的要求相当严格。经过入学考察之后(一般为半年),本人会劝退那些不适合本方向发展的同学。被劝退的同学当时可能会有怨言,但本人能坦然面对;因为劝退实际上是帮他们缩短职业试错期,这对一个人的终生发展显然更有利。这种做法,和本文第三部分介绍的美国研究生末位淘汰制可能有异曲同工之处。

对于师范专业的学生,这里准备引述温家宝总理在"首届免费师范生毕业典礼"上提出的"四点希望"来表明笔者的态度:①

> 一是充满爱心。关爱每一名学生,视学生为弟妹、如儿女,努力成为学生的良师益友。
>
> 二要甘于奉献。把追求理想、塑造心灵、传承文明当作人生的最大乐趣,做好终身从教的思想准备,甘做培育人才的泥土,在奉献中体现价值,在平凡中成就伟大。
>
> 三要刻苦学习。不断地学习新知识、新技能,提高教书育人本领和教学质量。既要向书本学习,更要向实践学习,向社会学习,向人民学习。
>
> 四要勇于创新。积极投身教育改革创新实践,重视培养学生的想

---

① 《温家宝出席北京师范大学首届免费师范生毕业典礼》,2011年6月20日,新职业网——全国大学生就业公共服务立体化平台(www.ncss.org.cn/syzd/262302.shtml)。

象能力、创新能力和实践能力,激发学生的兴趣,创造有利于个性发展的氛围,使美好的教育理想变为现实。

当然,温总理的"四点希望"具有高度的概括性,我们在理解上可能需要稍做转换:教育是服务业之一,温总理的"四点希望"中包含绝大多数优质教育服务的共同特征;如果我们做不到这一点,我们就没有理由自认为是优秀的教育工作者;对于即将做教师的同学,应该深刻理解温总理"四点希望"的含义。

还要附带说明一点,对于学生毕业之后的发展,在充分论证可行的情况下,师范大学可以考虑开设"广东社会发展规划与毕业生活"之类的课程,为大学生们的毕业生活规划提供参考。

其三,"传道"重于"授业",在"授业"中引导学生悟"道"乐"学"。古人讲"师者,传道、授业、解惑者也",笔者认为,如果可以将"传道"狭义理解为学习方法的传授,将"授业"狭义理解为现有知识的灌输的话,那么"传道"的意义更重于"授业",因为只有教会了学生分析问题和处理问题的方法,使之由被动听讲变为自主学习,才能最大限度地帮助学生"解惑",正所谓"授人以鱼不如授人以渔",或者如胡适所说的"鸳鸯绣取从君看,要把金针度与人"。[1]

重视"传道",并不是否定"授业",而是指在"授业"过程中,引导学生悟"道"而乐"学"。《论语·述而》记孔子说:"志于道,据于德,依于仁,游于艺。"《礼记·学记》:"不兴其艺,不能乐学。故君子之于学也,藏焉,修焉,息焉,游焉。夫然,故安其学而亲其师,乐其友而信其道,是以虽离师辅而不反也。"也就是说,领悟道理、养成德行是教育的最高目标,要达到这个目标,各个学科都要重视自身"技艺"的传承和发展,并让学生在习得学科"技艺"的过程中体会到专业情趣,乐而忘返;借艺悟道,并产生承而传之的专业责任感。[2]

---

[1] 张淑一、白于蓝:《"传道"重于"授业"——本科新生历史教学的一点思考》,载《耕耘者的足音——华南师范大学人文学院教学研究论文集》,暨南大学出版社2004年版,第48—49页。

[2] 哈佛大学经济学教授昆曼在《宏观经济学》(N. GREGORY MANKIW, MACROECONOMICS (SEVENTH), First Printing 2009, New York: Worth Publishers) 第 7 版前言中说:"I hope this book conveys not only our profession's accumulated wisdom but also its enthusiasm and sense of purpose."可谓殊言同旨。

其四,《国家中长期教育改革和发展规划纲要(2010—2020 年)》提出要"深入实施'高等学校哲学社会科学繁荣计划'",有条件的学校,其财政似应适当向"绝学"倾斜①。2008 年,社科院启动了特殊学科建设计划,扶持绝学、濒危学科、新兴学科和交叉学科的发展。简帛学、甲骨学、梵文哲学经典、因明学、西夏文、八思巴字、契丹文字、女真文、纳西东巴文等 11 个学科被中国社会科学院立项进行"特殊扶持",在人才培养、学术交流、经费方面给予政策倾斜,以图改变绝学可能遭遇的后继无人,使"绝学"不"绝"。②但是,在地方院校中,有资源禀赋优势的"绝学"并没有得到"照顾"。"绝学"往往没有横向的经济效益,学科发展经费非常紧张,这将导致优质生源的萎缩,甚至可能导致一门学问后继无人;但是这些学问往往守护了民族精神遗产,保存这些学问,全民族受益。兹举一例。19 世纪末,法裔英国人拉克伯里自称运用"语言科学"和"历史科学"的方法发现了中国上古史的秘密——黄帝裔出巴比伦,汉人的祖先是巴比伦人。拉克伯里的"西来说"被介绍到日本后,受到日本学界关注。日本出现了以桑原骘藏和三宅米吉、白鸟库吉为代表的反对派和支持派。1900 年,白河次郎和国府种德将"西来说"写入面向大众的《支那文明史》中。③拉克伯里的"西来说"其实是当时欧洲流行的文化传播学理论的结果。按照文化传播学派的解释,人类文明的发生发展是一个从中心向四周不断扩散、传播的过程,世界各民族文明与这一"中心文明"都存在一种亲缘关系。伴随西方殖民主义势力向世界各地扩张,文化传播学派关于世界文明的单一起源论演变成"西源论",即认为亚非拉等非西方地区的文明或多或少是受到西方早期文明"启示"和影响的结果。中国文明"西来说"沦为殖民主义者为其侵略扩张诡辩的工具。拉克伯里的"西来说"曾被中国部分学人误信,但是更多的学者对此进行了严肃的批判。其中,缪风林、柳诒征就从汉字与古巴比伦楔形文字的对比入手,批驳拉克伯里"西来说",肯定了中国文化的独立

---

① 中国社科院启动了特殊学科建设计划,扶持"绝学"、濒危学科的发展,值得参考,参见王鹏权《要始终坚持以科研为中心——中国社会科学院科研强院战略侧记》,2009 年 3 月 20 日,河南社会科学网(http://www.cass.net.cn/file/20090226219547.html)。
② 杨雪梅:《"绝学"被"特殊扶持":甘坐冷板凳的人不再孤单》,2010 年 10 月 15 日,人民网(http://culture.people.com.cn/GB/87423/12957772.html)。
③ 孙江:《拉克伯里"中国文明西来说"在东亚的传布与文本之比较》,《历史研究》2010 年第 1 期。

性。可见,"绝学"虽然没有横向经济效益,但对于维系族群精神非常重要,属于"纯公共产品",理应得到公共财政的支持。①

五 结语

改革开放以来,中国经济迅猛发展,至 2010 年中国国内生产总值超过日本,成为世界第二大经济体之后,中国经济的产业转型升级已经成为必然的趋势。广东作为中国经济第一强省,产业转型升级已走到全国前列,相应的教育规划同广东未来的发展密切相关。大学教育国际化刺激民族国家重视发展高等教育的同时,大学教育区域化讨论中提出的高校教科研为本土服务的口号也已引起社会多方的高度关注。在这种背景下,作为教师教育摇篮的师范大学,其发展战略必然与社会发展联动;师范大学定位为教学研究型大学是符合实际的,师范教育向现代"教师教育"体系的转型乃大势所趋;广东将建设以现代服务业和先进制造业"双轮驱动"的主体产业群的社会规划,必将促成师范大学教研理念发生深刻变化;师范大学在持续合理的变革之中,必将为广东经济结构的调整、社会的和谐发展,做出其应有的贡献。

---

① 众所周知,丰厚的民族文化遗产能够维护一个族群的自我意识和自我认同感,并产生强大的民族凝聚力,这对于维护当今的社会稳定都是至关重要的,而稳定有利于社会经济的发展;所以,即使从这个"功利"的角度看,"绝学"都应该得到强有力的保护。关于"公共产品"的论述,参见[美]布坎南《公共物品的需求与供给》,马珺译,上海人民出版社 2009 年版。

高师教育改革与发展的追问与言说

李志厚[*]

高等师范院校是教师的摇篮,是民族振兴的工作母机。但进入 21 世纪之后,世界各国都关注如何培养提升本国社会经济竞争力的人才而进行教育改革,改革的重心放在重新确立人才发展的培养目标、变更课程设置、改革教学与评价、培训适应新世纪需要的师资,这时教师教育的改革显得尤其重要。其次,在中外大学校长的论坛上,国外一些大学校长指出中国学生的两大缺陷:批判性思维的培养不足和跨学科知识的缺乏。而造成这种结果的原因可能比较复杂,但教育改革和发展未能适应社会形态变化的需要,未能对 21 世纪人才需求做充分的预测和估计,从而对培养目标及时调整和发展愿景预先策划,是其中重要的原因。目前我国大学生培养在数量上没问题,但在质量和满足社会需要上却不容乐观,各地出现培养的大学生与社会需求脱节,专业素养下降和实践能力不足等问题。师范生就业难、教师角色转变问题、教师专业发展滞后等困境必然会引起新的教育改革运动———一场以适应 21 世纪培养人才需要的师范教育为目标的革命。

我们国家在 21 世纪交替之际所提出的培养有国际竞争力公民的目标,必须由目前和将来的师资来完成。因此,各高师院校如果不组织各方面的力量群策群力,参与学校的改革和发展,充分地获得他们的支持和配合,是难以完成其重任的。这里有三个核心的领域:一是重新思考 21 世纪中国高师教育面临的挑战是什么,高等师范院校的办学目的究竟为了什么;二是分析目前高师需要改革的地方在哪里,形成这些问题的主要原因是什么;三是如何以正确的方式解决这些问题才能保证高师教育的健康发展。

---

[*] 作者简介:李志厚,男,华南师范大学教育科学学院教授。

这也是本文所要追问和言说的几个方面。

一 中国高师教育面临的挑战与发展的走向

在世纪之交,世界各国政府纷纷对基础教育课程与教学进行策划,制订面向 21 世纪的改革方案,并着手进行为期多年的改革和发展的实施行动,中国也不例外,不遗余力地进行了 10 年轰轰烈烈的"新课改"。但 10 年下来,中国应试教育的形势并没有像原来预想的结果得到根本性的改变,而中国教师进行改革的决心和自信也不如先前那样雄心勃勃,一如既往。究竟问题出在哪里?这些问题又与目前我国的高师教育有什么样的关系?

(一) 21 世纪中国高师教育面临的挑战

要分析 21 世纪中国高师教育所面临的挑战,必须从对 21 世纪社会形态的基本走向及其所需的人才素质变化的特征分析开始。

1. 世纪之交社会形态的走向预测

人类已经步入普遍利用网络进行学习和工作的数字化时代。随着这种以知识经济、信息技术和全球一体化为特征时代的到来,今后能够从事适应这种数字化工作的人才素质结构已经发生了很大的变化。在农业时代,对人的要求只是局限在从事农业生产和农产品销售的劳动能力;在工业时代,对人的要求进一步扩大到工业生产与供销的知识和技能,提高服务素质,这时信息在这个时代变得像黄金一样非常重要;而在数字化时代,对人才的培养已经从有形的物质生产技能转移到以知识生产为主体的基本素养和思维能力,信息尽管仍然很重要,但已经像牛奶一样,如不赶快吸收,很快就会变得一钱不值、一无所用。在数字化时代,全球一体化的态势已经形成;全球的实体世界与虚拟世界同时共存,原子世界与数字世界并重,买和卖、发送与接收可以几乎同时完成;每个人既是信息的接收者,也是信息的生产者或传播者;由于网络的广泛应用,每个人、每个组织或机构以及每个家庭,都可能同时扮演三种角色:信息、知识、观念、方法、技术的生产者,知识产品的零售者和科技工具的应用者。数字化的世界是一个高速增长、传播和迅速变化的世界,是一个动态、整体、互补和平衡的世界,是一个充满创造活力、竞争与合作并存的世界。

因此有人在 20 世纪末就预测，在 21 世纪初的 20 年内，人类社会将出现三个标志性的转型，即从以 ICT（即信息通信技术）为经济基础的信息社会，向以知识生产和服务为经济基础的知识社会以及以知识竞争为经济基础的竞争社会转型。从发展变化的曲线来看，21 世纪的变化会越来越快，社会越来越复杂，对人们技术提升的要求越来越高。这种变化，恰恰与我们国家在世纪之交所进行的基础教育课程改革所立的核心思想是一致的：培养有国际竞争力的公民。这就意味着在知识社会或竞争社会，所需要的人才素质比现在更高更强。

2. 21 世纪人才基本素质的变化分析

尽管世界各国对 21 世纪人才基本素质的探讨见仁见智，但无论哪个国家，所得出的结论基本一致，就是 21 世纪所需要的人才基本素质比 20 世纪不仅要求更高，而且更为复杂多样。如美国在《2000 年的教育战略》中主张加强语言、数学、自然科学和历史地理学科学习能力的提高，以培养中小学生应付时代挑战的能力；英国在 1999 年制定的课程改革方案中，提出要从精神、道德、社会、文化等方面提高中小学生的整体素质，培养他们交流、数的处理、信息技术、共同工作、改进学习和解决问题等六项基本能力以及自我、人际关系、社会和环境等方面的价值观；日本以培养具有参与社会和国际意识、独立思考和学习能力以及掌握知识的本质内容和个性充分发展的公民为基础教育的主要目标；韩国通过强调实验、学习、讨论、自由活动和社会服务等体验活动，发展中小学生解决问题的能力；新加坡在 2001 年的课程改革方案中，提出要培养具备 21 世纪必要的技能、勇于革新、善于获得信息、富有创新精神的人。连我国的香港、台湾也提出了更高的标准，如香港在 2000 年的基础教育课程改革方案中提出培养乐于学习、善于沟通、勇于承担、敢于创新素养的公民，其中包括八大学习领域、九大共通能力和多方面的个人与社会的价值观；台湾地区从强调个体的身心发展、社会与文化的整合、自然与环境三个层面发展学生的十大素养。综合许多发达国家的观点，它们在培养 21 世纪的人才上主要有几个趋势：注重基础学力的提高、信息素养的养成、创造性与开放性的培养、强调价值观教育和道德教育、尊重学生经验和发展学生个性等。

我们国家在 21 世纪来临的前后，也进行了基础教育课程改革，改革的主题为了中华民族的复兴，为了每位学生的发展，提出以培养有国际竞争力的公民为主要目标。我们虽然为课程目标做了阐述，从知识与技能、过程与方法、情感态度价值观这三个维度界定各个学科课程所必须达到的课程目标，并且在某些课程领域谈到中小学生素质发展上的目标或要求，如提出在综合实践活动中发展学生的参与和研究的体验、提高他们发现和解决问题的能力、学会分享与合作、培养科学的态度和道德、培养对社会的责任心和使命感以及激活各学科学习中的知识储存和综合运用等等。[①] 但究竟培养什么规格的人才，或未来中国究竟需要什么样综合素质的公民却没有能够做更为系统、具体和深刻的反思。

笔者认为，在以信息技术和知识经济为特征的21世纪里，我们应当用数字化时代国际人才成长的趋势，来思考中小学学生当今和未来素质的发展问题，而不仅仅以国情的分析限制我们自己的思路。因为无论对哪个国家而言，今天公民素质的形成，是根据昨天目标培养的结果；而明天公民素质的发展，则要靠今天对公民素质设计的准确性来把握。因此，对现在及未来公民素质做系统和深刻的探讨，无论理论上还是实践上都有十分重要的意义和价值。

数字化时代的公民至少在以下几个方面比传统的公民有新的素质要求：（1）新时代的基础素养，包括读写算的基本能力、科学素养、理财素养、技术素养、洞察力、信息素养、文化意识、全球意识等；（2）高质量思维能力，包括应对和驾驭复杂情况的能力、自学能力、求知欲、创新精神、进取心、高水平的创新思维和很强的分析推理能力等；（3）交往沟通技能，包括团队精神、合作意识、沟通技巧、个人与社会责任感等等；（4）高成效学习与工作的本领，包括善于区分轻重缓急、谋划、管理学习与工作过程的知识和技能，包括追求高成就的意识，包括有效运用多种工具进行学习、生活和工作的技能，包括能够创造有关高水平思想和高质量成果的能力；（5）积极进取的个性，包括培养对自然、对社会、对他人和对自己的兴趣和好奇心，形成自强自尊和真诚互尊的心态，追求卓越的进取精神以及永不言败的毅力和信心等等。

3. 21世纪中国高师教育所面临的挑战

假如21世纪所需要的人才真的与上面我们所探讨的看法是一致的话，

---

① 钟启泉、崔允漷、张华主编：《〈基础教育课程改革纲要（试行）〉解读》，华东师范大学出版社2001年版，第134—139页。

那么目前我国高师教育系统究竟能不能培养出满足这种需要的师资？如果不能的话，那么我们面临的挑战究竟有哪些？我们怎样面对这些挑战？笔者认为，如果要回答好以上这些问题，统战系统应该帮助高师院校澄清其面临的挑战，并对如何面对挑战提出建议。

从前面的分析我们可以知道，目前我国高师教育所面临的核心问题是如何培养出能否满足 21 世纪人才需求的师资（这里不仅包括中小学的师资，也包括大专院校的师资），我们目前师范院校是否具备这样的生态环境和条件。

(1) 我们目前高师教育发展规划的根本性反思。

我们从国家到地方都习惯制定各种发展规划，当然也包括高师教育的发展规划。但规划一般针对行政管理部门自上而下的需要而设计，规划的内容，自然比较宏观，往往从规模、数量、层次、结构和评价指标等显性的、可测的、数量化或者强调认知发展等方面来考虑，技术理性的痕迹非常明显。至于深层、隐性、精神成长等具有重大教育价值和意义方面的考虑就显得非常欠缺，或者我们也提出类似师德、专业知识与技能等要求，却没有站在全球视野、世界意识和系统思维的角度，探讨我们对大学生、师范生和教师进行一流专业知识和技能训练之后，怎样让他们也得到思想、情感、道德和品格等精神或心灵的培育，获得意义世界的教育。而现在不少大学生（也包括师范生）毕业之后，可能有较高的智商和专业能力，却不知同情心、正义感和廉耻为何物。

因此，我们有必要对目前高师教育发展的方向和规划蓝图进行根本性的反思，思考我们的培养目标离适应 21 世纪人才需要的师资要求距离有多远，具有可持续发展潜力的卓越教师究竟需要修炼哪些核心素养和关键能力，我们能否围绕这些素质设计出具有可操作性和时代性的培养方案，而实施这样一个方案，究竟需要哪些具体的条件和环境，尤其是我们学校的人文环境和精神氛围，是否真的具备了令在读的师范生和在职教师能够超越传统"三基"的要求（基础知识、基本技能和基本理论），站在全球视野的高度，培养具有时代责任感和人类使命感的、具有创新意识和综合解决未来问题能力的卓越教师。有了对未来发展方向和趋势的敏感性和洞察力，高师教育发展规划才不会流于形式，才能发挥其指方向、促落实的功能。

(2) 我们目前高师教育课程体系的再检讨。

课程是根据发展规划而设置的达成目标和完成规划的中介和桥梁。但究竟我国高师专业设置和课程设计是否合理，能否满足培养高素质教师的需要，恐怕坐而论道的谈论较多，进行有关改革尝试的研究少。目前高师培养的教师，本专业的知识较为扎实，但对如何把这些知识有效地教给学生的基本认识和技能却训练不足，关于教学知识和学习理论以及教师才学的学问就更少。许多教师任教多年仍未能形成正确的学科观、学习观、课程观、教学观和评价观，这不得不让我们反思目前高师课程结构是否合理，哪些该设置的课程仍未设置，那些对教师知识、技能和价值观有重要影响的课程安排为必修课程了吗？课时量足够吗？那些占用学生和教师大量时间而价值不大的课程是否应该撤下来，等等。只有对高师教育课程体系进行再检讨，我们才谈得上对其进行关键性的再设计和进行合理性的改革。

（3）我们目前高师教育评价体系的再思考。

我们目前不少人才评价机制，多属于从技术理性角度制定的评价制度，这种过于刚性和教条的评价机制，很容易将那些"很懂得配合、表演"投机"尖子"选做"三好"学生，获得更多机会和更大成功。但高师教育评价体系应该是立足于21世纪世界的大格局的背景下和人类文明的大视野下，来思考和审视我们的高师教育及其所应该承担的历史使命和未来重任。据笔者多年在高师从事教育教学工作的经验，目前高师对师范生的评价往往是重学科知识和理论知识，轻教学知识、学生知识和实践知识；重专业技能和研究能力，轻课堂管理技能和教学设计与活动组织能力；重追求学业优秀的功利价值，轻教育事业的精神价值（包括教师工作的责任感、使命感、神圣感和崇高感）。此外，高师教育的评价形式如何超越知识性评价、技术型评价，而关注表现性评价和实作型评价，使高师教育通过评价的导向作用把大家的努力方面引到面向和适应21世纪人才培养的正确方向上。

（4）我们目前高师教育师资队伍建设的再审视。

目前我国高师教育师资队伍建设普遍有这样一种趋势：培养高学历、高科研成果、高负荷工作的高校教师。但高师教师的工作应该是培养更有发展潜质的师范生，他们不仅具有从事本专业的科研能力，还应该能够从事本学科教学的能力，驾驭课堂的能力，有效使用多媒体辅助教学的技能，激励学生专注学习和教育学生健康成长的本领以及教研能力等，作为中小学教师的教师，他们不仅具有专业的学问，更需要具有实践层面的示范本领。21世纪不仅国内的师范院校与重点院校的教育学院之间存在竞争,境外的师范院校和教育学院也在与我们竞争,究竟谁能在竞争中脱颖而出,取决于高师院校本身的师资队伍建设的结果。

(二) 21 世纪中国高师教育发展的走向

笔者认为,21 世纪中国高师教育发展的走向表现在以下几个方面。

1. 培养目标立足于以价值观为核心,以实践智慧为主线的高质师资

反思我国这些年来高师教育发展,尽管在规模、结构、专业和各种条件具备等方面有了巨大的提升,但在如何正确看待高师教育的核心价值和基本素养上,却颇多争议,具体体现在师范性(实践智慧)与学术性(如何通过知识促进学习者的发展)孰重孰轻、能否兼顾的问题。笔者认为,高师教育的核心目标应该是师范生未来的教育实践智慧,而这种实践智慧是建立在他们正确的价值观(包括教育目的观、教学观、学生观、教师观等)基础上,然后逐渐影响其态度、言行,并且表现在他们能否以正确的方式做正确的事情为标志。

2. 兼顾课程、教学与评价的改革与平衡

既然未来的高师教育要调整其未来发展的目标,那么必然以课程、教学和评价的改革作为切入点。但必须摆正它们之间的合理位置,课程决定着学生应该学习什么和能够学习什么,教学是为了保证课程实施的有效完成,而评价则是判断教师的教学是否成功,如果教学没有达到预期的效果,如何进行调节?未来高师教育首先应该把过去那种以评价为目标的应试教育纠正过来,还原其工具的角色。未来的高师改革,也必然会准确定位课程、教学与评价,兼顾三者之间的平衡。

3. 培养的方式从教师培训向教师学习的转变

传统的高师教育往往教育者与受教育者之间的角色是泾渭分明的,教师就是培训者,师范生就是受训对象。但随着数字化时代的到来,人们在实体世界和虚拟世界生活,无论信息社会还是知识社会、竞争社会,未来的教师角色并非固定的,师生之间的角色是可以转化的。在职教师或师范生并非被动接受培训,而是主动建构知识,并及早转化为专业知能的问题。我们不是在形式上讨论究竟哪种培养方式(如"4+2"的本硕连读,还是"4+1"的学术性与师范性兼顾)更适合于专业教师的培养和发展问题,而是在实质上探讨哪一种方式更有利于教师和师范生的成长。教师学习的方式无疑是更有利于他们积极主动地参与自己的教育教学过程,在

平等交流中获得更有可持续性的成长。

4. 高师教育师资队伍建设从行政管理型走向领导参与型

传统的高师教师发展往往遵循一条自上而下、师傅带徒弟的培训之路，虽然也有到国外进修交流、请校外名师做报告等教师提高的纵向方式，但缺少教师之间、专业之间和学院之间横向交流，开放互动式的教师培养形式毕竟太少，并且深受原有管理模式的限制。随着 21 世纪的到来，国外大学与我国高师院校的交流增多，高师教师队伍建设逐渐从国内培训型为主，转变为多种进修方式的学习和交流。越来越多的高师教师以多种目的、内容和方式出国进修，并以教师教育的特色为主线。

二　中国高师教育问题原因的深层分析

面对 21 世纪教育的挑战，与世界教师教育发展相比，我国的高师教育仍存在许多问题，对这些问题的原因进行深层的分析和思考，将有利于我国高师教育的改革和发展。

（一）中国高师教育培养目标的大小虚实问题

校训常常是高师院校培养目标的反映，回顾一些高师院校的校训，高师教育的培养目标往往是以"学高为师，德高为范"为特色，但作为学生榜样、楷模和模仿对象的教师，究竟具体包括哪些基本素养和专业知能，大而虚的理想和愿景如何转为具有可行性的、小而实的二级、三级目标，并且作为课程、教学和评价的依据，这恐怕是高师教育各种问题的最主要的原因。因为目标模糊，层次感不强，自然课程设计的针对性也会不强，教学活动的有效性也会受影响，当然评价指标的确定和方式的选用也会有错误。

（二）中国高师教育课程对培养目标和未来发展的回应问题

由于我们对培养未来合格教师的具体要素仍不够清晰和明确，因此在课程设置和安排上自然也很难到位，对传统课程的改革也难以深入。比如，随着 21 世纪所要求的一般公民基本素质内涵的扩大和核心能力变化，像理财素养、科技素养、信息素养、文化意识和全球意识等素养具备，高层次思维能力与创新意识、高成效学习与工作的本领以及熟练的表达沟通技能与应变能力等素质形成，已经成为各国人才发展的共识，我们高师教师是否首先具备这些素质或能够培养这样的素质，决定着将来培养的师范生或在职教师能否具备这些素质，而与此相关课程就是达成这些目标的桥梁，我们现在高师的课程再不对目标和未来发展做出回应，进行调整的话，将来培养的教师仍然不能很好地适应社会对人才的需要。

（三）中国高师教育课堂生态与教学方式的单一化问题

如果我们把课堂生态分为自然生态、人际生态和心理生态三种的话，营造积极的课堂生态的确需要从三方面着手：自然生态的形成，往往与课堂环境有关，如桌椅的排列、教室环境的布置、活动场地的设计以及教学媒体设备的备用等等，都可以影响课堂气氛。人际生态的产生，往往与课堂上师生关系和活动方式所导致的结果有关，如是共生互惠的、双赢的、单向影响的，还是分离的、抵触的、对抗的；是鼓励合作学习、竞争学习还是独立学习的方式，都会形成不同的课堂人际生态，因此教师是否具有亲和力、致信力、感染力和推动力，也是直接影响着课堂人际生态的关键因素。心理生态即为心态，师生带着什么心态进入课堂参与教学活动，就直接影响其教与学的效果。据笔者长期的观察，不少高师院校的课堂仍需要改善其课堂生态环境，比如，教室里"秧田式"排列的桌椅，以教师为中心的授课方式，教师对自己的教学观缺少深刻反思，恐怕是造成课堂生态的主要因素。

同样，据笔者一段时间的观察，高师院校许多教师上课所采用的教学方式大都还是以"教师中心、课本中心和课堂中心"单向传授知识的传统模式，鲜有以学生为中心的探究性、研究性和对话式的教学方式，也更难谈得上促进学生主动实现专业成长的"发展型组织"构建、转知为能的实践以及持经达变的案例分析等新型的教学范式的创建。

（四）中国高师教育的评价体系和方式的技术理性问题

本来高师教育所培养的师范生，其素质应该以具有实践性很强和师范味很浓的价值观、知识和技能为特征。但由于高师的规范教学管理系统，强调所谓科学性、客观性的技术理性，囿于基础课、基础专业课、专业选修的划分，局限于必修课与选修课的要求，甚至对学生成绩范围的"正态分布"规范，以及考试考查方式的刚性规定，必然导致高师培养方式为了满足评价的要求而逐渐失去其特色、针对性和多样性，最后出现一种头重脚轻的评价偏向，重知识性评价轻表现性评价的选择，评价导向机制重学术性（理论知识）评价轻师范性（实践技能）评价。另外对师范生专业知能发展相当重要的教学见习与实习、课堂管理技能以及德育或价值观教育方法的训练与评价却没有赋予更大的权重。

（五）中国高师教育师资队伍的专业知能局限性问题

高师教育的师资素质决定着高师院校的质量。但目前教育教学的评估机制往往向高师教师的学术成果评价倾斜，重科研轻教学。教师的专业发展往往也是重专业学位或学历的提升而轻教师专业知能的可持续发展。教师专业知识结构过于关注所教课程或专业的知识递增，忽略教师如何教学、学生如何学习、自己如何扬长避短等方面的知识丰富。其实，教师是否意识到教教材与用教材教的区别，是否懂得学生被动地学习信息与主动建构知识之间的差异，是否明白教学过程中信息、知识与能力之间是如何转化的，这些都是高师院校教师必须补充的知识；至于因材施教的指导与激励方法、课堂管理的技巧、课程设计和教学设计的原理与方法、课堂教学成效提高的方略等方面的案例分析与经验交流，更加需要重视与提升。正因为这些专业知能发展的局限，高校一直关注的"三基"并没有很好落实到位，其实是重视了基础专业知识和基本理论的"双基"，忽略教学技能的训练和教育价值观的渗透。不少高师教师从来就没有接受过"以学为本"的教学技能训练课程，而仍然沿用学科教学法这种以学科知识为本的传递知识方法学习。

三 中国高师教育问题的正视与解决之路

既然我们发现了高师教育存在的问题以及与未来人才发展需求的差距，那么高师院校能否正视问题的存在，迎接已经到来的挑战，是高师教育改革与发展的前提。

（一）中国高师教育问题的正视是解决问题的前提

中国高师教育的问题主要不是"外条件"，而是"内问题"。中国高师院校并不是校舍、设备和财力等办学的外条件，而是办学方向、发展的蓝图、校方的领导力、课程结构和师资的素质以及评价系统等关键的"内问题"。院校管理层应有忧患意识，时代在变化，社会在改革，教育（尤其是师范教育）作为未来的事业，如果不能走在发展的前面，明知变化的趋势和发展的方向而不思改革，这是对整个国家和民族的不负责任。正视问题才能想办法解决问题。但要解决的问题千头万绪，首先应该抓住关键的、核心的、牵一发而动全身的问题，那就是清楚地认识师范教育的使命是什么，我们未来需要的是什么样的教师，我们怎样才具备培养这样师资的基础和条件，如果还不具备我们首先抓什么，等等。

（二）中国高师教育问题的解决问题之路在于找到教育之魂

中国高师教育主要问题不是缺办学的硬件，就是缺办学的"软件"。如果我们对21世纪究竟需要什么样素质的教师没有做根本性的再思考，自然不会对整个师范教育的合理性和合情性做关键性的再设计；如果我们仍像目前那样只关注培养师范生专业知识教学而忽略教会他们如何超越学科的局限，不知道加强教育教学知识、学生如何学习与发展知识以及作为教师基本修养的常识等方面的学习，那么他们将来就很难胜任21世纪中国教育的使命，也难以体悟到什么是师范教育的"道天地将法"。高师教育的关键应当让师范生不仅有知识、有文化，而且有思想、有境界，使他们在几年的师范教育中做到把书读圆、把事做方，知而达智，练而致敏，在教师动之以情、晓之以理、悟之以事、持之以恒的熏陶下发现启智劝善之美和教书育人之魂。

（三）中国高师院校应该办有灵魂、有特色的教育

办有灵魂的教育，首先要寻教育之魂；寻教育之魂，首先要解教育之义。教育，据《说文解字》解释，教，上所施，下所效也；育，养子作善也。关于什么是教育的解释，可谓见仁见智。也有人认为，教，即传道、授业、解惑；育，乃是饱含希望与情感的、春风化雨式的哺育学生品德、情操、善行、仁慈和爱心的行为。除此之外，教育还有引导受教育者走向正道、迈向光明前程之意；带领人们从学习知识和技能入手，又不断超越给予知识和训练技能、发展思维的局限，启人之蒙，解人之蔽，不断通过丰富的文化、思想陶冶他们，提升他们的人生境界。也许人们对什么是教育的探讨越多，对教育本质、规律或者灵魂的认识也就越近。

办教育的人要寻找教育的灵魂，不仅可从语义来源、教育的论著和名人的思想去寻找，而且还可以从历史和世界办学的理念、意义中追溯。每所学校的校训，往往就代表着这所学校的灵魂。一个校长如果能思考出一个百年不移的校训，也许就找到了其学校的办学之魂。如同清华大学的"自强不息，厚德载物，独立精神，自由思想"，中山大学的"博学、审问、慎思、明辨、笃行"，等等，都伴随其百年的历程而熠熠生辉。但无论学校的校训如何千姿百态，各不相同，激励人们立志、立功、立言、立德的核心不变，养育学子做有德之人、有智之人、有为之人、健全之人的追求不移。

校长要确立自己的校规、校风和校魂，教师要确立自己的班规、班风和班魂，这确实需要进行一番修炼，不仅包括"术"的修炼，这样可以使人干得实，做得巧；而且包括"理"的修炼，这样可以使人想得大，思得深；还应该包括"道"的修炼，这样可以使人站得高，看得远。

珠三角大学生就业实况与高等教育改革的调查报告

谢笑珍　李续娥[*]

中国大学生占人口总数的比例约为5%，在中国如此庞大的市场经济体系中，大学生就业在理论预设上不存在宏观层面上的问题。而现实却是：自1999年中国高校大举扩招之后，大学生就业就成为持续困扰社会各界的难题，2008年世界范围内的金融海啸更使大学生就业雪上加霜。一方面，中国经济连续多年处于高速增长时期，尤其是近年来的经济结构调整与产业升级，急需大批优质的大学毕业生为其提供人力资源支撑；另一方面，大学生就业日趋艰难。这种二律背反不由引发人们对高等教育的种种质疑和问责。时至今日，大学生就业成为制约高等教育进一步发展与经济结构调整的又一瓶颈。大学生就业视角下的高等教育改革问题也就成为急需研究的课题。本课题深入探究珠三角大学生就业过程中暴露出来的高等教育人才培养机制方面深层次的问题，从劳动力市场的视角分析大学生就业形势下的高等教育应如何改革，应对当前大学生就业的挑战。

一　调研目的与意义

大学生就业反映了在知识经济和全球化深化发展以及劳动力市场急剧变化背景下，高等教育人才培养与劳动力市场（主要是产业界与企业界）

---

[*] 作者简介：谢笑珍，女，华南师范大学公共管理学院教育经济与管理专业博士，华南理工大学高等教育研究所副研究员；李续娥，女，华南师范大学药物研究院常务副院长、教授，九三学社广东省委会常委，广东省政协委员。

注：本文部分内容以"刍议大学生就业形势下高等教育改革之对策——以珠三角为例"为题载《当代教育论坛（综合研究）》2010年第10期。

人才需求之间的联系日益紧密。大学生就业良好，则反映高等教育人才供给与产业界对人才需求之间是基本匹配的，高等教育有效推动社会经济发展；大学生就业难，则说明高等教育人才供给与产业对人才需求之间是不匹配的，高等教育本身的发展以及经济的发展均会受到制约。中国目前在大学生占人口比例偏低的情况下，却出现大学生就业难的问题，需要对此深入探究其根源以期找到解决之道。

就珠三角现状来看，《2008—2020年珠江三角洲地区改革发展规划》的颁布与实施，以及珠江三角洲地区新一轮经济发展面临的新形势，都要求高等教育要更直接贡献优质人才于本区域经济发展和产业结构优化升级，如何在高等教育中有效帮助学生发展职业能力，成为高等教育面临的重大课题。

本课题通过实证调查，深入揭示企业/市场对人才的需求状况以及大学生就业问题的实质性根源，既为政府有关职能部门决策提供参考，也为高校人才培养改革和大学生就业提供参考依据，促进高校发挥自身优势，切入珠三角地区的发展，为区域发展履行高校的职责和使命；并通过实现社会服务，为高校提供改革的活力和契机，结合企业对人才的需求，找准改革的切入点，实现高校自身的卓越发展。

二 调查方法以及过程

本调查主要采取访谈、实地调研、个案研究等方法收集第一手资料。主要以江门市为调查研究的个案，访谈江门市的部分企业、调研一博士后工作站、访谈江门市人力资源部以及社会保障部门的有关领导，同时访谈部分高校毕业生，收集大量的第一手实证资料。

三 大学生就业形势的调查结果与分析

本次调查研究发现，大学生就业难是一个真实的"伪"命题，是相对的结构性过剩，是高校培养人才的模式与市场经济结构之间的矛盾，是中国区域经济发展不平衡使就业环境差异悬殊，而致使大学生就业不平衡所产生的结果。

从就业区域分析，就业难主要体现在一线大城市，如广州、深圳就业难度大，而且薪酬待遇相对二、三线城市为低。二线、三线城市就业普遍容易，而且这些城市普遍存在缺工现象，急需招纳合格大学生，待遇也比一线大城市高。广大的农村则少有人问津。在赖德胜主持的一项对全国大学毕业生就业意向的调查中，85%以上的大学生希望在城市和沿海地区；只有22.6%的大学毕业生愿意到农村就业。本课题组调查的江门市，仅仅因为江门市离广州有2小时左右的车程，许多企业不同程度面临招工（符合需要的人才）困难，即使这些区域内的企业提供的待遇超过一线城市。

大学生普遍愿意留在大城市，是因为主观上预期大城市未来发展空间大，而中小城市发展空间预期较小，这自然造成大城市大学生就业的拥堵现象。以江门市为例，工作2—3年、具有一定工作经验的大学生在中小企业月薪普遍在5000—7000元，却难以招聘到合适的人员，而在广州、深圳同类大学生则可能在4500—5000元，却人满为患。

从就业主体分析，2009年广东省就业大学生大约50万人，就人力资源部门目前掌握的情况，从学历层次划分层面，实际上真正就业难是大专这个层次，本科相对来说就业较好。技校生成为市场的宠儿，基本不受金融危机的影响，就业相对容易，就业率高居榜首，有报道称广东省内职业技术学院第一次就业率高达98%，远高于其他类别的毕业生。珠三角技校生与之对应的工作岗位之比为1:3。从数据看，仅2008年前三季度，广东技能人才缺口就高达71.5万人。从大学生的专业层次上划分，不同专业就业程度差异较大。从珠三角市场反映的求职情况来看，工程类、营销类学生就业相对容易，珠三角尤其对数控加工、模具制造、电子、电工、食品加工等高端制造业、服务业的技能人才需求量越来越大，这类专业学生就业相对容易。文史哲、文艺等专业就业如同"走独木桥"。从学生能力类型层次来看，受金融危机影响的多是低端劳动密集型企业，但珠三角高端产业、品牌企业比较稳定，很多企业要转型升级也需要大量的技能人才，因而技能型人才尤其是高技能人才就业相对容易，纯理论型、学术型人才因职业能力欠缺就业相对较难。

从就业岗位分析，大型企业、跨国公司为应对金融危机，普遍削减成本，压缩招聘人数，这些企业岗位相当有限，就业相当难。相反，中小企业在应对金融危机时比较灵活，反而受冲击较小，产能普遍扩大而需增加人力资源，提供的就业岗位较多。但是大学生因为各种原因而普遍放弃中小企业，而更愿意参与大企业激烈人才竞争。原因之一是中小企业因为自身发展规模有限，难以承担人才培养的重任；而大企业和跨国公司企业运作机制相对成熟，形成独特的人才培养机制和人力资源战略，能为新进大学生提供成长的机会和发展空间，以及较大的发展平台，另一个原因就是大企业的品牌效应，在这些单位就职，能够提高个体的身份地位，满足中国人的自尊心。因而无论怎么艰难，大学生求职时对这些企业都是趋之若鹜。相关调查显示，65%以上的毕业生希望到国家机关、外企和高新技术企业工作。以本课题组调查的江门市江油区为例，江油区中小企业（资产总值在10亿元以下都归为中小企业）400多家，普遍存在缺工现象。以笔者调查的某粘胶有限公司的情况来看，这是一个全自动化生产企业，员工有250人左右，大约5%的人员缺口。普通操作工并不缺乏，普遍缺乏的是具有创新性研发能力的高级技术员，以及既懂技术又懂营销和管理的中高层管理人员，目前这些岗位的管理人员均由普通操作技术人员提升上来，但是随着企业业务范围的扩大和产品的升级，这部分人员明显不适应岗位要求。因为这类人员主要通过系统的大学教育——通识教育与专业教育融合，在行业实践中通过自身的持续学习，精通行业领域的知识才能造就。合格人才的短缺已经成为制约中小企业发展的瓶颈。主管部门预测，在未来相当长一段时期内，数量众多的中小企业是容纳大学生就业的主干力量之一。

四 严峻的大学生就业形势折射高等教育人才培养存在的问题

高等教育作为社会系统中相对独立的子系统，如果其培养的人才进入劳动力市场，获得认可，则证明高等教育人才培养模式较好地反映社会需求。就业过程实质上就是个体的职业选择与社会的职业选拔耦合的过程。当代大学生就业难折射高等教育人才培养模式与市场需求的错位，凸显现行高等教育人才培养模式存在的诸多问题。

（一）高校学术型人才培养模式与市场需求的应用技能型人才之间的错位

高等教育从诞生起就以培养研究高深学问、探求宇宙奥秘、追求人类文明和智慧进步的高端学术性人才为己任。近现代工业革命的迅猛发展急需大批技术工人，应用技能型职业教育才被逐渐纳入高等教育的范畴，并引起大学的重视。为应对市场的挑战，大学教育的职业化已经纳入当今各国高等教育改革的范畴。而中国的高等教育在行政主导下，一直固守"象牙塔"本色，沿袭学术型人才培养模式，忽视或不太关注大学教育的职业化问题。具体表现为在教学中侧重训练学生的学术能力（主要是训练他们对书本知识的掌握），而不是其在真实世界中解决问题的能力。学术型人才和应用技能型人才同属于高等教育系统培养的人才，但二者的培养模式却大相径庭。学术型人才主要以客观规律为研究对象，侧重理论知识的掌握和推理，与真实世界不发生直接联系，如那些从事基础科学研究的科学家，如数学家、物理学家、化学家、生物学家、经济学家、法学家、语言学家等，这类人是高等教育培养的少数学术精英。应用型技能型人才主要将科学原理或新发现的知识直接用于与社会生产生活密切相关的社会实践领域，解决真实世界的问题。中国正以自己独特的发展模式快速完成工业革命，职业技术学校培养的应用型技能型人才自然备受市场青睐。学术型人才进入劳动力市场后有一个转化为应用型人才的过程，而市场直接以产生效益为导向，不愿意支付培训成本，自然出现就业障碍。

（二）高等教育的专业结构与产业经济结构的错位

从经济学视角来看，产业经济结构集中反映了经济与社会发展对专门人才的种类、规格、知识能力与素质的根本要求。因而，高等教育的专业结构应与产业经济结构基本一致，只有这样，高校培养的人才在进入劳动力市场后，才能找到适合的职业岗位。因而，在高等教育结构体系中，除少数精英型大学外，普通高校的专业应根据科学分类和产业经济的需要来设置，也就是说，应将产业经济需求作为内生要素纳入高校专业结构范畴。在中国的教育体制中，由高等教育行政机构或高等学校作为制定专业目录的主体，并按专业分配招生人数。高校扩招，其专业设置与招生人数均由大学自行申报，再由相关的教育主管部门审批。而在论证申报过程中，各大学基本上是按照计划体制模式，以自身专业为主体定位，忽视社会经济结构与产业结构，既未进行市场调查，也未将市场与经济结构作为专业设置先决因素展开论证，自行凭学科经验进行，这使得许多原本随着社会发展需要更新升级或者淘汰的专业并没有退出高校，许多新兴学科、边缘学科和交叉学科等社会急需的专业高校又没有增设。故而文科类，尤其是文史哲这类大学传统专业毕业生偏多，市场需求的大量技术工程人员不足。江门市劳动与社会保障部门的主管领导就坦言：比如文秘专业，每个学校都设置，每个学校都扩招，而市场需求量变化不大，所以这方面的学生求职是相当困难的。

（三）专才型培养模式与市场需求通识型人才的错位

　　高校人才培养的质量规格与市场需要的人才标准存在巨大错位。中国大学沿袭苏联计划体制时代的教育模式，按照行业的需要对口培养专业人员。大学的专业严格按照学科门类进行线性划分，学科之间、专业之间交叉不大，而且大学严格按照专业招生，学生一进校门基本就确定专业，变革专业的可能性不大甚至根本就没有。按照这种专才模式培养的学生毕业后自然成为过分狭窄于专业或者某个学科的"专才"，专业化对学生短期内就业来说也许是有价值的，但是过窄的学科专业化，使整体知识变得支离破碎，只具备基本的应对某个特定领域问题的能力，在知识快速更新的知识经济时代，在应对瞬息万变的市场经济问题中，则缺乏应对变革新领域新环境的知识基础。而且现代任何社会问题、技术问题的最佳合理的解决方案都需要多学科交叉才能解决，教育本身又具备一定的滞后性，自然出现大学生毕业后不被社会和市场认可的状况。江门市企业中高层管理人员和研发人员普遍缺乏就是最好的例证。

　　现代社会任何行业的人才都必须具备两大类基本知识和素养：一是解决物质世界问题的知识和技能，主要包括科学与技术知识，形成"做事"的素养；二是解决精神世界领域问题以及人类社会组织的知识，主要包括道德、价值观、信念、各种社会惯例和规则等方面的知识，形成"做人"的素养。这两类知识和素养关联互动，不过具体到某个个体身上，可能某方面特别突出，形成"关联互动，单科优势"特色，也就是我们所称的综合性基础上的"专业化"。如工程教育是典型的培养实践型人才，但居于美国工程教育领袖地位的麻省理工学院，其教育目标是培养工程领域的"领袖型人才"，提出技术+管理+营销的"三合一"人才培养模式，其本科教育目标的定位是培养"工程师的毛坯"，其通才教育的成功一直是各国教育界效仿的典范。

　　从笔者调研企业用人的要求来看，企业所需要的人才具体包括六个方面的能力：持续的学习能力、对行业的兴趣、专业知识、经验、管理能力、人际沟通能力等。企业认为大学生所学的具体的专业知识并不是最关键的因素，其学习能力和对某一行业的兴趣恰恰至关重要。学习能力就是不断学习和教会自己处理新旧事物的方式，即既要对事物本身有一定程度的了解，更要了解处理事物的方式。只要具备对行业的兴趣和这种学习能力，大学生能够在实践中逐步摸索快速将专业知识转化为行业技能，而成长为实质意义上的人才。企业界认为，对大学教育而言，专业已经是相对较窄的领域，但是具体到社会需要的某一具体行业而言，专业已经是一个相当宽泛的概念，所谓"专业对口"既不可能也无必要。所以企业家特别注重大学生持续的学习能力甚于专业知识基础。

因而，专业教育必须与通才教育整合。唯有如此，大学生在大学接受的这种相对宽泛的专业教育才能为提升企业产品的技术含量或企业的产业升级以及技术革新提供较为宽泛专业的理论知识背景。

（四）精英教育理念与市场大众化就业理念的错位

1999年扩招前，中国一直奉行精英教育。在精英教育理念主导下，接受大学教育意味着较高的社会地位以及优厚的物质待遇。在高等教育进入大众化阶段后，高等教育既培养具有创新能力的少数精英，同时又培养绝大部分具有高级技能、较高知识水平的高素质劳动者。这就意味着在大学毕业生中，除少部分精英型大学毕业生可能获得少数精英岗位外，绝大部分高校毕业生必然进入"大众化就业"岗位，从事与大众化教育相适应的、普通的、大众化的工作，这是社会发展的必然。各高校深受精英教育理念的影响，本身并未意识到这种转变，也未能厘清各自在人才培养上的定位，盲目追求高层次高学历，因而造成大学生对自身的定位模糊不清，毕业时不考虑自身的就业能力，盲目追求拥有一份体面的工作，将注意力集中在东部沿海发达地区以及为数不多的大城市中的政府机关、事业单位、外资企业等高收入、高福利单位，其他地区以及中小城市则少有人问津，而广大的基层单位、中小企业则更是不屑一顾。大学生就业的区域不平衡就清楚地说明了这个问题。

（五）高校的计划体制与市场经济体制的错位

新中国大学生就业分为三个历史阶段：第一阶段，从新中国成立初期到1985年的"统包统分阶段"。大学生就业实行与计划经济模式相匹配的由国家负责、按照计划统一分配的制度;第二阶段,从1985年到2001年,大学生就业实行国家分配与自谋职业的双向选择阶段,这时期的大学生就业模式与我国开始实行的经济体制改革,实行市场经济的制度相一致;第三阶段,2001年至今,大学生全面进入"自主就业阶段",这一模式与我国全面实行市场经济制度相吻合。从大学生就业制度的历史演变过程中,中国大学生就业制度顺应经济体制的变革而产生巨大的变化,由国家(国家委托高校培养)完全自产自销到部分自销,到大学生全部自谋职业。但是高校基本上沿袭计划体制框架,从教育理念、教育目标和教学内容、专业的设置、教学模式到实施过程,全部由教育部自行决定,并深深打上计划体制的烙印。而这种教育机制培育的产品——人才——却销往另一种并不与之相匹配的市场经济体制中,要求大学生在这样一种体制中求得适应和生存,自然出现对接上的困难。

综上所述,大学生就业难并不是毕业生绝对数量的增加,而是一种结构性的相对过剩,其实质根源是没有形成高等教育质量提升与产业优化升级的良性互动发展机制,是高等教育培养人才质量与人才结构无法满足产业经济结构调整对高素质人才的要求,是高校供给的大学生职业能力与市场需求之间最深层次的内在矛盾。解决这一问题的关键在于改革高等教育培育人才的模式,提升大学生职业竞争力,建立与现行市场经济模式相匹配的人才培育机制。高等教育培养出具备核心就业技能、适应产业发展需要、能够为社会创造高附加价值的高素质毕业生,其本身就是将来为社会创造新就业机会的源泉。

五 高等教育应对大学生就业问题的举措——建立以职业能力为导向的人才培养模式

(一)改革目前学术型人才培养一支独大的格局,构建多层次多结构的高等教育办学体系

从宏观层面上,国家需要建立并健全结构与类型齐全、能有效承担精英教育与大众化教育职责的多层次高等教育结构体系,培养各类"异质性"人才,来满足劳动力市场对不同类型、不同规格人才的需要。因而,针对目前大学生求职的结构性困难,国家需调整高等教育办学结构,改革

目前学术型人才培养一支独大的格局，由国家主导构建由精英型大学、普通学术型大学、技能型大学构成的多层次多结构的高等教育办学体系，通过分层定位，使高校清楚自己的办学目标和使命，各安其位，分层发展，在各自定位的标准领域追求卓越。

目前中国的高等教育体系简单分为两大系列：培养学术型人才为主的普通高等教育系列，和培养技能型人才的职业教育系列。北大公共政策研究所发现，在宏观层面，由于国家在政策指导层面对各高等教育机构的类型、定位、职责、使命划分不够明晰，致使微观层面单个的高校经常陷入类型定位混乱和层次定位混乱的双重困境。一是类型定位混乱，主要表现为综合性院校与专业性院校之间相比，分别不明显，特色不鲜明。尽管其学校名称有很显著的类型特色，但在专业设置方面却严重趋同，基本上都设置了经济学、文学、法学和管理学专业；二是层次定位的混乱，主要表现为综合性大学、本专科院校、高等职业技术学院之间的分工不清，互相串岗。在学校总体资源有限的情况下，如果大学盲目求全必然会影响和分散优质的教育资源，也不利于学生职业能力的提升。

目前普通高等教育无论是从招生数还是规模上都成为国家高等教育的主体部分，国家教育资源明显主要集中在普通高等教育领域。由于普通高等教育内部系列的定位分层缺乏质的区别（一般就是学历上的区别），人才特色与职业能力区分度不显著，因而在劳动力市场上同质化竞争，在特定领域需求供给有限的情况下，规模庞大的学术型人才第一次就业的竞争力又不如技能型人才。所以学术型人才过剩，而技校生供不应求。

（二）确立高校法人主体地位，使其作为独立的主体进入劳动力市场

确立高校法人主体地位，使其作为市场主体主动参与、应对市场变化，同时承担相应的责任。在国家协调下，从宏观上控制和把握高校人才供给和市场需求的总体平衡，为高等教育和产业人才需求的互动发展提供空间。具体措施包括：维护高等学校法人资格，支持高校特色办学和多元化发展，真正赋予高校自主核定办学规模、制订招生方案、调节系科招生比例、设置和调整学科专业，自主制订教学计划、选编教材、组织实施教学活动的权利，使高校的系科所、师资、招生名额、课程学程、学制学位能够弹性调整，提高毕业生质量，以满足经济社会发展及产业升级的人才需求。高等学校必须主动面向市场，科学预测市场变化，确立以市场需

求、学科发展为基础的高校发展战略。

(三) 建立以职业能力为导向的人才培养模式

构建新的高等教育人才培养模式，将职业能力教育作为内生要素纳入普通高等教育之中。在当代大学生就业形势严峻的情况下，高等教育应当为少数精英提供自由教育性的非职业化学习的传统观念必须改变，高校有责任让学校的教育更加具有职业针对性。除少数精英型大学外，大学教育应当为各种日益复杂化职业提供相关训练，企业也要求教育更直接地与他们的需求相关，职业能力教育是中国高等教育改革中的一个重要趋势。

高校实施职业能力教育的首要原则是应以全体学生为对象，广泛而系统地落实于整个大学教育内容之中，包括所有的课程和项目，为全体学生提供充分发展其职业能力的机会。提升大学生职业能力教育包括高校内部的教育改革措施，以及高校与企业之间的合作措施。

高校内部提升职业能力教育的措施包括：

第一，实行通识教育，专业教育与通识教育整合。培养的毕业生不但要具备技术知识，还要具备沟通技能和金融知识、对社会问题的感知能力，以及基于伦理道德的是非判断能力，是宽厚理论体系与实践能力兼备的通才。

通才教育的目的就是哈佛大学在《哈佛通识教育红皮书》中所明确宣示的在于培养"完整的人"，这种人需要具备四种能力：有效思考的能力；能清晰地沟通思想的能力；能做适切明确判断的能力；能辨识普遍性价值的认知能力。美国耶鲁大学哲学博士、台湾大学教授傅佩荣认为：典型的大学生必须针对四个目标去努力：专业的知识与技能；和谐的群己关系；深刻的社会责任感；通情达理的人生观。通识教育的课程包括人文学科、社会学科、自然学科三大领域的综合。

第二，建立多学科整合系统。具体教学改革措施为：高校重新审订培养目标与课程计划，将比较深入和多样化的人文社科内容整合到专业教育计划中，给予人文社科和理工科同等的地位，打破传统学科、课程之间的壁垒，不按学术研究来划分不同的领域，课程设计综合化、多元化、灵活性、整合与集成，并能满足不同背景学生多元化的需求；设立多学科小组，围绕未来社会实践、技术、社会专业大背景研究大学教育"教什么、学什么"，由其重组完整的课程设置和教学，建立交叉学科，新建的课程将物理、数学、管理、语言、经济、环境生态、社会科学和人文学科,以及各种实践技能型课程整合在一起,并考虑到真实世界情境学习的整合;不断开发和实验有效的教学方法,研究"怎么教、怎么学"。

第三,为学生提供新的学习环境和学习方式,如主动学习、合作学习、模块学习、实际动手学习、综合式学习、研究型学习;开发学生的人际交往技能以及灵活运用多元文化思考的能力;为学生培养学习能力及职业生涯管理提供帮助,鼓励学生学会终身学习。

第四,教师队伍与管理层联合行动,优化教师队伍,改善教师结构,适度引入产业界师资协助教学,鼓励有序的教师校外兼职,提升教师对于产业界实务的了解,推动教师队伍向教学科研、实验实践指导、社会服务等不同方向多元化发展;鼓励教师在教学方法和课程内容中融入表达沟通、团队合作、问题解决等核心职业力的培养,尽量将理论知识与实际操作相结合,帮助学生理解理论如何运用于产业实务;各领域的教师作为一个整体更深入地密切合作,共建跨学科项目团队;高校要为教师们创造更多的机会以提高他们的工业素养和方法论知识。

高校不再固守"象牙塔"办学,应当与企业建立密切的合作关系,通过与产业界合作的教学设计整合理论教学与实践教学,为学生提供在真实世界中获得实质性职业能力的机会,这方面的措施包括:

第一,高校建立与工业界之间的密切联系,密切了解工业界的需求,使他们所需要的技能能够被及时反映到高校的课程活动中;

第二,为企业提供更加积极地参与人才培养过程的机会,比如,让企业提供有针对性的培训项目,帮助大学生获得真正有意义的实践职业经验,并把实习学生作为重要的人力资源储备,纳入企业整体人力资源战略规划;

第三,大学与企业建立产学研合作实习项目基地,充分利用高校教学资源与企业的生产资源,合作建立实习实训项目,推行仿真化的职场体验课程。

(四)重新调整高校专业结构,使其尽可能地与产业经济结构的发展一致

宏观上而言,高校专业结构基本上应与产业经济结构耦合,只有这样,高等教育才能主动适应(或促进)经济的发展,实现其服务社会的功能。因而，高校在进行专业设置时应进行科学预测与市场调研，反映外部产业界需求，及时把握高技术及其产业发展对现有产业结构变化的影响，来改革现有的专业结构。专业一旦设置，保持一定时期内的相对稳定的同时，需随时根据产业界要求做出调整、更新、升级。

六　结论

大学生就业难是相对于不同的就业主体而言的。不同就业主体就业过程中反映出来的问题，折射出高等教育培养的人才供给在某些要素上与市场需求之间的错位，主要表现在供给人才的类型、质量、规格等方面与市场需求的不匹配，没有形成高等教育质量提升与产业优化升级的良性互动发展机制，是高等教育培养人才质量与人才结构无法满足产业经济结构调整对高素质人才的要求，是高校供给的大学生职业能力与市场需求之间最深层次的内在矛盾。解决这一问题的关键在于改革高等教育培育人才的模式，建立以职业能力为导向的人才培养模式，在高等教育人才供给与市场需求之间建立良性互动机制。高等教育有责任将大学生职业能力教育纳入高等教育内容之中，并针对各种复杂的职业提供培训。职业能力教育将成为中国高等教育改革的重要趋势，这既是劳动力市场的需求，也是高校突破自身发展瓶颈的需求。高等教育应培养出具备核心就业技能，既适应当前产业发展需要、能够为社会创造高附加价值的高素质毕业生，又实现能够对当前现实的超越，把握未来的发展趋势，其本身就是将来为社会创造新就业机会的源泉。

值得注意的是，将职业能力培训纳入高等教育内容之中，并不是要将高等教育等同于职业训练。针对特定行业的职业技能型人才短期内的确能够有效满足劳动力市场的需求，但是现代企业不再是简单的产品加工，缺乏宽泛专业理论背景人才的支撑，企业最终失去核心竞争力而不可能长远发展。而且行业本身技术更新非常快，行业针对性较强的职业教育训练出来的技校生，在快速变化的市场背景中因只掌握局部的知识与技能，缺乏可持续发展的学习能力与专业背景，只能作为解决局部问题的技术操作工，难以承担企业规划、管理、发展以及创新的重任。除行业实践经验外，企业所需要的其他能力与素养恰恰都是通过完整系统的大学通识教育来养成。完整系统的大学教育与训练是培养"完整的人"的必然而有效的途径。

当前高校自主创新研发平台的相关问题与建设路径

曾 志[*]

"十二五"是广东经济社会进入创新驱动、内生增长发展轨道的关键时期。提升自主创新能力，培育战略性新兴产业，是建设创新型广东、率先完成基本实现现代化任务的迫切需要。根据国家和省的科技创新战略部署，结合广东目前自主创新平台建设情况，建议广东要立足高起点，按产业技术创新规律，完善自主创新链条，发挥高校自主科技创新的独特优势，打造完整的自主创新研发平台。

一 政策依据

《国家中长期科学和技术发展规划纲要（2006—2020）》、《高等学校"十二五"科学和技术发展规划》、《广东省科学和技术发展"十二五"规划》、《珠江三角洲地区改革发展规划纲要（2008—2020）》等都强调了高校以科技创新参与经济社会发展的重要性，要求高校科技工作要为教育强国、人才强国和科技强国建设奠定坚实基础。《教育部、科技部关于进一步加强地方高等学校科技创新工作的若干意见》明确提出，为深入实施科教兴国战略和人才强国战略，贯彻落实《国家中长期科学和技术发展规划纲要（2006—2020）》和《关于充分发挥高等学校科技创新作用的若干意见》（国科发政字〔2002〕202号）精神，推进区域创新体系建设，提高地方高校科技创新能力和人才培养质量，充分发挥地方高校科技

---

[*] 作者简介：曾志，男，华南师范大学化学与环境学院教授，致公党广东省委会常委，广东省政协常委。

创新作用，加强对地方高校科技创新工作的指导。

2006年初，中国召开新世纪首次全国科技大会，胡锦涛代表党中央、国务院发出了建设创新型国家的号召。同年，胡锦涛在中国科学院、中国工程院"两院"院士大会再次阐述了坚持自主创新、建设创新型国家的战略决策①。高校是建设创新型国家的重要力量，尤其是高校丰富的创新型人才，更成为建设创新型国家的主要竞争性资源，大学成为科学研究和技术开发的重要场所，成为技术创新的重要力量。解决高校自主创新研发平台建设的相关问题，探索其建设路径，对于创新型人才的培养和创新型成果的形成产出，具有战略性意义。

二 相关问题

近年来，广东省加大了引进科研创新团队和领军人才的力度，通过这些行之有效的重要举措，广东省高校已经积累了自主创新良好的人才基础。目前，全省高校共有研究人员51000多人，其中高级职称人员约占29.4%；全省全职院士43人，其中在高校工作的院士26人（60.5%）。2009年，广东省一年引进5院士（4名在高校工作）；2009年，广东省破纪录获批11个"973计划"首席科学家项目（9个在高校）。高校高端人才荟萃、学科综合，是广东自主创新的重要生力军，但是目前这个群体在科研方面所获得的支持仍然很有限。没有省里的支持，光靠学校独立支撑，是无法适应新兴产业战略发展要求的。同时，高校创新型人才平台建立制度不完善、评价制度缺乏，同时软件设施方面也存在一定的缺失等等，下文将详细阐述。

1. **高校自主创新研发平台工作制度不完善、不规范，还未形成一套规范的体制机制**

目前高校的自主创新研发平台在一定程度上缺乏完善的工作制度支撑，还未形成一套规范的体制机制，使得高校自主创新工作无法有效地进行，平台的建设只是蜻蜓点水，相应的工作制度也不够完善，因此，不完善的工作制度成为制约当前高校自主创新的重要因素。只有解决这个问

---

① 胡锦涛：《坚持走中国特色自主创新道路，为建设创新型国家而努力奋斗》，《求是》2006年第2期。

题，从体制机制大背景上着手完善，才能推动平台建设，实现科学和长效发展。

2. 高校自主创新研发平台缺乏一定的资金支持

当前，广东省已启动了首批战略性新兴产业核心技术攻关项目，安排了 6 亿元专项资金，依靠企业建立创新平台。从目前战略性新兴产业专项资金的投入和使用来看，攻关项目的第一承担单位必须为企业，科研经费也主要是投入企业，再从企业向高等学校转拨部分经费用于技术创新攻关，这种以企业为主导的自主创新布局，一定程度上限制了高校在产业链的上、中游研发。因此，资金不足成为高校自主研究平台建设制约性因素。

3. 高校自主创新研发平台存在差距

当前高校自主创新研发平台主要集中在部分重点院校，一般院校自主创新能力较弱，从数量和质量来讲都不利于我国自主创新能力的提高。同时这种科研资源的不公平是制约创新平台建设的重要因素。

三　建设路径

高校研发优势在于原始创新、关键性技术，依靠高校创建自主创新平台，扶持高校在战略性新兴产业链的上、中游技术创新中突围，可以与下游研发对接和耦合，符合科技创新规律和产业发展规律，同时也可以弥补目前以企业为主导集中在产业下游的技术应用开发、自主创新质量不高的缺陷，有力促进技术创新上、中、下游的对接和耦合，促进广东在未来国际科技上的核心竞争力的发展。同时，立足长远，扶持高校建立自主创新平台，对广东战略性新兴产业的人才培养、技术储备也具有重要的意义。如果缺少平台，高校自主创新无法参与到战略性新兴产业核心技术攻关项目当中去，这将是广东自主创新战略部署的极大损失。

1. 增加途径支持高校承担战略性新兴产业项目

鼓励有实力、有基础的高校以第一单位承担战略性新兴产业专项资金项目，进一步调动高校技术创新骨干的积极性、创造性。高校聚集了全省大部分的高端人才，但苦于缺少平台，英雄无用武之地，建议出台支持政策，加大高校科研平台建设。"十二五"期间，全省计划在高端 IT、电动汽车、LED 照明等战略性新兴产业方面开展核心技术攻关工作，并力争 5 年内投入 220 亿元。这些项目的许多创新人才和技术骨干都在高校，高校本身也有科研条件支持他们开展研发，建议争取一部分经费支持高校的科研平台建设，支持这批创新人才和技术骨干的研发工作。

2. 搭建产学研结合的科技创新研发平台

"产学研"是当前高校自主创新的重要平台，主要指的是高校和科研院所、企业联系，企业为高校培养人才以及进行科技创新提供一定的物质和资金支持，同时，产学研联合是提升企业自主创新能力的重要途径。广东目前拥有各类高校 77 所，共有国家驻粤和省地两级研究所 266 个[1]。但是当前广东产学研工作还是处于低层次的合作阶段，对大学和科研单位资金的支持力度不够，因此，要更加努力地发挥高校和科研单位的人才优势，大力推进产学研研究。对高校进入自主创新园区、建立科研基地等方面给予政策上的优惠和扶持，并将其纳入广东自主创新能力建设的体系中；进一步支持高校、科研院所与优势企业联合搭建科技创新研发平台，共建产学研结合基地；支持高校、科研院所积极参与广东省关键领域重点突破技术的联合攻关；加大资金和政策的支持力度，在广东省重点发展的电子信息、生物与新医药、新材料、先进制造、节能与新能源、环保与资源综合利用等领域加强产学研结合，为广东产业发展提供更强大的技术支撑[2]。

3. 建立多元化、多渠道的高校自主创新研发平台资金投入体系

目前高校自主创新项目的资金主要来自高校现有资金以及上级部门的财政支持，资金来源途径相对单一，这样会造成创新能力缺乏物质支持，鼓励高校自主寻求多元化合作伙伴，引进社会民间资金，通过多种方式进行有效融资。

4. 推进"协同创新"，凸显学科特色，强化学科优势

以学科建设为载体，注重学科特色，强化学科优势。高校要提高科技创新能力，学科建设是根本和基础。只有把学科水平提上去，学校的教学和科研才有更大的潜力，科技创新能力才能持久。这就要求高等院校务必加强优势学科建设，促进学科的交叉、融合与资源的共享[3]。在管理过程中注意优化资源配置，抓好重点学科、重点实验室建设，为高校的学科建

---

[1] 马建会：《建设创新型广东 提高区域自主创新能力》，《广东经济》2006 年第 2 期。
[2] 同上。
[3] 潘斌：《提高高校科技自主创新能力的对策》，《科学与管理》2007 年第 3 期。

设工作提供充分的物质保障。高校还应加大主动为地方经济发展服务的力度，树立起科技成果产业化意识，加速高科技产业化进程，形成良性循环，促进高校学科建设的进一步发展①。

"2011计划"提出：要充分发挥高等教育作为科技第一生产力和人才第一资源重要结合点在国家发展中的独特作用，大力推动协同创新。因此，必须加强高校科技学科建设，推进协同创新，构建学科特色，整合高校科技资源，引导和促进多学科相互渗透与交叉，增强高校自主创新能力。为高校自主创新平台建设提供重要的技术支撑。打破学科之间、高校之间等的障碍，共同发展进步。

构建高校自主创新平台是高校增强自主创新能力的重要举措，也是增强我国自主创新的重要路径。高校在国家创新体系中具有战略地位。因此，必须立足我国创新实际，增加途径支持高校承担战略性新兴产业项目，坚持"产学研"积极引进民间资本，同时坚持优化高校科研制度创新，坚持"协同创新"，优化高校创新，进一步形成高校科技创新的整体合力，充分发挥其在国家科技创新体系中的积极作用。

---

① 卢志平等：《高校科技自主创新保障体系的构建》，《科技管理研究》2009第7期。

艺术复合型人才的培养对建设幸福广东的意义

丁 义[*]

  幸福是每一个人活着的终极目标，拥有幸福生活是人生奋斗不止的根本动力。汪洋同志根据2010年国务院《政府工作报告》中提出的"我们所做的一切都是要让人民生活得更加幸福，更有尊严"，在中共广东省委十届八次全会上提出了"幸福广东"的概念，其意义在于让广东民众幸福更给力更持久。之后，在广东省"十二五"规划中，明确提出加快转型升级、建设幸福广东的伟大目标。最近，广东省又在全国率先出台了《建设幸福广东评价指标体系》，在10项一级指标中，最显眼的当属经济、教育和文化。"富强广东"、"文化强省"、"文化广东"、"幸福广东"正成为广东人又一轮热议的话题。

  幸福是人们对生活的一种感受，包括着对物质生活、文化生活等方面的追求。要建设"幸福广东"，必须要建设"富强广东"、"文化广东"、"法制广东"、"民主广东"。中国共产党提出社会主义生产的根本目的是不断满足人民群众日益增长的物质和文化需求。物质是人类生存的基础，而文化需求是人与动物最重要的区别所在，因此，提供给民众最丰富的文化艺术生活是建设"幸福广东"最为重要的方面之一。

  当今社会是科技高度发展，产业、行业、学科间高度融合的时代，以科技为基础的产业结构也向着综合性方向发展，因此，对具有高素质的复合型人才的需求也日益增加。经过30多年的改革，广东经济取得巨大发展，为建设"富强广东"打下了良好的基础，但也凸显了一些问题，如经济的可持续发展、文化需求的配套跟进，等等。这些问题的解决好坏直

---

[*] 作者简介：丁义，男，华南师范大学音乐学院教授，农工党广东省委会常委，农工党华南师范大学支部主委，广东省政协常委。

接影响着"幸福广东"的建设,而这些问题的解决最为关键的因素就是人才的作用。从"富强广东"来讲,无论是传统产业转型升级,还是以文化产业为引领的战略性新兴产业的发展,都离不了人才的支撑,都需要大量有创新精神的艺术复合型人才。从"文化广东"来分析,将文化艺术广泛传播、满足广大群众文化艺术等精神层面的需求,增强民众文化幸福感更是需要各种艺术复合型人才。因此,不管是物质层面还是精神层面,艺术复合型人才的创新培养对建设幸福广东有着重要的意义。

一 艺术复合型人才的含义

复合型人才是指具有两个或两个以上专业(或学科)的基本知识和基本能力的人才,这种人才拥有知识复合、学科复合、能力复合、思维复合等方面的特点,愿意接触并具备把握不同专业领域的知识及思维方法的能力,能够从事跨学科领域研究或者跨行业工作的社会高级人才。在科技不断进步、生活与日俱变的现代社会,人们生活的改进、国家发展的推动都急需这样的人才。

艺术复合型人才是指具有扎实的文化艺术基础知识,并在一项甚至多项专业艺术领域内有着一定的造诣或实践能力,能够站在本专业的创作或学术前沿不断探索和创新;同时具有良好的综合文化修养,能不断总结前人所积累的经验和教训,站在时代发展的高度,与时俱进、科学地吸收与借鉴。通过不断挖掘自己的内在潜力,运用传统与现代的各种技能,把优秀的艺术文化传播给广大受众的知识与能力。简单来讲,艺术复合型人才就是既要有丰厚的综合性文化艺术基础知识,又要突出具备一项或多项艺术技能,同时还要拥有传授艺术知识、组织艺术活动、推广艺术产品、管理艺术生产等方面的能力,能适应社会发展的新型艺术人才。

二 艺术复合型人才的培养对建设幸福广东的意义

(一)艺术复合型人才是推动广东科技进步和自主创新、促进转型升级的重要力量

建设"幸福广东",首先要"加快转型升级",这是中共广东省委十届八次全会提出的核心任务。"加快转型升级,建设幸福广东"是一个统一的整体，不能割裂，加快转型升级，促进经济和社会的可持续发展是建设幸福广东的手段。中央提出，"十二五"发展，要以科学发展为主题，以加快转变经济发展方式为主线。这一重要指导思想，深刻把握了我国经济社会发展阶段性新特征的根本要求，对广东尤其具有针对性和指导性。经过30多年改革，广东已全面进入经济社会发展转型期，高能耗、高污染的传统发展模式难以为继，只有依靠科技进步和自主创新，大力发展战略性新兴产业才能顺利转型升级，才能持续发展。文化产业正是这种新兴产业的主要代表。文化产业耗费资源少、污染程度低、产值效益高，是广东转型升级、率先实现基本现代化的重要支撑。

近年来，文化作为广东加快经济发展方式转变、推动经济社会转型的核心动力，通过与科技、旅游等产业相结合，发挥了强大的引领性、创新性、融合性作用，文化生产的繁荣发展，为加快转型升级提供了强大的思想保证和精神动力；而文化产业的快速推进，为加快转型升级提供了重要的引导作用和实体支撑。

尽管当前文化产业对于广东经济转型起到了极其重要的作用，但从产业本身来看，广东文化产业还处于一个初级发展阶段。基本上是以农耕文明和工业文明为基础，以手工业以及大规模复制为主要生产方式的"传统文化产业形态"和"现代文化产业形态"相结合的一种低级的发展形态，因此，广东文化产业本身也需要进行转型升级。只有建立在以信息文明和生态文明相融合基础上的、以文明转型为特征的"生态文明型"文化产业才是真正适合广东发展的战略型新兴产业，才能真正促进广东经济的顺利转型，并推动广东经济的再一次腾飞。而无论是整个经济社会产业升级，还是文化产业本身的转型升级，都需要具有一专多能的艺术复合型人才的有力支撑。没有艺术复合型人才的催化作用，不论是文化产业本身的转型升级还是整个经济社会的转型升级都将是浮云。因此，大力培养艺术复合型人才是文化产业发展的关键，也是加快转型升级的重要原动力。

（二）艺术复合型人才的培养可以促进文化艺术产业的发展，推动广东经济和文化繁荣

幸福离不开物质财富，"幸福广东"首先必须是"富强广东"，而"富强广东"需要文化产业的引领和支撑。作为改革前沿阵地，广东率先创造了"经济大省"的辉煌，而成就"经济大省"就少不了文化产业的功劳。从 20 世纪 80 年代初广州首现营业性歌舞厅开始，文化产业对于广东经济的促进作用与日俱增。特别是在"十五"、"十一五"期间，广东文化产业发展迅速，2010 年产业增加值达 2524 亿元，约占全省 GDP 比重 5.6%，文化产业显然已经成为广东重要支柱产业和战略性新兴产业。

在文化经济中，人才的发散效应尤为显著，一个人、一个团队、一个创意就能带动整个产业、整个门类的现象十分常见。因此，人才是文化产业的生命线，是推动文化产业发展最为直接，也是最为根本的动力。或许，与我国其他部分省市相比，广东的文化产业取得了令人瞩目的成就，文化产业增加值已跨过占 GDP 5% 的支柱性产业最低要求，但相对于美国（31% 左右）、日本（20% 左右）、欧洲（各国平均在 10%—15% 之间）、韩国（高于 15%）等文化产业发达国家以及我国的北京（2012 年为 12.2%），广东文化产业的发展差距明显，还有很大的发展空间和潜力，而这空间的填充、潜力的挖掘最终由人才完成。

相对于文化产业增加值的快速增长，培养既熟悉艺术发展规律，又谙熟市场经济规律，具有丰富文化艺术产品生产经验和产业运作经验的艺术复合型人才的速度尚难以跟上。因此，加快培养既懂艺术，又懂文化艺术经营与管理的国际型、复合型、创新型、实用型的艺术复合型人才可以进一步提升广东文化产业的发展质量、发展速度，提高文化产业增加值在 GDP 中所占的比例，促进"富强广东"、"文化广东"、"幸福广东"的建设。换句话说，艺术复合型人才的培养是广东省文化产业进一步发展的人才基础，培养大批既有各文化艺术领域专业知识，又具有良好的生产、经营与管理能力，能紧扣时代发展脉搏、适应市场需求的艺术复合型人才，才能进一步促进文化产业的发展与繁荣，才能进一步加快广东经济的发展速度，才能进一步推进"富强广东"的建设，并最终提升广东人民物质消费的幸福指数。

（三）艺术复合型人才的培养可以促进文化艺术的传播，提高人们的"文化幸福感"

人的幸福是立体的、多方面的，既有物质的幸福，也有精神的幸福。"幸福广东"既需要"富强广东"，也离不开"文化广东"。富强给予人们的是物质享受，文化要承担的责任则是使人们精神幸福。物质经济的丰富促使人们对文化的需求急剧提高，从国际社会发展经验来看，当人均

GDP 达到 5000 美元时，文化消费将出现井喷现象。2011 年广东省人均 GDP 达到 7819 美元，意味着需要提供更多的文化艺术产品给社会才能满足人们日益增长的文化需求。就我国来说，将文化艺术产品从艺术生产者手中交给人们消费欣赏主要有两种形式：一是文化产业，即依市场经济规律，以商品的形式把艺术产品推向市场，文化产业发展越成熟，艺术市场的普及性就越高，市场化越浓，受众越广。二是文化事业，将一些难以推向市场的优秀传统文化艺术以"文化惠民"等政府埋单形式进行传播。然而，不论是以市场化运作，产业化运营的文化产业，还是政府公共文化部门所操作的"文化民生"、"文化惠民"等公益性的文化事业，都离不开艺术复合型人才的推广、传播作用。把具有传统文化精神，同时又充满时代气息的优秀艺术作品传播给广大民众是艺术复合型人才的责任。而优秀艺术作品的广泛传播不仅能带给人们美的享受、美的愉悦，更能陶冶人的情操、净化人的心灵，使人们在审美中得到教育，在审美中享受幸福，这种由心灵深处产生的"文化幸福感"提升了普通老百姓的文化意识和文化生活，让文化艺术也成为百姓生活的一部分，最终使百姓更幸福，让社会更美好。

文化产业的繁荣发展不仅能促进产业转型升级，能够增加经济总量，促进经济的发展，而且能够促进文化艺术的广泛传播。文化产业发展越完善，文化艺术市场的开辟越广泛，文化艺术产品的社会传播范围便越广。不论哪一个环节，都需要艺术复合型人才的催化、引导、传播。当前正是我省"十二五"规划进行之时，我们应该把握大好时机，大力发展文化产业和文化事业。对于培养高级人才的高等教育来说，应当把加快培养艺术复合型人才作为高校艺术教育改革的一项重要任务，努力架设艺术与科学的桥梁，加强艺术与科学深层次、全方位的融合，培养高素质的艺术复合型人才，为文化强省和幸福广东建设做出更大贡献。

关于"义务教育资源的合理配置"问题的调研报告

高凌飚[*]

义务教育资源的合理配置是实现教育均衡发展的关键环节，关系到我省社会的公平、和谐和稳定，也关系到教育质量的提高以及未来的人力资源质量、创新竞争力和可持续发展。为此，省政府参事黄树森、陈传誉、周克元、高凌飚在参事室主任周羲同志的带领下，先后到中山市、阳江市和广州增城市进行了调研。调研组实地考察了中山市雍景园小学、三乡光后中心小学、南朗云衢中学、中山纪念中学、石岐竹园小学，阳江市江城区实验小学、江城第一小学、岗列中心小学、第四中学，广州增城市增城实验小学、增城中学、长岭麦韵芳小学、正果中学等13所学校。这些学校既有位于城区的学校，也有位于农村的学校；有条件好的省一级学校，也有一般学校和位于农村的规模很小的学校（如只有300学生的增城长岭麦韵芳小学）。调研组分别在这三个市举行了调研会，参加调研的有这些市分管教育工作的副市长、县财政、教育局的负责人，代表本市不同经济发展水平的镇教育办负责人，代表条件好、中、差的三类不同学校负责人。调研得到有关市主要领导的高度重视，中山、阳江的市委书记都亲自会见调研组并就调研问题发表意见。下面将调研了解到的情况以及调研组的看法，向省领导汇报如下：

---

[*] 作者简介：高凌飚，男，华南师范大学教育科学学院教授，广东省人民政府参事室参事。
注：本文为广东省人民政府参事室2010年调研成果，作者为执笔人。

一　现状和问题

在调研所到的三处地方,义务教育都取得了扎实而可喜的发展,教育资源配置不均衡的现象正在逐步得到克服。

中山市早在 2005 年就成为教育强市, 2007 年全市 24 个镇区全部成为省级教育强镇区。该市在抓义务教育工作的过程中注意做到 "四个到位"、创新 "五个机制"、实施 "五大工程"。2003—2010 年全市投入资金 25.8 亿元,新征土地 4139 亩,规划调整学校 316 所,已完成调整 277 所,建筑面积超过 146.7 万平方米。新建学校多数位于乡镇,土地资源较丰富,有浓厚的传统文化积淀,乡镇的经济实力雄厚,加上乡镇党政领导的高度重视,对学校改造工程的投入相当积极到位。调整后学校的规模大、校舍标准高、设施齐全,硬件完全不比城区学校差,甚至超过城区学校。此外该市在引导民办学校的规范化、提高各类学校的信息化水平,培养优秀的农村教师等方面,均取得可喜的成就。

阳江市位于粤西,经济欠发达,在财政相对比较困难的情况下,该市采取经费优先、师资优先、待遇优先等 "三个优先" 的手段,促进教育资源均衡配置。政府对教育的投入逐年增加,妥善解决了农村教师 "代转公" 的问题,逐渐实现教师工资福利待遇 "两相当",城镇的学校大部分达到规范化的标准要求,各类学校的内涵、质量得到较大的提高,教师队伍的整体素质有了较大的改观。

增城市于 2007 年成为教育强市。几年来,教育经费投入逐年增加并且向农村和山区倾斜,先后投入 50 多亿元调整了农村小学的布局,大大改善了农村小学的办学条件。对不在城区工作的教师发放津贴,使他们的收入高于城区教师,稳定了农村教师的队伍,吸引了一批人才。增城市为因学校调整而离校较远的农村学生发放交通和午餐补贴,解除了 3.3 万多学生家庭的后顾之忧。

尽管各地在义务教育资源均衡配置上都取得了很大成绩,但是由于历史上积累的欠账过多,在实现义务教育资源均衡配置的问题上还存在许多问题,主要有三个方面:一是学校的硬件设施,包括校舍、场地和各种设备的配置上不均衡;二是学校的常规运作经费不均衡;三是学校的师资条件,包括教师的待遇、学习进修机会、发展提高前景和晋升机会的不均衡。

　　硬件设备方面，随着省里有关部门提出的调整学校布局、优化教育资源配置的方针的逐步落实，不管是城市还是农村，学校的硬件设施得到了很大的改善，然而在不同地区，发展非常不均匀。比如在阳江市，地方财政本来就困难，加上普九和其他种种原因造成的教育负债高达7亿元，进一步增加投入的困难很大。相当一部分山区学校刚完成危房改造，再进行布局调整的困难就比较大。山区居民住地分散，要集中办学就必须办寄宿学校，不仅需要较大的资金投入和人员配置，对年龄小的小学生来说，管理、生活都有较大的问题。目前阳江全市还有200人以下小学520所，占全市小学总数的68%，其中更有222所100人以下的学校。要推进这些学校的硬件设施建设非常困难。由于无法全面均衡地建设好所有学校，该市实际上还是集中力量办好部分基础好的学校，资源配置不均衡的情况依然十分突出。其实，不管是在经济发达的珠三角，还是欠发达的东西两翼，由于在相当长的一段时间内都是集中资源办优质学校，已经在学校之间造成了巨大的资源不平衡，现在如果不向原来薄弱的学校倾斜，他们将永远无法赶上原来资优的学校。

　　学校常规运作的公用经费是另一问题。现在从表面上看，义务教育阶段的公用经费都是按统一标准发放，但是许多农村的学校因学生人数少，摊到的经费就非常少，如阳西县的生均公用经费为小学每人每学期175元，初中275元。一位农村小学校长反映，他们学校规模为200人左右，每学期的公用经费总共不足3.5万元，要应付报纸订阅费、水电费、校舍维修、教学耗材、安全保卫、会议出差等各种日常开支，根本就没办法。每学期要超支3000多元。

　　教育资源配置不均匀的最大问题更在于软资源配置的不均衡，在于师资力量的不均衡。农村和山区教师的待遇低，如阳江市教师月平均工资的情况为：市属学校4474元，江城区1699元，阳春市为2180元，阳东县1838元，阳西县2135元，海陵区1690元，高新区1556元。县区学校教师收入还不到市属学校的一半，农村教师的工资更低于平均水平，多数仅仅略高于1000元，比饭店服务员的实际收入还低。加上外出培训学习的机会少，提职晋升的机会也少，留不住人。现有农村教师年龄大，学历低，相当一部分缺乏朝气和事业心。随着农村青壮年劳动力外出务工，适龄儿童逐渐减少，农村学校出现较为严重的教师超编现象，更没法补充新教师。阳江市反映已经有6年没有招新的小学教师，不久将来可能造成农村教师的断档。现有的一些措施，如城里的优秀教师下乡支教，新入职教师先到农村工作若干年，等等，都没能从根本上解决问题。增城市采取了比较积极的对策，对在农村工作的教师进行补贴，使他们的收入比在城区工作的还要高，部分解决了教师安心农村工作的问题。但教师进修、晋升机会等等，依然无法和城区的学校比较。阳江市地方财政收入有限，要这样做就有很大困难。

在经济发达地区的教育资源配置问题上，外来工子弟学校的问题也非常突出。由于这一问题牵涉面很广很复杂，需要进一步的调查，本报告不打算讨论。

二 建议和看法

通过调研，我们得到一些不成熟的看法。所谓合理配置教育资源，最基本的是校舍场所和设备器材等硬件设施的合理配置，最重要的是师资队伍建设等软件资源的配置，经费的合理分配则是实现硬件设施和软件资源的合理配置的保障。在广东不同的地区，存在的问题是不同的。在经济发达的地区，硬件设施的配置已经初步达到基本上的均衡，主要的问题是如何实现师资队伍等软件配置的均衡合理。在经济欠发达地区，硬件设施的合理均衡配置还没有实现，师资队伍建设则存在更多更大的问题。省里是否可以考虑在以下几方面采取措施。

（一）强化山区与农村的师资队伍建设

第一，推广增城市的做法，由省财政拨出专款对到农村、山区工作的教师进行补贴，使得他们的收入高于在城区工作的教师。

第二，给山区和农村的教师更多进修机会。山区和农村的教师，平常和外界交流接触的机会不多，知识老化现象严重，《国家中长期教育发展规划纲要》已经规定要让中小学教师每隔3—5年就有机会脱产进修一段时间。广东省应尽快提出落实国家规划的措施。对于山区和农村的教师，进修期间的费用，包括进修的费用以及请人代课的费用都由政府额外拨款加以解决。

第三，国家为加强山区和农村的教师培养工作，已经出台对贫困地区就读师范专业的学生以适当照顾，要求他们毕业后回本地工作的政策。广东省能否也出台这样的政策？建议认真地加以研究。

第四，教师的编制。我国的师生比（即1名教师平均负责多少名学生）远远低于发达国家，广东省规定的师生比在全国又是处于最低的行列，这样的编制水平只能与低水平的教育发展要求相适应，在今天就很不适应。在山区、农村居民分散、学校规模小，教师总量超编而专业化不足的情况就更为严重。时代发展了，社会对现在的教育要求和期望大为提高，应该考虑修订教师编制的规定。分开不同地区和不同的情况，编制新的师生比例要求。

第五，职称提升。我省中小学教师职称评定中有些条件，特别是其中发表论文的一项对山区和农村的教师特别不利。中小学教师应该以搞好教学为主，能发表论文固然是好事，值得鼓励，但不能成为职称评定的硬条件，或者至少应该有其他等效的替代条件，使大批没有条件在刊物上发表文章而确实教学有方的老师得到晋升的机会。教师的职称评定也不能搞全省统一要求，对山区和农村的教师，应适当降低门槛，让他们看到希望和可能，以激励在山区和农村工作的教师的上进心。

（二）采取灵活措施，继续调整学校布局

近年来调整学校布局，合并规模过小的学校，对提高农村地区学校硬件设施水平、合理配置教育资源有好的作用，但也存在不少问题需要加以解决，才能有进一步的发展。其一是山区和农村相对地广人稀，即便是对一些小的村校进行撤销和合并，也不可能像平原地区那样集中。到底山区和农村的学校布局要怎么样才合理，需要认真加以调研，不能采取和城区、珠三角一样的办法。其二，布局调整问题多的是经济相对不发达的市、县。目前省里有一部分资金补助，但采取钓鱼式的策略，即当地配套多少，省里根据情况补助多少。结果越是穷的地方越没有可能投入配套，越是没法得到省里的资金。教育和经济不是一回事，搞经济能够比较快地见到回报，教育的回报则要十几年、几十年之后才能见到，而且没有显性的经济效益。不能采用经济刺激的手段来鼓励市、县办教育的积极性，而需要采取诸如列入地方政府考核指标的方式来进行鞭策。对于经济发展落后的市、县，省政府应加大支持的力度，不要附带诸如当地配套多少这类条件，对需要补助的地方切实进行补助，才能在全省范围内逐步缩小义务教育资源配置差距，逐步实现资源配置的相对均衡。

（三）切实加大对山区和农村的教育投入

尽管各地都在加大对山区和农村的教育投入，但是由于历史上的遗留问题和其他原因，目前对山区和农村教育投入依然严重不足。我国目前的分税制度使得地方的财力十分有限，特别是经济欠发达的县，基本上都是吃饭财政，要增加对教育的投入很困难。应要求中央在教育方面加大返纳的力度，同时加大全省统筹的力度。对贫困地区的教育补助拨款，不宜采用"钓鱼式"的补助办法，而应是无条件的。应该把对山区和农村的教育扶持当作和"双转移"一样重要的工作，无条件地增加对山区和农村的教育投入，改变长期以来教育投入不足的情况，全面补回历史上的欠账，才能真正改变山区和农村教育落后的面貌。

（四）适当调整捐资办学政策，开拓教育资金来源

目前对捐资办学，一刀切不允许和学位挂钩。在经济欠发达的地区，不和学位挂钩，捐资人失去动力，失去一个可观和实在的经费来源。捐资和学位挂钩，会带来一些负面的社会影响，但就是不这样做，这些负面影响照样存在。问题不在是否捐资，而在如何合理分配所得到的资源。如果对捐资得到的资金加以严格管理，大部分（比如80%）用于农村和山区的学校，对教育的积极作用远大于负面影响。是否可以考虑不同的地区采取不同的政策，对经济欠发达地区，在加大政府投入的前提下，适当允许捐资办学和学位挂钩。

义务教育资源的均衡合理配置，是一个很复杂的问题。本次调研只能发现一些较为明显的问题，还有一些深层的问题没有暴露出来。实际上，教育资源的完全均衡配置是一种理想的追求，必须随着社会的进步和经济的发展逐步实现，一时难以做到完全的均衡。特别是硬件方面，没有必要超越现实可能去追求过高的标准和绝对的均衡。但是在教师队伍建设方面则应该适度超前，花大力气，加大对欠发达地区的扶持，不然无法迅速提高教育的质量，无法在教育的内涵上实现超越，将永远处于落后状态。因此，在对教育有限的财政投入的支配中，在硬件需求基本满足的情况下，将大的比例投入到学校软件和内涵建设，而不是动不动就几个亿、几十个亿去搞扩大占地面积、建筑面积。在重视城市教育投入的同时，当前更要

向农村、山区的基础教育加大财政投入的力度,并保证专款专用。目前,广东的经济和社会发展非常不均衡,教育的情况也是如此。这已成为制约我省发展的一个重要的不利因素。改变这种情况,需要有大的决心和投入。不仅是经济上的,还包括文化上,特别是教育上的,希望省领导加以重视。

四 服务社会管理创新

转型时期广东外来务工人员社会管理机制研究

陈俊芳 阿布力米提·孜亚吾丁[*]

2011年是"十二五"开局之年,作为全国流动人口第一大省的广东提出"十二五"规划的核心是"加快转型升级,建设幸福广东",在关注经济发展的同时,也将社会民生建设提到日益重要的日程。由于特殊的地缘经济位置,30年来,广东一直是外来务工人员大省,这些流动人口在为广东创造可观社会财富的同时,却又因户籍身份问题不得不面对就业、医疗、住房保障以及子女教育等难题。处于社会转型期的广东,如何处理这些问题带来的社会管理压力,应该建立怎样的外来务工人员社会管理机制,如何妥善安置正在崛起的新生代外来工,这些都成为广东加强和谐、幸福社会建设,实现经济社会协调发展所必须关注的重要民生问题。

一 广东省外来务工人员的基本现状和管理措施

(一) 广东省外来务工人员基本现状

据统计,改革开放以来,"广东省流动人口从1980年不到50万人,增加至2010年的3667万人,约占全省实有人口的1/3,全国流动人口的1/7"[①],主要集中分布在珠三角一带。其中,广州作为省会城市,吸引了600多万来自五湖四海的外来务工人员。在深圳、东莞这样的经济发达地

---

[*] 作者简介:陈俊芳,男,华南师范大学实验中心主任、教授,民进广东省委会常委,民进华南师范大学总支主委,广东省政协委员;阿布力米提·孜亚吾丁,男,喀什师范学院法政系副教授。

① 吴冰:《广东推进流动人口服务均等化,今年18万农民工入户》,《人民日报》2011年8月8日。

区，外来务工人员更是本地人口的数倍，完全呈压倒性的人口倒挂结构。这些务工人员大多数是从乡村转移出来的农业剩余劳动力，抱着谋求新职业赚取高收入的强烈愿望，涌向城市，参与着城市的经济和社会生活建设。"在过去的30多年里，他们为广东经济增长的贡献率超过了20%，使得全省经济总量从1980年的245亿元增加至2010年的45473亿元，增加了180多倍。"① 然而，外来务工人员在为广东经济增长做出重大贡献的同时，也使社会矛盾和社会问题频频发生，给社会管理造成任务重、压力大的困难。从2010年南海本田和深圳富士康分别发生的罢工和跳楼事件，到2011年6月增城市大墩村、潮州古巷镇发生的聚众滋事事件，日益凸显着广东各种劳资矛盾和社会冲突的加剧。据报道，广东近年发生的群体性事件，80%涉及流动人口，集中反映了广东在外来务工人员就业、社保、医疗等公共服务方面存在的问题，因此，当务之急是要针对外来务工人员服务管理上存在的突出问题和服务需求，寻求整改路径，增强外来务工人员的地域归属感和幸福感，才能更好地体现民意、凝聚民心，进一步调动外来工的积极性和创造性，为强省建设增添和谐音符。

（二）对在粤外来务工人员的管理新举措

1. 外来工由"暂栖"身份向"居留"时代的转变

广东省从2011年1月1日开始实施新的《广东省流动人口服务管理条例》。新条例与旧文件相比，不仅多了"服务"二字，且将"服务"置于"管理"之前，更是使广东数以千万计的外来工告别了"暂栖"身份，迎来了"居住证时代"。按照新条例，16—60岁的流动人员可免费申领居住证，享有在广东申领驾照、办理港澳商务签注等公共服务和待遇。特别值得一提的是，居住证持证人在同一居住地连续居住并依法缴纳社会保险费5年，有稳定职业、符合计划生育政策的，其子女接受学前教育、义务教育应当与常住户口学生同等对待。满7年，居住证持有人有固定住所、依法纳税并无犯罪记录的，可以申请常住户口。这使很多外来工觉得生活有了新盼头，工作更有劲、更积极，充分体现了广东对外来工的管理开始

---

① 吴冰：《广东推进流动人口服务均等化，今年18万农民工入户》，《人民日报》2011年8月8日。

由过去的控制管治向服务转型的新举措。

2. "积分入户"政策由农民工扩大至所有外来常住人口

广东省自从2010年6月出台了《关于开展农民工积分制入户城镇工作的指导意见》以来，到2010年底已经有14.4万名农民工通过积分成功入户城镇。2011年10月，进一步放宽了入户条件，出台的《关于加强我省人口服务和管理的实施意见》中规定积分入户对象由农民工扩至各类外来人口。该《意见》还提出，要逐步把外来务工人员纳入基本公共服务范畴，探索采用多种途径吸收优秀外来务工人员参与社会管理工作，继续在优秀外来务工人员中招收机关事业单位工作人员。增加外来务工人员在各级党代表、人大代表、政协委员中的名额，让更多外来务工人员参与地方事务的决策和监督。

3. 外来工法律援助机制日益成熟

广东省在积极推进产业和劳动力"双转移"的过程中，涉及外来工的侵权案件显著增加，外来工法律援助机构的建立已成为维护外来工合法权益，促进社会和谐稳定的重要途径。以广州市为例，自1995年成立我国第一家法援机构以来，截至2010年底，"广州市、区（县级市）两级政府共成立了13个法援机构，设立了195个法律援助工作站和1145家法律援助联络点，基本形成了以政府为主导、社会积极参与、横向到边、纵向到底的法律援助工作网络"[①]。这就极大地畅通了外来工申请法律援助的渠道和途径，使外来工法律援助基本实现了"扩大范围、降低门槛、简化程序、规范管理、提高质量"[②]的工作目标。以广州市法律援助机制为蓝本，省内其他的市区结合自身特点，也建立了相应的法律援助工作站，并定期深入外来工中间主动提供法律援助，解答法律困惑，大大提升了外来工的法律维权意识。

此外，对优秀外来务工人员的评选活动，从外来务工人员中招考基层公务员的举措以及组织数万名外来工参加"广东革命史地游"、"广东建设成果游"、"广东文化景观游"的活动项目，都极大地激发着外来工积极向上的生活态度和热爱广东的情怀，增强了广大外来工为广东做贡献的

---

① 黄倩、王又平：《广州市农民工法律援助工作的现状及思考》，《法治论坛》2011年第3期。

② 同上。

决心和信心。

二 对在粤外来务工人员管理中存在的问题分析

虽然广东省对外来务工人员的管理模式正在不断地改进，但是在机制上和实践操作中仍有不少困难。主要表现在以下几方面。

（一）对外来务工人员的管理缺乏人性化，以服务为主的管理理念有待提高

广东解决流动人口问题，最根本的就是要将流动人口服务管理纳入社会服务管理体系之内。但是改革开放以来，广东一直秉承着"重经济建设、轻社会管理，重户籍人口服务、轻外来人口服务"的思想观念，很多政府部门思想上还没有积极肯定和充分认识到外来工对广东经济腾飞做出的贡献，所以当外来务工人员合法权益受到侵害转向政府部门寻求帮助时，这些部门不是以服务的心态妥善解决外来工遇到的困难，安抚他们的情绪，而是漠然敷衍，甚至仍然以管、控、压、罚等简单粗暴的方式进行管理，这不仅使广大外来务工人员感受不到党和政府的温暖，有可能采取暴力行动抗击用人单位或有关部门的不作为，从而使事态进一步恶化，酿成恶性事件，对社会稳定造成威胁。例如，最近发生在增城市大墩村和潮州古巷镇的聚众滋扰事件，既暴露了政府在镇村社会管理服务上存在的不足，也凸显了加强和改善镇村社会管理服务的重要性和紧迫性。因此在今后的社会管理中要尽可能通过对话、协商、沟通等文明方式来解决外来务工人员的基本需求，实现基本公共服务全民覆盖。

（二）利益诉求渠道不畅，转向"民间工会"维权

外来务工人员离开农村到城市打工，由于自身技术水平的限制，就业形势本就十分严峻，再加上一些用工单位和个人不讲诚信，经常无故克扣其工资，导致他们的基本合法权益往往缺乏保障。现实生活中，他们在饱受侵权之苦的同时，维权道路又十分艰难。一方面，维权成本高昂、程序烦琐，诉诸司法途径耗时耗财；另一方面，企业工会组建率低且往往形同虚设，形成有怨无处诉的局面。据调查显示，广东省40%的非公企业未组建工会，职工入会率仅为60%，有些企业即使设立工会，但由于自身

能力有限,最终沦为了"老板工会",并不能维护外来工的权益。因此,当外来工利益诉求无果时,他们往往转向同乡会、老乡会或者打工联合会等形式的"民间工会"维权。这些"民间工会"维权功能单一、管理松散混乱,认为将维权行为诉诸群体性事件才是最有效、最直接的方式,这势必会影响社会的稳定与和谐。

(三)受自身文化水平和价值观念的影响,外来工尤其是新生代外来工精神文化生活内容匮乏,幸福感不高

目前的城市外来务工人员多是"80后"、"90后",年轻化趋势正在逐步加强。据广州大学魏伟等人的调查,在文化娱乐消费上,"大部分'60后'、'70后'老一代农民工几乎没有开支,对他们而言,电影院、歌厅等娱乐场所较为奢侈,而城市和工厂的公益性娱乐场所又不对他们开放,因而他们的业余娱乐活动则是在商店、饭店看'免费电视',或者到录像厅打发时间,一些人甚至染上了赌博等不良习惯;而'80后'、'90后'新生代农民工的娱乐方式主要是上网聊天、看片等。"[①] 他们在成为转变经济发展方式的活跃力量的同时融入城市生活的意愿相对于老一代外来工更强烈。他们把自己定位为城里人,渴望在打工地定居,需要丰富的文化娱乐活动来充实自己的业余生活,满足精神需求。但是现在的企业工厂多在偏僻的郊区,很多不具备建立健全的文化活动场所和设施的意识,社区公共服务和文化设施向外来工开放较少,缺乏真正提供给外来工的文化娱乐服务,社区文化活动中很少看到外来工的身影,这就使得他们大都过着"工地—宿舍"这样两点一线的生活。此外,某些本地居民因文化、思维的差异,对外来工参与到当地社区的文化活动持排斥态度,导致他们逐渐远离主流社会,造成精神文化生活内容匮乏、幸福感不高的局面。

(四)外来务工人员政治参与权利被边缘化

公民政治参与权的不断扩大是衡量社会民主程度的重要标志,外来务工人员特别是新生代外来工在广东省人口总数中占据着相当大的比例,他们对国家政治的关注度较高,据湖南省社科院人口所2009年一项针对湘、粤两省农民工群体的问卷调查表明,"在调查的805名'新生代'农民工

[①] 吕宁:《城市化背景下农民工边缘化的表现及原因分析》,《商业时代》2011年第30期。

中,对国家大事表示'关注'和'非常关注'的高达74.1%"①。但受限于我国公民政治参与权与户口相挂钩的设置,他们的政治参与权利长期处于被边缘化的状态,邓秀华在长沙和广州的调查显示:"参加过城市社区居委会选举的仅占5.7%,参加过所在单位的民主管理活动的仅占12.9%。"②这样,城市外来务工人员的政治参与面临着两难的境地:一方面,外来工离开原籍后,逐渐脱离了原籍的政治活动,其政治参与权可以说已经逐渐放弃;另一方面,外来务工人员在城市中生活,为所居住的城市繁荣做出了贡献,他们渴望与所在地的政治体系接触,渴求在当地政府决策中有一定的话语权,但他们参与城市社会政治事务的权利几近丧失,造成他们既不能参与城市的社会政治事务管理,又游离于原籍选举事务之外的局面。所以,当一个庞大的社会群体在政治体系中的权利被压缩,政治参与的虚置导致其合理的政治诉求、经济权益的维护得不到妥善的重视和解决时,他们往往转而采取一些极端的、不合理的方式去引起社会关注,有可能会酿成巨大冲突,从而影响社会和谐稳定。

(五) 针对外来务工人员的社会保障制度不健全

尽管广东省目前已经制定了相关的专门针对外来务工人员的政策法规,使外来工的社会保障在制度上有了一定依据,但在具体的执行过程中,因为种种原因的限制,导致他们的权益得不到应有的保障。这主要表现在:第一,城乡二元结构是外来工社会保障缺失的主要原因。广东省外来务工人员一般来自周边省市农村地区,虽然常年在城镇打工,但因为其身份的限制,大多只能在原籍参加农村合作医疗和养老保险,一旦有病只能到指定的医院就医才能报销,养老金的标准也远低于城镇职工。如果外来工在打工城市参加了社会保险,但当他们返乡时,城镇保险一般没有地方接收,所以城乡二元结构的缺陷使外来工参保陷入进退两难的尴尬境地。第二,外来务工人员自身流动性的特点决定了其权益难以受到保护。外来务工人员一般很难被固定的单位所接收,这种流动性不仅体现在城市之间的转移,还有行业的不停变幻,极不稳定的工作关系造成外来工社会

---

① 谭剑、傅丕毅:《新生代农民工政治参与度调查:流动,但不能流失话语权》,《半月谈》2010年第6期。
② 邓秀华:《长沙、广州两市农民工政治参与问卷调查分析》,《政治学研究》2009年第2期。

保险转移、接续难的局面。对于多数外来务工人员来说，如果他们在离开某一工作地点时，无法带走原用工单位给他们缴纳的养老保险或新的工作地续接保险手续繁杂，必定会极大地影响他们投保的积极性。第三，用工企业责任意识缺失，社会监督力度不够。目前我省一些企业因为与外来工之间没有稳定的劳动关系，且办理保险缴费过高，为了降低成本，谋取更多利润，他们大多不愿为外来工承担缴费责任。而地方政府对企业的这种不负责任行为更多的是采取了沉默的态度，这使外来工感到心灰意冷的同时，受雇于人的观念也使他们在很多时候没有勇气争取自己的合法权益，只能自求少病痛。

由以上现存的问题可以得出，政府无论在体制上还是在实践上对于外来务工人员的管理都存在很多不足之处，需要政府以服务为主导的理念来指导管理工作，并将这种理念深入基层管理部门以完善对外来务工人员的管理模式。

三 社会转型时期研究在粤外来工管理新机制的重要意义

（一）有利于形成社会凝聚力，促进城市社会的稳定，推进幸福广东建设

外来务工人员由于受自身文化水平与技术能力的限制，大多从事劳动强度大、时间长、待遇低的工作，再加上不健全的社会保障制度、子女上学难、物价不断上涨等问题没有得到妥善解决，使得他们极易铤而走险，违规甚至犯罪，有的倒卖车票、演唱会票，有的在城市中心地带摆地摊、非法经营，有的甚至抢劫、偷盗，这就给文明城市建设带来极大的负面影响。如果不做出相应的调整，社会不平等问题会随着社会经济的发展而加剧，直接刺激犯罪率的增加。只有采取有效措施，加快外来工社会保障制度的建立，解决外来工实实在在的困难，稳步提高其收入水平，缩小城市本地居民与外来工的收入差距，让发展的成果惠及外来务工人员，才能更好地体现民意、凝聚民心，促进城市社会的稳定和幸福广东的建设。

（二）有利于拉动内需，促进经济增长，加快城市化建设步伐

外来务工人员尤其是新生代外来工在城市中的消费欲望及消费能力呈逐年递增趋势，他们正逐渐成为拉动城市消费需求的一股新锐力量。据

2009年发布的《广东消费蓝皮书》显示,"80%—90%的老一代外来工把工资寄回家或带回家,而65%—70%的新生代外来工将收入都用于自己的吃穿住行,工资很少寄回家,70%的人拥有手机"①。由此可见,随着消费内容和层次的逐步提高,新生代外来工对经济拉动作用将更加明显。并且,相对于老一代外来工而言,新生代外来工与城市的联系更为密切,他们已经渗入城市生活的方方面面,无论是建筑制造业还是服务行业都能看到他们勤勤恳恳的身影。因此,对外来务工人员提供全面的城市生活保障,更能激发他们建设城市的热情,加快广东省城市化建设步伐。

(三) 有利于提升泛珠三角地区的竞争优势,促进强省建设

广东经济的飞速发展主要是由各行各业的基层人员所支撑的,而基层人员的主力就是由广大的外来务工人员所构成,他们承载并促进着幸福广东的建设。但是近年来,随着长江三角洲、环渤海地区等经济区域的不断繁荣,他们对人才和劳动力资源有了更大的需求量,为了吸引和聚拢人才,依靠省市强大的经济力量的支持,他们提高了外来务工人员的薪资待遇、工作、生活环境等各方面的条件,使外来工在心理上得到了极大的安慰和归属感。这对长期依赖外来务工人员的泛珠三角地区来说是一个巨大的挑战。因此,在社会转型期探索如何改善广东经济建设主力军的工作和生活需求,以挽留和吸引人才,对于保持并提升区域竞争力,加速强省建设具有重要作用。

四 对在粤外来务工人员管理机制的探讨

(一) 政府要以"服务"为主导理念从宏观上指导工作

所谓服务型政府,从基本概念上讲,是指"在公民本位、社会本位理念指导下,在整个社会民主秩序的框架下,通过法定程序,把政府定位于服务者的角色,按照公民意志组建起来的以为人民服务为宗旨并承担着服务责任的政府。"② 服务型政府要求政府必须执政为民,为公众提供充

---

① 刘文烈、魏学文:《关于新生代农民工经济地位的理论思考》,《理论学刊》2011年第10期。
② 刘文韬、刘安民:《从建设服务型政府看保障农民工权利》,《商品与质量》2011年第8期。

足、优质的公共服务和公共产品,对于为城市建设做出突出贡献的外来务工人员来说,政府更应以服务而非管治的姿态对其进行管理。

1. 建设法治政府,依法公平公正决策涉及外来务工人员的问题

随着我省经济社会发展进入转型时期,面对经济社会发展中出现的一些涉及外来工的新问题,要促进社会公平正义,就必须通过建设法治政府,加快推进依法行政来解决。首先,政府要从法律上保障外来工合法权益,消除外来工依法维权面临的重重困境,建立健全外来工法律援助机制,为其依法维权建设绿色通道,积极引导外来工以法定途径维权。其次,应加大维护外来工合法权益的执法力度,在外来务工人员较为集中的地区和企业建立定期的、经常性的劳动执法检查和监察机制,针对一些"无良"企业,要认真组织查处,对其予以严惩。同时,"对于按照政策和法律确实不能解决的,要注意工作方法和策略,综合运用政策、法律、经济、行政等手段和教育、疏导、沟通、协商、调解等方法进行处置,并加强对外来工的说服教育、情绪疏导,引导外来工以理性合法的方式表达利益要求、解决利益矛盾,防止矛盾激化和事态扩大"[1]。最后,建立并完善对外来务工人员权益保护的监督系统。不仅要在行政机关内部建立严厉的监督系统,比如上级对下级,同级机关之间的监督,更要设立专门的维护外来务工人员利益的机构或合法的社会组织对政府的不作为现象勇于举报,对相关负责人进行严格处罚。

2. 矛盾化解在基层,避免群体性事件生成

基层政府本应是与外来工联系最为密切的组织,但在实际操作过程中,往往会行政信息不透明、行为不规范、过于注重"对上"负责,忽视了外来工的满意度,使利益诉求受阻,由此极易将长期积累的不满情绪直接向政府发泄,演变成群体性事件。邓小平曾说:"群众有气就要出,我们的办法就是使群众有出气的地方,有说话的地方,有申诉的地方。"[2]为此,基层政府首先要切实转变"官念",积极建立正式的利益表达途径,当外来工以非制度化方式表达利益诉求时,"政府和公职人员应本着解决问题的态度而不是压制矛盾的态度开辟官民对话渠道,赋予群众和利

---

[1] 张兵、闫翅鲲:《社会转型期群体性事件的成因分析及处理策略》,《领导科学》2011年第11期。

[2] 《邓小平文选》第1卷,人民出版社1994年版,第270页。

益群体与政府进行平等对话的权利,善于利用对话来化解对抗,善于引导群众以理性、合法的形式表达自己的利益诉求,在平等、法治的轨道内解决具体利益矛盾"①。其次,基层领导信访、走访双管齐下"听民生,解民忧"。外来务工人员可以通过合法的信访形式向政府提出意见和要求,信访部门在接受外来工的意见后要及时将问题反映给相关部门,相关部门在核实后要采取有效的解决方案并向外来工反馈结果。此外,基层领导还可以通过走访的形式,深入外来工生活中听取最真实的声音,排解矛盾、化解纠纷,避免外来工群体间因不满政府而相互串联而发生静坐示威、煽动闹事等一系列制造事端的群体性行为,力争把矛盾消除在萌芽阶段。

3. 拓宽外来务工人员政治参与渠道,提升其参与意识

数量庞大、地位重要的外来工群体是影响我省政治稳定的重要力量。为了解决外来工政治权益上的两难境地,把其纳入民主政治建设的范围,积极支持广大外来工的政治参与,强化他们对现有政治体系的认可和维护,政府应该切实采取措施拓宽外来工政治参与渠道,保障其社会民主政治权益。首先,制定并完善针对外来工这一群体的政治参与的法律保障体系。虽然目前我国针对公民民主政治权利的表达制定了相关的法律法规,广东省在全国法律的基础上又结合自身特点,进行了进一步的完善措施。但是针对全省庞大的外来务工人员群体,却没有一部完整的法规或条例章程来保障其基本的政治参与权。因此,广东省应尽快修订出关于外来工政治参与法制化的条例,对外来工政治参与的内容、方式、途径要有明确规定,做到有章可循,确保外来工政治参与的稳定与规范。其次,增设参与渠道,畅通外来工政治参与平台。"应继续改革人民代表大会制度和政协制度,增设外来工在各级人大和政协中的席位,让外来工拥有与之数量和地位相匹配的声音;人民代表和政协委员必须有较强的代表性,能够真实反映民意民情民想。在政策制定过程中,应吸收外来工代表的听证,充分酝酿、广泛协商,以利于更好地沟通、协调和整合社会各阶层的利益。"② 此外,还要重视利用网络媒介的作用,利

---

① 张昆玲、闫翅鲲:《从农村群体性事件看基层服务型政府建设——以河北省石家庄为例》,《河北师范大学学报(哲学社会科学版)》2011年第2期。

② 高海杰:《和谐社会进程中农民工政治参与问题研究》,《青岛农业大学学报(社会科学版)》2010年第3期。

用其开发、平等、互动的特点，在外来工比较集中的区域提供免费上网场所，引导他们浏览主要的政府网站，了解最新的政策资讯，参与网络话题讨论，让外来工参与社会政治，通过网络对话来表达他们的利益诉求。最后，充分发挥外来务工人员当中党员的先锋模范作用，不仅积极向政府或用工单位争取政治权益，还要在外来工群体中普及政治参与基本知识，增强其民主意识、法律意识与维权能力，提高政治觉悟，让外来工真正拥有更多政治话语权。

4. 加快城市改造升级，加强城市管理

近年来，广东省日益增加的外来务工人员所带来的社会治安问题逐渐凸显出来。以广州市北京路步行街为例，"平均每天流动人口达到 20 万至 30 万人，两年来在这里被偷走的手机，完全可以把近千米长、十多米宽的街面全部铺满"[1]，而在如此巨大的流动人口中，外来务工人员占据了相当大的比例。由此可见，政府必须采取措施加强城市管理和改造。首先，将人财物过于集中的地区进行功能分解，尽可能实现地区功能简单化。例如广州火车总站附近，它不但是广州的重要交通枢纽，同时还是以服装批发为核心的商业区，这种居住区、商业区及交通枢纽联合的地段，必定导致人财物的过度集中，社会治安压力不堪重负。因此，要尽可能使城市功能清晰明朗化，完善城市空间布局，减少人流量较多地区的犯罪率。其次，形成全民共管的城市管理体系。据资料显示，"早在2003年广东警力已捉襟见肘，一个人要管775个人，近几年稍显缓和状态，但与广东日益增长的经济总量，以及迅速膨胀的外来人员相比，警力的配备呈现明显不足的状态"[2]。在城市管理中，如果无论大事小情通通依靠警务人员的话，整个社会治安形势会更加紧张，所以要对城市居民和外来务工人员进行大量的宣传，自觉维护社会治安，勇于举报违法行为，此外，其他的公共权力机构也应凝聚到全民共管的城市大军中，在全社会形成无形的维稳网络。

5. 大力扶持外来工返乡创业

进城外来务工人员的流出地多是经济薄弱、以农业为主的欠发达的乡

---

[1] 广东省情调查报告：《关于新时期广东珠三角流动人口管理的思考》，2011年6月30日，广东省省情调查中心（http：//www.gdsq.gov.cn/results/text.asp? id = 853）。

[2] 同上。

镇地区，他们外出就业除了想增加收入、改善自身生活条件外，更多的是想扎根城市，享受城市各项福利待遇，成为别人眼中羡慕的"城里人"。但是，严格的城乡二元户籍制度，紧紧地将他们关在城市大门之外，劳动强度大、工资低、时间长、环境差，社会保障不健全，政治权利缺失，一道道无法跨越的门槛使他们不得不折返回乡。面对大量外来工的回流，输出地政府要做好外来工的接收工作，一方面，要大力开发本地岗位，促进返乡外来工就地就近就业，保证外来工回乡后享有医疗、养老等健全的社会保障，解决其最关心的子女教育问题；另一方面，对于在外打工多年，掌握一定技能，积累了丰富经验，并有一定资金的外来工，输出地政府应抱有积极的态度，鼓励他们返乡创业，在政策和资金上予以帮助，为本地经济腾飞广开门路。首先，成立专门的"外来工返乡创业办公室"，主要进行创业政策咨询、贷款帮助、系统技术技能职业培训等工作，简化程序，及时开辟外来工创业的绿色通道，在基础设施、政策扶持、土地优惠等方面给予外来工政策倾斜，引导外来工选择熟悉的领域，不要盲目创业，把各类创业优惠政策落到实处，真心实意为其返乡创业提供统一、规范、高效的服务。其次，设立返乡创业专项资金，解决创业资金匮乏问题。流出地政府可探索设立外来工返乡创业基金，在税收上给予创业初期的企业以优惠从而减轻创业压力，加大信贷支持力度和县级担保机制，切实解决外来工创业中遇到的困难和问题，积极为外来工创业提供服务。最后，聘请创业成功人士和相关教授对有潜力、有想法的外来工进行培训。当地政府还可以为外来工和已经发展成熟的龙头企业牵线，组织外来工去参观学习，尽量吸引其注入启动资金并提供专家上门指导。总之，输入地政府可以从各个方面解决外来工回乡创业的后顾之忧。

（二）建立全方位的社会保障体系

1. 完善的社会保障是基础

外来务工人员作为城市的建设者，各级政府应给予他们市民待遇，要结合外来工自身的特点，循序渐进，采取分类分步的保障办法，完善外来工的社会保障制度。

第一，建立外来务工人员工伤保险制度。"在政策方面，工伤保险是最早对流动人口开放的社会保险险种，早在2003年就已经对流动人口的工伤保险做了明文规定，要求所有的企业为外来务工人员参加工伤保险。"① 广东省近年来也相继出台了一系列保障外来工获得工伤保险的条例，但是很多外来工来城市找工作关心更多的是报酬、工作条件和时间，反而较少关心与自身利益直接相关的社会保险，用人单位就是抓住了他们的这项弱点，对外来务工人员办理工伤保险的意识不强，造成时至今日工伤保险的参保率还是相当低的困局。一旦出现工伤事故，企业拒绝承担责任，外来工轻则失业，重则残疾，甚至终生生活困难。因此在加大向外来工普及社会保险知识，提高其参保意识的同时，政府的劳动监督部门还应督促用人单位积极为外来工办理相应的工伤保险，按时定额为外来工缴纳工伤保险费用，加大对外来工集中的企业及事故多发、职业危害严重的行业，特别是化工、建筑业的监督力度，以预防而不是事后处理的心态面对问题。

第二，建立适合外来务工人员的城镇养老保险制度。城市外来务工人员面临着工伤、疾病等职业与生活风险，年老后健康状况堪忧，而大部分却没有养老保险可以依靠。这些流动人口在城市奉献多年，最终还是回到原来的地方成为农民。青壮年劳力供给城市，而城市把劳动后伤、残、病、弱者又退回农村，却把抚育子女、赡养老人等社会负担都抛给农村。② 因此，必须建立专门针对外来务工人员的养老保险制度，使他们的生活老有所依。首先，建立外来工养老保险个人账户，根据其在固定单位工作的年限，缴费由政府、用人单位和个人按比例承担，工作年限越长，缴费的比例越高，甚至超过一定的年限标准可以享受与城市职工同等的缴费比例。此外，还要在规定缴费工资的条件下降低费率，将费率控制在用人单位与外来工可接受的限度，以避免由于这一政策的推行而造成用人单位生产经营成本的急剧上升与外来工即期收入的大幅减少，以及控制用人单位因该项政策的强制推行而大量裁减外来工的负面影响。③ 其次，针对外来工流动性强的特性，建立各市区间联网的外来工账户信息，保证外来工社会养老保险的连续缴费，同时简化养老保险转移接续手续，真正实现社会保险关系的自由转移，待外来工退休后应将个人和各个单位的缴费全

---

① 唐丹：《流动人口参加工伤保险影响因素的定量分析》，《人口研究》2011年第5期。
② 李潇颖：《对流动人口社会保障问题的公共政策思考》，《科教文汇》2011年第10期。
③ 施华斌：《农民工社会保障问题初探》，《财经政法资讯》2004年第4期。

部退给本人账户。

第三，完善外来务工人员医疗保险，解决"看病难、看病贵"的顽疾。外来务工人员为了"上养老，下养小"不得不背井离乡来到城市打工，但由于自身没有过硬的技术，一般从事着低薪酬、高强度的风险工作，一旦生病，高额的医疗费往往使他们望而却步，以能忍则忍的强挨心态挺过去，长此以往小病积累成大病，不但使几年的打工薪水付之东流，更有可能负债累累。因此，除了工伤保险外，外来工最需要的就是医疗保险。对于如何解决外来工医疗保险，杜毅在《农民工社会保障的分类实施研究》一文中提供了良好的对策。他根据郑功成教授所分的三类外来工，即在城市有稳定住所、就业岗位相对稳定的市民化程度较高的外来工，处于流动状态的农民工和农闲季节才外出务工的传统农民，制定了三种相对应的医改方案。针对第一类外来工，要将其纳入城镇职工基本医疗保险制度，实行与城镇职工同等的社会统筹、个人账户相结合的医疗保险制度。其次，对于第二类外来工，针对其流动性强、收入水平低的特点，实行低门槛、广覆盖、保大病、管当期的大病医疗保险。为了切实降低用人单位和外来工本人的负担，应建立外来工大病统筹医疗保险处理机制，明确责任主体，根据外来工大病发病率实行低费率。对于第三类外来工，由于他们的外出务工只是临时、短暂的，其归属仍是农村，因此应引领他们参加户籍所在地新型农村合作医疗，享受相关服务。[1] 此外，还可以在外来务工人员集中居住地提供固定或流动的社区卫生服务，提高就医的及时性与就近性。有条件的市区可以将扩大外来务工人员医疗保险的覆盖范围和保险费用来源的多元化，使保险范围从保大病扩展到既保住院服务又保门诊服务，费用来源可由用人单位、外来工及政府财政补贴共同负担，真正减少"小病不愿瞧，大病不敢看"的现象。

第四，建立外来务工人员最低生活保障制度。现在城市中的外来务工人员不仅具有"外来工"的身份，更具有"临时工"的特点，做完一项工作后，可能面临着一段依靠"吃老本"的工作空窗期，这使他们陷入两难境地：如果返乡，可能会错过在城市中良好的工作机会；如果继续留在城市，生活成本压力大。要解决他们的窘境，除了政府要通过多种渠道丰富就业信息外，更重要的是建立专门针对外来工的失业保险制度，根据

---

[1] 杜毅、王孔敬：《农民工社会保障的分类实施研究》，《安徽农业科学》2011年第25期。

其在城市工作年限制定失业保险金标准，将他们纳入城市弱势群体的保障范围，享受应有的健康服务的优惠政策和城市社区卫生服务，并尽可能将城市居民最低生活保障制度覆盖到外来务工人员当中，解除他们的后顾之忧，使基本生活得到保障。

2. 推进就业培训，增加就业机会，全面提升外来工的综合素质

加强教育培训工作是提高外来务工人员整体素质、促进城乡劳动力平等就业的基础环节，也是对外来务工人员人力资源进行有效开发的重要途径。对外来务工人员教育培训不能完全以市场为主导，政府必须明确职责并给予必要的配合和支持，发挥企业、职业院校作用，是加强外来务工人员培训工作亟待解决的问题。

第一，根据外来工就业特点，针对外来工的就业指导应该在政府部门的统一组织下开展。对于初入城市的外来工，要以企业为培训载体，结合外来工岗位特点开展相应的技能和安全操作培训，保证其尽快适应企业文化、岗位特点。对于即将返乡就业创业的外来工，输入地政府要制定各种有利于外来务工人员教育培训的政策和制度，在资金上予以大力支持，根据外来工的技能所长，依托职业院校和劳动就业部门集中组织外来工开展职业理论学习和就业择业指导。此外，人力资源和社会保障部门经常与各用人单位积极沟通交流，掌握外来工生活和工作需求，聘请专门人员对其进行劳动就业法律保障的培训，引导他们树立现代公民意识、权利平等意识，提高其法律维权意识和发言权。

第二，丰富就业信息。外来工获取就业信息的渠道主要是打工亲友，虽然城市公共就业服务机构定期免费向外来工提供就业信息，但其没有过多考虑外来工自身文化技能水平较低的实际，提供的岗位类型、服务模式往往不适合外来工的需要。再加上一些非法职业中介机构利用外来工求职心切的心里，发布一些虚假就业信息骗取外来工钱财，这种状况导致其对就业信息服务机构的信任度降低，使就业渠道更加狭窄。为此，政府不仅要严厉整治黑心就业中介，规范就业市场秩序，还要鼓励公共服务中介走出办公室，倾听外来工就业需求心声，利用公共传媒力量，通过报刊、广播、电视和互联网传递招工信息，保证就业信息的畅通，提供合适的就业岗位。此外，还要搭建就业信息平台，在全省建立并完善劳动保障网络和人才服务网，加强各市间劳务信息的交流协作，适时举办多场外来工专场招聘会，或通过网络发布待聘岗位，进行求职应聘，提供高效、方便、快

捷的就业服务,构建社会化就业信息网络。

第三,扩大培训的载体。政府要引导各类社会组织、社区组织向外来工提供各种就业服务,同时充分利用地方广播电视、远程教育等现代传媒手段,依托民办高校、职业学校、各类企业向外来工传授就业基本知识,深入开展对外来工的职业技能培训和就业创业指导。最后,创新教学培训模式。外来务工人员因为自身技能特长和文化水平的差异,对培训内容的需求也各有不同。这就要求培训院校成立专门的课题小组深入企业一线和外来工聚居地,观察他们的技术水平,了解他们的学习期望,从而制订教学计划,采取理论与实操相结合、讲座与案例分析相结合的教学模式,有针对性地实施教学,真正使外来务工人员掌握一技之长。

3. 妥善解决外来工子女教育问题

外来务工人员子女分为留守子女和流动子女两类。对于他们而言,"在流入地上学,学位有限且与户口挂钩,没有户口的人入学要缴纳与学校级别相应的借读费,这无疑就加重了原本收入并不高的家庭的经济压力,迫于此,他们往往会让子女在户口所在地读书,而这又造成了父母与孩子两地分居的局面,双亲教育的缺失对子女的发展产生了非常大的负面影响"[①]。对于随父母来到大城市的流动子女,父母往往因为忙于生计而将子女送入学校寄宿。面对全新的生活环境,他们一时难以适应城市的生活方式、学习方法,同时缺乏与同学、老师之间的思想交流,极易引发孤独、忧郁、自卑等心理问题,成为他们身心发展的无形障碍。外来工作为服务于城市的劳动者和建设者,他们向所居住的城市政府缴纳了税收,为居住城市的繁荣做出了自己的贡献,他们完全有理由享受与所在城市市民同等的待遇,要求流入地政府为他们的子女提供平等的教育机会。要解决上述问题,政府应切实采取措施解决外来工子女"上学难"的问题。首先,加快户籍制度改革,尽快转变城乡二元结构。要坚持以流入地政府管理为主,以全日制公办学校为主的方法破除就学不平等的限制。"探索灵活的流动人口管理体制,建立城乡一体的户籍制度,即建立自由迁徙、自主定居、籍随人走的户籍制度。还要改革依附在户籍制度之上的义务教育

---

① 叶华靓:《和谐社会背景下农民工子女义务教育问题及对策分析》,《青岛农业大学学报(社会科学版)》2011年第3期。

入学政策，改'依户籍地就近入学'为'依居住地入学'"，① 这样无论外来务工人员迁居到哪里，其子女都能得到公平的教育机会。其次，政府要加大财政扶持力度，增加公办学校学位，鼓励地方和学校开展课程改革。由于地域办学差异，外来工子女教育基础参差不齐，如果按照所在城市的标准要求他们，师生都会有力不从心的苦恼。所以要根据学生特点进行课程改革，以学生易于接受的方式进行教学，帮助每位学生进步。对于民办中小学校，政府要明确办学师资、安全、卫生等方面的审批标准，在教学设备、师资培训、教学环境等方面要给予支持、引导和监督，并根据情况给予一定的经费补助和帮扶支援，促进民办学校不断提高办学水平和教学质量，分担政府办学压力。最后，创设心理健康教育咨询体系。为了避免外来工子女来到城市产生的心理自卑感以及逐渐消除他们与城市孩子的陌生和隔阂，每所中小学校尽可能配备一到两名心理辅导教师，定期开展专题讲座，利用课余时间找学生谈心聊天，帮助他们发现自身优点，树立自信心，及时排解外来工子女在异地生活所产生的心理落差和烦恼，使他们真正融入城市，快乐成长。

4. 重点解决外来务工人员居住问题

目前，广东省为了使城镇居民住房有所保障，建立了包括住房公积金制度、经济适用房制度和廉租房制度在内的一系列措施。外来务工人员建造了城市的座座高楼，但面对种种住房福利，受限于户籍障碍以及高昂的市区房价和房屋租金，他们依然居住在城市边缘的出租屋、城中村、用工单位集体宿舍，还有相当一部分人住在拥挤不堪、采光和通风条件都很差的简易工棚里。恶劣的居住条件不仅将他们的交往范围限定为老乡、亲戚、工友，这就极易引起外来工与当地人的居住隔离现象，不利于其融入城市社会，逐渐会变成一个缺乏归属感的特殊社会群体，而且出租屋因其分散性、隐蔽性、低租金等特点极易滋生生产假冒伪劣产品、偷盗、抢劫等违法活动，严重威胁着这一群体的身体健康和安全状况。要使外来务工人员真正地融入城市，具有城市归属感，必须使其居有定所，而以目前的房价让外来工在城市购房几乎是不可能的。因此，必须以政府为主导，动员社会各方力量，共同建立基于外来工住房保障的社会制度，促进外来工

---

① 叶华靓：《和谐社会背景下农民工子女义务教育问题及对策分析》，《青岛农业大学学报（社会科学版）》2011 年第 3 期。

全面参与和分享到现代社会保障体系建设的成果。首先，要将外来务工人员对住房的需求纳入城市规划建设。面对外来工这一庞大的社会群体，政府在城市建设规划中，要充分考虑其住房条件差、租金贵、住地边缘化、安全无保障、管理困难大的实际，多方筹集资金兴建外来工居住点，并在居住面积、卫生条件、配套设施方面达到一定标准，将在城市长期生活、具有稳定工作，特别是对城市建设做出突出贡献的外来工纳入租住范围。其次，鼓励有条件的大型企业在符合城市规划的前提下，利用闲置厂房建设或改造成标准的外来工集体宿舍，提供必要的生活设施。鼓励社会资本注入外来工集体宿舍的建筑，并使政府对外来务工人员集体宿舍建设依照有关规定给予经济房建设的政策待遇，逐步形成多元化的投资机制，缓解外来务工人员住房难问题。最后，加强以出租屋为重点的"城中村"管理。城中村相对于很多外来务工人员来说是很好的栖息地，那里有便捷的交通设施，较低廉的租金，齐全的生活设施，但是"鱼龙混杂"的城中村也是安全事故高发地带。为此，政府要在城中村的管理和服务上多下功夫，适度增加财政投入，建立外来务工人员出租管理服务的长效机制，从单一的部门管理向社会综合监督协调服务管理转变，加强治安维护，保障外来工人身和财产安全，营造关爱外来工的良好氛围。

5. 加强外来工的思想道德素质和法律意识

城市外来务工人员整体文化素养不高，六七十年代的外来工基本上以小学和初中为主，新生代外来工大多具有高中以上文化水平，他们认为来到城市的目的就是干活挣钱，对自我学习、自我思想道德意识的提高愿望不强、积极性不够，并且对于一些企业组织来说，过度强调经济效益，使他们忽略了对外来工思想道德方面的培训。为了解决外来工群体思想道德教育处于组织落实难、学习积极性不高的现状，应从以下几方面着手：首先，政府与企业要重视外来工的思想道德教育。要引导初入城市的外来工群体逐渐形成与现代社会相适应的思维方式和思想观念，经常开展思想道德教育讲座，向外来工朋友传递真实发生在生活中的动人事例，用先进的道德理念武装广大外来工的头脑，丰富其精神世界，增强精神力量，促使社会主义核心价值体系能够深入人心，使其在思想道德水准更上一层楼。其次，不断创新外来工思想道德教育方法。单一的思想道德教育内容往往较为枯燥，且实用性不强，成效不明显。为了使教育工作落到实处，必须丰富教育内容，创新教育手段。要改变传统的只重说教的教育方式，坚持思想政治教育工作同解决外来工的实际问题相结合，注重其精神世界的需求和发展变化。例如可以利用网络这一新型载体，创建外来工"网上学习会所"，经常上传一些积极正面的视频和学习资料，促进职工之间的学习交流。此外，要在外来工群体中广泛开展文明之星、创业之星、服务之星等评比活动，通过树立外来务工人员在城市创业和工作中的典型来激励他们积极投身第二故乡、建设美好城市的热情，进一步培养外来工的主人翁意识，提升归属感。最后，针对外来工法律意识的普及，可通过在外来工活动比较密集的工作区、生活区张贴与其自身密切相关的法律常识、组织相关法律讲座的方式来实现，让他们知晓当自身合法权益受到侵犯时应该选择法律援助。此外，还要将法律援助机构成功办理的外来工案例宣传出去，树立外来工相信和依靠法律援助的信心，使他们不再"哑巴吃黄连"。

（三）建立以社区为单位的服务机构，加快外来工自治组织的建立

社区是外来务工人员主要聚居地，承担着越来越多的针对外来务工人员的社会管理功能，是搞好外来务工人员服务与管理工作的重要机构。外来务工人员从家乡来到陌生的城市，都会置身于某个社区的管辖之内，其生活和社会交往大部分也在社区当中进行，因此，对在粤外来工提供服务和援助只凭政府一己之力是远远不够的，更需要社区民众的积极参与和配合。

1. 建立社区交流平台，保障外来工利益诉求渠道的畅通

社区作为政府引导下创立的，为了加强与外来工沟通交流的中介组织，一方面，政府要以服务而非管治为理念，把管理寓于服务中，改变以往政府自上而下的统治式的行政管理局面，要还权、放权于社区；另一方面，社区自主权利加大的同时，要真正将外来工在社会保障、劳资纠纷等易触动社会和谐的呼声真实地上达至政府，使外来务工人员的正当要求有一个正常的反映渠道，同时对伤害外来工合法权益的现象，要及时进行协调处理，必要时提供法律援助，保障外来工的合法利益。

2. 推进社区对外来工安全性的服务与保障

外来务工人员主要居住在城市社区中的出租屋中，那里人员庞杂并混乱，是治安隐患较为严重的地区。目前广东省外来务工人员相对集中的县市大都建立了针对出租屋管理的规定，以广州为例，先后出台了《广州

市出租屋管理办法》、《广州市出租屋整治专项工作方案》等管理规范，但是随着广东省流动人口数量越来越大，这种单纯依靠政府对社会治安"包打天下"的模式，只能是杯水车薪。鉴于社区是出租屋和外来务工人员相对集中的区域，在依靠政府行政力量的同时，更要充分发挥社区的作用。社区管理人员要加强对外来工的信息采集工作，建立有效的矛盾纠纷排查机制，及时掌握各种不稳定因素，对可能发生的各种群体性事件，要做到提前预知，重点管理，及时反映。此外，还可以在社区中培育志愿者服务队伍和社区工作的新组织，经常深入社区居民中开展法制宣传教育和咨询服务活动，拓宽外来工参与渠道，营造良好的治安秩序，切实保护包括外来工在内的广大人民群众的人身财产安全，保障社会安定有序。

3. 加强社区精神文化生活，增加外来工城市融入感

文化是促进外来务工人员融入当地的融合剂，而社区是开展精神文化活动的有形载体。目前，正在崛起的新一代外来务工青年正逐渐成为城市建设的主力，他们来到陌生的城市工作和生活，交际范围狭窄，主要集中于以地缘关系为纽带的老乡群体，他们的业余文化生活也主要是看电视、上网和棋牌，缺乏更广泛的朋友交际圈和丰富多样的文化活动，以致时常出现孤独、空虚、缺少精神寄托的感觉。鉴于这种情况，首先要对社区中本地城市居民在文明、开放、兼容等新观念方面开展宣传教育，使之以平等的心态正确对待和尊重外来人口，创造平等融洽和谐的社区氛围。其次，在政府一定财力支持下的社区要多建设适合外来工活动的文化场地，多组织开展参与面广、接受度高的群体文化活动，激发他们的兴趣和参与热情，吸引更多外来工参与。此外，各街道、社区的文化中心、图书阅览室要尽可能做到定期免费开放，以满足外来工中技工型专业人才对科技知识的需求。总之，要在外来工集中的社区经常开展多样的文化娱乐活动，以改变他们文化交往的封闭性，促使其真正融入城市社区生活，提升城市归属感。

4. 以社区为平台，建立社区学院，对外来工进行素质和技能培训

文化程度和职业技能是影响外来务工人员提高收入、城市融入的重要因素，外来工在城市生活的时间越久，越能通过与周边人群的对比，感知自身能力的落差，所以对知识的需求程度越高。目前，外来务工人员可以通过自考、夜校等教育机构提升自身能力，但是这些教育机构不仅收费昂贵而且教学内容陈旧，重理论教育而轻技能培训，与市场需求脱节，不能

准确把握劳动力市场信息,学习效果非常有限。以社区为平台建立的社区学院可以针对外来务工人员的特点和实际情况组织教学,开设多种技能课堂,使他们根据自己的情况选择合适的学习内容和教学方式,以便更好地适应职业和就业市场发展的需求。此外,社区学院还可以和附近的高校青年志愿者协会建立合作关系,使高校大学生定期到社区为外来工的子女提供课业辅导,减轻外来工的子女教育压力。

5. 加快以社区为载体的外来工自治组织的建立

外来务工人员大多来自农村,他们在农村中可以依靠村组、镇维权,但是来到城市,他们能依靠谁?加快建立以社区为载体的、政府相关机构引导下的"自助型"外来工自治组织,正好可以填补这个管理的空白。该组织以社区为单位收集外来工的基本信息,针对外来工流动性大的特点,可以建立电子档案存储系统且通过网络加强各地自治组织之间的管理,协调外来工与企业及政府之间的矛盾,维护外来工的合法权益,争取为其在城市生活创造最有利的条件,这样既能使外来工在心理上对所在城市有归属感,又可以加强城市的治安管理。

(四) 关爱外来员工,共建和谐企业

随着外来务工人员特别是新生代外来工利益诉求的多元化,工资低、管理严、压力大、劳动条件差、精神诉求无法满足、自我价值无法实现等因素都直接影响外来工的城市归属感和幸福指数,他们一般承担着城市建设中最累、最苦、最危险的工作,但是与城市产业工人相比,却享受不到应有的政治、经济及社会福利待遇,社会地位相对较低。比如,作为全球电子产业的"龙头老大",连续7年雄踞大陆出口200强榜首的深圳富士康集团,员工的工资水平一直处于当地最低工资的边缘,有媒体报道说富士康员工"干得比驴累,吃得比猪差,起得比鸡早,下班比小姐晚,装得比孙子乖,看上去比谁都好,五年后比谁都老"[①],2010年深圳市人力资源社会保障局对5044名富士康员工的抽查显示,72.5%的员工超时加班,人均月超时加班28.01小时[②],如此恶劣的工作环境,酿成2010年

---

① 黄裕安:《新生代农民工的社会反应方式与改革对策——以富士康N连跳为例》,《中国青年研究》2011年第1期。
② 天海川:《剖解富士康为"中国制造"赋予人的尊严》,《北京青年报》2010年6月7日。

11连跳的恶果。再比如，位于南海的本田公司，日本员工的月工资高达5万元，而中国工人月薪仅1000元，中日员工工资相差竟达到50倍。不平等的待遇导致2010年5月本田近百名员工罢工，要求提高薪酬，变革公司管理制度。由此可见，企业作为与外来务工人员联系最为密切的一环，应该从生活条件、用工环境、健全的权益保障机制各个方面关爱外来工。

广东省作为全国经济大省，有着众多的优秀企业，为了鼓励这些企业对全省经济发展所做的贡献，每年都会评选一批优秀企业和企业家代表作为社会学习的模范。分析这些企业的共性，可以得出他们都是有社会责任感、关爱职工的典型。广东省应对这些优秀企业在全社会予以大规模表扬，作为其他企业学习的典范。具体来说，可以从以下方面对企业的社会责任感进行规范。

1. 建立以政府为主导的企业社会责任监督机制

政府要加快完善针对企业社会责任感的立法进程，细化责任感的评判标准。对于拖欠外来工工资，严重超时劳动等违法行为加大处罚力度，并向全社会进行通报批评；对于良好贯彻社会责任的企业予以奖励表扬。此外，企业中的党、团组织及工会要对外来工进行基本权益保护、法律知识等方面的培训，提高他们遵守法律法规和依法维护自身利益意识的同时，也要加强对企业违规行为的监督。

2. 规范用工制度，保障福利待遇

各企业及所有用工单位不仅要与外来工签订劳动合同，将外来工纳入企业正式员工行列，还要严格执行劳动合同制度，按时足额发放员工工资，给予外来工"同工同酬"、"带薪休假"等公平待遇。在社会保险方面，要积极实施全员参保政策，企业要及时为外来工缴纳相应的各类社会保险金，从而为外来工提供良好的社会福利保障。此外，因为很多企业片面追求经济利润，忽视工人的劳动安全，既没有对工人施工环境进行安全保护，也没有对其进行岗前安全知识培训，造成工伤事故屡屡发生的惨案。鉴于这种情况，企业要严格执行国家职业安全和劳动保护规程及标准，按规定配备安全生产和职业病防护设施，发放符合要求的劳动防护用品。对于用工妇女，要保证其享有在工种、劳动时间、劳动强度等方面的特殊保护。

3. 强化培训，提高整体素质

首先，企业要把外来工纳入职工教育培训计划，使其享受和其他在岗职工同等的培训待遇，并根据企业发展和用工情况，重点加强岗前培训。例如为了更好地保证安全生产，要对员工进行安全生产、企业规章制度教育的岗前培训，以此保护外来工的安全健康和基本权益，提高他们的安全生产知识，减少焦虑感，消除不安情绪。此外，还要对外来工在生产技术、专业知识方面进行教育培训，增强自身技能和工作效率。其次，关注思想道德文化发展。坚持用先进文化理念引导教育他们，使他们与普通员工一样参加各种政治学习和报告会，关注每一位外来工的持续发展和学习，帮助他们明确自己的个人发展目标及其不足，对于外来务工人员中的优秀分子，要给予表彰和奖励，对于他们中的先进典型，更要大力宣传，树立典范。最后，营造良好的学习氛围。企业要为外来工创设一个良好的学习环境，可以通过建立企业小型图书馆、资料室的方式拓宽员工获取知识的渠道，组织他们通过学习小组、读书会等方式进行交流学习，积极引导外来务工人员参加国家技能等级评定，通过电大、自考等形式提升学历教育层次，拓展知识视野。

4. 强化工会在外来务工人员维权中的作用

外来务工人员背井离乡来到陌生的城市工作和生活，肯定会有心理和生活上的不适应，面对企业的侵权行为，"势单力薄"的心态往往使外来工选择以沉默的方式来强忍接受，积聚的怨气最终可能会演变成群体性事件。针对湘、粤两地农民工的专项调查表明，只有21.5%的农民工所在单位成立了党、团组织；农民工所在单位或社区成立工会的比例只有16.2%，专门代表农民工权益的独立组织几乎没有；75.6%的农民工没有参加任何打工地组织，参加过所在单位民主管理活动的农民工也仅占12.9%。[①] 由此可见，专门针对外来工建立的组织部门是寥寥无几，导致他们在维权的道路上艰难前行。所以，必须建立完善的、专门服务于外来务工人员的组织机构以解决他们的权益问题。我国《工会法》明确规定工会是工人阶级的群众组织，是代表职工利益的组织，以维护职工的合法权益为基本职责。在2001年我国新修订的《工会法》出台时，就把进城务工人员界定为"以工资收入为主要生活来源"的"流动工人"，承认其拥有参加工会组织的权利。2003年中华全国总工会明确表示，所有离开

---

① 邓秀华：《"新生代"农民工的政治参与问题研究》，《华南师范大学学报（社会科学版）》2010年第1期。

家乡进城务工、以工资收入为主要生活来源的农民工都可以加入工会组织，成为工会会员。因此，各级工会组织应该责无旁贷地承担起维护外来务工人员合法权益的重任。完善的工会组织的建立，会搭建多种形式的谈判、沟通、协商平台，以劳动合同、劳动工资、劳动条件和职业安全为重点，督促用人单位切实履行法律规定的义务，充分保证外来工的利益诉求得到良好的反映与解决，把矛盾化解在萌芽状态。此外，还要建立健全党政主导、工会运作、相关部门协作的社会化维权工作体制，赋予工会更多的资源和手段维护外来工的合法权益。由此可见，健全的企业职代会制度，有助于完善职工民主管理机制，依法保障外来务工人员行使对本单位民主管理和民主监督的权利，充当企业与员工之间沟通的桥梁，使外来工追求自身利益的行为合法化、有序化、组织化。

（五）借助社会力量助推外来工管理迈向新层面

1. 借助媒体深化对外来工群体的报道

对于当代媒体传播手段在推动外来工融入城市，增强社会幸福感方面的重要性，已经有不少研究者对此给予了充分的肯定。他们认为在外来工市民化的转型过程中，"价值观的转变是社会变革最重要的前提条件。因为要想使传统国家成为一个现代化国家，不仅要有现代化的经济结构，还必须要有现代化的价值观念与态度，必须完成一种文化转型，而在这方面，媒介具有巨大的力量"①。或者通过现代发达的传媒手段，一方面可以使社会大众真切了解外来工为城市建设付出的努力，呼吁社会给予他们更多的关爱，减少城市居民和外来工之间的摩擦，增加相互理解，实现和睦共处；另一方面还可以使工作和生活都相对闭塞的外来务工人员更方便快捷地获取诸多政治、经济、文化娱乐等方面的信息，成为他们接触外界的重要窗口，丰富生活较为单调的外来工的业余时间，使其在劳累的一天后获得短暂的愉悦。鉴于媒介在推动外来工群体社会改革方面的重要性，在社会转型时期更应该使这一作用发挥得更完善，覆盖面更广泛。首先，关注外来工中的弱势群体，帮助其"伸张正义"。在现代社会中媒体掌握着很强的话语权，外来工城市化过程中遇到的困难，往往可以借助媒体的

---

① 蔡新会、蔡会明：《农民工乡村社会资本的特点及其进城社会资本的缺失补救》，《农村经济》2008年第6期。

力量，在社会上形成强大的舆论风波，引起社会和政府的关注。比如富士康N连跳事件后，媒体对此进行了深度的报道，在社会上引起了极大的反响，迫于舆论压力，富士康集团由最初的推卸责任到最终通过媒体向社会大众道歉，承诺整改企业，提升员工的薪金待遇和丰富业余文化生活。可以说，这个事件最终的成功在很大程度上就是媒体助推的结果。所以，从某种意义上说，媒体正逐渐成为帮助外来工尤其是其中弱势群体"伸张正义"的重要力量。其次，利用媒体积极宣扬外来工中的正面形象，激励广大外来工以此为学习榜样，努力奋斗。随着经济和社会转型的不断深入，物质生活的逐渐丰富使外来工群体的需求由生存型逐渐向发展型转变，他们向往成为所居城市的一分子。但外来工在社会保障、子女教育、文化设施等方面获得的不平等待遇，使他们心灰意冷，逐渐沉落在五光十色的城市中。广大媒体记者要深入这一群体，倾听他们打工生活的酸甜苦辣，积极挖掘外来工当中勤劳质朴、精于技术、积极向上的典型代表并浓墨重彩地报道，政府对这一类典型要大肆表扬并予以奖励，使其他的外来工认识到只要肯踏实勤奋地努力工作，不断利用业余时间学习充电，自己也有可能提升生活境遇，有获得社会表彰的一天。最后，全方位深入报道外来工群体。媒体对外来工的报道不能太单一，关注外来工的焦点不能总是集中于拖欠工资、子女教育、医疗保障等领域，应该全方位地关注外来工的整体生存状态。不仅报道从事繁重体力的外来工，而且要报道各行各业不同阶层的外来工，用众多的点来铺展一个面；离开土地来到城镇的外来工生活状况需要关心，留守在土地上的外来工家庭遭遇也不能漠视，将个人与家庭、城镇与农村连成一条线；既要报道正在城镇求生存的外来工，还应追踪报道曾经做过外来工的人们如今的生活，通过一个人前后的生活对比来发现新闻；既可把镜头对着来到城镇的外来工，同样可以将焦点转向外来工进城后给城镇人口带来的影响，在彼此关联中增加新闻的厚重；眼光可以盯着外来工的足迹。视角也可以投向管理外来工的政府和组织，在前台和幕后的关系中凝练报道的主旨。①

2. 开辟社会工作帮扶新渠道

社会工作作为一种既不同于一般的民间组织，也不同于政府部门机构的专门职业，旨在借助专业的工作方法，协调社会关系、促进社会融洽。

---

① 胥宇虹、蓝东兴：《农民工报道的媒体视域反思》，《新闻界》2011年第5期。

当前，外来工作为一种弱势群体，面临着诸如社会保障覆盖面窄、就业困难、政治权利不健全等问题，政府虽然可以通过发布一系列政策进行调控，但在政策的执行力度上总是不尽如人意。对此，可以借助社会工作的有效方法弥补政府功能的缺失。首先，完善社工队伍建设，政府权力下放。相对于成千上万的城市人口来说，广东省各个城市的社工人数少之又少，为此，广东省计划"5年后，也就是'十二五'末，广东要实现每万人有5个以上社会组织，参与社会工作的人数包括专业社工、志愿者、义工等要达到常住人口的10%以上。届时，按照广东的人口基数，这一数字就要达到上千万人"①。此外，要完善社工队伍建设，还需要大力引进、吸收借鉴西方成熟的社会工作模式和理念方法，加强专业社工队伍培训，提高社工人员的职业素质和专业水平，使其成为政府部门友好合作伙伴。同时，鉴于目前我国社会工作处于"半行政化"的状态，政府还要将某些权力下放让渡给社会组织进行管理并给予专项资金大力支持，这样不仅可以使政府的工作重心放到促进本地经济发展、维护公共基础设施、保障社会经济秩序等方面，还可以使社会工作者更好地深入外来工群体中，切实解决外来工的困难。其次，要探索社企合作的工作模式。企业社会工作是社会工作的一个重要领域与方向。外来工来到陌生的城市，陌生的工作环境，心理情绪肯定会难以适应，企业社会工作可以起到较好的调剂作用。社会工作者整合企业内各种资源，通过各种形式的心理辅导平缓他们的情绪，培养新员工对企业的归属感，为外来工和企业之间架起一座沟通的"桥梁"，减少企业矛盾的爆发，促进正常经济生产，在实践中通过具体的操作促进劳资关系和谐。最后，促进外来工群体加入社会工作者当中。广东的大部分社会工作者都是由高校学生构成的，他们专业理论性比较强，但是缺少实践经验，并且对外来工群体缺乏切实的认识。而外来工自身对底层生活有着丰富的切身体验，如果将外来工群体融入社会工作者当中则恰好可以弥补这一"短板"。社会组织在对外来工群体提供帮助服务的同时，从中挖掘和培养一批认同社会工作理念、愿意投身社工志愿服务队伍的外来工，使其与高校学生互动和分享，形成优势互补，共同携手促进为外来工群体提供优质贴心服务。

---

① 徐林：《5年后粤将有千万志愿者》，《南方日报》2011年7月15日。

(六) 给予新生代外来务工人员特殊的关爱

新生代外来工是相对于第一代外来工而言的,主要指"80后"、"90后"从原籍来到城市打工的年轻群体,他们在老一代外来工的引领下来到城市打工,他们依旧处于城市社会的底层,依旧从事着城市人大多不愿从事的繁重工作,但是他们也保留着属于自己年龄阶段的骄傲和"新"特点:

文化层次较高,维权意识增强。新生代外来工的文化程度以高中以上为主,大多受过良好教育。国家统计局的数据显示,"2009年,在新生代外出农民工中接受过高中及以上教育的比例,30岁以下各年龄组均在26%以上;年龄在21—25岁之间的达到31.1%,高出农民工总体平均水平7.6个百分点"[1]。其中,许多人还接受过职业教育,有的甚至通过自考成考的方式提升自身文化素养。文化层次的提高一方面令他们在选择职业时期望值高移,他们将目光由脏累的建筑工地转向服务业、电子业等第三产业,想通过看起来较为体面的工作提升自己形象和社会地位。另一方面也使他们的维权意识不断增强,更懂得利用法律维护自己的合法权益。广东东莞的一份调查显示,"99.39%的人感觉在城市打工遭受了歧视,73.62%的人认为政府应该保护他们的基本权益不受损害,41.72%的人有加入工会的愿望,100%的女性都知道妇联可以起到保护妇女儿童权益的作用"[2]。由此可见,新生代外来工的平等意识和维权意识变得更加理性和主动。

独立性强,耐挫力偏低。新生代外来工作为社会转型时期涌现的一个全新社会群体,他们年轻、张扬、自我意识强烈,独立性强,有着合乎自身发展的个人追求及工作生活方式。但是他们大多数又是家中的独生子女,从小在宠爱中长大,缺乏第一代外来工那种艰苦的生活经历,因此新生代外来工相对缺乏吃苦耐劳的精神,耐挫力偏低,心理承受能力普遍较弱,一旦来到城市,远离了父母的宠爱,高节奏、高强度、枯燥乏味的工作生活现状深深地刺激着他们的心灵,遭遇重大挫折时,一些绝望、无助的消极心理因素打击着这些缺乏社会经历的年轻人,导致遇到重大挫折就

---

[1] 洪娟:《新生代农民工培训的困境及路径选择》,《河北青年管理干部学院学报》2011年第5期。

[2] 王玉宝:《新生代农民工教育培训的困境及对策》,《中国成人教育》2010年第20期。

一蹶不振甚至出现更为严重的偏激行为。

不愿回原籍、融不进城市的尴尬。与第一代外来工不同，新生代外来工更愿意留在城市中生活，成为市民，他们认为只有来到城市才有出路，不管生活怎么样，在城里总比回家强，所以他们对城市的认同远远超过对输出地的归属。并且，光鲜亮丽的城市生活，逐渐消解着他们对家乡存有的情感认同和社会记忆，物欲横流的物质社会极大地刺激了他们的留城意愿。此外，因为新生代外来工学习能力较强，思维活跃，他们能够借助网络信息技术和市民任意交流，从穿着打扮和言行举止来看，他们已与城市青年差别不大，在闲暇时间还会经常结伴看电影、唱歌，所以，无论是生活方式还是内心深处，他们已经趋向于城市生活习惯，认定自己是所在城市的一分子。但是，现实往往是残酷的，不公平、受歧视的工作待遇，低收入、高消费的经济现实，高强度、低保障的生活现状，使他们根本无法真正地融入城市，处于城市的"夹心层"阶层。

只可恋爱、不敢结婚的矛盾心态。新生代外来工作为"80后"、"90后"的年轻人，正处于恋爱、结婚的黄金时期，他们渴求恋爱，希望生活中另一半的出现来弥补工作之余的空虚生活。但是，一方面，工作地域以及交往范围的局限使他们与异性接触的机会较少，同时自卑心理也使他们不敢勇于追求自己喜欢的城市女孩；另一方面，一旦走到"谈婚论嫁"的地步，他们又表现得迟疑不决。这是因为，低廉的劳动报酬扣除高额的城市生活成本便所剩无几，在他们看来，无法拥有自己的稳定住所而总是处于飘忽不定的生活状态，和恋爱对象去电影院看场电影都需要精打细算、省吃俭用的情况下，以后怎样在高消费的城市中抚育子女？因此，残酷的现实总是令他们心生畏惧，不敢走向婚姻。

新生代外来工呈现的这些群体性特征显示，他们比老一代外来工在城市融入方面有着更加有力和强烈的愿望，但也有更多的心酸和无奈。为此，政府和社会应该给予新生代外来务工人员更多的关爱。

第一，深化户籍制度改革，建立城乡统一的户籍制度，解决其难以融入城市的尴尬。户籍是新生代外来工与城市居民的分水岭，对于一心想扎根城市，在城市中有个稳定居所的新生代外来务工人员来说，现行户籍制度是他们融入城市的最大阻碍。2010年6月广东省政府率先出台了外来工积分制入户城镇工作的指导意见。通过积分制不仅规范着外来工的城市行为，也使相当一部分外来工取得了当地城市户口，真正融入了市民当中。虽然户籍制度有所松动和放开，但其身份管理的职能一直未有大的突破，据此衍生的一系列针对外来工的社会屏蔽制度，如社保、子女教育、住房保障等均使新生代外来工在城市中受到了诸多不平等待遇，给心理上造成了极大的压力。为此，必须打破二元制的户籍制度，加快落实放宽中小城市落户政策，建立分类、分层的新生代外来工基本社会保障制度，逐步减轻新生代外来工城市居住的心理压力。

第二，为新生代外来工提供更优质的就业培训服务。面对产业结构调整的复杂局面，政府、企业和社会必须为新生代外来工提供更优质的公共就业服务和技能培训，尽快提升其就业能力，拓展就业空间。尽管新生代外来工已经具有一定的文化知识基础，但与城市快速发展的经济水平对劳动力技能需求来看，面对城市居民、职校生、大学生的激烈竞争，他们现有的知识水平无异于"杯水车薪"，不能提升就业和升职空间。为此，广东省为了提升新生代外来工再教育水平，开通了以网络远程教育为主的高等学历教育，"在有关部门和社会的资助下，外来工只需支付1000元，就可接受2—3年的本科或大专层次继续教育，实现'一天一块钱'、轻松读大学的梦想"[①]。此举自实行以来已经有万名外来工通过网络学习使自身技能和文化素质得到了提升。政府在给予新生代外来工优惠政策的同时，企业作为新生代外来工的主阵地，更应勇于承担主体责任，对流入本单位的新生代外来工不仅进行岗前培训，而且注重职后"充电"，在节假日开展各类业余兴趣班，比如计算机应用辅导班、礼仪沟通技巧班等，在丰富他们日常生活的同时保证培训的长期有效性。此外，还可以借助社会力量，鼓励非政府组织机构提供培训援助，招募有责任心的相关技能培训师定期到新生代外来工群体中开展讲座和实操培训。这不仅有利于将新生代外来工培养成高素质的现代化产业工人，使其有更多的就业选择，而且有利于提升新生代外来工的城市归属感，更好地融入城市。

第三，关注新生代外来工的婚恋问题，帮助异乡的他们收获甜蜜的爱情。受限于低额的工资水平以及在城市中越来越功利化的爱情观，新生代外来工在城市很难收获爱情，由此导致的情感孤独不仅成为困扰他们的心理问题，甚至在一些企业中引发"一夫多妻"的同居、混居的不道德现象，在社会上产生了极其恶劣的影响。为了帮助身处异乡的他们收获幸福

---

① 《广东近万名农民工圆梦大学》，《中国青年报》2011年12月13日。

的爱情，政府、企业和社区可从以下几方面提供帮助。首先，政府应把新生代外来工文化生活纳入公共服务体系范围之内，积极与各企业联手展开合作，举办形式多样的文体活动，扩大他们的城市社交网络和交际范围，并适时举办多种形式的情侣文化活动，如爱情宣言、爱情故事有奖征集、文化电影、情侣游戏互动等等，增强他们之间的情感交流。此外，在向外来工群体宣扬积极正面的婚恋态度时，政府还要加快户籍制度的改革步伐，建立和完善针对这一群体的社会保障制度，从制度层面为新生代外来工的婚姻提供保证。其次，企业要严格实行 8 小时工作制，让外来工有空余时间，提高他们的待遇水平，使其有一定的经济能力和异性交往。此外，企业之间也可以共同开展文化活动，多为新生代外来工做"红娘"。

总之，在社会转型的契机下，作为经济强省以及外来务工人员大省的广东在针对外来工服务管理上存在的突出问题和服务需求，要敢于创新探索管理模式，切实进行整改，为其他省份做出表率并探索出可供全国借鉴的治理模式，政府要调动社会各方力量，继续为外来务工人员争取更多的优惠政策，使这些"编外人"、"过客"真正享受到和城里人一样公平公正的待遇，使他们在城市工作更加安心，生活更加舒心，由内而外地感受到幸福，并以城市主人的姿态与原有居民一起，共同为城市的经济进步和发展以及幸福广东建设而努力！

加强城乡社区治理，夯实社会建设基础

林 勇[*]

一 加强和创新社会管理是时代的要求

改革开放30多年来，广东省作为经济体制改革中的排头兵，得益于经济体制中的大胆改革与探索，在经济领域取得了卓有建树的成绩，与此同时，在社会管理方面也积极进行着创新与实践，不断就加强和改进社会管理制定方针政策、做出工作部署，有力地推进了社会管理的创新。但是，与经济建设和经济体制改革相比，广东省在社会管理与社会建设中仍然相对滞后，与我省高速发展的经济形势不相适应。我们正处于经济社会发展的战略机遇期和矛盾凸显期，加强和创新基层社会管理和服务，对实现党和国家长治久安具有重大战略意义。

（一）加强和创新社会管理是经济发展进程的必然要求

胡锦涛（2011）指出，加强和创新社会管理，是继续抓住和用好我国发展重要战略机遇期的必然要求，对实现全面建设小康社会宏伟目标、实现党和国家长治久安具有重大战略意义。

重要战略机遇期是中共中央对当前国际国内形势做出的科学判断，是我国经济发展进程中的必经阶段。20世纪80年代中后期，改革开放总设计师邓小平同志提出现代化"三步走"的发展战略，提出我国经济建设的战略大体分三步走：第一步，实现国民生产总值比1980年翻一番，解决人民的温饱问题；第二步，到20世纪末，国民生产总值再增长一倍，

---

[*] 作者简介：林勇，男，华南师范大学经济与管理学院、教授，民建广东省委会副主委，民建华南师范大学支部主委，广东省政协常委。

人民生活达到小康水平；第三步，到 21 世纪中叶，人均国民生产总值达到中等发达国家水平，人民生活比较富裕，基本实现现代化。我们按照邓小平设计的现代化"三步走"战略，到 2000 年，基本上解决了温饱问题，顺利实现了现代化"三步走"发展战略的第二步目标，进入了小康社会。但是，我们目前的小康社会还未达到总体小康社会的水平，存在着收入差距、地区差距、城乡差距、经济与社会发展不平衡等问题。

当前，从国际局面而言，虽然影响和平与发展的不稳定、不确定因素增多，国际形势错综复杂，但世界多极化格式进行演进，世界经济保持平稳地增长，和平与发展依然是时代的主题，维护世界和平、促进共同发展面临着新的机遇；新科技革命方兴未艾，为经济的发展提供动力，为生产力跨越式发展提供可能；随着经济全球化的进一步深入，生产要素在全球范围内进行着进一步的优化配置，为我国经济发展提供有利条件。

从国内发展形势而言，改革开放 30 多年来，市场经济体制初步形成，综合国力大幅上升，为我们提供了良好的体制保障和雄厚的物质基础；随着人民群众社会性需求的大幅上升，中共中央在 2003 年提出的科学发展观指出，我们的发展要坚持以人为本，树立全面、协调、可持续的发展观，促进经济社会和人的全面发展，按照"统筹城乡发展、统筹区域发展、统筹经济社会发展、统筹人与自然和谐发展、统筹国内发展和对外开放"的要求推进各项事业的改革和发展，并把我们中国特色社会主义事业和中国现代化的总体布局由原来市场经济、民主政治和先进文化建设的"三位一体"扩展为经济建设、政治建设、文化建设、社会建设的"四位一体"。

我们正处于社会经济发展的重要战略机遇期，紧紧抓住并利用好这一时期，在推动经济发展的同时，更加注重社会建设，着力保障和改善民生，加强和完善社会管理，为顺利完成"十二五"规划的经济战略目标、实现全面小康社会奠定良好的社会基础。

（二）加强和创新社会管理是构建和谐社会的必然要求

改革开放以来，随着工业化与城市化进程步伐不断加大，我国的经济发展取得了举世瞩目的成绩，综合国力显著增强，人民生活质量得到明显改善，社会总体呈现和谐的状态。但是，经济的快速发展也带来了巨大的社会成本，失业成为长期以来困扰我们的社会问题，劳资矛盾增大、劳动争议问题增多、安全生产事故频发,严重影响了劳动者的切身利益;城乡、区域、经济社会发展不平衡,社会保障、教育、医疗、住房等社会公共资源的稀缺性进一步加大,影响人民群众的切身利益;在社会文化建设领域,诚信缺失、道德失范的社会现象仍然存在,腐败现象仍然比较严重;由于体制建设尚不完善,民主法制不健全,一些小的社会矛盾甚至会引发形成重大突发性、群体性事件。①

胡锦涛(2011)指出,从总体上看,我国社会管理领域存在的问题,是我国经济社会发展水平和阶段性特征的集中反映。经过新中国成立60多年特别是改革开放30多年来的建设和发展,我国经济实力和综合国力显著增强,这为我们不断满足人民日益增长的物质文化需要、解决社会管理领域存在的问题打下了重要物质基础。同时,我国仍处于并将长期处于社会主义初级阶段的基本国情没有变,人民日益增长的物质文化需要同落后的社会生产之间的矛盾这一社会主要矛盾没有变,发展中不平衡、不协调、不可持续问题依然突出,我们解决各种社会问题的物质基础还比较薄弱。解决社会管理领域存在的问题既要增强紧迫感,又要长期努力,加强实践探索和工作落实,深化认识,总结经验,把握规律,开拓创新,全面提高社会管理科学化水平。②

我们的党面临经济社会发展的新形势,提出构建社会主义和谐社会的重大战略任务,把社会建设摆到更加突出的位置。胡锦涛(2005)指出,构建社会主义和谐社会的六个特征,即民主法治、公平正义、诚信友爱、充满活力、安定有序、人与自然和谐相处,其中"安定有序"就包含了社会组织健全、社会管理完善、社会秩序良好、人民群众安居乐业、社会保持安定团结。

(三)加强和创新社会管理是提高执政能力和巩固执政地位的必然要求

《中共中央关于加强党的执政能力建设的决定》(2004)中指出,党的执政能力,就是党提出和运用正确的理论、路线、方针、政策和策略,

---

① 向春玲:《加强和创新社会管理学习读本》,中国人事出版社2011年版,第116页。
② 胡锦涛:《扎扎实实提高社会管理科学化水平,建设中国特色社会主义社会管理体系》,《人民日报》2011年2月20日。

领导制定和实施宪法和法律，采取科学的领导制度和领导方式，动员和组织人民依法管理国家和社会事务、经济和文化事业，有效治党治国治军，建设社会主义现代化国家的本领。

进入新世纪新阶段，国际局势发生新的深刻变化，综合国力竞争愈加激烈，各种思想文化相互激荡，各种矛盾错综复杂，我们仍面临发达国家在经济、科技等方面占有优势地位的压力。我国改革发展处在重要战略转型时期，社会利益关系更为复杂，社会矛盾集中爆发，更加提高了对党执政能力与执政水平的考验。

在机遇与挑战并存的条件下，要充分认识新形势下加强和创新社会管理的重大意义，统筹经济建设、政治建设、文化建设、社会建设以及生态文明建设，把社会管理工作放在更加突出的位置，深刻认识和准确把握社会管理规律，加强调查研究，加强政策制定，加强工作部署，加强任务落实，不断提高社会管理科学化水平，化解人民内部矛盾，建立健全基层民主政权，做好新形势下的群众工作，增强党的执政能力，巩固党的执政地位，实现国家的长治久安。

二 加强和创新社区管理是社会管理的基石

建设和谐社会关键在群众，根在群众，每个社会成员的幸福感增强，社会大家庭就和谐，整体幸福感就会增强。幸福广东的建设需要一定的载体，环视周围，我们会发现身边有各种各样的载体，如单位、企业、家庭、社会组织、农村、城市等等，这些载体的背后有一个共同的平台，那就是社区。可以说，在家庭之外，社区是社会的基本细胞，是社会管理系统中最基本的构成部分，做好社区建设是构建幸福社会的基础，加强和创新社会管理要将着力点放在创新社区管理上。

胡锦涛（2011）指出，要进一步加强和完善基层社会管理和服务体系，把人力、财力、物力更多投入基层，努力夯实基层组织、壮大基层力量、整合基层资源、强化基础工作，强化城乡社区自治和服务功能，健全新型社区管理和服务体制。

（一）社区的定义、特点

社区是指聚居在一定地域范围内的人们所组成的社会生活共同体，是人们生活的家园，是各种社会组织的落脚点及各种资源的承载体。社区作为社会的微观化，是社会的有机组成部分，社会的各种利益关系在社区汇集、交织并呈现，各种社会现象在社区反映出来。

社区作为聚居在一定地域范围内的人群所组成的生活共同体，既是社会构成的基本单元、国家发展的基础平台，又是构建社会主义和谐社会的前沿阵地。诚如有研究者所指出，"无论现代关于社区的定义有多少，社区本质的东西是不会变的。社区的本质就是：爱——这是属于情感的东西；互助——社区成员之间的良性互动；默认一致——社区成员的认同感和相互包容；共同的语言、共同的思维习惯、共同的生活方式和活动方式、亲密无间"。

社区作为日常生活中不可缺少的综合性群众机构，为百姓的日常生活与相关社会团体进行有效的沟通和联系发挥桥梁作用，为居住在某个固定区域的居民或群体发挥媒介功能，是与百姓生活有着息息相关的基层组织和社会网络板块。

因此"创新社会管理体制"应该首先注重创新社区管理模式，促进社会管理体制创新与和谐社区构建。按照国家关于完善城市社区自治，建设管理有序、文明祥和的新型社区的总体目标而积极探索与实践。

（二）社区管理的意义

1. 加强社区建设有利于促进社会的全面发展

改革开放以后，经济体制由社会主义计划经济向社会主义市场经济转型，社会结构由农业社会向工业社会转型，整个社会从相对封闭的状态逐步走向开放。经过30多年的经济高速发展，我省的经济综合实力迅速增强，呈现出工业化程度高、城市化步伐快、经济稳步发展、人民生活显著改善等特点。但转型时期的广东正面临着巨大挑战，在这个特殊时期，由于社会结构的调整和社会机制的转变，城乡基层的社会与政治问题日益凸显。在城市，虽然城市面积迅速扩大，但布局分散，出现设施差、功能弱、环境劣，许多城市居民很难直接拥有大城市居民应享有的生活条件和生活质量，更无法享受城市文明，享受较高质量的教育、文化等精神生活了。城市存在的这些弊端，难以避免地引起各种各样的问题，在各个城市中，管理者和居民们的冲突时有发生。在农村，虽然政府已投入部分资金和物质材料来加强农村的基础设施建设，以满足基层群众基本的物质和精神文化生活需求，但由于农村基础薄弱、农民收入水平较低、农业发展缓慢，目前的政府投入仍无法满足群众对医疗卫生、教育文化等方面的需求。使得农村中的低收入困难群众生活仍不能得到切实的保障，基础医保、低保资金仍难以解决。

广东省以建设幸福广东为目标，致力于建设现代化城市、营造一流的投资环境和宜居环境为目标，积极引导东西两翼劳动力向工业园区集中、人口向城镇集中、住宅向社区集中，因地制宜地推进社区建设，促进城市综合生活要素向农村延伸辐射，让居民充分享受现代化的生活。但是，广东作为改革开放的先行者，经济发展快、开放程度高、社会转型快、流动人口多，受城乡二元经济结构的影响，很多社区服务和保障体系不健全，社区自身在教育、文化、卫生等社会活动方面管理滞后，导致社会管理压力大，社会矛盾突出，而且触点多、燃点低，因此迫切需要加大工作创新力度，推进社区整体的发展和完善。在广东省委十届九次全会上，省委副书记、省纪委书记朱明国指出，改革开放30多年来，历届省委、省政府都高度重视发展社会事业，积极探索加强和创新社会管理，取得了显著成绩，人民群众生活水平明显提高，全省社会大局保持稳定，社会形势总体是好的。但是必须清醒地看到，与经济建设相比，全省社会建设是滞后的，经济建设与社会建设"一条腿长，一条腿短"的问题日益突出，社会建设存在着许多亟待破解的难题。在加快转型升级、建设幸福广东的发展新阶段，全面加强社会建设，创新社会管理，已经成为时代的要求，成为全省人民最广泛、最普遍的共识。

因此，加强和创新社区建设，将工作重点逐步转向保障和改善民生，为我省顺利完成"十二五"规划的经济战略目标，建设小康社会，建设幸福广东奠定良好的社会基础。

2. 加强社区建设有利于构建和谐社会、保障和改善民生

加强社会建设，创新社会管理，是新时期当好推动科学发展、促进社会和谐排头兵，建设幸福广东的重大历史使命和必然要求。汪洋书记指出，社会建设与幸福广东相伴相生，与民生福祉如影随形，是一对"孪生姐妹"。只有将社会建设这块"短板"补齐，才能在城市实力竞争中保有优势，提高未来软实力，避免软环境复杂化。

社区是社会的基本单元，是人民群众的生活共同体，作为社会功能的载体，汇集着"单位制"社会弱化、社会结构阶层化、社会管理社会化

以及经济成分多样化、流动人口扩大化和价值取向多元化等带来的各种矛盾和问题，可以说构建和谐社会的矛盾汇集在社区；同时社区开展的服务项目主要是满足基层群众的生产生活需要，包括医疗卫生服务、低保户救助、社会救助、纠纷调解、文化娱乐生活等直接关系群众幸福生活的民生工程。

加强和创新社区管理，一方面通过人民群众开展基层自治活动，及时发现和解决矛盾，通过民间协调机制，使矛盾在基层和萌芽状态得以化解，防止矛盾、问题的进一步激化和扩大，避免和防止重大社会问题、群体性事件的发生。另一方面，基层组织和服务机构更加了解本地的实际情况，将社区的管理和服务工作互相配合、相辅相成，管理是服务的基础，服务是管理的目的。通过运用各种有利条件，推进社区管理和服务体系建设，不断地满足人民日益增长的物质文化需求，提供良好的社会公共服务，提高人民的生活质量和幸福指数，促进本地区的和谐稳定、保证人民安居乐业，不断地改善和保障民生。

因此，从一定意义上讲，构建和谐社会，加强社会管理的重心在社区，改善民生的依托在社区，维护稳定的根基在社区。

3. 加强社区建设有利于基层政权建设、加强和改善党的领导

完善的基层社会管理和服务体系是党的领导水平、领导能力的重要体现和重要载体。基于社区管理的特点，更多的是利用基层组织的自我组织和协调能力，指导、支持、组织基层群众开展自治活动。党在宪法和法律的框架范围内，更多地鼓励和支持基层群众开展自治活动，培育民主自治意识、保障人民享有更多更切实的民主权利；通过党组织的换届，使一批有责任心、文化水平高的党员走上领导岗位，通过社区干部选聘，让大学生从事社区工作，建立充满活力的基层党组织；通过开展各种活动，发挥党员在社区建设中的先锋模范作用；通过开展民意听证会、民事协调会、民情恳谈会、居民议事会、居民评议会等加强社区建设的制度化、规范化、程序化，提高社区居民自我管理、自我教育、自我监督的意识和能力，以此推动基层民主政治建设。

党通过基层党组织宣传党的基本理论、路线、方针和政策，使党的政策与主张深入人心，并通过基层党组织和广大人民群众加以贯彻落实，有助于充分地发挥党的领导核心作用，也可以使党的影响力和覆盖范围随之

深入和扩大。

因此，加强和创新社区建设，能更好地体现党的领导能力，扩大党的影响力和覆盖面，加强和改善党的领导能力，巩固党的执政地位。

三 社区发展的新特点与存在的问题

社区概念首先是民政部 1986 年初提出的，并逐步得到政府关注。我国社区工作是在政府搭台、民政牵头、有关各部门相互配合而开展的。各级政府的主要领导挂帅组织社区工作的协调机构和指导机构。

（一）我国社区当前管理模式

我国的社区分为城市社区与农村社区，城市社区与街道办事处相互依存，为城市居民提供综合服务；农村社区，以村委会作为农村社区居委会自治组织，隶属于镇街指导。

1. 城市社区管理模式

改革开放以来，我国城市基层管理经历了从单位制、街居制向社区制的制度变迁。

新中国成立后，国家工作重心由农村转移到城市，为了强化社会控制，借鉴战争年代在根据地施行的供给制的经验，采取了单位制的基层管理基本组织结构和制度安排，将所有劳动者纳入各类劳动组织，由单位根据国家下达的计划对劳动者进行分工，并支付各类生活必需品，并组织他们开展本职工工作之外的政治和社会活动，通过街道办事处和居民委员会管理闲散人员，进行民政救济和社会优抚。

在计划经济时代，城市基层管理实行以单位制为主，街居制为辅。街居制是指依靠街道办事处和居委会开展基层管理工作。街道办事处和居委会主要负责对社会闲散人员进行管理。当时街道办事处的职能只有三项：（1）办理市、市辖区人民委员会有关居民工作的交办事项；（2）指导居民委员会的工作；（3）反映居民的意见。

改革开放以来，随着经济体制改革和非公有制经济的发展，社会的流动性逐渐增大，一些"单位人"变为"社会人"，同时，大量农村剩余劳动力进城就业，流动人口数量不断增长，单位制管理模式面临挑战；另外，随着国有企业改革、事业单位改革以及机关后勤体制改革的推进，各单位原来承担的社会管理职能不断被分解、剥离出来，外移给街道办事处和居委会承担；为防止基层管理出现盲区，街道办事处和居委会的工作增加了大量新任务，但街道办公室作为基层政府的派出机构，可支配的公共资源有限。

20世纪90年代以来，城市社区的快速发展出现了社区成员构成复杂、成员职业多样的特点，来自不同背景、不同生活水平、不同结构层次的居民，对社会服务的需求和期望越来越高并日益多样化，给社区管理和服务工作带来新的要求。与此同时，居民的社会自治意识不断增强，要求参与社区管理的呼声不断高涨。开始推进新一轮的城市社区建设，并逐渐形成了"两级政府、三级管理"的管理体制，之后又创建了"两级政府、三级管理、四级网格"的城市基层管理模式。

目前，我国城市社区的管理模式是在政府倡导和推动下，依托街道办事处和居民委员会，组织社区内各方力量共同参与而形成的。可以总结为：政府推动、街道主管、居委会作业、社区组织共建。

政府推动：我国当前开展的社区工作，无论在决策、投入、组织行为还是居民意识上都明显体现出政府推动的力量。现今，政府仍是城市社区工作的首要倡导者。

街道主管：社区划分通常与街道的行政区划分相一致。作为市或区的派出机构，是"第三级管理"的直接实施者。街道主管城市社区管理工作，包括项目规划、设施建设、活动安排等具体工作，负责承担社区工作的资源开发、社区活动经费及至社区工作者的报酬。可以说，街道在社区工作中是主管者，集行政、行业、资源供应于一身。

居委会作业：居民委员会组织和领导居民开展社会自治，通过组织居民开展民主选举、民主决策等活动实现社区居民的自我管理和自我服务。通过开展形式多样、丰富多彩的社区文化体育活动，激发居民的社区活动参与意识，增强居民的社区责任感和归属感。

社区组织共建：社区的各类民间组织，通过多种渠道与平台，参与社区事务的服务与建设，发挥各自的优势与专长，专业服务性的社区组织可以为社区居民提供专业化的服务，而兴趣组建型的社区组织则可以凝聚社区内的居民，营造良好的社区生活环境。

2. 农村社区管理模式

农村社区是新城乡一体化建设的产物，是相对于传统行政村和现代城市社区而言的社会单位，主要指聚居在一定地域范围内的农村百姓为生活、生产而组成的社会生活共同体。

传统的农村社区以农村为空间，主要由居住在本地的居民组成，以农业生产为职能，社区管理以风俗、习惯、村规民约为原则，具有单一、稳定的特征。因此，农村社区的管理显得较为简单，以村委会为农村社区居委会自治组织，隶属于镇街指导，具有政治与行政的强控制的特点。

（二）当前社区发展的新特点

改革开放 30 多年来，我国的经济体制、社会结构、利益格局以及人们的思想观念都发生了深刻的变化。过去那种人员相对封闭固定、群体利益平均的模式被打破；人员的流动性大大增加，社会中越来越多的"单位人"向"社区人"的转变，户居分离、个体的社会属性不稳定，社会流动速度明显加快；经济多元化，群体利益差异不断扩大；随着经济的发展，特别是商品房经济的发展，人民的生活单位发生了巨大的改变，出现了一系列的新型社区，打破了过去居住地点相对稳定，居住单元内人员同质化的特点，产生了不同于传统"街区"的新型社区，这一本质表现的外在形式就是城市社区的分化与变异，并呈现出新的特点。

（1）商品房社区。商品房社区是指"以业主为主要居住成员，由社区管理委员会、业主委员会、物业公司等自治组织共同管理社区公共事务的极具自治性的，不同于传统住宅分配体制下居住区的城市新式社区"。

（2）城郊村社区。随着我国城市化进程的急速推进，大批城市近郊的村庄逐渐被纳入城市范围，形成了独特的城郊村社区，是我国农村城市化进程中出现的一种过渡性社区形式。受中国特色城市化道路的特殊影响，城郊村社区不仅在地理位置上处在城乡边缘，而且在治理方式上介于城乡两种体制之间，呈现出独特的边缘性特点。

（3）农村社区广泛出现。在农村，随着城市化进程的加快，农村"村改居"的需求逐步出现，城乡社区建设一体化和城乡居民公共服务均等化的要求日益凸显，而当前对农村社区管理的认识尚不成熟，对农村社区建设的投入不足，农村社区管理者综合素质不高、村民参与程度较低等一系列客观现实，导致聚集于农村社区的矛盾越来越多。

（4）流动人口激增。随着市场经济的发展，人口的流动性越来越大，成为城市化进程中涌现出来的一支庞大而独特的社会经济群体。由于我国严格的城乡二元户籍制度的限制，大量的流动人口没有永久性的固定居所，在东西部之间、大中小城市之间、城乡之间不断进行往返迁移。大量的不同地区、不同层次、不同职业的人会聚集、生活在一起，人们的生活习惯、思想认识以及对社会公共服务的要求存在巨大的差异，为城乡社区管理带来新的挑战。

（三）当前社区管理存在的问题

随着经济社会的快速发展，城乡居民的生活水平不断提高，人们的物质文化需求迅速增长并且日益呈现多元化和差异化的态势；伴随"单位制"的逐步解体，政府、企事业单位等承担的社会职能加速向社区转移，政府职能社区化、社会事务社区化趋势加快，社区承载的职能日益膨胀。

在这一背景下，社区内呈现出不同利益阶层诉求多样化、社区民主自治意识提高的特点，社区管理日趋自治化、社会化和多元化，对社区管理工作提出了新要求。许多问题和现象表明，传统的政府推动、街道主管、居委会作业式的社区管理体制存在诸多问题，已经无法满足新时代社区管理的要求。

1. 管理主体不到位

前文已经指出，我国的社区管理采取"政府主导、街道主管、居委会作业、社区自治参与"的模式，但是在实际工作中，各位主体之间的关系较为混乱，彼此间的职能边界模糊，导致社区管理过程中缺位、错位、越位的问题突出。存在主体定位不清、职责不明、范围狭窄、参与性不高的问题。

（1）政府部门职能交叉，主导角色未真正体现。

我国的社区仍然采取政府主导型的治理模式，政府应当扮演"掌舵人"的角色，在宏观层面对社区建设工作进行指导和监督，但在实际工作中，由于社区管理组织由政府设立、人员由政府安排或派遣、资金由政府拨付，在此情况下，难免导致政府插手社区事务，出现政府职权的越位现象，本该由社区居民实现的自主决定和自我管理，俨然由政府一手包办。职能转变不到位、职责定位不清等问题，使得政府作为"掌舵人"的主导角色难以真正发挥作用，影响社区的建设与发展。

首先，虽然"政企分开"、"企社分开"的观念在经济体制中早已深入人心，并得到较好的落实，但在社区建设这一领域，仍然未能较好地实现"政社分开"，政府对大量的社区事务进行直接的包揽或干预，而没有充分地对社区建设进行指导与支持，导致政府角色与职能的越位与缺位。一方面，政府在行政过程中超越了其应有的职责和权限，由"掌舵者"变成为一个"划桨者"；另一方面，政府本应履行的指导与监督的管理者角色未能真正实现，未能善尽自己应有之责。

其次，作为设辖区级政府派出机构的街道办事处，随着政府职能的转变，在管理经济方面的职能开始弱化，而在城市基层管理与服务方面的职能不断强化。但是基层民政部门又是指导和管理社区建设的政府职能部门，在实际工作的指导与管理中出现两个部门的相互博弈，特别是社区工作服务站的建立，将原由街道承担的政府公共服务的内容剥离出去，使得矛盾更加突出。

（2）自治组织行政色彩浓，自治功能难发挥。

社区居委会是实现社区居民的自我管理和自我服务的组织，在法律上被界定为居民自治组织，并不是一级行政组织；但在实践中，社区居委会的直接管理者是街道办事处，并采用有明显的"条块化"的自上而下的行政管理体制，无形中蒙上了"准政府组织"的色彩，① 具体体现在：

社区居委会尽管进行了直选，但却没有实际的用人权；社区居委会的办公经费、活动开支、人员工资和福利津贴也有赖于街道办事处，没有独立的财政审批权和支配权；社区居委会的工作内容多数是协助配合街道办事处完成大量日常性工作，完成上级批派分配的各项工作任务。因此，在现实中，居委会变成了街道办事处工作的操作层与落实层，变相成为街道办事处的"腿"。

在当今的社区管理中，社区居委会既不能为政府分担管理事务，也无法有效地发挥应有的自治功能，陷入了尴尬的发展境地。

（3）物业管理不规范，社区管理难以上档次。

以20世纪90年代为起点，物业管理市场化运动和社区建设运动发生和发展起来。近20年的实践表明，物业管理与城市社区发展存在着十分紧密的联系。社区管理是母系统，物业管理是子系统。而在现今的社区物

---

① 缪晓慧：《我国城市社区治理变革的三级模式研究——基于行政生态学的视角》，《法制与社会》2011年第3期，第217页。

业管理中也存在着许多问题，难以为社区居民提供规范的社区服务，甚至有部分物业公司不配合辖区内的居委会的管理，增加了居民与物业公司甚至居委会之间的矛盾冲突，极大增加了社区管理的难度。①

（4）民间组织独立性较差，难以发挥其作用。

社区民间组织是指立足社区，由社区居民自愿组成，以实现社区、居民和谐发展为宗旨，在法律允许范围内，按照各自章程，实行自我管理，自主开展活动的民间组织，具有非营利性、民间性、公益性、自愿性与组织性的特点，在社会管理与社会服务方面具有独特的优势。

但在现实生活中，一方面，民间自治组织"官方"色彩浓厚。虽然数量众多，但官办组织多而社会性组织少；从其自身分析，存在机制不健全、服务不规范、成员素质不高等问题；从外部环境分析：准入门槛过高、管理职责不明、行政色彩过重但实际监督不力，成为制约社会组织发展的瓶颈。另一方面，社区民间组织社会认可度不高。由于民间组织大都具有规模较小、能力偏弱、资源不足、制度不完善等特点，导致其社会公信力较差。这样，使得社区服务仍需以政府主导，采取行政手段，而较少利用社会组织、运用经济手段或其他市场化手段开展工作。带来社区服务工作出现提供主体单一、机制僵化、方法简单等问题。

（5）社区工作人员整体素质较低，难以跟上时代要求。

社区工作人员队伍素质的高低，关系到社区建设的水平和质量的高低。随着经济体制、政治体制改革的不断深入和发展，社会结构发生巨大变化，利益格局重新调整，社会问题和矛盾日益凸显，社区管理的任务日益繁重，社区工作对象愈加复杂，对社区工作者的素质提出更高的要求。

但在实际工作中，社区工作人员无论在数量上还是质量上，都难以满足新时期社区管理工作的需要。

首先，社区工作人员在数量上配给不足，特别是在人口较多的社区，社区工作人员负荷较大，使得管理和服务工作难以保证质量；其次，社区工作人员普遍存在着综合素质不高的现状，具体表现为现有的社区工作人员年龄偏大、学历偏低、专业知识缺乏，难以适应日益繁重的社区工作。目前这种规模小、数量少、素质低的社区工作人员队伍，难以提供个性

---

① 李江新：《社区管理三大参与主体分析——基于多元共治的视角》，《学术界》2011年第5期，第79页。

化、多样化、专业化的系统社区服务，难以满足建设现代化新型社区的需要，影响了社区建设的进一步发展。

（6）广大群众参与性不高。

广大群众，既是社区成员，也是社区管理的重要主体，他们有权利也有义务参与社区管理活动，在社区管理中发挥其作用。但在现实中，居民对社区工作不关心，表现为：群众参与度低，表现为社区成员只参与社区具体事务的运作，而很难参与到社区事务的决策和管理，长期而言，制约了社区管理向全方位、多层次的发展。

第一，由于我国计划经济体系下形成了政府—单位—社会成员的管理体制，使得社区成员认为社区管理工作是属于政府机关的事务，形成了依赖心理和服从意识；而并未真正形成社区主体的主人翁意识和参与意识，参与热情不高，参与决策的理性化程度不高，难以形成有效的自我管理和自我约束的机制。

第二，社区居民对社区事务的参与途径不到位、不畅通，参与机制不完善，缺乏具体明确的政策与规范、行之有效的居民参与模式，使得居民对社区工作知之甚少，加剧了居民在参与社区管理时无所适从、难以承担的感觉，长此以往，使居民怠于参与社区管理事务。

第三，利益诉求渠道不畅通，反馈机制不完善，导致了居民的参与动力不足。对于那些关心社区事务的活跃居民，通过有限的途径表达自己的意愿，但缺乏反馈、对话平台，收益甚微，也严重影响了他们的参与积极性。

总结：社区组织政府管理模式已经难以适应我国社区建设与发展的需要，探索建设一种能够让政府、社会组织以及广大社区居民等多方共同参与、合作治理的组织管理模式，实现真正的社区自治管理，才能促进我国城市社区管理的可持续发展。

2. 资金支持不到位

基于社区综合功能的需要，无论在"硬件"建设还是"软件"建设上，都需要大量资金的支持。孙晗（2011）指出：目前社区建设的资金主要采取政府投资、街道自筹、社会赞助的责任负担模式，总体而言，政府及所辖街道承担的责任仍是最主要的。根据现行社区建设与管理的实践情况，政府投资占30%，街道自筹占60%，社会赞助占10%左右。而街道本身的管理、办公经费及税收返还等仍是政府投资,社会募捐则十分有限。①

(1) 财政投入不足,社区建设资金短缺。在当前政府行政管理体制划分中,社区并不是一级政权,却要承担为社区成员提供公共服务的任务,在现行财政预算管理体制下,政府对社区资金支出的范围、支出的标准、支出的管理权限等并没有明确规定②。很多政府部门向社区只是分派工作任务,却不下拨相应的工作经费,正是政府对基层的过分使用和少量投入形成的极大反差,使社区的资金运作捉襟见肘,工作起来常常显得心有余而力不足。

(2) 投资投入主体狭窄,缺乏多元的资金供给主体。一方面民间组织还不发达,为居民提供公共服务的能力有限,社区居民参与公共服务投资的积极性未得到发挥;另一方面,资金注入渠道不畅通,直接导致社区公共投资不足。

(3) 社区税费管理制度和公共支出绩效评估制度难以满足社区建设的需要。

李国平(2011)指出,在资金管理方面,大部分街道并未落实"居财街管、管用分开"的管理制度,社区居委会花多少钱、花什么钱基本由街道决定,社区经费普遍存在和街道经费捆绑使用的情况,有的地方甚至出现改变用途和挪用现象,政府相关部门、街道将工作延伸到社区,本应"权随责走、费随事转"但一些地方没有落实到位。③

(4) 农村社区出现的新问题,在实际工作中,由于税改等一些原因,政府财权上移,使得乡镇政府责大而权小,心有余而力不足。

由于资金短缺,使得社区管理对政府存在过度依赖,并在相当长的时期内难以改变。进一步阻碍了社区向居民自治模式的转变和推进,并且对正在转型中的社区建设与组织管理制度产生了消极影响,进而限制了社会事务由社会成员共同参与管理的民主自治管理的实现。

---

① 孙晗:《治理视角下我国城市社区管理多元化自治探析》,《商品与质量》2011年第2期,第14页。

② 沈静娴:《财政支持社区建设政策研究:以昆山市为例》,《中国商界》2010年第12期,第179页。

③ 李国平:《加快城市社区建设发展步伐 稳步推进基层管理体制改革》,《中国民政》2011年第4期,第8页。

各级组织及广大居民对社区居委会的工作要求越来越高，但"巧妇难为无米之炊"，社区建设资金的缺乏，极大地阻碍了社区建设的发展，造成社区的硬件建设水平较低，社区的服务工作也受到限制，不能很好地适应社会形势的发展，也无法满足社区内居民日益增长的物质文化需要。

3. 制度建设落后

现代社会的发展，需要完善的法律制度作为社会运行的依据，然而，在社区管理工作中，立法工作相对滞后，法律制度不够完备。目前，我国仅有《城市街道办事处组织条例》和《居委会组织法》两部法律，涉及基层社区的管理。但社会快速发展，我国政治、经济、社会建设等方方面面有了巨大的变化，新时期社区建设面临的一系列新的问题，使现行法律已经不能很好地适应社会发展的要求；另一方面，随着社会的发展，城市社区管理出现了新的形式，但相关的法规制度不配套，表现为：多种形式的社区管理主体及其定位不明；社区内的市、区属机关和企事业单位与街道办事处之间的关系缺乏有效的政策和法律规定；社区内的社会团体等组织没有形成有效的行为规范；社区居民在日常社区管理中的权利义务等相关内容均处于立法的空白。

诉求表达机制尚不健全。新时期我国出现的不和谐因素大都表现为不同群众之间的利益矛盾，正确地把握广大人民群众的共同利益与不同群体的特殊利益，化解因利益差别而导致的社会矛盾，统筹兼顾各方利益是减少社会不和谐因素，建立和谐社会的基本要求。而要做到这一点，就需要有畅通的诉求表达机制，即社会成员可以借助现有的社会资源、制度设计，实现对自身状况、利益诉求和观点的有效释放，建立人与人之间的相互沟通与理解的机制。但在现实的社区管理工作中，既缺乏相关的诉求表达渠道，也缺乏相关的制度保障，使得社会矛盾无法在基层与源头得到释放。

4. 工作内容单一

社区组织的主要职责是依法管理居民内部事务，本应履行"自我管理、自我教育、自我服务"的自治功能，并不隶属于政府部门，但长期受到传统体制的影响，社区组织，特别是居委会在实际工作中演变为政治的基层办事机构，将主要精力和工作都用在完成有关部门下达的工作任务上。而政府各相关行政职能部门在直接或间接向社区居委会交代任务时，相应提出一些检查、考核、验收、评比和奖惩的条件。目前社区承担的经济性、季节性、阶段性和临时交办的工作,加之当前各项工作进社区,使街道、社区干部整天疲于奔命,没有时间去考虑社区建设和发展的问题。

而在农村社区,不仅要承担管理和促进本辖区内政治、经济、文化、社会等各项事业协调发展的任务,而且要完成上级下达的各项任务指标。为了完成上级繁多的任务指标,容易忽视本辖区内各项事业的建设,其为农民提供的公共产品及服务并不能真正满足农民多元化利益诉求的需求。

传统的社区工作偏重于行政管理,忽略了社区的综合服务功能,对居民的人文关怀和多层次需要的满足滞后,越来越难以适应现实要求。

四 加强与创新社区治理的目标与思路

(一) 加强与创新社区治理的目标与任务

首先要理念创新,树立正确的价值目标,将传统的管理思想转换为治理的思想。明确社区治理其核心价值理念是以人为本、服务为先。应该以推进社区居民市民化为中心,把以人为本、提升居民综合素质,促进人的全面发展作为工作的出发点和落脚点。在治理中,坚持以人为本,助人自助的价值理念,服务群众为宗旨,以实现"自我管理、自我教育、自我服务、自我监督"的居民自治为目标。

在具体工作中,要实现在社区范围内,协调社会关系、规范社会行为、解决社会问题、化解社会矛盾、促进社会公正、应对社会风险、保持社会稳定的目标。

(二) 加强与创新社区治理工作的思路与方法

1. 转变社区治理思路,创新社区治理体制

加强与创新社区治理,关键在于进行社区管理体制和模式的再创新,树立新型的社区建设观念,开发和培育公共管理与社会治理的"合作"力量,形成多中心治理格局,实现社区多元化管理新格局;创新社区管理体制,加强社区网格化建设,实现社区管理的扁平化、精细化、高效化;完善社区服务体系,探索分类服务模式,实现社区服务的全覆盖、全天候、零距离;建立长效管理机制,强化长效管理;统筹城乡社区发展,推动服务均等。

提高社区治理水平,要从制度设计入手,通过统筹安排、政策制定、

推进落实，逐步改进和完善社区治理模式。

（1）因地制宜，制定社区治理模式。依据社区的实际情况，通过调查研究，明确社区治理工作的重点与难点，与社区居民共同制定出台符合社区自身特点与发展需求的治理办法，使社区在统一有效治理中依然能够保持自身的特色。

（2）减少行政性事务，减轻基层工作压力。政府部门要规范工作下放制度，杜绝各职能部门随意将工作任务向社区摊派。最大可能地减少社区自治机关承担行政性、事务性工作，而将社区治理工作重点转向社区的自我管理与自我服务。

（3）加强服务体系建设，构建和谐社区。在有效地降低社区行政性事务工作的同时，加强社区的服务功能与服务意识，通过全社会人、财、物等资源的投放，增加基层组织进行自我管理和自我服务的能力，使其全部工作重心与重点放在健全社区管理，提升社区公服务能力上来，切实提高社区科学管理水平。

基本思路：将行政管理体制和公共服务体制、街道管理体制、社区管理体制改革结合起来，将转变政府职能、增强居民自治、培育社会中介组织结合起来。做到两个分开：政府行政管理和居民自治管理的分开，政府购买服务与中介组织提供服务的分开；三个归位：政府职能归位、社会中介组织功能归位、社区组织功能归位。

2. 建立多元共治，明晰各主体角色定位

建立多元化的共治体系，不仅要规范政府或正式组织的管理，更要重视各种非正式组织的作用；鼓励各类团体、组织和个人均参与管理决策过程；改变社会管理自上而下的传统管理模式，形成正式组织与各类非正式组织的良性互动模式。在这一模式中，既要承认政府管理的必要性，更要强调社会组织的自主和自治需求。要整合利用政府、居民自治机构、各类民间组织和市场主体，整合各类主体各自的资源与优势，从而形成优势互补、互相依赖局面。[①]

具体而言，构建多元化合作型治理结构，需要政府、社会与市场主体三者明确各方定位，相互配合，相互协调，满足社区成员多元化的服务需求。具体而言：政府应当负担提供公共服务，无偿提供给社区全体成员；

---

① 杨宏山：《合作治理与城市基层管理创新》，《南京社会科学》2011年第5期，第73页。

民间组织提供的服务介于无偿服务与有偿服务之间，主要承担社会公益服务；而市场主体主要提供商业服务，遵循"使用者付费"的原则，向社区特定居民提供个性化的服务。它们以不同的形式与方式提供社区服务。

（1）切实转变政府职能。

政府是社区管理中最重要的主体，必须在社会管理体制中明确自己的角色与定位，明晰职责权限，理顺政府与社区、政府与社区自治组织、政府与民间组织以及政府与居民之间的关系，并借助相关措施，为社区自治组织和社区居民搭建沟通交流的平台，重点承担协调各方利益、解决各类冲突、维护公正公平、保持社会稳定发展的职责，形成推动社区管理创新的动力。

政府是社区治理创新工作的主导者，其工作的最终目标在于调动社区各类资源并整合，吸引社区成员的积极参与。具体而言，政府在城市社区治理中要担负起指导、支持与管理的职责，并且在这些职能之间相互联系、依存与补充，形成合力推动社区管理工作的创新。

第一，政府要成为社区管理的指导者，根据实际情况，从居民最关心、最直接、最根本的利益着手，制订合理的发展规划；帮助成立完善的社区组织，明晰各组织的功能和职责；制定社区居民参与表达机制和参与渠道，引导社区成员参与社区管理，引导社区自我管理、自我发展[1]。

第二，政府要扮演社区管理支持者的角色，在社区管理发展过程中提供"硬件"和"软件"的双重支持。在硬件方面，给予社区一定的经济和政策方面的支持，用政策去促进社区建设资源的聚集和社区的持续发展；而在"软件"方面，利用各类媒体资源进行社区文化宣传，在社区内形成有序、团结、互助、友爱的社区氛围，帮助社区居民形成社区意识、强化参与意识、积极参与社区管理。

第三，政府要成为宏观管理者，一方面，退出不必要的服务领域，而是通过合同外包、特许经营、政府补贴等形式，调动其他市场主体和社会组织参与社会管理和提供公共服务；另一方面，协调社区管理中各类主体：社区企业、民间组织、社区居民之间利益冲突，促进形成良好的多元互动关系，进而形成促进社区管理的合力。

---

[1] 王丽丽：《城市社区管理创新的动力及其作用——一个场域理论视角的分析》，《城市发展研究》2011年第2期，第4页。

（2）充分发挥自治组织的功能。

居民委员会作为基层群众自我管理、自我教育、自我服务自治性组织，是社区管理的重要主体。因此要深化居（村）委会管理体制改革，强化居委会在社区管理中的主体地位，从居（村）委会的设置、成立、工作开展以及各项制度的建设等方方面面进行改革，真正发挥在社区自治管理中的突出作用。

充分发挥居民委员会自治功能，首先，应根据人缘、地缘及资源配置情况，按照有利于居民自治、方便服务和管理等原则，合理设置居（村）委会。

其次，在居民（村民）委员会的成立过程中，严格采用直接选举的方式，通过选举，使社区内群众的意见得到充分的体现；在居民（村民）委员会的工作开展过程中，既要尊重群众意愿，又要遵守现行法律法规，既要满足群众当前的需求，又要考虑社区长远的利益，有计划有步骤地推进社区建设；深入推进社区民主自治管理，将工作重心转移到社区建设和服务体系建设上来，努力为居民提供实效的服务；完善居民（村民）委员会的沟通协调职能，充分运用各种听证会、评议会等制度，使社区居民参与社区重大决策，实现政府组织、社会中介组织与居民沟通的桥梁作用，最终实现居民自治；按照自助、互助等多种方式，举办社区服务活动，为社区居民服务。

（3）培育和扶植民间组织。

目前，我国的社会转型处在一个关键时期，由过去的二元社会体系（国家—个人）向三元社会体系转变（国家—中介组织—个人），社会利益主体多元化，各种社会矛盾错综复杂，而这些矛盾的解决离不开民间组织的积极参与。民间组织的发展，有助于实现政府的职能转变和企业的改制，帮助社区民主建设和促进社区服务的发展。

民间组织是社会有机体的重要器官，是重要的多元治理主体之一，其具有组织性、民间性、非营利性、自治性、志愿性的特征，决定了在社区管理中的角色和地位。

社区民间组织是社区管理和社区服务的重要载体，其具有灵活性强、创新机制和基层参与的特征，在促进社区服务、加强社区管理、创新社区体制、深化社区建设、构建社区和谐等方面发挥着越来越大的作用。具体表现为：

第一，民间组织通过活动搭建起沟通政府、社区、辖区单位、居民之间的桥梁。

第二，民间组织能够培育社区居民的公民精神，强化社区居民的"公民意识"。

第三，民间组织是社会资本的载体之一，可以帮助解决社区活动的资金来源。

而在当下，我们的民间组织发展尚不发达，行政色彩较浓，难以发挥其应有的社会作用。需要政府通过制定较完善的政策法规及提供必要的资助，鼓励、支持民间组织的发展与参与，在民间组织相互独立的基础上建立起合作伙伴关系，保持良性互动过程。使得民间组织的行政色彩逐步淡化，独立性逐步增强，真正承担起社区服务者的角色，促进社区建设，具体而言：

第一，解放思想，大力培育和扶持民间组织的建立。加强推进落实民间组织与主管行政部门在机构设置、人员管理、财务管理等方面剥离，真正实现自我管理、自主运营与自我发展。

第二，降低成立门槛，加强引导监督。通过政策、资源等的投入，引导民间组织提供政府不便或不能提供的各类社区中介性服务；但同时，要对民间组织做好监管工作，为社区管理提供有力支持。

（4）强化基层工作队伍建设，提高基层工作人员素质。

加强社区管理队伍的建设和培育，重视对社区管理干部的培训工作，引导他们积极解放思想，不断学习，鼓励他们创造性地开展工作，摸索出建设社会主义新型社区的新的工作思路与工作方法，提高其工作的职业化与专业化水平。

一方面，需要上级政府部门配备一些高素质的社区管理干部，充实和提高社区管理工作队伍的力量和素质；此外，还可采取多种人才选择机制，例如：公开招考、公开选聘、民主选举、竞争上岗等办法，从社会中选用优秀人才进入社区管理工作。另一方面，各级党校要为社区干部的培训创造条件，提供方便，形成经常性、制度性的在岗工作人员培训，提高在岗从事社区管理工作人员的文化素质及业务水平，塑造一批高素质的社区管理队伍，提高社区管理的实际效果。大专院校要积极培养具有专业社区管理知识的专业人才，为社区管理储备专业人才。

（5）引导广大社区居民参与社区治理。

社区治理工作具有复杂性和艰巨性的特点，单纯依靠街道办事处和社区工作人员的力量难以将社区工作做到尽善尽美,要充分运用各种宣传舆论工具和有效载体,进行广泛、持久、深入的宣传,营造社区积极向上、团结友爱的管理氛围,不断提高群众的社区意识、环境意识、卫生意识和思想道德文化素质,不断增强群众的社区责任感、归属感和认同感,使社区管理具有坚实的群众参与基础。①

社区居民是社区管理的重要主体之一,是社区管理创新、实现社区自治的主角。吸引广大社区居民广泛参与是社区管理的本质要求,社区管理的最终目标是不断满足社区居民需要和促进社区和谐发展。为居民搭建沟通了解、互帮互助的互动平台,吸引居民参与到社区公共事务中;通过成立社区居务监督委员会,保障居民在社区管理工作中的知情权和监督权。②

(6) 积极引进市场主体,参与社区共治。

动员、引导各类市场主体参与城市社区建设,不仅有利于加强城市基层社会管理和服务功能,而且有力地推进了政府、社会与市场三位一体的新型社区治理结构的发展。随着社会经济水平的快速发展,人民的物质、文化需求不断上升,单纯依靠政府街道办事处、自治组织居(村)委会以及各类的民间组织,难以满足社区居民多层次、多样化的服务需求。最大限度地利用市场机制,调动市场主体参与社区建设,最广泛地运用社会资源进行社区管理和服务,才能最大限度地提高社区综合服务功能,满足社区居民的服务需求。

总之,建立一种多元合作治理模式,形成国家、社会、市场三位一体的管理模式,既独立于政府、社会、市场之外,又能够兼顾各方的利益,在各方利益基础之上实现合作治理,使各方的积极性都能得到发挥,国家充分发挥主导者的宏观调控功能,引导支持社区建设;民间自治机构、民间组织充分独立自主地发挥自治、沟通与协调的功能,广大居民群众积极投身社区建设,真正承担起各自的责任;同时借助市场机制的协调作用,吸引各类市场主体,调动更多的社会资源为社区可持续发展服务。

---

① 许海燕:《城市社区管理与政府职能的转变》,《中共云南省委党校学报》2011年第1期,第139页。

② 褚玉校、王庆利、王忠存:《"解放模式"的四个着力点》,《社区》2011年第8期,第16页。

3. 拓宽社区资金来源，形成经费保障

加强和创新基层社区建设，需要大量资金的投入以推进基层基础设施建设、人员培训、公共服务提供等。但在实际工作中，基层社区资金来源单一，缺乏保障，难以满足基层社区建设的需要。因此，要改变我国当前基层社区建设滞后的局面，急需加大对基层社区的资金投入，保证基层社区的各项基础设施建设与服务体系建设的实施。

（1）加强财政扶持。

建立健全公共财政体制，加大政府对基层社区的投入，改革开放以来，我国经济建设取得巨大成绩，积累了丰厚的物质财富，为我们的基层社区建设打好一定的物质基础。

而目前我国的财政支出仍具有典型的"建设财政"的特点，大量的财政支出用于本该由市场发挥作用的领域，经济建设支出过高，而公共服务支出偏低。在社会发展的重要战略机遇期和矛盾凸显期，社会工作重心发生转移，要求将更多的精力与资源投入到基层建设当中，加大财政支出中用于教育、卫生、医疗、社会保障、基础设施建设等项目上的比例，加大财政对基层社区建设的扶持力度，建立规范化、法制化的财政转移支付制度，将更多的社会资源下沉到基层社区建设当中。

（2）拓宽资金来源。

社区治理是多元治理模式，社区治理的资金来源也应当多元化，通过建立多元参与的社会资金投入模式，引进一定的商业运作机制，将社区内的各类企事业单位、民间组织乃至社区居民的可利用资金吸引到社区建设当中。

通过财税政策的支持，引导社会各界积极参加社会公益捐赠，增加社区建设资金投入来源，扩大受益人群；通过制定相关的政策，提供优惠的投资条件，吸引外来资金进行社区建设。

（3）合理利用有限资源。

社区建设一方面要拓宽渠道，多方筹措资金，建立以政府财政为主的多元化社区建设投入体系，另一方面则要充分利用好现有资源，在经费使用方式上，要建立严格的基金使用方法，将有限的资金运用到社区建设的实处。

4. 强化制度建设，拓宽治理途径

制度建设是现代化建设的重要环节，只有形成完善稳定的制度，才能保证各项工作的顺利进行，在社区管理与建设领域，重点要完善以下五项制度，保证社区居民的利益真正得到落实。

（1）健全法律保障机制。

法律是现代社会交往的基本准则，是维护社会秩序的最坚强的后盾，在新兴问题容易激发和集聚的现代社区里，更加需要合法高效的法律规范体系作为支撑，保障和谐有序的社区生活，提升社区居民的生活品质。

（2）建立信息发布机制。

促进政府管理透明公开，政府通过网络平台发布各部门的规章制度、办事流程，进行政务活动的公开，推进政府勤政廉政建设；大力推广政务公开、财务公开、信息公开，增加社区管理工作的透明度，有助于强化政府与群众之间的沟通；提高政府管理水平并增强服务功能。

（3）完善公众参与机制。

社区公众是推进社区治理的重要主体之一，完善公众参与机制，充分运用群众的力量对于创新社区治理具有重要的意义。而当前，社区群众在社区自治过程中参与度不高，难以充分发挥群众的力量，为改变这一局面，需要从以下三个方面着手，一是构建广泛的居民参与平台，既要充分利用居民代表会议、居民听证会议、居民评议会议等法定性平台，又要充分利用社区志愿者队伍、兴趣小组等非正式性组织的平台；二是扩展参与的形式和内容，切实保障居民的切身利益，要将关系居民利益的各项工作提上议事日程，让居民直接体验到"自我管理、自我发展"的居民自治的管理原则；三是健全居民参与的响应机制，使得居民在自我管理过程中提出的意见建议能够得到及时、权威的反映。

（4）建立利益诉求机制。

建立畅通的群众诉求渠道，使得群众的意见建议和自身的要求可以通过合法的渠道得以发表，并为党和国家所了解和掌握。畅通的利益诉求通道，一方面可以表达群众的心声和意愿，舒缓群众的情绪；另一方面也可以使党和政府了解民意、掌握民心，为党和政府制定政策提供第一手的参考资料，有利于党的政策与群众意愿的良好结合。

良好的利益诉求机制要具有便捷、全面与有效的特点，便捷即群众可以方便、低成本地发表自己的意见建议；全面指覆盖面广，可以全方位地倾听社会的声音；有效指群众的诉求能够得到相应的回应。建立良好的利益诉求机制，可以充分地运用新科技成果和大众化的方式，开辟出多层次、多方位的利益诉求表达渠道。

（5）拓宽治理途径。

随着信息技术的发展，社区管理与建设不能仅仅停留在真实的社区世界，同时要充分运用网络的力量，借助信息化建设，进入虚拟社区完善社区治理，通过科学规划、统筹安排、分步落实，在社区管理、公共服务和商业服务等社区管理和服务的各个方面，实现信息网络化的建设，力争建立起覆盖社区各项工作的综合服务网络。

网络具有开放性、信息量大、传播速度快、不可控性等特点，随着网络建设的快速发展，越来越多的网民通过网络表达意愿和诉求，达到参与社区管理的目的；与此相适应，要求各方管理主体也能积极地运用信息化技术，注重信息化建设，便捷、高效地开发、共享和利用社区信息资源，促进社区协调发展，提高居民生活质量；通过网络构造的虚拟社区与真实社区的交叉，了解民意、掌握民声，以此为基础制定相应的社区治理政策，开展推进社区治理。

5. 丰富社区工作内容，变管理为服务

传统的社区工作以行政管理为重心，而忽视了社区的服务功能，建立新型的社区管理与服务体系，要求转换社区工作重心，寓服务于管理，始终将社区自身建设与发展，服务社区居民为工作重心；同时，加强社区内精神文明建设，以文化建设为驱动，繁荣社区文化，增强社区居民的凝聚力，促进居民的心理融入。

首先，要转变服务理念，将社区服务的时间由"节日化"向常态化发展，努力做到群众有需要，社区有服务；服务内容丰富化，提升服务层次，从基本的物质服务向精神服务层面拓展，对社区居民的关怀从一般的物质关怀向身心关怀拓展；服务的对象全面化，服务内容个性化，针对不同社区群体打造特色服务项目，例如，针对老人家的"茶室"，针对青少年的教育服务平台和心理减压室。引导各方社会主体，整合社会资源，全方面提供社区服务。

其次，加强社区文化建设，构建文明和谐生活。社区文化是生活在同一社区的居民所共同形成共遵循认同的道德规范与行为准则。加强社区文化建设，既可以增强社区凝聚力，又可以吸引广大居民投身加入到社区建设与管理中来。[①]

五　他山之石——各地在社区治理方面做出的有益的探索

（一）体制创新方面——减少行政层级的铜陵试水

[背景]

我国的城市街道办事处体制存续了近60年之久，在当时，对推动我国的基层社会的建设起到了重要作用。随着城市管理体制改革的深入，街道办作为政府与社会互动的平台，成为当前社会管理体制改革的重点。安徽省铜陵市率全国之先，至2010年7月15日，全面完成社区综合体制改革，撤销了处于中间的管理层级"街道"，同时，根据城市交通、居住环境、地域面积、人口数量、社区发展定位等情况，将原来的61个社区整合为23个社区，从过去的"市—区—街道—社区"四级管理结构调整为现行的"市—区—社区"三级服务体系。

[主要做法]

为创新城市社区管理模式，提升城市管理服务水平，安徽省铜陵市铜官山区对城市社区管理进行了改革与创新。主要思路和做法是：撤销街道办、成立大社区，实行网格化和扁平化管理。通过减负、减级、增功能为突破口，逐步建立起新型的社区管理体系与服务体系。减负：指通过转变职能，将经济职能收归上级部门，而减轻基层部门的经济职责压力；减级是指减少管理层级、使工作重心下移、提高服务效能；增功能是指通过优化结构、理顺关系、完善机制，增强社区管理与服务的各项功能。具体做法为：

1. 整合条块力量，构建社区组织的新架构

铜官山区撤销街道办事处，实行区直管社区，将原6个街道办事处和49个社区工作站整合为18个社区公共服务中心。

新的社区组织架构以社区党工委为核心，直接隶属区委管理，其职责是总览全局、协调各方行动；社区居委会、社区公共服务中心、各类社会组织为支撑，社区公共服务中心接受社区党工委和社区居委会的统一领导和管理，设置了专业服务窗口，对社区居民的各类行政事项实行集中办

---

① 王霞：《城市化进程中社区管理服务模式的创新——以合肥经济技术开发区鞭蓉社区为例》，《皖西学院学报》2011年第6期，第72页。

理，简化办事程序，提高办事效率；各类培育壮大的社区民间组织，充分发挥互助机制与志愿机制的作用，推动社区服务社会化。

2. 推进基层民主，突出社区自治的新要求

在社区居委会的组建过程中，真正实现社区委员会直选制度；建立社区自治组织体系，如：成立各类专门委员会、社区居民代表大会和社区议事委员会；培育组建群众性组织，设置了居民小组和楼栋，民主协商讨论本居民小组的群众性公共事务；进行制度化建设，制定了社区居民代表大会制度、居民公约制度、居民和党员代表议事等一系列体制机制；从领导机构组建、工作小组设置、制度保障三方面，完善社区民主自治的制度体系，营造社区自治管理的民主氛围。①

3. 服务重心下沉，建立社区运行的新体系

铜官山区实行区直管社区模式后，重新调整了区直部门和社区部门的职能，将街道办事处原先承担的经济发展、城管执法等职能收归相关对口职能部门，而在社区中新建立了社区公共服务中心，承担社区内的公共管理和服务职能，负责社区内的综合事务、民政事务、人口计生、综治维稳信访等工作。

为强化网格化管理制度，划定责任区，配备社区管理责任人，1名社区工作者负责300户左右居民的管理和服务，负责人需要进行日常巡查和综合信息采集等工作，实行分类管理、重点服务，一岗多责，变过去的在窗口"坐等"服务为主动上门服务。

[亮点点评]

1. 层级减少，效率提高

铜陵社区管理体系撤销了街道办，从原来的"市—区—街道—社区"四级管理结构调整为"市—区—社区"三级服务体系，建立了"区直管社区"的模式。减少中间管理层次，既有效地降低了管理过程中存在的信息丢失和信息失真的可能性，更促进了区政府与社区的直接互动。使得区政府制定的社会管理政策更加贴近基层实际，提供的公共服务更加符合居民需求；有效地提高了区级政府的办事效率和服务社区居民的水平。

2. 实现自治，推进民主

铜陵以转变职能为着力点，将原先由街道承担的行政执法、审批、管

---

① 王世平、毕茂东：《创新城市基层社会管理的成功尝试——铜陵市铜官山区衽社区综合体制改革的调研报告》，《中国民政》2011年第6期，第33页。

理等职责收归由对口职能部门承担，而其重点承担社区居民自治和服务职能，大幅降低了社区行政化倾向，还原了社区居委会作为自治组织的本色。

同时，积极培育民间组织，支持鼓励组建社区志愿者组织，指导扶持各类中介、医疗卫生服务站、养老托幼等专业服务组织，加大组建业主委员会、物业管理等机构，实现全方位多层次的居民自主服务、自主管理和自我监督。

3. 资源下沉，强化基层

铜陵在强化居民自治的同时，通过实施网格化、精细化、责任化的管理与服务，加强公共服务职能。由于管理层级的减少，并且将行政化职责收归相应职能部门，因此有利于把服务重心以及人、财、物等资源全部下沉到社区。

首先，人员优化，强化社区人力资源；通过选人、用人、育人和留人四个环节的层层培育和筛选，从社区工作人员的年龄结构、文化素质、工作能力进行优化；其次，资源整合，提升服务质量；整合区直部门和原街道办的资源，在保障新社区基本工作用房之外，全部作为居民服务和活动场所，同时，积极吸纳各类社会资源，搭建社区为居民服务的平台，优化服务手段。

（二）拓宽管理途径——虚拟社区管理的杨浦模式

[背景]

随着信息化技术的不断发展，网络社会与现实的交叉程度越来越高，虚拟社区的"社会性"特点日益凸显，网上的业主论坛日益火暴，谈论的大都是社区生活的实际问题，并且"线上"与"线下"互动的特征较为明显，虚拟社区的活动对真实社区的影响越来越突出，对政府的社区管理提出了新的挑战。上海市积极研究虚拟社区的特征和管理模型，探索"双版主、双进入"的模式，化解现实社会与虚拟社区信息不对称的矛盾，实现网上知民情、网下解民忧。

[主要做法]

从 2008 年起，上海市探索实施"双版主、双进入"模式，着力解决现实社会和虚拟社会之间的信息和管理不对称问题。通过这一模式，既可以破解网络社区管理的难题，同时又可以搭建起为民服务的良好互动平台。

所谓双版主，是指居委会干部与网民选出的版主一道共同担任业主论坛的版主；而双进入，则是指居委会干部进入网络社区，成为所在社区业主论坛版主，同时邀请虚拟社区的原有版主进入真实社区，与居委会和小区进行交流沟通。为实施这一新型社区管理模式，上海市做出以下部署。

1. 进行平台搭建

上海市并没有选择众多城市自建网络的模式，而是选择了借用已有的论坛网站。在众多的网络论坛中，基于人气众多、话题丰富、内容复杂，民意的代表性较高，上海市选择了搜房网业主论坛作为切入平台。

2. 加强人员培训，提高业务能力

上海市为使"双版主、双进入"模式顺利开展，启动了社区干部网络论坛版主培训。自2008年首次培训至今，全市共进行了十几轮，针对来自700多个居委会的1300多名干部进行培训；除组织统一的集中培训之外，还导入了"干中学"的能力成长模式，通过每月定期召开的网络宣传工作推进会或经验交流会，各位版主对近期工作进行经验交流与互动，实现共同提高。[①]

3. 完善工作机制，加强制度建设

在充分了解民意、掌握民情的前提下，建立"两类三级"舆情工作机制。基于发言的内容分为情绪心理类（网民就社会问题、时政信息、娱乐八卦等发表的言论）与民生问题类（社区居民通过业主论坛就个人利益、小区和社区公共事务等提出的意见建议，所反映的利益诉求）；针对情绪心理类发言主要通过引导等方式进行情绪心理疏导，营造正面积极的网络舆论氛围，而重点关注民生问题类发言，在力所能及的情况下积极予以解决。

针对解决问题的层级分为三级管理，分别为居委会层级、街道科室层级与街道及以上层级，舆情所指的问题，属于上区范围，可以通过小区居委会解决或者联合小区民间组织共同协商解决的，由居委会负责人牵头，居委会、业委会、物业与社区民警共同解决；如果舆情所指的问题超出小区管理能力或经协调后仍无法推动问题解决时，由相应的街道职能科室或

---

① 《双版主、双进入：虚拟社区管理的杨浦模式》，《领导信息决策》2011年第35期，第20页。

区政府驻地派出机构负责人进行网上和网下的沟通及解决；如果问题的解决需要区、市级层面有关部门推动，启动重大舆情应对机制，由街道网宣工作指导小组召集由各相关单位参加的网络舆情分析和处置联席会最终做出应对决定。

此外，制定《网络宣传工作干部培训制度》、《网络宣传工作操作规程》等若干规章制度，明确工作职责与工作流程，为"双版主、双进入"的工作模式提供制度保障。

[亮点点评]

1. 借助已有的网络平台

打破传统的自建网络，而借助已有的业主网络，不仅充分利用论坛已经聚集的大量人气，更重要的是，借助已有的论坛上话题丰富，内容复杂，民意的代表性较高，可以更快地进入社区居民的虚拟社区生活当中。

2. 实现信息的双向沟通

改变了信息单边输出的模式。过去，业主在网上发表议论，提出意见和建议，只是民意的单向输出；而居委会通过走访、布告栏等途径发通知，也只能实现信息的单向传达。通过居委会干部进入网络当版主，直接接触到最基层的群众，通过网络的渠道关心民情、了解民需，切实地站在居民的角度，解决他们在社区生活中的实际问题；与小区居民实现线上线下的沟通、交流看法，达成共识，引导居民积极地参与社区活动、投身社区建设。通过建立"线上"、"线下"更为紧密的信息互动机制，变网络上的单边信息为互融互动的双边沟通，密切了社区干部与群众的联系。

非公有制企业构建和谐劳动关系问题研究

叶才勇[*]

市场经济体制下我国的经济形式如按所有制归类，可分为公有制经济和非公有制经济。在非公有制经济中，非公有制企业无疑是最主要的也是最为活跃的市场主体。所谓非公有制企业是指企业的资产归我国内地自然人所有或者归外商、港澳台商所有的经济成分占主导或相对主导地位的企业。按注册类型划分，非公有制企业包括：私营企业；港澳台商投资企业；外商投资企业；非公经济成分占主导或相对主导地位的股份合作企业、其他联营企业、有限责任公司、股份有限公司和其他企业。

市场经济是以利益为基本导向的经济。诚如西汉司马迁所言："天下熙熙，皆为利来；天下攘攘，皆为利往。"非公有制企业是天生的趋利主体，群体的趋利行为必然导致竞争。这种竞争具有鲜明的两重性：一方面，竞争可以把人们的积极性、创造性和进取精神、冒险精神、牺牲精神充分调动起来，激发出正能量；另一方面，竞争又可能把人们心中最自私、最卑鄙、最残忍的东西呼唤出来，释放出负能量，使市场和社会充斥着"潘多拉行为"，即尔虞我诈、坑蒙拐骗、制假售假、欺行霸市、商业贿赂、偷税漏税、盘剥劳工等危害经济社会甚至侵犯人权的行为，滋生出所谓的"血汗工厂"。近年来我国非公有制企业中劳动争议案件频发，劳动者频频采取跳楼自杀、群体罢工等激烈方式表达利益诉求，就凸显了一些非公有制企业劳动关系中存在严峻的利益冲突问题。据报道，台企富士康科技集团公司自 2010 年至 2012 年先后发生 19 起跳楼事件，单单深圳

---

[*] 作者简介：叶才勇，男，华南师范大学法学院副教授，民盟广东省委会委员、民盟华南师范大学委员会副主委。

富士康集团2010年就发生了11宗员工跳楼事件，共造成9死2重伤①。2010年5月，佛山本田汽车零部件制造有限公司职工因薪酬低、福利差举行罢工②；2011年12月韩国LG公司南京工厂员工要求补发年终奖举行罢工③。上述罢工事件参与人数众多、社会影响巨大，不仅给企业和社会造成了巨额经济损失，也严重影响到社会的稳定与和谐。

尽管这些问题在非公有制企业中不是主流，但我们不能忽视其负面影响的严重性。这些问题的存在，破坏了正常的经济秩序和企业间公平竞争的环境，影响到国民经济的健康运行，损害了企业主和劳动者的利益，也严重影响到社会的稳定与和谐。可见，研究非公有制企业劳动关系中存在的问题，分析其成因并寻求应对之策，对于加强非公有制企业的监管，促进劳动关系和谐稳定意义重大，它不仅是维护市场经济秩序、完善社会主义市场经济体制的基本要求，也是落实"以人为本"，建设和谐、幸福社会的必然要求。

一 劳动争议案件的基本情况

据国家人力资源和社会保障部统计，2008年度，全国各级劳动争议仲裁机构共办理劳动争议案件96.4万件（含上年未结争议案件），当期立案69.3万件，比上年增长98.0%，涉及劳动者121.4万人。其中，集体劳动争议案件2.2万件，涉及劳动者50.3万人。2009年度，各级劳动争议仲裁机构共立案受理劳动争议案件68.4万件，比上年下降1.3%；涉及劳动者101.7万人，比上年下降16.3%。其中，集体劳动争议案件1.4万件，涉及劳动者30.0万人。2010年度，各级劳动争议仲裁机构立案受理劳动争议60.1万件，比上年减少12.2%，涉及劳动者81.5万人，比上年减少19.8%。其中集体劳动争议0.9万件，涉及劳动者21.2万人。2011年度，各级仲裁机构立案受理劳动争议58.9万件，比上年减少1.9%，涉及劳动者77.9万人，比上年减少4.4%。其中集体劳动争议

---

① 《富士康跳楼事件》，http://baike.baidu.com/view/3624334.htm#6，2012年8月3日访问。
② 《本田深陷"罢工门"》，http://carschina.com/bentianbagong/，2011年12月1日访问。
③ 《LG南京工厂罢工：缘于年终奖大幅缩水》，http://tech.sina.com.cn/e/2011—12—28/10556574424.shtml，2012年6月2日访问。

0.7万件，涉及劳动者17.5万人。[①] 从以上统计数据来看，除2008年度全国劳动争议案件与上年相比有巨幅增长外，2009、2010、2011年度呈逐年下降趋势，但总量依然很大，涉及劳动者众多。

就广东地区而言，2008年《劳动合同法》、《劳动争议调解仲裁法》（以下简称"两法"）相继施行后，广东法院，特别是珠三角等劳动用工集中地区的法院受理劳动争议案件数量急剧上升。劳动争议案件已经超过传统的婚姻家庭、继承纠纷案件，跃居广东法院受理民事案件的第一位。其中绝大部分劳动争议案件发生在非公有制企业中。据调查，深圳地区的劳动纠纷案件80%以上属于追讨工资和经济补偿金纠纷，其余为用人单位和劳动者之间因是否签订劳动合同或无固定期限劳动合同而引发的纠纷和以劳务派遣的方式进行用工引发的劳务派遣纠纷等新类型纠纷；广州地区则集中在劳动合同的订立与解除以及加班费纠纷。

近年来我国非公有制企业劳动争议案件频发，有其特定的社会经济环境和制度背景。

（一）特定社会经济环境下各类劳资纠纷日益显现

我国正处在社会转型经济转轨的历史时期，经济发展进入一个生产要素成本周期性上升的阶段，成本推动的压力加大。2008年美国次贷危机引发的全球金融风波的持续扩散和蔓延，使得我国经济特别是外向型经济受到严重冲击，许多行业和企业经营困难，非公有制企业在市场经济大潮中求生存、图发展的压力进一步增大，纷纷采取措施控制和降低用工成本，导致劳动关系日益紧张，矛盾凸显。可以说，特定社会经济环境下的劳动关系矛盾显现是引发劳动争议案件大幅增长的根本原因。

（二）两法施行致传统用工模式显现"短板效应"

《劳动合同法》、《劳动争议调解仲裁法》分别于2008年1月和5月施行，"两法"加大了对劳动者的保护力度，而非公有制企业尤其是私营企业的传统用工模式具有一定的惯性和定式，未能及时调整改变以适应和满足新的规则要求，"短板效应"凸显，导致劳动关系紧张，劳动争议日益增多。

---

① 人力资源和社会保障部：2008、2009、2010、2011年度《人力资源和社会保障事业发展统计公报》。

(三) 劳动者的维权意识增强，维权能力得到提升

两法的施行与广泛宣传，不仅为劳动争议的及时有效解决提供了法律依据，而且极大地唤起了劳动者的权利意识，客观上增强了劳动者的维权能力。这亦是近年来劳动争议案件迅速增长的重要原因。

(四) 劳动争议仲裁和诉讼的成本大大降低

《劳动争议调解仲裁法》规定，劳动争议仲裁不收费，劳动争议仲裁委员会的经费由财政予以保障。此前，劳动者申请劳动争议仲裁均需缴纳一定的案件受理费（500 元），这多少会影响到劳动者申请劳动争议仲裁的积极性。2007 年 4 月施行的人民法院《诉讼费用交纳办法》规定劳动争议案件每件只交纳 10 元诉讼费，此前规定的是每件须交纳 50 元诉讼费。可以说，劳动者维权成本降低，在一定程度上刺激了劳动争议案件数量的增长。

二 问题及成因

(一) 非公有制企业：违法用工、管理疏漏及工作条件恶劣

1. 未及时、足额支付劳动报酬

在各类的劳动争议案件中，因劳动报酬引发的纠纷数量居于首位。其中，又以劳动者主张加班工资的纠纷最为多见。尽管有的案件系劳动者对加班存在误解或者曲解而引发，有的案件因劳动者无法举证加班事实或举证不充分而导致申请无法得到仲裁庭或者法庭支持，但大部分案件中，用人单位均不同程度地存在拖欠或者少付劳动者加班工资的情况。据国家人力资源和社会保障部统计，各级劳动行政部门通过劳动保障监察执法，2009 年度责令用人单位为 593.1 万名劳动者补发工资等待遇 89.2 亿元；2010 年度责令用人单位为 502.1 万名劳动者补发工资等待遇 99.5 亿元；2011 年度责令用人单位为 533.5 万名劳动者补发工资等待遇 155.1 亿元。[①] 这反映出，用人单位尤其是非公有制企业在安排劳动者超时工作

---

① 人力资源和社会保障部：2009、2010、2011 年度《人力资源和社会保障事业发展统计公报》。

时，未依法计算、合理支付相应加班工资的情况较为普遍，甚至有的企业利用劳动行政部门批复的不定时工作制岗位安排劳动者超长时间工作，却规避支付加班工资或安排调休的法定义务。

2. 未依法缴纳社会保险费

根据《劳动法》和《社会保险法》的规定，用人单位应当依法为劳动者缴纳社会保险费。但部分非公有制企业为降低用工成本，有意逃避缴费义务。各级劳动行政部门通过劳动保障监察执法，2009年度督促14.1万户用人单位补缴社会保险费46.4亿元；2010年度督促13.9万户用人单位补缴社会保险费48.2亿元；2011年度督促12.8万户用人单位补缴社会保险费52.8亿元。① 此类纠纷的成因主要包括：一是用人单位与劳动者曾口头约定，由用人单位以支付现金方式作为补贴而不为劳动者缴纳社会保险费，事后因单位未履行口头协议或者劳动者要求单位依法为其缴纳社保费而涉诉；二是用人单位以较低的缴费基数为劳动者缴纳社会保险费，劳动者要求按实际工资基数补缴；三是部分中小型非公有制企业直接逃避法定义务，不为劳动者缴纳社会保险费，劳动者发现后要求补缴。对用人单位而言，少缴或漏缴社会保险费不仅损害了劳动者的合法权益，而且对企业自身的权益亦有损害，一旦发生工伤事故，用人单位将会因此支出更多的赔偿费用。对社会而言，企业的少缴或漏缴行为使社会保险费的缺额进一步增大从而影响其统筹使用。

3. 未签订书面劳动合同或者劳动合同约定不明、合同管理疏漏

为规范用人单位的用工行为，保障劳动者的合法权益，我国《劳动法》及《劳动合同法》均规定用人单位与劳动者建立劳动关系应当签订书面劳动合同。但实践中未签订书面劳动合同的情形仍时有发生，劳动者以此主张双倍工资的劳动争议约占全部案件的15%。各级劳动行政部门通过劳动保障监察执法，2010年度责令用人单位与937.8万名劳动者补签了劳动合同；2011年度责令用人单位与880.1万名劳动者补签了劳动合同。② 一般来说，劳动争议仲裁委员会和法院在处理此类案件时会重点审查未签订劳动合同的原因。如果系单位原因导致未签订合同的，则单位应支付双倍工资；

---

① 人力资源和社会保障部：2009、2010、2011年度《人力资源和社会保障事业发展统计公报》。

② 人力资源和社会保障部：2010、2011年度《人力资源和社会保障事业发展统计公报》。

如单位已尽到诚实磋商义务，因不可抗力、意外情况或者劳动者无故拖延或拒绝签订等原因导致合同未签订的，单位无须承担法律责任。

根据法律规定，用人单位在与劳动者签订劳动合同时应当明确约定工作内容和工作地点、工作时间和休息休假、劳动报酬、社会保险等事项。但实践中，一些非公有制企业在与劳动者签订合同时，对工资的具体构成约定不明，甚至以保密为名没有约定工资数额。对于工作时间的安排（如固定的每周"做六休一"，或每周有固定的延时加班等情况），用人单位仅口头告知劳动者工资中含有加班费，但未在劳动合同中载明，导致争议发生后，双方对工作时间、工资数额的认知分歧较大，难以协商解决。如某私营企业与劳动者签订劳动合同时约定"月工资2300元，每周做六休一，奖金另计"等事项。后双方因加班工资发生争议，劳动者认为合同约定的仅是基本工资，不包括加班工资；而单位则认为合同约定的月工资即对应每周工作六天的劳动报酬。双方均未提供能够证明劳动者工资构成的其他证明材料。法院据此认为，双方在合同条款中对"加班工资"未予明确约定，单位亦无法证明其支付的工资数额中已经包含相应的加班工资，故应当支付劳动者的加班工资。劳动合同一般为格式合同，由用人单位制作或者提供，其条款约定不明的，应当做出有利于合同相对方即劳动者的解释。因此，法院的判决无疑是正确的。

部分非公有制企业在劳动合同的签订、保管等合同管理环节上也存在疏漏。如某台企与李某签订书面劳动合同，半年后发生劳动争议，李某申请劳动争议仲裁，要求支付未签订劳动合同的双倍工资差额。该台企拿出双方签订的劳动合同进行抗辩。仲裁中，李某申请对劳动合同上的签名进行笔迹鉴定，结果显示该合同并非李某签名，且台企亦无法提供证据证明其向李某发放过劳动合同书的事实，故最终败诉。又如，某私营企业被劳动者申请仲裁要求支付未签订劳动合同的双倍工资差额，该企业答辩认为双方签订过劳动合同，但无法提供书面合同证明这一事实，尽管其提供了与其他劳动者签订的劳动合同，但显然不足以证明其与该劳动者签订过劳动合同，最后仲裁庭支持了劳动者的申请。庭后，该企业承认其确实在合同管理方面存在疏漏，部分劳动合同在企业办公场所搬迁时遗失。

笔者在一次调研中了解到，一家从事生物制药的民营企业与劳动者签订劳动合同后，常常将合同包括劳动者应持的那一份全部收归公司人力资源部保管。问其原因，人力资源部经理解释说是怕员工遗失，但私下里交流时，他承认这种做法用意在于避免劳动合同争议，他说："如果没有劳动合同，员工怎么告？"这其实是混淆了劳动合同与经济合同的属性。试想，员工即便拿不出劳动合同，也能以其他证据（包括工作证、工资条、任职书等）证明事实劳动关系存在，何况我国《劳动法》及《劳动合同法》均明确规定用人单位与劳动者建立劳动关系应当签订书面劳动合同。《劳动合同法》第81条还规定：用人单位未将劳动合同文本交付劳动者的，由劳动行政部门责令改正；给劳动者造成损害的，应当承担赔偿责任。如员工在劳动争议仲裁或诉讼中诉称未签订劳动合同或者未交付劳动合同文本的，将由用人单位承担已签订或者已交付书面劳动合同的举证责任。

4. 固定期限劳动合同终止未支付经济补偿

《劳动合同法》第46条第五项规定：除用人单位维持或者提高劳动合同约定条件续订劳动合同，劳动者不同意续订的情形外，依照本法第44条第一项规定终止固定期限劳动合同的，用人单位应当向劳动者支付经济补偿。部分非公有制企业由于对新法不了解，认为合同到期终止无须支付经济补偿，由此引发劳资纠纷。

5. 违法解除劳动合同

我国法律规定用人单位与劳动者均有权单方解除劳动关系，但亦对其适用条件做了相关限制。部分非公有制企业违法解除劳动合同的情形主要表现为：解除劳动合同的理据不充分；因岗位或者职务变动致劳动者不服而强行解除劳动合同；错误适用《劳动合同法》第40条之规定解除劳动合同；解除尚处医疗期或"三期"（孕期、产期、哺乳期）内的员工劳动合同等。此外，虽然法律对用人单位在具备解除劳动关系的条件下，仅因解除前未征询工会意见的行为是否存在程序瑕疵未予明确，但从规范企业用工制度，依法行使单方解除权的角度看，用人单位在做出单方解除行为时，宜先征询工会意见，以确保解除程序上没有瑕疵。

6. 工作条件恶劣，福利待遇差

2012年1月26日，《纽约时报》A1版以"*In China, Human Costs Are Built Into an iPad*"为题，披露了苹果在中国组装iPad和iPhone的工厂剥削工人的现象①。根据《纽约时报》记者对工人、业内分析人士采访以及

---

① 《美媒曝苹果中国血汗工厂，36雇员揭内幕》，http://digi.hsw.cn/system/2012/01/31/051226587.shtml，2012年3月5日访问。

相关的公司文件,组装和制造 iPhone、iPad 等电子产品的工人时常在艰苦,甚至致命的环境下工作。有些工人反映,由于长时间的站立工作,他们的腿部出现了水肿,以至于无法便捷行走;甚至有工人因为工业事故而丧命,或者因为接触有毒化学品而住院。事实上,苹果并不是唯一一家供应链上生产环境恶劣的电子产品公司,戴尔、惠普、索尼、摩托罗拉、诺基亚等公司在华投建的工厂都被发现生产车间内的工作环境严苛,劳动强度大,工资待遇低等。

7. 制度严苛,罚则滥施,管理粗暴

任何企业的经营管理,都离不开一系列的内部规章制度,所谓国有国法,企有企规。这本是无可厚非的事情,问题出在企规的合法性及程序的正当性上。部分非公有制企业不仅未按法律、法规及政策的要求制定合法适度的规章制度,而且在规章制度制定过程中亦未能满足民主、公示等程序性要求。一些企业主或者高管视企业为自己的领地或者独立王国,推行严苛制度,滥施罚则,粗暴对待员工。这不仅侵犯了员工的人格权和财产权,人为制造了企业主与员工、管理者与被管理者之间的情感樊篱和心理鸿沟,导致员工没有认同感和归属感,容易引发、激化矛盾而酿生劳动争议,而且缺乏合法性或者程序正当性的规章制度也经不起仲裁或者司法的考量,最终会影响企业的外部形象、内部治理以及经济效益。

8. 利用劳务派遣逃避法定用工责任

劳务派遣作为一种比较常见的企业用工形式,《劳动合同法》做了特别规定。部分非公有制企业利用劳务派遣方式逃避法定用工责任,降低用工成本,由此引发的争议案件估计占劳动争议收案总数的10%左右。其中的违规情形主要表现在:(1)用人单位将原来的员工"包装"成劳务派遣工继续使用,工作岗位与工作内容未发生任何变化;(2)诱骗劳动者签订劳务派遣协议,隐瞒劳动者的劳务派遣身份;(3)劳务派遣单位为少缴社会保险费将劳动者推至劳务公司再派遣;(4)用工单位随意退回劳动者,使劳动者就业的稳定性下降,随时面临失业风险;(5)劳务派遣单位与用工单位相互推诿,损害了劳动者的合法权益。

(二)富士康科技集团:一个分析样本

从富士康科技集团(以下简称富士康)的官网了解到,该集团是专业从事计算机、通信、消费电子等3C产品研发制造,广泛涉足汽车零组件、通路、云计算服务及新能源、新材料开发应用的高新科技企业。该集团自1988年投资中国大陆以来,迅速发展壮大,已成为全球最大的电子产业科技制造服务商,中国厂区已招聘近百万中国籍员工。2011年该公司进出口总额达2147亿美元,占我国内地进出口总额的5.9%,2011年旗下19家公司入围我国出口200强,综合排名第一。2012年更是跃居《财富》全球500强第43位。然而正是这家"肩负科技使命,传承爱心文化,挑战产业转型升级更高目标",以"爱心、信心、决心"为经营理念的集团公司,"缔造"了其大陆工厂2010年至2012年内先后19起雇员跳楼事件,被美国2010年度最具影响力男性斯图尔特(Jon Stewart)在喜剧中心电视台(Comedy Central)的脱口秀节目里讥讽为"恐怖工厂"(Fear Factory)。[1]

2012年3月30日,美国非营利组织公平劳工协会公布了对富士康的最终调查报告。公平劳工协会称,通过对苹果主供应商富士康旗下的深圳观澜、深圳龙华和成都工厂3家工厂中3.55万名员工的工作和生活条件进行持续近一个月的全面、独立调查,发现富士康旗下3家工厂存在数十桩违反劳工权利的行为,如加班时间过长、"克扣"加班工资等,甚至存在违反中国劳动法的行为。[2] 至少在过去12个月里,所有3家工厂都超过了公平劳工协会制定的每周工作60小时(通常算上加班时间)的工作地操作守则标准和中国法律中每周工作40小时、每月加班不超过36小时的规定。在生产高峰期间,富士康工人平均每周工作时间超过60小时,有时一些工人连续工作超过7天。公平劳工协会调查发现,64%的工人表示他们的工资不能满足基本生活需求,因非计划内加班有14%的工人未获得公平报酬。富士康对非计划内加班仅按30分钟为单位向工人支付报酬,这就意味着,29分钟以内的加班不会有报酬,而58分钟的加班只按30分钟计算。公平劳工协会还调查了其他有关健康和安全、工人整合和沟通、实习待遇和中国社保等情况,发现富士康存在很多健康和安全问题,包括铝尘污染、工厂车间逃生出口堵

---

[1] 《美媒曝苹果中国血汗工厂,36雇员揭内幕》,http://digi.hsw.cn/system/2012/01/31/051226587.shtml,2012年3月5日访问。

[2] 林其玲:《美劳工协会:富士康存数十桩违反劳工权利行为》,《新京报》2012年3月31日(http://news.sohu.com/20120331/n339456383.shtml),2012年4月6日访问。

塞、个人防护装备存在缺陷等。很多工人担心他们的健康和安全无法保护，超过43%的工人称，他们都经历或目睹过事故，这些事故包括从手部受伤到工厂车辆事故等。①2011年5月20日，富士康鸿富锦成都公司抛光车间发生生产爆炸事故，造成2人死亡、16人受伤其中重伤3人的严重后果。②

为保持和提升"速度、品质、技术、弹性、成本"方面的核心竞争力，富士康在内部治理上实行的是绩效管理制度，其组织结构呈金字塔式的科层制：中高级管理者重点参与公司整体战略的制定与实施，协调中层各职能部门，将降低成本的目标分解到各个环节；中层干部以及研发业务骨干负责分配任务、制定细节并实施；底层员工则要快速完成任务，并以自己的任务目标作为绩效考核和薪酬计算的标准，保证高良品率。富士康的工作制度是每2小时可以休息10分钟，平均工作时间达到每天12小时。员工进入富士康首先就要签一份"自愿加班协议书"，即保证每个员工都"自愿加班"。而员工的底薪一般很低，如果要拿高薪，必须靠不断加班来获得。但这种"自愿加班"实质上并非自愿，因为协议上已经写明：如果选择加班，必须整个月都加班；如果选择不加班，那么整个月都没有机会加班。同时，线长（一线管理者）等对员工的绩效考核起着决定性的作用，线长就是工厂的监视器，负责督促员工完成工作，有时非常粗暴地对待员工，没有让员工感受到任何以人为本的企业管理理念与文化。绩效管理下的富士康员工特别是一线技工长期处于一种高度紧张的工作状态，还要忍受管理人员的辱骂甚至体罚，人被机器挟持，最后几乎与机器同化。富士康一直标榜"爱心、信心、决心"的企业文化和企业价值观，但很多曾在富士康任职的员工表示，自己在富士康对于"信心、决心"体会很深，但对"爱心"却感觉不够。③

尽管富士康在2012年6月发布的《2011企业社会与环境责任年报》

---

① 《FLA公布最终调查报告：富士康3工厂存重大问题》，http：//tech.163.com/12/0330/04/7TQMDO8H000915BD.html，2012年3月31日访问。
② 《成都富士康发生爆炸 已致2人死16人伤》，http：//news.163.com/11/0520/23/74HL03JV00014JB5.html，2011年11月15日访问。
③ 《富士康跳楼事件》，http：//baike.baidu.com/view/3624334.htm#6，2012年8月3日访问。

中称：集团积极履行国际公认准则及当地法律法规标准，尊重员工自由结社的权利，已于2007年成立工会联合会，代表集团员工的利益，维护员工合法权益，为员工排忧解难，服务员工；至2011年，集团在大陆地区15个园区组建工会组织，员工入会率达86.3%。但美国公平劳工协会在上述调查报告中指出，富士康工会中管理层代表占主导地位，没有真正代表工人，工会缺乏为工人讲话的机制。[①]

可以说，富士康所暴露出来的加班时间过长、"克扣"加班工资、存在健康和安全风险、缺乏沟通机制及人文关怀等劳动关系问题在我国许多非公有制企业中同样存在，甚至一些企业有过之而无不及。

（三）劳动者：诚信缺失、渎职侵占及维权不当

1. 伪造身份、学历证明求职应聘

市场经济条件下的各类非公有制企业除了依法缴纳一定的税费以增加国家的财政收入，而且为广大劳动者创造了较多的就业机会。有些劳动者为实现就业，采取伪造身份、学历证明，虚构履历，或者借用、冒用他人身份证件等方式"满足"企业的招聘条件，企业聘用后发现其工作能力、业绩难以与其个人简历相匹配，通过调查，发现其学历或者工作经历等造假，不符合企业的招聘条件，因此解除劳动关系而引发争议。

2. 故意拖延甚至不签劳动合同

有些劳动者在应聘后，对劳动合同条款不持异议但故施拖延战术不签合同、不返还合同，或者干脆将空白合同返还用人单位。还有劳动者借与用人单位就签订无固定期限劳动合同进行磋商之机，不断提出无理要求，不肯签订劳动合同。

3. 渎职侵权、违法犯罪

尽管大部分非公有制企业制定了岗位绩效考核的标准以及奖惩规则，但也难以避免一些员工消极怠工甚至渎职侵权。劳动者违法犯罪的情形主要表现在：（1）故意毁坏机器设备，破坏生产；（2）故意挑起事端，制造矛盾，妨碍生产；（3）收受商业贿赂；（4）挪用企业资金；（5）侵占

---

① 《FLA公布最终调查报告：富士康3工厂存重大问题》，http://tech.163.com/12/0330/04/7TQMDO8H000915BD.html，2012年3月31日访问。

企业财产；（6）违反法律和劳动合同关于竞业禁止的规定，为自己或者他人谋取属于用人单位的商业机会，自营或者为他人经营与用人单位有同类的业务；（7）擅自披露商业秘密。后五种多半是在企业中负责管理、研发、营销的劳动者利用职务便利实施的违法犯罪行为。广东省开展"三打两建"活动以来，公安机关就查处了不少非公有制企业职工的商业贿赂行为。如果说消极怠工可归因为劳动者的惰性、素质差以及对于企业没有认同感和归属感，那么违法犯罪行为在主观上只能归因为劳动者膨胀的私欲与贪念。一般来说，劳动者消极怠工或者一般性违法导致用人单位解除劳动合同的，多半会引发劳动争议；如劳动者被追究刑事责任的，用人单位依法解除劳动合同时，很少会引发劳动争议。

4. 采用聚集、围堵甚至罢工等激烈手段维权

近年来传媒上时有非公有制企业劳动者聚集、围堵经营场所或者交通要道甚至罢工游行的报道。纠纷的起因通常是一部分劳动者对所在单位拖欠加班工资、不按承诺兑现奖金或者增加待遇、调岗调薪等不当行为心存不满，甚至为满足一些无理要求而联合起来，用上述激进手段表达利益诉求。如用人单位"秋后算账"予以辞退、开除，或者依然不理不睬，多半会引发集体劳动争议。

2012年广州一家台商投资的贸易有限公司因经营需要，做出将办公场所由天河区搬往花都区的决定，公司管理层先后两次召集全体员工会议集体协商，并书面通知："考虑办公场所搬迁后员工上下班发生的地铁通勤费用，公司决定提高福利待遇，为每位员工免费提供午餐和休息间，补助地铁往返费用，并另行安排专车（巴士）于每天上下班时段集体接送（地铁人和站至公司办公新址）。确属个人原因无法继续履职的同人，可与公司协商解除劳动合同，办理有关工作交接手续，公司将按《劳动合同法》第47条规定的标准予以经济补偿。"

可以说，该公司已尽重大事项告知义务，既未拖欠工资，又未改变原劳动用工条件，因为劳动合同原本约定工作地点为"广州及周边地区"。但多数员工拒绝和阻挠搬迁，提出包括居家办公、一周只去花都新址两三次等无理要求，当无理要求被公司断然拒绝后，他们聚集和围堵在办公场所，谎称公司欠薪，又是110报警，又是报告劳动监察大队，造成公司无端被查，搬迁迟滞，业务受到严重影响。经劳动监察人员教育、规劝、引导、协调，多数员工最终与公司达成《劳动合同解除协议书》。

三　对策及建议

何谓"和谐"？《礼记·中庸》将之表述为："万物并育而不相害，道并行而不相悖。"也就是说，世间万物相互协调，彼此在相互平衡中取得各自的发展空间，彼此间的才能得到充分发挥而不相互抵触，达至共赢。劳动关系一体两面，一方是用人单位另一方是劳动者，既对立又统一，并存于同一个利益共同体中。当企业之舟面临倾覆之虞甚至沉没，损失最大的当然是企业的投资者，但劳动者的利益多少会受到影响甚至会造成根本损害，所谓"一荣俱荣，一损俱损"，尽管有的劳动者可弃舟登岸或者跳到另一艘船上，重新就业，继续其生计。从社会学的角度看，企业是社会经济活动的组织者和重要载体，企业劳动关系存在诸多问题或者矛盾冲突，不仅制约了企业和劳动者自身的发展，而且可能会产生"蝴蝶效应"，引发更大规模的争议和群体性纠纷，从而影响经济社会的和谐稳定以及可持续发展，甚至引发社会震荡。

非公有制企业是我国市场经济的一支生力军，在许多行业和领域已占有半壁江山甚至可主沉浮，在经济社会发展中发挥着重要作用，因此构建并促进非公有制企业和谐稳定的劳动关系意义重大，任务紧迫。而要解决业已存在的上述问题，仅仅依靠仲裁和诉讼这种"事后救济"手段远远不够，必须多管齐下，多措并举，力求从源头上预防和减少劳资纠纷，并在发生劳动争议后及时妥善处理。

（一）强化规范意识，打造利益共同体，源头解决劳动关系中存在的问题

1. 非公有制企业

市场经济是法制经济，任何用人单位包括非公有制企业在内都应当在严格遵守国家相关劳动法律法规的基础上，加强自身制度建设，完善内部法人治理，注重规范运作，切实保障劳动者的利益。

（1）进一步规范劳动合同管理措施，高度重视劳动合同签订、履行、终止、解除等各个环节，避免因处置不当而引发纠纷。

比如，发放空白劳动合同给劳动者签订时，可以让劳动者办理签收手续，以确认其收到该份书面合同，一旦发生争议，可以此为据，证明非因单位原因而未签订劳动合同。同时加强对劳动合同的保管工作，可以设专人负责管理，并办理相应的备案手续。企业的人事、法务专员或者其他相关人员应当及时参加有关劳动法律法规及相关政策的业务培训，提升业务素质和管理能力。

（2）保障劳动者工资收入及福利待遇。

"逐利性"虽说是资本的本质属性，但资本为"现代人"所控制。经过现代文明的冲洗和改造，资本多少已褪去早期的野蛮、血腥与残忍而闪耀出人性化的灼光。因此，非公有制企业应当依法建立起合理化的管理制度、机制及绩效考核标准，实行人性化管理，兼顾企业与劳动者双方的利益，不能将企业生存、发展建立在拖欠、少付劳动者工资或者克扣劳动者加班补贴甚至损害劳动者健康与安全的基础上。

有条件的非公有制企业还可以建立股权激励机制，形成企业股权"磁场"，吸附劳动者同心同向同行，共同致力于企业的发展。这也是打造利益共同体的关键所在。

（3）改善劳动用工条件，关心劳动者的安全与健康。

劳动者是企业的利益关系人，企业应当首先向其履行社会责任。为此，企业应当关注、关心劳动者的生活环境、工作环境、身体以及心理健康，切实采取有效措施改善劳动用工条件，防治职业危害，保障劳动者的生产和生活安全。须知：安全是企业的生命，是企业发展的基石，是一切效益的根本。

企业可通过员工热线、座谈会、信箱、满意度调查等途径与劳动者沟通，使其心声得到倾听，情绪得以抒发，疏导劳动者尤其是年轻员工的心理，促进其健康成长，提升劳动者在企业工作的幸福感和荣誉感。有条件的企业还可以设立特困员工救济金、员工互助基金、员工亲属慰问金等，增强劳动者对企业的认同感与归属感。

2. 劳动者

市场经济是法制经济也是信用经济，而诚信社会的建立离不开包括自然人在内的每个社会活动主体的努力。劳动者应当诚实守信，求职应聘时务必实事求是，被聘后及时与用人单位签订劳动合同。

在履职过程中，劳动者应当遵守法律法规和企业内部规章制度，逐渐培植起"厂兴我荣，厂衰我辱"的忧患意识和归属感，勤勉务工，忠实守责。如工作、生活中遇到困难，劳动者可主动与用人单位有关人员反映、沟通，及时抒发情绪、缓解压力。在做好本职工作的同时，劳动者还可以针对企业节能减排、集约降耗、员工待遇、团队建设、安全隐患等方面存在的问题及时与管理人员反映、反馈，提出合理化意见、建议，以进一步改进企业内部治理机制，降低用人单位的生产和劳动用工成本，提高经济效益。对此，用人单位应予以鼓励和奖励，形成"企业一家亲"的良性互动。

（二）发挥政府职能，监督企业履行社会责任，规制劳动者行为

应当说，我国非公有制企业业已发生或者暴露出来的问题以及对经济社会发展造成的危害，政府及其有关职能部门不能辞其咎，应当问责。正是因为其平时监管不到位或者不给力，才使一些企业劳动关系日益紧张甚至崩裂，酿生事故和群体事件。为此，劳动行政部门应反思和自省，并在今后加强以下几方面的工作：

1. 加强劳动监察与指导

（1）督促、指导用人单位规范和加强劳动合同管理，建立健全劳动用工备案制度。

（2）加大劳动监察力度，严惩违法用工。劳动行政部门应对企业加班及补助情况定期检查、核查；对企业申报设立不定时工时制的岗位要严格审批，并不定期进行抽检。对拖欠、克扣劳动者工资、加班补贴甚至损害劳动者健康与安全的用人单位依法做出行政处分。

（3）督促企业改善劳动用工条件，防治职业危害，保障劳动者的生产和生活安全。

2. 搭建协商沟通平台，妥善化解劳资纠纷

当出现可能引发群体性纠纷的苗头时，劳动行政部门应主动介入，在第一时间平息纷争，避免矛盾升级扩大。

不少中小型非公有制企业由于受到金融危机及其后续效应影响，经营困难。政府应加强服务，提供优惠政策予以扶持，帮助其尽快摆脱经营困境。另外，可以参照司法救助专项资金模式建立中小企业欠薪专项保障基金，当企业陷入困境确实无力支付劳动报酬时，代困难、破产企业垫付积欠的劳动者薪资，保障劳动者合法权益。

政府相关部门应当加大打击"内部人"侵犯企业合法权益的违法犯罪行为，教育、警示劳动者不得逾越法律边界。

(三) 发挥工会职能作用,建立民主管理及集体谈判机制

"工会是由工人组成的旨在维护并改善其工作条件的连续性组织。"[①] 工会是工人的自治性组织,工会代表应由工人或者被雇用的劳动者选举产生,代表工人利益,服务并服膺于全体工会会员。非公有制企业组建工会既是企业的法定义务,又是企业应尽的社会责任。工会作为劳动者的代言人,应当履行好以下职责。

(1) 代表会员与用人单位就劳动条件和就业条件进行协商谈判,签订集体合同。

(2) 参与企业规章制度的制定,听取和征求会员意见,从劳动者的利益角度建言献策、磋商表决。

(3) 关注会员的工作与生活环境,关心会员的安全与健康,督促、协助企业办好职工集体福利,做好工资发放、劳动安全卫生和社会保险等项工作。

(4) 对用人单位不合理的有损劳动者利益的行为、措施,及时提出意见,要求整改,必要时及时向有关部门反映。

(5) 通过对话、协商及集体谈判等利益表达机制预防和化解劳资矛盾。

(6) 组织开展培训活动,提升会员业务素质和职业操守。

[①] Sidney Webb, Beatrice Webb, The History of British Trade Unionism, 2nd Ed, London, Longmans Green and Co., 1920, p. 1. 转引自程延园《集体谈判制度研究》,中国人民大学出版社2004年版,第113页。

五　优秀提案选摘

建立战略性新兴产业引导基金，加快广东产业转型升级

提案人：刘纪显* 等

内容：

在中共广东省委十届八次全会上汪洋书记明确提出了"加快转型升级，建设幸福广东"的发展目标。汪洋书记明确指出加快转型升级是手段，建设幸福广东是目的。要使用好"加快转型升级"这一重要手段，就必须紧紧抓住大力推动战略性新兴产业的发展这一关键，战略性新兴产业的发展是加快产业转型升级的强大引擎。而要大力推动战略性新兴产业的发展就必须引导社会资本大量进入战略性新兴产业，通过凝聚社会资本的庞大力量来克服战略性新兴产业创业投资资本的市场失灵，推动战略性新兴产业的加快发展。要引导社会资本大量进入战略性新兴产业，就必须建立我省战略性新兴产业政府引导基金。以战略性新兴产业政府引导基金引导社会资本大量进入战略性新兴产业，用资本推动战略性新兴产业发展，通过战略性新兴产业的发展来加快我省产业的转型升级。

广东省创业投资起步早，发展快，取得了显著成绩，各项指标位于全国前列。据统计，2009年广东创业投资新募集资本金8.24亿元，企业吸引风险投资规模38.3亿元，占全国的12.31%。但存在我省创业投资引导资金与广东省经济发展不相适应的问题。目前我省尚未建立省级创业投资引导基金，也未建立战略性新兴产业政府引导基金。我省必须建立战略性新兴产业政府引导基金来加快产业的转型升级。

---

* 提案人简介：刘纪显，男，华南师范大学经济与管理学院教授，民革中央委员，民革广东省委会副主委，广东省政协常委。

注：本提案获评2011年广东省政协优秀提案。

去年，广东全年国有经济投资增长52.2%，占全社会投资的31.5%；而民间投资增长15.8%，低于全省平均水平3.7个百分点。据粗略统计，目前广东民间约有12000亿元资金，其中6000亿元是在各种企业经营中，2000亿元处于各种投资状态，2000亿元是储蓄，2000亿元是现金。就是说广东目前有4000亿元闲散的社会资金。从2009年的情况来看，民间社会资本还没有真正发挥应有的作用。

目前广东省的风投创投基金主要还是通过设立国有独资或控股的创业投资公司，运用财政资金直接从事创业投资。这种方式就存在两大根本问题，一是纳入经营性国有资产考核后，有关管理部门则要求每年都要考核，每年都要有一定幅度的增值。这就导致了风投创投基金实际上变成了"无风险投"和"无创业投"，这就带来了传统产业"锦上添花"多，新兴产业"雪中送炭"少，战略性新兴产业种子期、起步期的企业难以获得融资。二是不能有效发挥财政资金的杠杆放大效应，引导和增加战略性新兴产业创业投资资本的供给，克服单纯通过市场配置战略性新兴产业创业投资资本的市场失灵问题。也就无法有效引导社会资本通过设立创业投资子基金进入战略性新兴产业。此外还存在以下问题，一是按现行国有资产管理办法，所投入的创投企业在转让所投资企业股权时，只能在国资委指定的产权交易所进行，不得不放弃更多的股权转让机会。因此市场推出非常困难。二是国有资产管理部门往往要求在投资决策时，按照一般国有资产投资项目进行评估，评估报告需要经国资管理部门核准或者备案后，方可进行投资。决策过程过长而复杂，且容易导致投资项目的逆向选择。

2005年11月由十部委联合发布的《创业投资企业管理暂行办法》第22条明确规定："国家与地方政府可以设立创业投资引导基金（以下简称'引导基金'），通过参股和提供融资担保等方式扶持创业投资企业的设立与发展。"2008年10月18日国务院办公厅以国办发〔2008〕116号文转发了发展改革委、财政部、商务部《关于创业投资引导基金规范设立与运作的指导意见》，明确了引导基金的性质与宗旨，设立与资金来源，运作原则与方式，引导基金的管理、监管与指导等。

为解决这些当前存在的问题，有效引导社会资本通过设立创业投资子基金，大量进入战略性新兴产业种子期、起步期的企业，建议以两个文件为依据加快建立战略性新兴产业引导基金。

一、由省发展和改革委员会等有关负责推进创业投资发展的部门牵头，与省财政厅和省金融办共同提出设立战略性新兴产业引导基金的可行性方案，报省人民政府批准后设立。

二、制定战略性新兴产业引导基金管理办法，规范引导基金的运作。引导基金管理办法由牵头部门和省财政厅金融办共同研究制定，或者通过项目超标委托有关专家组提出草案后研究制定。

三、战略性新兴产业引导基金以独立事业法人的形式设立，由省政府确定的有关部门任命或派出人员组成的理事会行使决策管理职责，并对外行使引导基金的权益和承担相应义务与责任。

四、引导基金的资金来源由支持创业投资企业发展的财政性专项资金；引导基金的投资收益与担保收益；闲置资金存放银行或购买国债所得的利息收益；个人、企业或社会机构无偿捐赠的资金等构成。

五、引导基金按照"政府引导，市场运作，科学决策，防范风险"的原则进行投资运作，扶持对象主要是按照《创业投资企业管理暂行办法》规定程序备案的在广东省设立的各类创业投资企业。

六、引导基金的运作采用（1）参股；（2）融资担保；（3）跟进投资；（4）风险补助或其他方式。引导基金所扶持的创业投资企业，应当在其公司章程或有限合伙协议等法律文件中，明确规定以一定比例资金投资于需要政府重点扶持和鼓励的战略性新兴产业创业早期企业。

七、引导基金遵照国家有关预算和财务管理制度的规定，建立完善的内部管理制度和外部监管与监督制度。专设管理机构负责引导基金的日常管理与运作事务，也可委托符合资质条件的管理机构负责引导基金的日常管理与运作事务。

八、引导基金设立独立的评审委员会，对引导基金支持方案进行独立审判，以确保引导基金决策的民主性和科学性。建立项目公示制度，接受社会对引导基金的监督，确保引导基金运作的公开性。制定引导基金章程，明确引导基金运作、决策及管理的具体程序和规定，以及申请引导基金扶持的相关条件。

九、引导基金纳入公共财政考核评价体系。省财政厅和牵头部门对所设立引导基金实施监管与指导，建立有效的绩效考核制度，定期对引导基金政策目标、政策效果及其资产情况进行评估。理事会应当定期向省财政厅和牵头部门报告运作情况。运作过程中的重大事件及时报告。

我省战略性新兴产业应借鉴"高铁发展模式"

提案人：方兴起[*]

内容：

2007—2009年全球性金融与经济危机对中国经济的巨大冲击，使人们亲身感受到了外资主导型的出口导向经济，成为了美国转嫁危机的一个有效的渠道，从而危及国家的经济安全。更为严峻的形势是，美国为走出当前的困境已经拉开了与中国打贸易战和货币战的架势，并计划在5年内使其出口翻一番。这意味着严重依赖美国等发达国家的市场的外资主导型的出口导向经济已走到了尽头。正是在这种背景下，胡锦涛总书记提出要加快转变对外经济发展方式。显然，从根本上说，只有加快改变外资主导型的出口导向经济，才能加快转变对外经济发展方式。

广东是典型的外资主导型的出口导向经济。而外资主导型的出口导向的发展道路，源于外商在广东境内的大规模直接投资。不能否定外商直接投资的历史作用，但应该庆幸地认识到，历经30年的发展后，广东的制造业如果仍然依赖于外商直接投资，那么，外商直接投资就会成为广东制造业的"鸦片"——只要我们能引进外商直接投资，我们就无须承担核心技术、品牌和销售网络创新的风险，而成为世界的制造中心。这种制造业的"鸦片"必将腐蚀、败坏和毁灭我们的创新精神，从而毁灭我们的企业。在当今世界，一个没有自己的强大的企业群的国家或地区，是难以在全球化经济中找到自己的立足点的。而德国自20世纪60年代以来，因拥有自己强大的企业群，一直处于不败之地。因此，广东要加快转变对外经济发展方式，既不能继续走外资主导型的出口导向的工业化发展道路，

---

[*] 提案人简介：方兴起，男，华南师范大学经济与管理学院教授，原广东省政协常委。
注：本提案获评2011年广东省政协优秀提案。

又不能回到计划经济时期的那种被动型的进口替代的工业化发展道路，而只能走自主性的进口替代与出口导向互相协调的经济发展道路。中国高铁这一战略性新兴产业，就是这一新的经济发展道路的典型案例。

世界上掌握成熟的高铁设计和制造技术的企业是德国西门子、法国阿尔斯通、日本川崎重工和加拿大庞巴迪。这几家企业都希望利用在华合资公司分食中国高铁蛋糕，但遭到铁道部的明确拒绝。中国高铁产业既没有继续走外资主导型的出口导向的发展道路，也没有回到过去的被动型的进口替代的发展道路，而是以国内企业为主体，基于"三必须"原则（外方关键技术必须转让；价格必须优惠；必须使用中国的品牌），引进国外企业联合制造。通过技术引进、吸收和创新，中国高铁产业在短短的6年时间里，就形成了高于国外原创的自主核心技术并成为相应标准的制定者。然后凭着自己的竞争优势走向世界，使得包括美国在内的一些国家都愿意购买中国的高铁产品，而不是将其拒之门外。目前，铁道部已成立了中美、中俄、中巴、中沙、中委、中缅、中吉乌、中波、中印等境外合作项目组，组织国内有关企业开拓境外铁路工程承包和装备出口市场。不难看出，中国高铁走的是一条实实在在的自主型进口替代与出口导向相互协调的发展道路，并取得了成功。

目前，我省以新能源汽车、高端新型电子信息和半导体照明三大战略性新兴产业为突破口，大力推动新兴产业的发展，起步良好。但是要使这三大战略性新兴产业能在我省改变外资主导型的出口导向经济，从而在加快转变对外经济发展方式的过程中发挥主导作用，则必须借鉴我国"高铁发展模式"。为此建议：

一、省政府应基于市场原则主导我省三大战略性新兴产业的发展。在历史上，当英国面对世界霸主荷兰的强大国际竞争力时，英国主要不是靠市场，而是靠政府来发展本国的产业；当后起的德国和美国面对世界霸主大英帝国的绝对经济优势时，它们也主要不是靠市场，而是靠政府来发展本国的产业。当霸权衰落的美国面对德国和日本的强大国际竞争力时，仍然主要靠政府来发展本国的新兴产业，例如美国的IT产业，主要是靠克林顿政府发展起来的。而我国的高铁产业能够在6年内形成国际竞争优势，离开政府的主导作用是完全不可想象的。因此，面对发达国家的压倒性竞争力，我省三大战略性新兴产业要想尽可能快地形成国际竞争优势，只能依靠政府的主导作用。

二、我省三大战略性新兴产业的发展，既不能延续外资主导的合资模式，也不能回到过去那种一切靠自己干的被动封闭的进口替代模式。而应采取我国高铁的联合制造模式，即引进国外企业联合制造，通过技术引进、吸收和创新，形成高于国外原创的自主核心技术并成为相应标准的制定者（即一种开放的、自主型的进口替代），然后凭着自己的竞争优势走向世界，形成出口导向效应。

三、中国高铁产业的成功经验表明，发展"双需型"（内外都具刚性需求）的新兴产业，能够成功地转变对外、对内经济发展方式。而且许多问题，如初次分配不公、生态环境、外贸依存度、外资依存度、紧张的国际贸易关系等问题也将随之迎刃而解。因此，我省的新能源汽车、高端新型电子信息和半导体照明三大战略性新兴产业必须发展成"双需型"的新兴产业。

由于发展"双需型"新兴产业有一个过程，并且在这个过程中我省还必须保持较快的经济增长，因此，我们还不能轻言放弃现有的国际市场份额和吸引外商直接投资的政策。只有稳住现存的对外、对内经济发展方式，我们才能争取到发展"双需型"新兴产业所需要的时间。

四、我国政府已将高速铁路作为优先发展的战略性新兴产业，从而将财政投入、建设用地、技术创新、经营环境等方面加大支持力度。建议将高铁产业列入我省第四大战略性新兴产业。与上述三大战略性新兴产业相比，我国高铁产业在国内外已具有绝对的竞争优势，因此，我省如果拥有高铁产业，就占有了新兴产业的制高点，并且将带动产业集群发展和产生巨大的经济与社会效应。为此，我省应创造条件，与中国北车集团或中国南车集团合资在广东建立研发和生产基地。据报道，2010年12月7日美国通用电气与中国南车集团合资在美国生产高速动车组达成协议。

如果高铁产业能成为我省第四大战略性新兴产业，则将加速我省改变外资主导型的出口导向经济，从而转变对外经济发展方式的进程。本文是在12月8日完稿的，可喜的是，在2010年12月7日看到南方日报的一则报道：铁道部、广东省、中国南车集团于12月16日在广州签约，在江门建设广东南车轨道交通车辆修造基地。这个基地将成为南车集团城际动车组最大的生产基地、南车集团的出口基地、全球城际动车组的重要生产基地。这对于广东经济来说，无疑是发展方式的转折点。

关于省人大常务委员会增设
预算工作委员会的建议

提案人：吴翰[*]

内容：

为确保财政职能的有效发挥，近年来，国家重点开展了深化"收支两条线"管理、部门预算、财政国库管理制度、政府采购制度等各项改革。广东积极推进以上四项公共财政改革"主体工程"，夯实公共财政管理的制度基础。与此同时，广东省人大一向重视预算的审查监督工作，以规范预算行为、确保预算的执行，从而保障经济和社会各项事业健康发展。特别是2001年5月1日实施《广东省预算审批监督条例》以来，我省各级人大及其常委会对预算的审查与监督更加规范化、细化，监督的力度也逐步加大。但是，目前省人大常委会的工作委员会设置情况难以保障省人大预算审查监督工作的专业性、连续性与稳定性，因而也将对广东进一步深化预算改革、强化人大预算监督职能造成不利影响。

目前省人大常委会仅设三个工作委员会：选举联络人事任免工作委员会、外事工作委员会和法制工作委员会。也就是说，省人大常委会没有设"预算工作委员会"，这与广东较早探索预算改革和打造"阳光财政"的先进理念和勇气是不相符的。

也许有人会说，广东省人大设有"财政经济委员会"，而且已经明确规定该专门委员会的主要职能是"参与经济立法工作；承办对经济法律、法规实施情况的监督检查及对国民经济重大问题进行调查研究，提出意见和建议；了解国民经济和社会发展计划、财政预算的编制和执行情况及重

---

[*] 提案人简介：吴翰，女，华南师范大学政治与行政学院教授，民革广东省委会常委，原广东省政协委员。

注：本提案获评2011年广东省政协优秀提案。

要的经济动态；对国民经济和社会发展计划（草案）报告、财政预算（草案）报告、决算（草案）报告以及国民经济和社会发展计划、预算的部分调整方案进行初审；组织、督促办理同本委员会有关的议案，提出初审意见；承办人大代表的有关建议、批评和意见"。或者说，财政经济委员会已经在发挥预算审查、监督职能。但是，这种说法显然是没有充分认识到人大的"专门委员会"与人大常委会的"工作委员会"在人员构成及职能发挥等方面的不同。

以立法工作为例，为什么省人大常委会要在2006年成立法制工作委员会？因为大家意识到立法工作是人大的重头戏，仅有"法制委员会"是难以保证立法工作的专业化、连续性和稳定性的。成立法制工作委员会后，地方立法的机制、程序和人员不再受人大换届的影响，真正能做好法规项目的立项把关、法规草案的论证研究、法规草案的起草和修改完善、立法信息收集、开展法制讲座，完善有关立法制度等方面的工作。同样道理，如果要强化人大的预算审查、监督职能，就必须在人大常委会设立预算工作委员会。其实，预算改革，特别是部门预算改革，已经为人大加强监督创造了条件：一方面，部门预算改革使得政府提交人大审查的政府预算不仅包括反映财政收支总貌的总额数据，而且包括反映各个部门的全部收支活动的部门预算，而且也编制得越来越全面、细化和准确。另一方面，部门预算改革后，编制政府预算包括部门预算的实践大大地提前，报送人大常委会初步审查的时间也大大地提前。

另外，全国人大早就做出榜样，明确指出"全国人民代表大会常务委员会预算工作委员会是全国人大常委会的工作机构"，而且规定其主要职责是："协助财政经济委员会承担全国人大及其常委会审查预决算方案、审查预算调整方案和监督预算执行方面的具体工作，受委员长会议委托，承担有关法律草案的起草工作，协助财政经济委员会承担有关法律草案审议的具体工作等。"全国其他很多省份的人大也是既设财政经济委员会，也在人大常委会设立预算工作委员会，譬如浙江、江苏、湖南等省。其中有的省，例如湖南省的人大常委会预算工作委员会每年都会与财政经济委员会共同协商制定并通过详细的"工作计划要点"，其中比较重要的工作有三个方面：第一是关于预决算审查工作，第二是关于预算执行监督工作，第三是关于立法和执法监督工作。

建议省人大常委会抓住机遇，借鉴其他各省经验，结合我省实际，尽快设立预算工作委员会，并与财政经济委员会共同研究确定各自的职能，建立起财政经济委员会与预算工作委员会分工协作机制。在省人大常委会成立预算工作委员会并开始运转以后，各市、县、区的人大常委会也应该加强预算审查监督工作，当然，不一定都得设立预算工作委员会，但可以采用某些市的做法，例如杭州市人大常委会设有预算审查办公室和经济监督办公室。只要有利于提高预算审查监督工作的专业性、连续性与稳定性，设立预算工作办公室或预算工作委员会都是可以的。

关于采取有效措施促进广东
学前教育健康发展的建议

提案人：吴翰[*]

内容：

一 问题的提出

随着经济市场化程度的不断提高，原来与计划经济体制相适应的"企业办社会"和政府包揽一切（包括为干部职工提供住房、解决子女教育等）的一整套做法越来越变得不合时宜。特别是2000年以后，政府不再提供福利房，所有的住宅小区基本上都是由开发商规划投资建设，配套建设的幼儿园、小学、中学也出现了多种经营管理体制和模式。随着时间的推移，完全由政府投资建设和管理的幼儿园所占比例越来越少，给政府造成可以退出学前教育领域的错觉。据了解，广东不少地方在没有进行充分论证、广泛听取意见的情况下便匆忙把很多公办幼儿园推向市场，造成很多不良影响。

二 现状分析

广东学前教育与广东的经济社会和文化发展极不相符。从20世纪90年代以来，广东的学前教育在全国的地位逐步下降。造成的原因是多方面的。广东省学前教育经费从1998年占总的教育经费支出的1.6%下降到

---

[*] 提案人简介：吴翰，女，华南师范大学政治与行政学院教授，民革广东省委会常委，原广东省政协委员。

注：本提案获评2007年广东省政协优秀提案。

2005 年的 0.91%。而且绝大部分经费用于个别机关幼儿园。问题具体体现在：

（1）政府对其在学前教育事业发展中的职责认识模糊、监管缺位。突出表现在未经认真论证便让各地开展公办园市场化改革，使很多原本各方面基础很好的幼儿园在改制过程中出现诸多问题：如国有资产流失、教师待遇下降、福利没有保障、幼儿教育质量下降、教师队伍不稳定、教师质量下降。与此同时，许多负担转嫁给家长。即使没有推向市场的幼儿园，政府也是游离的态度，幼儿教师和小学老师的区别很大，幼儿教师无法享受国家规定的待遇。

（2）对民办幼儿园的管理缺失，存在大批作坊式，没有任何资质，教师工资水平极低（300—500 元），班额大，活动场地狭小或根本没有活动场地的劣质幼儿园。

（3）幼儿教师的继续教育存在严重问题，幼儿教师流失情况严重，幼儿教师质量难保证，学前教育质量严重滑坡。

（4）市场化改革所造成的学前教育尴尬局面使高等幼儿师范教育举步维艰，学生和老师们都对学前教育事业发展的前景表示担忧，对自己的前途感到迷茫。

三　对促进广东学前教育健康发展的对策建议

（1）明确政府在促进学前教育健康发展中不可替代的作用，加大政府对学前教育投入的力度，建立幼教经费保障机制。西方发达国家的政府一般承担幼儿教育总费用的 80%，家长承担 20%。我省政府应该确定各级政府该承担的比例，并把这笔开支纳入各级政府的财政预算。在教育事业中应安排一定比例的幼教事业经费，并逐年增长，保证教职工工资按时足额发放。

（2）保证示范幼儿园的建设。积极推进幼儿教育的科研、校外和校本师资培训、业务活动，以推进幼儿教育事业整体发展。

（3）政府应该出台一系列保证学前教育师资队伍稳定且素质不断提高的政策措施。加快学前教育师资培养机制的改革，培养适应市场需求的，具有专业素养的幼儿教师梯队。

（4）政府必须对幼儿园（包括各种体制）实施长期而有效的监管。

积极发展社区早期幼儿教育管理体系。各级政府在统筹规划和完善社区服务职能时，应将幼儿教育明确纳入规划之中，并制定相应的扶持政策和管理办法。

（5）保障幼儿教师的合法权益，留住幼教的优秀人才。明确幼儿园教师也是教师，应享有教师的工资待遇（监督各地政府能否按国家的规定保障幼儿教师达到当地小学教师待遇）、教师假期（很多教师没有寒暑假，没有补偿）、教师地位（幼儿园的公办教师编制要保障），明确政府对公办幼儿园办学责任，按教育成本拨足教育经费，保障公办幼儿园在幼教中起示范、引领的作用和满足基本的入幼需求。

关于进一步加快我省学前教育发展的建议

提案人：吴翰[*]**等**

内容：

2010年11月21日，国务院颁发《关于当前发展学前教育的若干意见》（国发〔2010〕41号，以下简称《意见》），紧接着，12月1日国务院召开全国学前教育工作电视电话会议，中共中央政治局委员、国务委员刘延东出席会议，就如何贯彻落实《意见》发表讲话，并部署近三年的学前教育工作。在全国会议结束后，我省随即在广州召开全省学前教育工作电视电话会议，贯彻落实全国电视电话会议精神，副省长宋海出席会议并讲话，提出了解决我省"入园难"的"六大举措"，并要求各地着手制定学前教育三年行动计划。

但是，我们必须清醒地看到，广东学前教育存在的问题有的不是实施一个三年行动计划所能解决的，特别是学前教育师资队伍建设方面存在的问题，如果不能引起决策层足够的重视，没有长远的考虑和周密的谋划，没有从根本上扭转局面的决心与举措，要使幼儿园教师这支队伍"恢复元气"并日益壮大，那是相当困难的。"教育要发展，师资须先行"；"教育事业的发展，最大的挑战不是技术，不是资源，而是教师"；"要发展孩子，必须先发展教师"，这些都是至理名言。因此，凡是关心学前教育发展状况的人都没有理由不关注学前教育师资队伍状况。

一 广东学前教育师资队伍的现状令人担忧

当前我省学前教育师资队伍面临着生存与发展两大方面问题，具体体

---

[*] 提案人简介：吴翰，女，华南师范大学政治与行政学院教授，民革广东省委会常委，原广东省政协委员。

注：本提案获评2011年广东省政协优秀提案。

现在以下几个方面。

（一）幼儿教师这支队伍由于其基本权益得不到保障、整体福利待遇偏低而出现人才流失、职业倦怠现象

1. 幼儿园转制过程造成大量优秀幼教人才流失

从 20 世纪 90 年代开始，机关、团体、企事业单位（以下简称为"单位"）所办幼儿园开始逐步被取消拨款、与"单位"脱钩。也就是说这些原属于公办园的幼儿园的保障机制失效了，在这种情况下如果政府、教育主管部门能够及时为这些幼儿园建立起新的保障机制，也就可以保住这支幼教队伍。但新的保障机制并没有建立起来，于是，这类"单位"幼儿园有的被迫停办关闭，有的被拍卖，有的被出租，有的继续办但自收自支，靠保教费维持的，能够继续享受财政拨款的幼儿园逐年锐减。到 2006 年底，全省部门和集体办的幼儿园仍有 3681 所，但真正享受财政拨款（包括全额拨款和差额拨款）的幼儿园已经只剩 410 所了，占幼儿园总数的 3.9%，而同年全国享受财政拨款的公办园占幼儿园总数平均为 17%，其中上海市接近 80% 的幼儿园为公办园。随着公办园的锐减，我省幼儿园教职工在编人数也快速减少，到 2006 年已经仅剩 1.5 万个在编人员。伴随着一个又一个机关、团体、企事业单位所办幼儿园的脱钩、转制的，是许许多多幼儿教师基本权益的受损，而这样一个过程必然是幼教人才大量流失的过程！面临着失去编制和各种保障的威胁，许多原本非常热爱幼教事业并已经积累了丰富的幼儿教学与管理经验的从业者纷纷另谋出路，离开老本行。

2. 幼儿教师整体待遇的低下使幼教事业失去对人才的吸引力，从业者出现职业倦怠

我省幼儿教师不管是公办园的还是民办园的，总体待遇都偏低。为数不多的公办园中有编制的幼儿教师的工资待遇也比小学教师低。譬如广州市，占教师总数 6.25% 的在编公办幼儿教师的收入就低于小学教师的工资标准。特别是实现绩效工资以后，中小学教师工资由财政统一解决，而公办幼儿园的教师绩效工资的津补贴部分主要依赖保教费维持，借用保教费依然无法解决的缺额部分则由相关部门通过其他途径落实解决。这使得幼儿园园长四处求助，心力交瘁，幼儿教师的应有待遇缺乏制度的规范，教师的权益得不到应有的保障，使幼教队伍中连少数有编制的幸运者都难

以安心工作、敬业爱岗。

民办幼儿园的教师队伍非常庞大，是我省幼儿教师队伍的主力军。但民办教师队伍中存在着两个弱势群体，一个是城市低收费民办幼儿园的专任教师，另一个是农村村办幼儿园的教师。他们的收入远远低于在编教师，也低于公办园非在编教师，农村地区的教师收入之低更是难以想象。待遇越差，职业倦怠越严重。更值得注意的是，待遇差导致相当数量的学前教育专业的毕业生尚未进入本行业即已望而却步，转投其他行业，譬如争取当小学老师。幼儿教师队伍的不稳定、职业倦怠现象有愈演愈烈之势。

（二）幼儿教师这支队伍由于没有严格的准入制度和健全的职称评审制度而出现整体素质下降趋势

1. 持有教师资格证的幼儿教师所占比例低

1995年，国务院颁布的《教师资格条例》规定，中国公民在各级各类学校和其他教育机构中专门从事教育教学工作，应当依法取得教师资格。幼儿园教师资格制度是国家对幼儿教师实行的一种法定的职业许可制度，是国家依法治教的一项重要举措。但是，由于未能建立起有效的幼儿教师队伍管理体制，不能实行幼儿教师资格准入制度、严把入口关，让许多没有获得教师资格证的人员进入幼儿教师队伍，使幼儿教师整体专业资质严重丧失，也使幼儿教师的社会地位和社会声望受到质疑。根据普查结果，广州市的幼儿园持有教师资格证的专任教师仅占教师总人数的46.7%，我省有的地区竟然有高达90%的幼儿教师没有教师资格证。

2. 未评职称的幼儿教师居多，高级职称幼儿教师偏少

据调查，2007年广东省城乡幼儿园园长、专任教师未评职称的占总数的70.99%，连广州这个省会城市，其幼儿园专任教师中，未评职称的教师占教师总人数高达64.23%。我省约有2/3的幼儿教师未能正常参与职称评定，而幼儿教师职称晋升的可能性低，势必影响幼儿教师职业的社会认可度，也挤压着政策性待遇提升和兑现的可能空间，可以说，职称问题已成为制约幼儿教师队伍素质提升的一个不容忽视的因素。幼儿教师没有单独的职称评估和称谓系统，只能参照小学教师职称晋升的专业要求及标准进行职称评定，加上非公办园的幼儿教师实际上沦落为老板的打工仔，职称评审得不到应有的关心与支持，评上职称也未必能兑现待遇。各

种制约因素最终造成幼儿教师队伍整体职称层次低。由于缺乏晋升职称的激励，势必使这些幼儿教师缺乏接受继续教育、提高学历层次及专业素质的动力，进一步加剧其队伍整体素质的下降趋势。

（三）幼儿教师的职前、职后培养培训体系不完善，具有专业素养的教师供应不足，幼儿园生师比过高

1. 幼儿师资职前培养方面存在规模小、质量提高缓慢的问题

（1）高等院校学前教育专业招生数量不足，所培养的本科学历幼儿教师在幼儿教师队伍中所占的比例相当低。目前我省有学前教育本科专业的高等院校包括：华南师范大学、广州大学、深圳大学、广东技术师范学院、北京师范大学珠海校区、肇庆学院、星海音乐学院等，但这些学校的招生与分配都很成问题。以全省最早开设学前教育本科专业的华南师范大学学前教育系为例，自1982年以来，招生人数最多的年份也就50多人，到2010年的招生数甚至降为30多名，更尴尬的是近10年来几乎每一届学生被招进来以后都有人提出转专业的申请，给该专业的发展造成很大压力。又如广州大学的学前教育系，每届招生也只有30—40人，而毕业后到幼儿园从教的只占毕业生人数的1/3。这种现状无疑都是幼儿教师基本权益得不到保障造成的。

（2）幼儿师范学校越来越少，仅存的几所幼师在生存与发展两方面都受到很大挑战，生源数量与质量都成问题。过去广东各地专门培养幼儿师资的幼儿师范学校，是不愁生源与分配的，或者说其生存与发展状况是相当不错的。但近20年来，幼儿师范教育不断萎缩。一种情况是未能独立撑下去，选择与其他学校合并，如汕头幼儿师范学校于2002年3月被合并入汕头职业技术学院，变成该学院的一个系——学前教育系；另一种情况如广州幼儿师范学校、江门幼儿师范学校，属于少数能坚守阵地、保持特色的学校，但多年来不管是招生规模还是培养层次都没有什么大的发展与突破。以广州幼儿师范学校为例，该校创办于1956年，隶属于广州市教育局，至今仍是广州市唯一培养幼儿师资的全日制公立师范类中等职业艺术学校，既没能升级为幼儿师范专科学校，也未能大幅度增加招生规模。从1990年至2006年，其毕业生人数均在200—500人之间波动，从未有大的突破。

（3）中等职业学校设置幼儿教育专业随意性大，有些泛滥，其培养

质量堪忧。

2. 幼儿师资职后培训方面存在缺乏总体规划、经费投入严重不足问题

迄今为止，我省未设立幼儿教师继续教育专项经费，省级财政用于幼儿教师在职培训的经费极其有限，据说每年仅仅投入 50 人的园长培训经费，惠及面十分有限。

3. 幼儿园教师配备不足，生师比过高

幼儿园教师配备不足是多种因素共同造成的，在此不分析原因，只摆事实。

广东省幼儿园生师比之高达到令人叹为观止的地步，国家的相关规定是 15∶1 左右，从 2007 年的情况看，省内仅珠江三角洲的生师比与之趋近，而全省的比例要高出规定比例不少。

2007 年广东省幼儿园专任教师生师比区域比较

项目	全省	珠江三角洲	粤东	粤西	山区五市
生师比	21.30∶1	16.13∶1	27.59∶1	40.86∶1	32.59∶1

二 加强我省幼儿师资队伍建设的建议

师资，作为学前教育中最重要的人力资本，其整体素质与队伍建设对学前教育事业发展的至关重要性如何强调都不为过分。2010 年 11 月 21 日国务院印发的《关于当前发展学前教育的若干意见》中提出要通过"多种途径加强幼儿教师队伍建设。加快建设一支师德高尚、热爱儿童、业务精良、结构合理的幼儿教师队伍"。刘延东的讲话也强调要"充实师资，提升素质"，"造就一支师德高尚、热爱儿童、业务精良、结构合理的幼儿教师队伍，是学前教育事业发展的关键。幼儿教师是孩子进入集体教育机构的第一任老师，思想品德要求高、专业性强，工作很辛苦，一言一行、一举一动都对孩子们有重要影响。教师质量决定着学前教育的质量，有限的资源要优先用于教师队伍建设。"希望广东各级政府充分认识到加强我省幼儿师资队伍建设的重要性、紧迫性与艰巨性，从长远计，采取有效措施，解决我省幼儿师资队伍建设存在的种种问题。

(一) 完善学前教育师资培养体系，提升幼儿教师的学历层次

建议对我省学前教育师资队伍进行一次普查，在摸清情况、找准问题的基础上制订我省学前教育教师培养计划；对全省开设有学前教育专业的本科、专科院校和幼儿师范学校的办学条件、招生规模与培养质量等进行一次全面的摸底清查，并根据我省学前教育发展对各种学历层次师资需求情况，重新规划建立起具有广东特色的比较完整的幼儿教师培养体系。国务院印发的《关于当前发展学前教育的若干意见》指出："完善学前教育师资培养培训体系。办好中等幼儿师范学校。办好高等师范院校学前教育专业。建设一批幼儿师范专科学校。加大面向农村的幼儿教师培养力度，扩大免费师范生学前教育专业招生规模。积极探索初中毕业起点五年制学前教育专科学历教师培养模式。"这对我省建立健全幼儿教师培养体系非常有指导意义，建议有关部门尽快制定贯彻落实国务院关于"完善学前教育师资培养培训体系"的实施方案。

(二) 明确提出公办园建设的目标、计划与实施细则，扭转我省公办幼儿园数量少、布局不合理局面

按国务院《意见》第2条"大力发展公办幼儿园，提供'广覆盖、保基本'的学前教育公共服务。加大政府投入，新建、改建、扩建一批安全、适用的幼儿园"的要求，我省应该抓紧制订公办园建设与发展规划，具体包括明确：（1）5年后、10年后广东的公办幼儿园分别要达到多少所、占幼儿园总数的比例达到多少，其中全额拨款与差额拨款的幼儿园分别占多少。（2）公办园的布局如何，先让哪些幼儿园转制为公办园（譬如事业单位办的幼儿园，特别是高校办的幼儿园总体办学质量较高，是否可以先恢复其公办园属性）。（3）公办园必须承担哪些责任、对非公办园发挥哪些示范带动作用。（4）公办园的教职工的编制怎样核定，教职工具备哪些条件才能入编。（5）在编教职工的工资待遇如何……要做到有目标有计划扎实推进，不能只停留在大力发展公办幼儿园、增加幼儿教师编制、加大对学前教育的财政投入力度这样一些提法上。

（三）对非公办园教师的生存与发展问题要给予更多的关注，采取有效措施保障其作为一名幼儿教师应该享有的基本权益

权益包括：

（1）为幼儿教师制定最低工资标准。可根据各地的平均工资水平，参照中小学教师收入标准，制定民办幼儿园教师最低工资指导意见。

（2）出台相关政策，保证非公办幼儿园的教师享受养老保险和医疗保险，消除其后顾之忧。完全由民办幼儿园为幼儿园教师缴纳养老保险费与医疗保险费，这笔负担对幼儿园来讲是不堪重负的。国务院的《意见》提出："采取政府购买服务、减免租金、以奖代补、派驻公办教师等方式，引导和支持民办幼儿园提供普惠性服务。"在贯彻这一精神时可考虑把"政府购买服务"变通为政府为民办幼儿园教师缴纳养老保险费与医疗保险费。

（3）设立幼儿教师继续教育专项经费，支助民办幼儿教师、农村幼儿教师接受在职培训、继续教育。

（4）出台相关规定，强制民办幼儿园必须支持幼儿教师申报职称并给评上职称的幼儿教师兑现相关待遇。

（四）加大投入，建立和完善幼儿教师培训基地和培训队伍，切实加强骨干幼儿教师和园长培养，整体提升幼儿教师的专业素养

（五）加大对非公办幼儿园教师队伍的管理力度，完善幼儿教师资格认证制度，严格实施持证上岗制度

（六）完善幼儿教师职称评定制度，制定幼儿教师的职称评估和称谓系统，如幼教高级、幼教一级、幼教二级、幼教三级

促进教育发展是政府的一项重要社会职能，不管是计划经济时代还是进入以建立社会主义市场经济体制为目标的深化改革时期，我国政府都把发展教育作为头等大事来抓。但是，随着经济市场化程度的不断提高，越来越多的"公共产品"不再由政府直接生产经营，尤其是那些"准公共产品"，它既可以由公共部门生产经营，也可以由市场上的私人部门生产经营，这就使得政府不容易准确把握其作为公共产品的供给者到底应该提供哪些方面的公共产品，或者说，在这种情况下，政府对其职能的发挥容易产生模糊认识。而当政府把一些属于自己的"必要职能"当成"可要可不要"的职能的时候，实际上已经潜伏政府失灵的危险。

学前教育的发展一靠人才，二靠资金，三靠管理，政府至少在幼儿师资培养方面、幼教经费投入方面、幼儿教育管理体制建设方面负有不可推卸的责任。而加强我省学前教育师资队伍建设的任务显得尤其紧迫，希望能引起广泛的重视。

关于完善广东省高等学校办学筹资机制的建议

提案人：刘凌[*] 等

内容：

《国家中长期教育改革和发展规划纲要（2010—2020）》提出在党和国家工作全局中，必须始终坚持把教育摆在优先发展的位置。《广东省中长期教育改革和发展规划纲要（2010—2020）》明确规定：要落实政府发展教育的主体责任。各级政府要把教育改革发展纳入国民经济和社会发展总体规划，协调、督促各部门认真落实支持教育发展的职责，切实解决教育财政投入、学校布局、基础设施建设、教师队伍建设等问题，加大教育投入，提升教育经费供给能力和水平。《国务院关于进一步加大财政教育投入的意见》（国发〔2011〕22号）和《财政部、教育部关于进一步提高地方普通本科高校生均拨款水平的意见》（财教〔2010〕567号）对各级各部门拓宽教育经费来源渠道，保障地方高教经费投入提出明确要求。目前，我省已建立以生均综合定额拨款为主、专项经费为辅的高校经费财政拨款机制，形成财政拨款、教育收费、银行贷款、社会捐助的多层次办学筹资渠道，但机制尚不完善。

一　我省高校办学经费保障中存在的问题

近年来，物价、政策性工资等费用持续上涨，招生规模相对稳定，离退休教师占比上升，教育收费标准长期不变，以及提高质量、内涵发展的改革发展的增支需求，使高校办学成本的增长远远超出教育经费投入的增长，部分高校债务负担重。虽然财政部门对高校的专项拨款逐年有所上

---

[*] 提案人简介：刘凌，女，华南师范大学党委宣传统战部部长、讲师、广东省政协委员。
注：本提案获评2012年广东省政协优秀提案。

升,但专项拨款需专款专用,不能与生均综合定额拨款统筹使用,学校缺乏自主安排实施改革发展、提高教师待遇的可支配财力,高校普遍存在日常运转资金困难。没有足够的资金落实职工政策性加薪、解决公费医疗的超支、偿还生活区建设贷款、解决青年教师的住房货币补贴发放、承担离退休人员的生活福利费用、解决食堂饭菜价格的稳定、为引进人才提供科研启动配套经费。一些学校正常的教学活动减少,教职工的工作情绪低落,债务负担加重。原因是多方面的,而现有办学经费来源渠道的相关政策和机制不完善是重要原因。

二 我省高校办学筹资机制亟须进一步完善

(一) 生均综合定额拨款制度缺乏动态调整和激励机制

首先,我省省属高校的生均综合定额拨款标准在2003年核定后,除因2009年参照实施发放物业管理和住房维修补贴而定向增加300元,达到6600元,6年仅增长4.76%。而近年我省的物价水平已累计上涨超过了50%,政策性工资费用累计上涨了84.47%。

其次,与部分省市院校相比,我省的生均综合定额拨款水平仍然偏低(详见下表),广东仍未获得与其经济地位相匹配的教育地位。

再次,生均综合定额拨款制度缺乏激励引导功能。

各地生均综合定额拨款标准及学费标准情况　　单位:元/生、年

不同归属的高校	拨款来源	生均综合定额拨款标准	学费标准	备注
教育部直属院校	中央财政	12000	5000—6000	
深圳高校	地方财政	20300	5500—7000	
浙江省高校	地方财政	13000	4000—4800	
江苏省高校	地方财政	11521	4000—4600	热门专业可以适当上调学费标准
山东省高校	地方财政	9500	4000—5000	
河南省高校	地方财政	9000	3400—5000	
福建省高校	地方财政	12000	3900—5500	
广西自治区高校	地方财政	10000	4000—4500	
广东省高校	地方财政	6600	3800—5800	

(二) 教育收费标准 10 年未变

目前，我省学费标准根据年生均教育培养成本的一定比例确定，不同专业、不同层次学校的学费收费标准有所区别，但教育收费标准 10 年未做调整。因 2007—2011 年为全国各高校学费、住宿费标准的禁涨期，我省的学费标准基本维持在 2000 年的水平。

(三) 缺乏良好的社会捐赠和校友捐赠机制

高校接受捐赠的形式如冠名权还存在诸多限制，政府对捐赠的免税措施还不完善，对捐赠的奖励政策尚未设立，募捐者和捐赠者的积极性都难以发挥，从而严重制约了学校利用社会力量补充办学经费的发展。

(四) 尚未建立规范贷款管理，积极化解债务的激励机制

为满足扩招后改善办学条件的需要，我省高校基本上都通过举债的形式兴建了新校区或对老校区进行改造。高校"公办"的背景在初期吸引了大量银行资本的积极介入，负债规模急剧扩张。随着还贷高峰的到来，高校缺乏基本建设贷款还本付息的资金来源，继续"借新还旧"使贷款规模得不到有效控制。银行贷款在构成了目前高校建设最重要的资金支撑的同时，也因其融资方式的单一性削弱了高校的抗风险能力，使债务危机凸显，高校的持续稳定发展受到严重挑战，需要建立一种规范贷款管理、积极化解债务的激励机制。

(五) 闲置资产优化配置缺乏制度规范

高校资产多为非经营性国有资产，主要用于为完成国家事业发展计划和开展业务活动所需，不能为高校带来经营收益。对于长期闲置不用和使用效率低下的资产的盘活和优化配置缺乏制度规范。

三 完善高校办学经费筹资政策机制的建议

为实现在"十二五"期间把我省建设成教育强省和人力资源强省的战略目标，在高等教育已经做大的有利条件下，大力提高高等教育的质量是真正做强高等教育最有效的途径，经费保障是基础。要彻底解决我省高

校目前的财务困难，需要多方努力，多管齐下，关键在于建立完善办学经费来源渠道通畅的政策和机制。

建议：
（一）建立生均综合定额标准定期调整和激励机制

结合我省综合财力情况、物价变动水平、在校学生人数变动及工资标准调整等因素，在现有标准基础上每三年或每五年按一定比例调增，逐步提高生均定额标准。制定奖补政策，从增加经费中安排对教学质量提高、财务管理创新成效突出的高校给予追加生均经费奖励。

（二）调整教育收费标准

按照教育成本由政府与社会、受教育者个人或家庭合理分担原则，通过对我省高校办学成本的综合分析，结合我省招生规模相对稳定、教育培养成本增加的实际情况，适时适度上调教育收费标准。

（三）建立捐赠资金的激励奖补政策

参照财政部对中央级普通高校捐赠收入财政配比资金管理暂行办法，对高校取得的用途符合广东省高等教育发展方向的捐赠收入达到一定规模的给予适当的奖补。同时落实教育捐赠税收优惠政策，从政策和制度上保障教育捐赠者的利益，激励高校积极争取社会资源充实办学力量，为教育事业开拓社会筹资渠道。

（四）引入奖励机制，促进贷款规范管理

通过对高校贷款规模、资金使用效益和效率等指标的考核和评价，对积极化解历史债务，科学运用金融信贷资金发展教育成效显著的学校给予一定的奖励，督促高校管好用好资金，有效防范债务风险。

（五）制定资源整合政策，优化高校资产配置

制定高校非经营性国有资产资源整合政策规定，充分调动高校盘活闲置资产和自有资源，缓解资金压力的积极性。通过土地、校舍、设备的优化资产配置，做到物尽其用，发挥资产的最大使用效益，实现国有资产的保值增值。

建议修改我省生态示范建设的评价指标体系

提案人：陈章和[*]

内容：

循环经济是近几十年出现的新的可持续发展理念和经济增长方式，近年也引起我国的极大重视，对于循环经济这种新的经济增长方式，中央已将其作为落实科学发展观的基本措施。胡锦涛总书记在2004年的中央人口资源环境工作会议上指示，"要加快转变经济增长方式，将循环经济的发展理念贯穿到区域经济发展、城乡建设和产品生产中，使资源得到有效的利用。"我省是我国经济发展较快的地区，贯彻循环经济的理念和实施循环经济的经济增长方式，对我省的可持续发展，具有重要的意义。

我国生态县、生态市建设指标体系中，基本体现的是污染治理的思路，很少有体现循环经济的指标，在我国生态省建设指标体系中，基本没有反映循环经济的指标。我省的生态示范村、镇建设指标体系是参考国家的指标体系的，很少有反映循环经济的指标。因此这些指标体系已不适应循环经济发展的要求，迫切需要加以改善。

建议：

1. 我省生态示范建设的指标体系，应以科学发展观为指导，从以环境治理为重心转移到以发展循环经济为重心，充分体现循环经济的理念和发展循环经济的要求。

2. 修改目前我省生态示范建设的指标体系，补充对循环经济建设考核的指标。具体应注意以下几个方面：循环经济产业链（产业群）的数量；循环经济产值及其占 GDP 的比例；工业废弃物循环利用率、生活垃

---

[*] 提案人简介：陈章和，男，华南师范大学生命科学学院教授，原广东省政协委员。

注：本提案获评 2005 年广东省政协优秀提案。

圾循环利用率。关于生态镇、场、村考核指标中生态农业模式的考核要求，建议把"建设有一种以上生态农业模式，且达到一定要求"改为更明确和操作性更强的要求。

加强湿地保护，建立重点湿地生态补偿机制

提案人：徐颂军[*]
内容：

湿地是水陆相互作用形成的特殊的自然综合体。湿地保护是一项社会公益事业，在联合国环境规划署（UNEP）等编制的世界自然保护大纲中，为全球三大生态系统之一，在净化水质、降解污染、控制洪水、调节地下水、稳固海岸，抵御风暴潮、防止侵蚀、维护生物多样性和生物安全等方面具有重大作用。湿地中碳的转化对全球碳的循环保护影响很大，它可以减少温室气体排放，减缓气候变化的速度和强度。我国湿地维持着96%的全国可用淡水资源，失去湿地就失去了水源与水资源。因此，湿地被誉为"地球之肾"。

根据《广东省湿地保护条例》规定，湿地是指天然或者人工的，永久或者暂时的沼泽地、泥炭地、水域地带，带有静止或者流动、淡水或者半咸水及咸水水体，包括低潮时水深不超过6米的海水区。重点湿地是涉及区域生态安全和生物多样性保护的重要湿地生态系统，包括我省列入国际重要湿地和国家重要湿地名录的，国家级或省级湿地自然保护区、国家级或省级湿地公园等。目前，广东现有湿地总面积175.4万公顷，约占全省面积的1/10。我省大陆岸线长，居全国首位，因此我省红树林面积也是全国最大的。我省湿地对维护国土安全、沿海地区群众生命安全和生态安全发挥着重要作用。

广东省政府对湿地保护工作很重视，近年来在湿地法制建设、保护工程规划、保护体系建设和宣传教育等方面都做了大量工作。颁布和实施了《广东省湿地保护条例（2006）》，为开展湿地保护管理提供了法律保障；

---

[*] 提案人简介：徐颂军，男，华南师范大学地理科学学院院长、教授，广东省政协常委。
注：本提案获评2010年广东省政协优秀提案，并列为广东省政协主席督办重点提案。

开展了湿地公园管理、湿地生态效益制度，建立湿地类型的自然保护区和湿地公园，建立广东省湿地联席会议制度，联席会议日常工作由省林业局负责，并由主管省领导负责召集协调有关厅局单位，开展了一系列湿地资源普查，加大了湿地的宣传和科普教育，履行湿地国际公约，加快湿地保护力度，目前全省已建立湿地类型自然保护区94处，国际重要湿地3处，建成和筹建湿地公园5处，初步形成了以自然保护区为主体、国际重要湿地、湿地公园、湿地保护小区等多种保护管理形式并存的湿地保护管理体系，实施沿海防护林体系建设，新造红树林湿地等。这些都是重视环境保护，造福人民和维护生物多样性与可持续发展的环境保护工作，得到群众的拥护和国际社会的重视。

但是，湿地是世界上最受威胁的生态系统之一，人类对湿地的干扰和破坏的活动却从未停止过。例如，破坏红树林植被盲目围海造田、建筑水库等，并使大量的污染物、沉积物、化肥、农药等进入湿地，干扰和破坏了湿地生态系统，减少了湿地的面积，影响了湿地生态系统维持水质和空气的作用，以及湿地保护的资金不足等，应该引起各级政府的重视。

因此，建议加大我省湿地保护的力度，防止乱占湿地、破坏湿地、污染湿地等行为，加大沿海红树防护林建设力度，充分认识到红树林对抵御风暴潮和台风的巨大作用。开展湿地保护工程建设，修复河口和近岸海域生态系统，加强沿海防护林、红树林工程和沿江防护林工程建设，实施湿地分类保护与生态保护分级控制，探索建立流域、区域统筹的生态补偿机制。我国在政府工作报告中明确提出了"改革资源税费制度，完善资源有偿使用制度和生态环境补偿机制"。《广东省湿地保护条例》也规定，"实行湿地生态效益补偿制度。因湿地保护需要使湿地资源所有者、使用者的合法权益受到损害的，政府应当给予补偿，并对其生产、生活做出妥善安排"。可见，我省建立重要湿地生态效益补偿制度，对于保护湿地资源的公益性，维护社会长远利益，维护湿地资源所有者、使用者的合法权益有重要作用。

同时，由于我省湿地范围广、类型多，一些重点湿地与社区居民生产生活息息相关，因此，我省重点湿地作为公益事业，应解决好群众生产活动与重点湿地保护的关系，加大财政对重点湿地的投入和支持，建立重点湿地补偿机制，健全管理，使我省湿地建设可持续发展。

通过对湿地生态补偿从而调整和提高湿地的生态价值，维持重要湿地数量稳定，有利于维护全省湿地生态安全利益，有利于维护全省湿地生态安全利益，协调和平衡地方社会经济发展利益和群众利益，有利于规范政府和个人珍惜优质的湿地资源，有利于提高政府和公众对湿地保护的重视和提高管理质量。为此，提出以下建议供省政府参考。

一是因湿地保护需要，使湿地资源所有者、使用者的合法权益受到损害的，政府给予一定的补偿，并对其生产、生活做出妥善安排。湿地补偿标准由省政府制定和实施。

二是因重点建设项目需要，占用或者征用重点湿地的。应当经省人民政府同意，并按照占补平衡的原则，在湿地保护有关部门指定的地点恢复同等面积和功能的湿地，或者按照当地商业开发用地的价值进行补偿，目的是保护重点湿地的总数量平衡和维护湿地生态价值不变。所收取的补助费主要用于湿地恢复和补偿给湿地区域内的单位和个人。

三是要建立湿地补偿的长效机制。省政府要制订重点湿地补偿制度和重点湿地勘界管理办法。同时要专门成立湿地保护管理机构，履行湿地保护管理的职责。

四是我省已具备开展湿地补偿的财力物力，湿地保护管理工作也日趋完善。广东省林业局在1996年开展第一次湿地资源调查，拉起了广东湿地保护管理的序幕；省政府办公厅在2004年转发国务院办公厅关于加强湿地保护管理的通知，建立了由副省长任召集人，由省各有关部门参加的湿地保护管理联席会议制度，为指导和协调全省湿地保护管理工作建立了工作平台；省人大第十届常委会在2006年9月1日施行了《广东省湿地保护条例》，为我省湿地保护与管理提供了法律依据。省政府于2008年原则同意由省林业局组织编制的《广东省湿地保护工程规划（2006—2030年）》，明确了我省湿地保护的指导思想和战略目标。省林业局在2009年组织完成了《广东省湿地资源调查报告（2009）》，为开展我省重点湿地补偿提供了客观的科学依据。因此，尽快开展这项工作，有利于遏制我省重要湿地被蚕食的发展趋势。

建立广东基于碳的生态补偿市场机制的建议

提案人：刘纪显[*]

内容：

一 广东生态补偿机制所存在的问题

（一）缺少专门的生态补偿政策支持，补偿目的难于实现

在"退耕还林"、天然林保护等政策实施过程中，由于大多是以项目、工程或计划的方式组织实施的，因而也都有明确的时限，从而导致政策的延续性不强，给具体实施带来较大的变数和风险，同时，地方有关生态补偿的实践完全是自主行为，没有法律和政策依据，只能是局部或就某些问题开展试验示范，全面推动非常困难。

（二）生态补偿以政府补偿为主，市场补偿水平有待提高

纵观我国生态补偿的实践，最主要的补偿模式是采用政府补偿（即政府埋单），其中财政转移支付是当前最主要的生态补偿途径，其次，政府各部门（国土、林业、水利、农业、环保等）制定实施的专项基金对生态保护和建设也提供了一定的资金补贴和技术扶助。我国生态补偿的市场手段包括生态税费制度和市场交易模式，但目前还没有专门的生态税，仅是某些税制有利于生态环境保护，可认为是生态补偿的一种方式。这样的税收政策包括增值税、营业税、消费税、所得税、城市维护建设税以及土地、矿产等开发的资源税等；市场交易模式目前有排污权交易、水权交

---

[*] 提案人简介：刘纪显，男，华南师范大学经济与管理学院教授，民革中央委员，民革广东省委会副主委，广东省政协常委。

注：本提案获评2012年广东省政协优秀提案。

易和碳汇交易,但由于我国的排污许可证制度还没有全面实施,排污权交易还处于试点阶段,而碳汇交易才刚刚试行,目前仅水权交易在实施上较成熟。由于全面实行取水许可制度,基本构建了水权交易制度框架,水权交易实现了跨流域交易、跨行业交易和流域上下游交易等不同形式。

(三) 缺乏利益相关者的参与,导致补偿效果不佳

生态补偿政策的根本目的是调节生态保护背后相关利益者的经济利益关系,因此,生态补偿政策涉及众多利益相关者。但是,在生态补偿相关政策的制定过程中,却非常缺乏利益相关者广泛参与的机制和实现途径。此外,由于在补偿标准制定过程中缺乏生态补偿利益相关者的广泛参与和基于市场的分析和评价,造成现行生态补偿相关政策的补偿标准严重背离现实,存在补偿标准过低的问题,影响了有关补偿政策的实施效果。

(四) 补偿标准过低,仍有待完善与提高

在现行生态补偿实践案例中,补偿标准过低是一个普遍存在的问题,而如何确定补偿标准目前仍是国内外学者讨论的焦点。关于补偿标准的问题,由于各地自然条件、社会经济状况、人文背景及生活习惯等千差万别,要准确确定某个具体地区的补偿标准是相当困难的,目前的补偿标准及补偿年限是否科学和合理,仍需经过实践的检验。由于生态补偿标准的确定涉及内容很多且复杂,补偿范围和补偿对象有待进一步明确,实践中应继续加强针对不同区域、不同层次、不同时期、不同对象的补偿标准算法研究,以期体现生态补偿的真正目的。

(五) 补偿机制不完善,地方实践存在理论和技术盲区与障碍

尽管广东现已展开了许多针对生态补偿的探索性尝试,但总体来说,目前生态补偿实践的实施普遍面临补偿机制不完善的问题,导致补偿不能完全依理、依法进行,同时由于生态补偿研究本身的复杂性和发展阶段的局限性,目前我国生态补偿市场机制的研究尚处于初级阶段,因此,许多地方的实践带有一定的盲目性。

(六) 法律法规体系不健全

我国的《防沙治沙法》、《土地承包法》、《草原法》、《环境保护法》

等法律对植树造林、草地保护做出了明确规定，但这些法律法规的约束力不强，法律条款之间存在着矛盾，影响了生态补偿制度的实施。因此，要保证生态补偿能更好地开展，就必须建立健全生态补偿机制。要建立健全生态补偿机制又需要健全的法制作为保障，所以，需要加快生态补偿的法制建设，健全相关的法律法规，从法律上明确生态补偿责任和各生态主体的义务，为生态补偿市场机制的规范化动作提供法律依据，完善环境污染整治法律法规，把生态补偿逐步纳入法制化轨道，成为人们普遍认可的社会制度。

二 基于碳的生态补偿市场机制的建立

（一）关于碳计量方法

目前国内有关森林碳汇的计量方法主要有蓄积量法、生物量法和基于蓄积量法、生物量法的生物清单法。但用不同的方法进行森林碳汇计量，其计量结果差别很大。

国内有关专家学者对不同区域、森林类型的碳贮存量及其变化量进行了估算和预测。方精云等利用森林资源清查资料，采用改良的生物量换算因子法，推算了中国 50a（1949—1998）森林碳库和平均碳密度的变化，分析了中国森林植被的 CO_2 源汇功能。徐新良等利用 20 世纪 70 年代以来的 6 次森林清查资料，结合森林生物量实测数据，采用分树种、分龄组的生物量—蓄积拟和关系，研究了中国 20 世纪 70 年代以来森林生态系统植被碳贮存量的时空动态变化。

国外也有一些科学家做了相应碳计量的研究和实践。应用 CO_2 FIX 模型对罗马尼亚国家造林和中欧地区森林管理项目进行了碳计量。对加拿大魁北克黑云杉森林进行了净碳平衡研究。对已提出的测量土地利用和林业项目温室气体减排效果的不同方法（贮存量变化方法、平均贮存量方法、Ton 年计量方法和哥伦比亚计量方法）进行了案例分析研究。探讨了土地利用变化和林业在应对气候变化方面的作用，分析了辐射力量和全球变暖概念以及全球变暖潜力模型，提出了碳计量方法体系，应用 Ton 年计量方法对澳大利亚东南部两块不同森林立地碳汇进行了模拟测算，并对其进行了敏感性分析。

不同的树种所组成的森林，其碳汇量会不同。因此根据不同的树种的化学组成和化学成分的分子式来确定不同树种的含碳率。再以林分各树种为核算单元，基于我国森林资源清查资料，以森林生物学结构的分子式为计量的主要依据，对我国森林碳汇量进行估算，并通过对不同树种蓄积量比例的预测，结合森林资源动态预测结果，实现对我国森林碳汇量的动态预测。

自然森林和人造林项目在碳计量上还存在着一定的不同。造林项目碳计量包括对基线情景、项目情景、碳泄漏等进行模拟，对地上生物量、地下生物量、枯死木、枯落物和土壤碳库等的碳贮存量和变化量进行估算。

2008年12月，国家林业局应对气候变化和节能减排工作领导小组办公室针对碳汇造林项目组织出版了《中国绿色碳基金造林项目碳汇计量与监测指南》。这本指南主要是以《IPCC 2006 国家温室气体清单指南》、《IPCC 2000 优良作法指南和不确定性管理》、《IPCC 土地利用、土地利用变化和林业特别报告》以及清洁发展机制（CDM）执行理事会批准的有关CDM造林再造林项目的方法学等为基础，结合中国林业实际制定而成的。它较全面地阐述了碳汇造林项目的碳计量方法和监测方法。

（二）建立生态资本评估碳计量机制

生态资源转化为生态资产需要满足三个条件：稀缺性、增值性和产权明晰。稀缺性是生态资源转化为生态资产的前提。一种生态资源即使有多种使用价值，但如果不稀缺，那么也不会有人产生占用的欲望。只有当某种生态资源既有用，又使人感觉到出现稀缺迹象，生态资源的所有者才会认真加以保护，其他经济主体才会产生将其占用的欲望和冲动。增值性是生态资产的本质特征，只有预期生态投资能不断地带来利润回报、实现增值的情况下，生态资产的所有者才会不断追加投资或者将生态资源转让给其他经营者，实现生态资产所有权与经营权的分离。生态资源转化为生态资产的另一个重要条件就是界定其所有权。

生态资本评估机制从经济与投资价值角度，运用科学的方法，对生态资本的各种类型经济价值与期望投资收益进行评定和估算。生态资本评估机制是建立生态补偿制度的必要条件。对生态环境服务和自然资源的价值进行评估可以为环境资源产权的界定奠定基础，同时也可以提高资源使用者的生态环境和自然资源的成本意识，促进资源使用效率的提高。科学公正的价值评估机构是生态价值评估机制建立的前提条件。我国的专业生态价值评估机构目前还处于空白状态，广东可率先一步，尝试由政府资助，邀请各学界的学者以及在环境保护方面的有关民间社会精英共同参与，以建立生态资本评估机制，进行碳计量的评测，统一成碳单位，并不断完善生态价值评估方法。给生态资本赋予一定的产权，也有利于在碳市场中交易。

（三）建立碳汇的碳计量评定标准

在自然界中，绿色植物的光合作用吸收大气中的 CO_2，是地球上最大的碳汇。由碳循环可知，要控制大气中的 CO_2 浓度，一方面，需要增强碳汇的吸收能力，主要措施包括保护热带雨林、植树造林以及保护水域和水生植物，保护耕地和植被。另一方面，要控制碳源的排放，尽量减少向大气中排放 CO_2。能源生产和消费是 CO_2 最大的排放部门，节约用能、提高能源生产效率、采用低碳能源、捕集与封存能源利用中产生的 CO_2 等，是减少 CO_2 排放的主要途径。

陆地生态系统中含有大量的碳，是全球碳循环中的重要碳库，其贮存的碳超过 2 万亿吨（大气中的储量为 0.75 万亿吨）。生物固碳就是利用植物的光合作用和土壤的碳循环，提高生态系统的碳吸收与储存能力。从而减少该气体在大气中的浓度，减缓全球气候变暖趋势。目前，与能源和工业部门的减排措施相比，陆地固碳是控制 CO_2 最直接且副作用最少的方法，受到特别关注。开展陆地固碳工程可实现温室气体减排、生态恢复和经济发展的"多赢"局面。

陆地植被具有强大的固碳功能，并且陆地植被的固碳功能是自然的碳封存过程，比起人工固碳不需提纯 CO_2，从而可节省分离、捕获、压缩 CO_2 气体的成本。以植树造林为例，其成本远低于各国采用能源转换策略减少温室气体排放所需的成本。据估算，陆地碳汇中约有一半贮存在森林生态系统中（11460 亿吨），其中植物占 3590 亿吨（约 1/3），土壤占 7870 亿吨（约 2/3）。

对中国植被、土壤中碳储量进行 3 种水平的估计，其中陆地植被碳储量最低水平估计为 1205 亿吨碳，最高水平为 1892 亿吨碳，平均水平为 1550 亿吨碳。按照平均水平估计，中国陆地植被生物量合计为 352.3 亿吨碳，土壤有机碳库为 1197.6 亿吨。在森林生态系统中发生的碳交换非常活跃，增加全球的森林面积，将会增加陆域的碳沉降，进一步减少大气

中 CO_2 浓度。因此《京都议定书》将森林吸收或排放 CO_2 的净值，纳入排放减量值计算，同时确认碳排放权交易制度（ET）、联合减量（AIJ）及清洁发展机制（CDM）架构的建立，使森林资源所吸存的 CO_2 量，成为一种可交易的产品。中国森林碳汇显著增加主要是由于人工造林生长的结果。据估计，中国人工林对中国森林总碳汇的贡献率超过80%，广东应高于这个水平。

除森林外，面积巨大的草地和农田也是不可忽视的重要因素。中国是一个农业大国，但农作物的收获期短，农作物生物量作为碳汇的效果不明显。因此，常设定农作物生物量的碳汇为零。草地是陆地植被重要的组成部分，是世界上分布最广的植被类型之一，它覆盖了几乎20%的陆地面积，活生物量的碳贮量占全球陆地植被碳贮量的1/6以上，土壤有机碳贮量占1/4以上，在只考虑活生物量及土壤有机质的情况下，草地碳贮量约占陆地植被总碳贮量的25%。因此，草地也可提供丰富的碳汇。

在我国适用于碳交易的生物固碳工程包括大规模发展速生丰产人工林；保育天然草地、建设人工草地；建立规模化沼气产业链；利用边际土地发展生物质能源；发展固碳农业、增加农田土壤固碳等。

森林和草地可以为碳市场提供丰富的碳汇，所以，建立碳汇评定标准，使之可以投放到市场上，是非常必需的。将市场上的交易对象定义为碳汇服务证书。一单位的碳汇服务证书对应一定数量（如1吨）的碳汇量。前面已经说明，森林具有强大的固碳功能，因此这个碳汇服务证书可以用来表示，一定时期内的单位森林的碳汇量。同样地，也可以给出相应的碳汇服务证书来表示草地的碳汇量。在碳市场中，通常以 tCO_2e 为计量单位。这个碳汇量的评定则需要专门的审核评定机构，在国际上，对CDM项目进行核查的第三方审核机构需要取得联合国管理机构EB的委任。这些被委任的第三方机构被称为DOE。目前被EB委任的DOE共有26家，其中在中国开展业务的DOE约有15家。

此外，为了保证碳汇量的审核评定的公正和准确，政府还应加强监督和管理，制定相应的法律法规，规范市场，以便于碳汇的评定和交易，以营造良好的市场环境。

（四）建立退耕（牧）还林（草）所减少的相应产值碳计量标准

目前退耕（牧）还林（草）实施的补偿标准是：禁牧、休牧、划区轮牧围栏建设标准为青藏高原地区建设投资 375 元/hm², 其他地区 300 元/hm², 草场补播补偿草种费 150 元/hm², 退牧还草饲料粮蒙甘宁西部荒漠草原、内蒙古东部退化草原、新疆北部退化草原按全年禁牧补偿标准为 82.5kg/hm², 季节性休牧按休牧 3 个月计算, 每年补偿饲料粮 20.63kg/hm², 青藏高原东部江河源草原按全年禁牧每年补偿饲料粮 41.25kg/hm², 季节性休牧按休牧 3 个月计算, 每年补偿饲料粮 10.35kg/hm²。国家对治理区政府和参与项目的农牧民进行补贴: 退耕还林粮食及现金补助年限为 8 年, 粮食补助标准按退耕地面积补贴 2100 元/(hm²·a), 退耕地造林和宜林荒山荒地荒沙造林种苗补贴 750 元/(hm²·a), 飞播造林补贴 1800 元/(hm²·a), 封山育林补贴 1050 元/(hm²·a), 人工种草补贴 900 元/hm², 飞播牧草补贴 750 元/hm², 围栏封育补贴 600 元/hm², 基本草场建设补贴 1200 元/hm², 草种基地建设补助 7500 元/hm², 禁牧后饲料粮补贴标准为 0.225kg/天/hm², 水源及节水配套工程每处中央补助 1 万元, 小流域综合治理工程中央补助 2000 元/hm², 中央对生态移民每人补助 5000 元。

这样的补偿标准可以在一定程度上补偿到农(牧)民。但是, 要真正做到退耕(牧)还林(草), 农(牧)民必定要减少生产, 而减少生产就意味着他们的收入也会减少, 所以建立退耕(牧)还林(草)所减少的相应产值标准可以很好地起到激励和补偿农(牧)民的作用。成立相关的鉴定评定部门, 来鉴定和评定退耕(牧)还林(草)所减少的相应产值, 同时将其统一为碳汇交易单位, 由市场来决定其价格, 以便于交易, 也使得农(牧)民可以得到更好地补偿。

森林生态系统虽然可以累积大量的碳, 但本身却不太稳定, 容易受到火、昆虫、疾病的干扰。把林地转变成农地、商业性采伐及非商用产品如薪炭材的采伐, 都会减少生态系统碳贮存量, 而造林、施肥、森林保护等管理对策则能增加生态系统碳储量。老龄林改变成人工林, 则使生态系统由碳源变成碳汇。因此, 森林土地改变成其他利用形式, 都会造成碳的排放。采用合理的经营管理对策, 加强对天然林的保护与人工林的建设, 并能配合适当的残体处理、减少火灾、加速造林、延长轮伐期、加强疏伐, 都会有效地增加林地的碳贮存量。对森林生态系统的管理和维护也可以创造一定的工作机会, 同时也可以保证森林生态系统的碳汇量。

草地放牧利用是造成草地生态系统碳储量变化的另一个重要因素, 过度放牧促进草地土壤的呼吸作用，从而加速碳由土壤向大气中的释放。就全球草地而言，在过度放牧下地上净初级生产力中仅有 20%—50% 能够以凋落物和粪便的形式归还土壤，一旦草地土壤遭到开垦和过度放牧破坏，其腐殖质层中的有机碳就会迅速氧化而释放出大量 CO_2，草地就可能转变成为碳源。如今，草地畜牧业已经成为我国许多地区的生产和经济支柱，但由于经济投入少，草地退化的趋势并没有得到制止，相反产生了愈演愈烈的趋势。因此必须加强对草地生态系统不同发展阶段（自然与退化生态系统）、不同利用方式（草地转变为农田、退耕还草等）及其对气候变化响应的草地生态系统碳循环过程与机理的理解，加强草地生态系统管理。

（五）建立政府碳配额下生态交易机制

广东作为全国科学发展的排头兵，已经进入经济转型的重要时期，所有的经济运行处于一种高投入的状态，对资源的需求量比较大。

以电力行业为例，作为重要的能源加工转化部门，广东电力行业在过去的 10 多年中发展迅猛。特别是近几年为满足国民经济发展对电力的强劲需求，电力工业以前所未有的速度发展，电力投资力度维持加大，电源建设不断迈上新台阶，电网建设速度逐年加快。与之伴随的是 CO_2 排放量的急剧增大。

近年来，我国的电源建设贯彻了"优化发展火电，有序发展水电，积极发展核电和大力发展可再生能源发电"的方针，加快了水电、核电和可再生能源等清洁能源发电的建设步伐。但由于水电和核电的建设周期较长，而在同期火电发展迅速，使得水电和核电在电源构成上的变化不是十分明显。

广东未来长时间内燃煤发电比重仍然偏大。所以，在短期内要通过改变能源结构来减少 CO_2 的排放是不可能实现的。但从中长期看，电力行业减排更多需要依靠技术进步，包括推进传统火电改选和清洁煤生产技术，引进开发 CCS 技术，注重核电、水电以及其他可再生能源发电技术的研发利用等。

我国于 1998 年 5 月 29 日签署《京都议定书》，是第 37 个签约国，在 2002 年 8 月 30 日向联合国秘书长安南交存了中国《〈联合国气候变化框架公约〉京都议定书》的核准书。《京都议定书》规定，到 2010 年，所

有发达国家 CO_2 等 6 种温室气体的排放，要比 1990 年减少 5.2%。为达到限排目标，各参与公约的工业化国家都被分配到了一定数量的减少排放温室气体的配额。2008—2012 年是《京都议定书》的第一个承诺期，在这一期限内，我国作为发展中国家不需要承担减排义务，而是可以向发达国家提供温室气体减排量，从中获得资金和先进技术，促进可持续发展。但过了这一时期，我国就要承担减排义务。

碳排放量与能源行业含碳能源使用的情况有很强的相关性，碳排放权的稀缺程度又受到政策性因素的影响。因此，借鉴国外的一些经验，建立碳交易市场，利用市场机制，使生态经济的外部性实现内部化，才可以解决生态补偿问题，实现碳的减排。例如，美国的 AES 电力公司通过在中美洲国家危地马拉投资 200 万美元种植 5000 万棵树来抵减其在美国境内新建的一个煤电厂的温室气体排放量。

基于广东的经济发展情况和阶段，建立基于配额的碳交易市场是比较可行的。这样的生态交易机制，是由政府制定总的排放配额，并在各主要排放企业间进行分配，企业根据自身的需要来进行排放配额的买卖。对于排放配额，企业可向经过认定的碳汇对象进行购买。碳汇对象的价格则由供需市场来决定。这样可以弥补政府主导的生态补偿的缺陷，提高补偿的效率和激励效果。

关于着力绿色低碳经济，加快发展碳汇林业的建议

提案人：徐颂军* 等

内容：

森林是陆地最大的储碳库和最经济的吸碳器。据联合国政府间气候变化专门委员会（IPCC）估算：全球陆地生态系统中约储存了 2.48 万亿吨碳，其中 1.15 万亿吨碳储存在森林生态系统中。科学研究表明：林木每生长 1 立方米，平均约吸收 1.83 吨 CO_2。目前，全球森林资源锐减，减弱了对大气中 CO_2 的吸收，成为导致全球气候变化的重要因素之一。已经引起各国的重视！恢复和保护森林作为低成本减缓全球气候变化的重要措施之一写入了《京都议定书》。林业具有多种效益，兼具减缓和适应气候变化双重功能。扩大森林覆盖面积是未来 30—50 年经济可行、成本较低的重要减缓措施。许多国家和国际组织都在积极利用森林碳汇应对气候变化。2012 年朱小丹省长在省政府报告中也提出：着力加快绿色低碳发展；加快建设现代林业强省，增加森林碳汇。

据专家估算，1980—2005 年，我国通过开展植树造林和森林管理活动，累计净吸收 $CO_2$46.8 亿吨；通过控制毁林，减少排放 $CO_2$4.3 亿吨。第七次全国森林资源清查（2004—2008）结果显示：全国森林面积 1.95 亿公顷，森林覆盖率 20.36%，森林蓄积 137.21 亿立方米。目前我国森林植被储碳总量已达 78.11 亿吨，受到国际社会的充分肯定。

因此林业以其特殊的碳汇能力成为应对气候变化的必然选择，其主要表现在增强碳吸收汇、保护碳贮存、碳替代三个方面。增强碳吸收汇的林业活动包括植树造林、退化生态系统恢复、建立农林复合系统、加强森林

---

* 提案人简介：徐颂军，男，华南师范大学地理科学学院院长、教授，广东省政协常委。
注：本提案获评 2012 年广东省政协优秀提案。

可持续管理以提高林地生产力等能够增加陆地植被和土壤碳贮量的措施。保护碳贮存是指保护现有森林生态系统中贮存的碳，减少其向大气中的排放。主要措施包括减少毁林、改进采伐作业措施、提高木材利用效率，以及更有效的森林灾害控制。碳替代措施包括以耐用木质林产品替代能源密集型材料、发展生物能源、采伐剩余物的回收利用等。

针对广东省来说，发展低碳经济势在必行，然而我们必须正确审视在发展过程中的挑战。首先是在当前及未来较长时期内，全省经济社会还将持续发展，温室气体排放势必继续增加。其次低碳技术基础尚待完善。技术进步是转变发展方式的关键。现阶段我省低碳相关技术基础仍远远落后于发达国家，相关投入不够，人才、技术储备不足，技术支撑亟待加强。

与此同时，也要看到发展低碳转型的战略机遇和有利条件。促进发展方式向低碳转型是贯彻落实科学发展观、实现可持续发展的内在要求。从战略高度来看，低碳转型正是贯彻落实科学发展观的要求和具体体现，与我国正在实施的可持续发展战略完全一致，也是建设创新型国家、走新型工业化道路的必然选择。从现实效果来看，低碳转型将有利于解决能源资源供需矛盾，为调整产业结构、优化能源结构提供新的市场动力，引导我省国民经济向低排放、高效益、可持续的方向发展。其主要建议如下。

一 加强林业建设，增加森林碳汇

在 2010 年的省政府工作报告中提出：要培育森林资源，增加森林碳汇。省政府召开的全省林业工作会议也提出，到 2016 年全省新增森林面积 900 万亩，新增森林蓄积量 1.32 亿立方米，森林覆盖率达到 58%。这既是落实科学发展观的重要举措，也是广东应对气候变化发展林业的具体行动计划。要以减缓气候变化、培育新兴产业和促进可持续发展为目标，以技术创新、制度创新为动力，以节能、提高能源效率、优化能源结构和增加森林碳汇为重点，综合运用经济、科技、法律、行政等手段，促进低碳产业积极有序发展。加快造林绿化进程，扩大森林面积。强化森林经营管理，提高森林质量。加快促进低碳转型的体制机制和人员队伍建设，加快应对气候变化立法进程，逐步建立完善控制温室气体排放的统计、监测、考核体系。建议有关部门开展对碳汇林业的资源进一步调研，创新林业碳汇理论研究，建立林业碳汇经济政策。在条件许可的情况下，选择

1—2个点（林场等）进行森林碳汇效益方面的试点研究，逐步探索林业碳汇的计量和碳汇交易制度建立。

二 着力加快绿色低碳发展，以森林低碳促进经济发展方式转变

着力加强以保障和改善民生为重点的社会建设，加快转型升级，统筹现实需要和长远利益，综合推进低碳转型与清洁生产、循环经济、节能减排等工作。需要建立健全鼓励低碳转型的各项配套政策措施，发挥政府政策的引导作用，更多地依靠市场机制和技术进步。加快发展低碳技术，逐步建立以低碳排放为特征的能源和工业、建筑、交通体系。加强煤炭清洁生产和利用，优化发展火电，在保护生态和妥善解决移民问题的前提下，有序发展水电，积极发展石油天然气和核电，大力发展风电，推进太阳能光伏发电的商业化进程，因地制宜开发利用生物质能，提高非化石能源在一次能源消费中的比重。

三 进一步开展碳汇林业工程，发展低碳产品，倡导低碳消费

目前我省重视珠江水源涵养林和森林碳汇造林工程的专项建设，也取得了很大成绩，但仍有低效林和一些荒山需要林分改造，这两年来省政府虽重视和加大造林工程投入，我省森林碳汇造林工程 2011 年已投入 3000 万元，但建设资金还很不足，需要逐步提高。要大力宣传节能、环保消费理念，引导城乡居民转变消费模式。要大力发展节能、环保产品，为公众提供更多的消费选择。

下 编

统一战线发展理论研究

一 "同心"思想与多党合作

"同心"思想基本内涵、科学定位以及实践要求

黄晓波[*]

"同心"思想重要理论是2011年在纪念中国共产党成立90周年，回顾总结中国共产党90年来光辉历程和辉煌成就的基础上提出来的，它是以胡锦涛为总书记的党中央十六大以来统一战线理论创新的最终归结。

十六大以来，以胡锦涛同志为总书记的党中央与时俱进，立足党和国家工作大局，立足社会主义初级阶段的基本国情，不断推进多党合作制度和政治协商制度创新。2005年《中共中央关于进一步加强中国共产党领导的多党合作和政治协商制度建设的意见》重新界定了民主党派的范畴，把无党派人士纳入了多党合作的范畴；2006年在第20次全国统战会议上，正式提出了认识和处理好政治和社会领域中关系党和国家全局的五大关系；2011年提出了"同心"思想，这是多党合作理论认识达到一个新高度的体现，也是胡总书记统战思想的一个归结。"同心"思想还第一次写进了党的十八大报告中，体现了"同心"思想在党的全局和统一战线中的重要地位和指导意义。

一 "同心"思想的基本内涵及重要意义

"同心"思想主要是指思想上同心同德、目标上同心同向、行动上同

---

[*] 作者简介：黄晓波，男，华南师范大学党委副书记、纪委书记、研究员。

心同行。它是中国共产党领导的多党合作和政治协商制度最鲜明的特质，是不断夺取革命、建设、改革事业胜利的有力保证。

"同心"思想内容广泛，其内涵包括思想上同心同德、目标上同心同向、行动上同心同行。其外延则包括：民主党派和共产党的同心、统一战线各界人士与共产党的同心、共产党与人民群众的同心、民主党派内部的同心以及民主党派与人民群众的同心。上述多方面的同心是一个统一的有机整体，彼此依赖，相互补充。但所有这些方面的"同心"都指向一点：与共产党同心。如果内涵回答的是同什么心或在什么地方同心，那么外延回答的是和谁同心。

众所周知，统战工作的"十六字方针"是"长期共存、互相监督、肝胆相照、荣辱与共"。"同心"思想正是在此方针的基础上发展而来，是对"十六字方针"的具体和深化，主要表现为：一是"同心"思想的内容更具体，"十六字方针"是原则性规定，"同心"思想则具体指向了思想上、目标上和行动上三个方面的同心要求；二是"同心"思想的范围更广大，"十六字方针"旨在说明处理参政党和执政党双方的关系时所应遵循的原则，而"同心"思想则要求参政党不仅要和执政党同心，而且还要达到多方面的同心；三是"同心"思想的主旨更明确，"十六字方针"的主旨是政治，指明了参政党和执政党的关系，而"同心"思想的主旨则在于谋发展，即在经济发展、社会发展、特色社会主义事业发展中，要按照"同心"思想的原则办事。因此，"同心"思想具有丰富的历史底蕴和时代内涵，对推动统一战线工作的开展具有极为重要的意义。主要表现为以下方面。

首先，"同心"是统一战线存在和发展的坚实根基。统一战线作为各种力量的政治联盟，离不开共同理想的感召、共同目标的激励、共同利益的维系，其根本归结于人心的凝聚。众人同心，牢不可破，"同心"是统一战线保持强大凝聚力和旺盛生命力的根本。

其次，"同心"是统一战线价值追求的核心体现。实现大团结大联合是统一战线的永恒主题；团结一切可以团结的力量，调动一切可以调动的积极因素，是统一战线的不懈追求。

最后，"同心"是统一战线鲜明特色的集中反映。统一战线作为同与异的矛盾统一体，以求同存异弥合分歧，以民主协商扩大共识，以荣辱与共坚定信念，以和谐共赢创造未来，这是统一战线保持特性、彰显特色的根本所在。

二 "同心"思想的科学定位

"同心"思想孕育于中国民主革命的丰厚土壤,发端于中国共产党领导的多党合作的伟大实践,形成于中国特色社会主义建设的伟大实践,具有厚重的历史性、鲜明的时代性和巨大的包容性。

三同思想重要理论,从学理上讲,就是政党关系的问题。在中国,政治制度和政党制度的显著特征是:共产党领导、多党派合作,共产党执政、多党派参政。民主党派是参政党,不是在野党,更不是反对党,这种参政模式具有巨大的优越性。共产党和各民主党派在国家重大问题上进行民主协商、科学决策,集中力量办大事。共产党和民主党派互相监督,主要是民主党派监督共产党。实行这样一种政党制度和政治制度,既可以避免一党专制、缺少监督造成的种种弊端,也可以避免多党竞争、互相倾轧造成的政治动荡,具有巨大的优越性和旺盛的生命力。

(一) 中国执政党和参政党形成的历史过程及原因

中国共产党执政具有历史的合法性。合法性是一个政党执政的基础,一旦合法性失去了,执政根基就会动摇。从政体关系形成的历史来看,中国共产党是中国近代史发展的必然产物,现存的中国共产党与多党派的关系是历史发展的必然产物。

辛亥革命以来,中国确实出现过给予中国实行多党制的选择机会,1924—1927年国共第一次合作的大革命时期,国民党和共产党曾经并肩作战,但是十年内战时期,国民党则动用政权力量全力追捕剿杀共产党。1937—1945年国共第二次合作抗战八年,抗战结束后到1946年国共内战爆发前后,这是中国历史上实行多党制的又一次选择机会,但是这一机会稍纵即逝。抗战结束后,国民党为争取主动,邀请毛泽东赴重庆谈判,签订了"双十协定"。人们似乎看到了和平共存的曙光,而国民党却以和谈为外衣,自恃军队实力雄厚,推行一党专制,力图消灭共产党,最终堵上了两党制或多党制的路径选择。同时,在对待民主党的态度上,国民党在1947年10月悍然宣布民盟为"非法组织",这使得国民党走上了众叛亲离的道路。各民主党派对中国共产党从观望到认知、认同,到接受中国共产党的领导，也走过了一段艰难曲折的过程。当发现只有中国共产党才能救中国时，为了振兴中华民族的伟大事业，各民主党派就坚定不移地高举爱国主义的旗帜，打破阶级、阶层、党派、团体、民族、信仰、地域的界限，坚持与中国共产党同心同向。

各民主党派从同情认同到最终选择并始终坚持中国共产党的领导，与中国共产党同道相谋、风雨同舟、共同奋斗的光辉历程，形成了牢不可破的"同心"品质。特别是新的历史时期，中国共产党作为执政党的意识不断增强，2005 年中共中央下发了《关于进一步加强中国共产党的多党合作和政治协商制度建设的意见》明确指出"由于中国共产党处于领导和执政地位，更加需要自觉接受民主党派的监督"[1]，2007 年 11 月，国务院新闻办公室发布的《中国的政党制度》指出：中国共产党与各民主党派互相监督，有利于强化体制内的监督功能，避免由于缺乏监督而导致的种种弊端[2]。与此同时，中国共产党领导的统一战线和多党合作理论也得到不断继承和发展。中国共产党不仅对国家实行思想领导、政治领导和组织领导，而且对各民主党派实行政治领导，各民主党派积极参政议政。各民主党派参政议政的途径和方式主要是人民政治协商会议，协商民主。这是中国共产党的政治优势，在中国改革和建设事业当中不断取得胜利发挥了重要的作用，而参政党与执政党同心、统一战线各界人士与党同心、党同人民群众同心始终贯穿统一战线存在与发展的全过程，成为推动统一战线自身发展和统一战线服务发展的有力武器和可靠保障。

由此，"同心"思想既揭示了中国共产党领导的统一战线和多党合作事业的本质特征，又指明了新时期统一战线及参政党工作的目标方向，提出了当前的时代使命。"同心"思想的形成具有历史的继承性和现实的必然性。

(二) 选择多党合作和政治协商制度的原因

政治制度，就是人类如何组织和安排集体生活。在这种组织和安排之下，各种组织、团体和个人通过一定的程序，实施对集体决策的影响。一

---

[1] 《中共中央关于进一步加强中国共产党领导的多党合作和政治协商制度建设的意见》（http://cpc.people.com.cn/GB/64162/71380/102565/182142/10993406.html）。

[2] 《中国的政党制度》白皮书（http://news.xinhuanet.com/newscenter/2007—11/15/content_7078939_1.htm）。

个国家适合什么样的政体，不同国家在其政治发展进程中，之所以形成差异性的政治发展模式，与其政治生态环境有关。一定的政治模式只能存在于一定的政治生态之中。

人类历史上，对于政体的选择、对于政治制度的选择，期望组织一个良好的社会，追求合理的政治安排的探索一直没有停顿过。从柏拉图《理想国》主张"哲学王"来当国王，到亚里士多德的《政治学》，着重探讨了希腊城邦和各种政体形式。研究一国人们适合于何种政体的命题，从未间断。

现代西方国家选择的是三权分立原则的代议民主制。这种政治制度的选择是有西方制度发展的历史背景的。并且它从一开始就存在着种种缺陷。首先，对民主内涵的理解就有极大差异。卢梭认为，民主是人民主权和公意[1]；列宁主义者说民主是人民当家作主和少数服从多数。民主就是一人一票，全民公投，少数服从多数[2]。简单的民主不一定全是优点。思想家、哲学家苏格拉底就是死于人类历史上最早的民主政体雅典民主制五百人议会的审判，死于自己主张的民主制，全民公投的民主底下。显然，苏格拉底死于民主的暴政，民主的缺陷也显而易见。其次，民主是需要社会成本的，实现全民公投是有条件的。古希腊城邦非常小，一个城邦就是一座城市，人口相对集中且规模不大，市民朝夕相处，彼此熟悉，智力水平、教育程度、知识背景大致相同，语言、文化、种族背景大致相近，财产、社会地位大致平等，实现全民公投相对容易。但现代社会大多数国家规模巨大，这种全民公投的直接民主方式已经不可能，其社会成本太高了。只有国家总统大选、弹劾总统或议会大选等关系国家前途命运和国计民生的重大问题，才进行全民公投。因此，近现代国家普遍实行间接民主，亦即代议制民主，其基础是选举制，即公民通过由自己同意所选举出来的代表来负责制定法律和管理公共事务。

美国就是实行这种代议制民主的代表国家。其通过三权分立权力制衡，立法权、行政权和司法权三权独立行使，相互"制衡"，这是西方宪政民主的一大特色。理论上"三权分立"政治体制是一种完美无缺、运行和谐的机制。实际上，"三权分立"理论和实践在西方早已存在严重分

---

[1] ［法］卢梭：《社会契约论》，何兆武译，商务印书馆2003年版，第31页。
[2] 《列宁选集》第3卷，人民出版社1995年版，第184页。

歧和激烈争论。肯定者认为，"三权分立"是一项行之有效的制度，至今仍然是美国政治制度的基本原则之一，发挥着不可替代的作用。批判者有两种看法：一种认为三权分立，相互制衡在实际上根本不可能，它只是"纯理论空间游戏"，是"政治学三位一体的神秘化"[①]。二战之后，总统权力不断膨胀，权力混合现象增多，总统早已经成为"帝王般的总统"，"三权分立"早已名存实亡。另一种认为，虽不能完全否认"三权分立"原则依然存在并发挥着作用，但其消极作用远远大于积极作用[②]。造成的弊端主要是行政、立法、司法三个权力部门互相扯皮、议而不决，造成行政效率低下；行政、立法、司法三个权力部门议行分离，议行互悖、政令不一，形成多个权力中心，相互掣肘，严重影响了国家的及时做出决策和对决策的贯彻执行，致使许多重大问题的决断和处置被贻误，造成严重后果。

　　特别是到了20世纪，当代资本主义社会与早期资本主义社会不同，它的组成单位包含了各种各样力量雄厚的垄断资本集团和社会利益集团，有的集团其实力富可敌国。政府为加强对社会生活的干预和调控能力，行政权力机关就必须扩大和加强行政权力，同时，各种分立的权力之间保持充分的、密切的协调与配合，才能控制这些庞大的社会组成单位。因而，在实践中政府行政权在很大程度上自发地、自然地渗透进了立法、司法的因素和职能。与此相适应，议会和法院的权力范围也相应发生了改变。大量事实一再表明，当代西方国家特别是美国政治演变的结果，行政部门已逐渐取得优势地位。国会尽管人数众多，但党派纷争不断，力量难以统一，而行政部门由一人统一领导，步调一致，并且拥有技术力量优势，熟悉和了解国家面临的真实情况，有条件和力量发现国家现行法律的不足和漏洞，能够及时提出修改意见，因而导致出现了大量"委任立法"现象（比如美国85%以上的国会立法由行政部门发动和起草）[③]。于是，国会除发挥监督作用外，不得不把政治上的主动权让与总统。在日益扩大的政府权力面前，法院显得微不足道，法院的制衡作用只有在具体诉讼中才得以体现。这样，权力只能分立而不能混合的观念在当代已失去了现实

---

① 李新中：《三权分立的理论与实践在西方社会遇到的挑战》，《红旗文稿》2004年第17期，第39页。
② 同上。
③ 薛克智：《周恩来同志谈一党执政与我的思考》，《光明观察》2004年9月28日。

意义。

同时，20世纪六七十年代，一些国家摆脱殖民主义国家统治走向独立的时候，政治发展从零开始，这些国家纷纷效仿宗主国或者其他西方国家的政治模式进行设计，但实际上，很少有因效仿美国政治模式而成功的国家。如南美或者非洲的一些国家，按照同样的方法选举总统，却总是伴随着暴力和动荡的局面，甚至即使在民选总统产生之后，很快就被军人政权通过政变取而代之。

现代社会各种复杂、不断变化的宪政实践与宪政理论表明，原有的"三权分立"理论既非教条，也非固定不变的行动指南。一个现代国家决不应该死死抱住原有"三权分立"理论始终不放。"三权分立"原则已不能很好适应现代国家发展的需要，那么我们中国人就应当依靠自己的智慧，去寻找、发现和创造更为先进、更为优越的民主制度模式。

新中国在刚成立时设计了一个政治协商制度，后来在此基础上增加了一个人民代表大会制度，通过选举人大代表，由代表来为社会民生发声。这种制度的形成具有历史合理性，同时也具有相对优越性。它具有较高的效率，可以集中干大事，更利于团结人民。当前，社会生活和社会关系的复杂性及效率要求，不可避免地造成了立法权、司法权、行政权在一定范围内和一定程度上的混合状况，而这种制度也是与当今复杂的社会发展环境相适应的。

（三）中国执政党与参政党合作共事的基础

现代社会民主潮流的发展，越来越多的民众已经不能满足于精英政治模式，更多要求参与到政府管理当中去，在政府决策发挥影响作用。当人们充分认识到自己被统治时，他们就要求能在政府里说得上话。民主党派是各界别群众的代表，中国共产党与民主党派协商沟通是我国民主的重要方式。没有参与就没有同心可言。党的十八大报告里，强调"要健全社会主义协商民主制度。完善协商民主制度和工作机制，推进协商民主广泛、多层、制度化发展。通过国家政权机关、政协组织、党派团体等渠道，就经济社会发展重大问题和涉及群众切身利益的实际问题广泛协商，广纳群言、广集民智，增进共识、增强合力。坚持和完善中国共产党领导的多党合作和政治协商制度，充分发挥人民政协作为协商民主重要渠道作用，推进政治协商、民主监督、参政议政制度建设，更好协调关系、汇聚力量、建言献策、服务大局。加强同民主党派的政治协商。深入进行专题协商、对口协商、界别协商、提案办理协商。积极开展基层民主协商"①。

中国社会主义特色的协商民主的表述在十八大又向前迈进了一大步，不仅停留在人民政协的重要渠道，还将更广泛、多层面同时是制度化地推进，要就经济社会发展重大问题和涉及群众切身利益的实际问题广泛协商，完善协商民主制度和工作机制。就是要更多地广纳群言、广集民智，增进共识、增强合力。协商民主的形式我们相信十八大之后一定会在机制上和制度上继续创新。从当前的世情、国情、党情和世界上一些国家市场经济发展的经历来看，在人均 GDP 从 1000 美元到 3000 美元阶段，社会经济结构剧烈变化，各种矛盾突出增加，利益矛盾不断涌现，社会稳定问题非常突出②。随着我国社会主义市场经济体制的日益完善和各项改革的不断深入，我国社会的经济结构和社会结构都发生了重大变化，社会经济成分、组织形式、就业形式、利益关系和分配方式日趋多样化，具有不同利益倾向和要求的群体逐步形成，新的社会阶层不断涌现，各种社会矛盾、利益冲突不断凸显。更多的老百姓希望对国家政策有发言权。政府只有越来越多地考虑老百姓的利益，才能为执政稳定打下基础。我们党顺应了时代发展的需要，更加关切民生。

十八大的召开，众多老百姓关注的问题进入了大会议程，尤其是民生问题。在十八大报告中，胡锦涛总书记总结阐述了一系列关乎国计民生的新思想、新观点、新论断。其中，关于民生问题的篇幅，所占的比重较大，提出了包括收入分配制度改革在内的一些新提法和观点。在改革发展进入关键阶段召开的十八大，不仅体现了共产党始终如一、一心为民的政治追求，凸显了以人为本、人民至上的执政理念，而且为全面建设小康社会、实现中华民族伟大复兴提出了新要求、确立了新思路、明确了新任务。这些新要求、新思路、新任务，无不紧扣最广大人民的根本利益。要达到新要求、落实新部署、完成新任务，同样也离不开以人民利益为根本。当前，劳动就业、物价房价、医疗卫生、入学教育、食品安全、收入分配、环保治安等问题，是人民群众最关心、最直接、最现实的利益问

---

① 胡锦涛：《坚定不移沿着中国特色社会主义道路前进　为全面建成小康社会而奋斗——在中国共产党第十八次全国代表大会上的报告》，人民出版社 2012 年版，第 26 页。
② 李卫玲：《"均"贫富：和谐社会新课题》，《国际金融报》2005 年 3 月 8 日。

题，民生问题如果能处理好，势必极大提升老百姓的幸福感和安全感，增强国家的向心力和凝聚力。如何使越来越多的人分享到经济发展成果，如何实现公平正义，实现"学有所教、劳有所得、病有所医、老有所养、住有所居"，这是广大人民群众的民生诉求，也是党和政府高度关心的问题。

十六大以来，初步建立了面向全体劳动者的公共就业服务体系，全面实施了免费城乡义务教育，社会保障体系建设取得了历史性的突破，基本住房保障制度初步形成，医药卫生体制改革也取得了重大突破，人民群众反映强烈的一些民生难题正在逐步得到解决。党的十八大继续对保障和改善民生做出全面部署，体现了党中央对"民生问题"的高度重视，是对"民生改善"的再动员、再部署。在经济发展的基础上逐步提高人民物质文化生活水平是改革开放和社会主义现代化建设的根本目的，同时也是人民群众的殷切期盼。我们有理由相信，十八大必将给予群众热切关心的民生领域更多更大的回应。

社会和谐是国家理想的政治道路，也是中国共产党和多党派共同的选择。在这个意义上说，"同心"思想体现了多党合作的鲜明特质，凝聚了携手奋进、共同参与的强大合力，是统一战线重大理论创新成果，是统一战线巩固发展的时代要求，是做好新形势下统战工作的根本指针。

三 "同心"思想的实践追求

"同心"是中华民族的传统美德，是与党同行的坚实纽带，是党内外人才整合智慧资源的必然要求，调动积极因素的最高境界；是执政党和参政党和谐共赢的理想信念、团结合作的生动实践。在现实价值追求上，我们要明确几个问题。

(一)"同心"思想体现求同存异原则，是一致性与多样性的关系

"同心"思想是新形势下巩固壮大统一战线的时代要求。求同存异、和谐共处是当今社会的鲜明特征。统一战线作为不同社会政治力量的联盟，是一致性和多样性的有机统一体。只有一致性没有多样性，统一战线没有必要建立；只有多样性没有一致性，统一战线建立不起来。当前，随着经济社会转型、发展方式转变，统一战线成员坚持党的领导、建设中国

特色社会主义的思想共识不断巩固,同时随着人们价值取向、思维方式和愿望诉求日益多样,要进一步巩固壮大最广泛的爱国统一战线,正确处理好一致性与多样性的关系,使各种意见在统一共识基础上相互借鉴而不对立、各种诉求在共同利益基础上相互尊重而不冲突,始终保持和谐发展。坚持"同心"思想,实质就是通过求同存异不断增进一致性、包容多样性。

(二)"同心"思想是引导各民主党派和无党派人士坚持中国共产党领导,坚定不移走中国特色社会主义政治发展道路的重要方针

历史和实践已经充分证明,只有中国共产党才能肩负起国家富强、民族振兴的重任,只有坚持中国特色社会主义,才是正确的发展道路。多党合作实践经验告诉我们,理想的共识,道路的认同,是巩固和发展我国的多党合作事业,团结和凝聚广大成员沿着正确的方向完成民族振兴大业不断前进的根本前提。无论是历史的发展,还是现实和未来的发展,中国都离不开共产党领导。在复杂多变的国际格局中,社会主义事业必须有自己的主心骨,要有自己的核心,中国人民的主心骨和核心就是中国共产党。参政党要始终旗帜鲜明、立场坚定,以中国特色社会主义理论增进共识。不论国际风云如何变幻,始终做到坚持共产党的领导,走中国特色社会主义发展道路不动摇。坚持我国社会主义政治制度和经济制度,大力弘扬我国多党合作事业的优良传统,不断巩固共同团结奋斗的思想政治基础,充分体现"长期共存、互相监督、肝胆相照、荣辱与共"的和谐政党关系。把坚持党的领导贯穿参政议政全过程,贯穿于一切政治活动中。

(三)"同心"思想对党的统一战线事业提出了新要求

统一战线历来是党的重要法宝,新时期,这个法宝绝不能丢;作为党的政治优势绝不能削弱;作为党的一个长期方针,绝不能动摇。高校党内干部要始终有一根弦,就是要有统战意识。从实际情况看,不少党员领导并没有把统一战线放在应有的位置,"法宝"意识淡薄,统战工作似乎只是统战部和分管统战的领导的事情,没有从战略高度认识到统一战线工作的重要性。党的十八大总体部署,五位一体之后,党的建设和五位一体不是并列关系,而是领导和被领导的关系,加强党的领导是社会主义事业健康发展的根本保证。因此,党员干部要会做党建,不仅会做小党建,即是眼前的党建，还要做好大党建。党内干部也要深刻领会"同心"思想的深刻内涵，强调引导统一战线成员增进对中国共产党领导的高度信任，对中国特色社会主义道路的高度自信，对中国特色社会主义理论体系的高度自觉，对中国特色社会主义制度的高度认同。通过共同理想的感召、共同目标的激励、共同利益的维系，将统一战线成员的智慧和力量汇聚起来，为党和国家事业发展提供有力支持。

"同心"思想指导下统战工作对文化发展方式转变的适应与创新

刘 凌 黄子响 张晓红 黄铭钊[*]

对于众多发展中国家而言，21世纪是个充满机遇与挑战的世纪。随着第一个10年的过去，我国文化建设与文化发展方式在破除旧观念、旧思想的束缚下，发生了一些可喜的新变化。对此，统一战线工作本身也做出相应的调整与优化，紧跟时代发展的步伐，关于统战工作对文化发展方式转变的适应与创新的课题研究，有助于促进统战工作与当下主流意识形态有机结合并积极应对各种挑战，从而使统一战线更有效地服务社会主义和谐社会的全面建设。

一 统一战线发展的文化内涵：从社会主义核心价值体系到"同心"思想

胡锦涛总书记在2011年1月30日召开的党外人士迎春座谈会上正式提出"同心"思想，他指出：中国共产党成立以来90年波澜壮阔的历史和实践充分证明，思想上同心同德、目标上同心同向、行动上同心同行，是中国共产党领导的多党合作和政治协商制度最鲜明的特质，是我们不断

---

[*] 作者简介：刘凌，女，华南师范大学党委宣传统战部部长、讲师，广东省政协委员；黄子响，男，华南师范大学党委宣传统战部助理研究员；张晓红，女，华南师范大学政治与行政学院2011级硕士研究生；黄铭钊，男，华南师范大学政治与行政学院2011级硕士研究生。

注：本文获中共广东省委统战部2012年度全省统战理论政策研究创新成果优秀奖、第十二届广东省高校统战理论研讨会优秀论文奖，原载《韶关学院学报（社会科学版）》2012年第11期。

夺取革命、建设、改革事业胜利的有力保证。"同心"思想是总结中国共产党领导的多党合作历史经验做出的核心阐述，充分体现了统一战线的本质，是与中国特色社会主义价值追求相联系的，是新时期统一战线发展的思想指导。

"同心"思想作为新时期统战工作的重要指导思想，与社会主义核心价值体系有着重要的渊源关系。它来自于社会主义核心价值体系，是社会主义核心价值体系在统战工作中的具体呈现。因此，坚持社会主义核心价值体系，以"同心"思想为指导，有利于从整体上引领新时代文化统战工作，也有利于统战工作系统化和实效化。以"同心"思想引领统战工作，有必要辨析社会主义核心价值体系与"同心"思想的辩证关系。

（一）社会主义核心价值体系与"同心"思想的辩证联系

2006年10月，党的十六届六中全会明确提出要建设社会主义核心价值体系，包括四个方面，即马克思主义指导思想、中国特色社会主义共同理想、以爱国主义为核心的民族精神和以改革创新为核心的时代精神、以"八荣八耻"为主要内容的社会主义荣辱观。与社会主义核心价值体系相呼应（尤其是"共同理想"部分），胡锦涛总书记在2011年党外人士迎春座谈会上提出了"思想上同心同德、目标上同心同向、行动上同心同行"这一"同心"思想，它指明了中国共产党与各民主党派的关系，是引领多党合作事业不断前进的重要指南。从社会主义核心价值体系到"同心"思想，其间存在密切关联。

1. *社会主义核心价值体系本身蕴含着"同心"思想的应有之义，是其理论基础与实际保障*

马克思主义指导思想是社会主义核心价值体系的灵魂，它强调团结与统一，是"同心"思想的根源所在；中国特色社会主义共同理想则突出了社会主义核心价值体系的主题。中国特色社会主义，是当代中国社会发展进步的旗帜，是全党全国各族人民团结奋斗的旗帜。我们有着共同的理想，即把我国建设成为富强、民主、文明、和谐的社会主义现代化国家，这就必然要求我们在"目标上同心同向"；此外，以爱国主义为核心的民族精神和以改革创新为核心的时代精神都在一定程度上要求我们必须团结一致，"行动上同心同行"，否则我国人民将是一盘散沙，更遑论爱国奉献、合作创新。

2. "同心"思想并不完全等同于社会主义核心价值体系，它是社会主义核心价值体系的自然延伸与科学发展

"同心"思想要求我们要在"思想上同心同德、目标上同心同向、行动上同心同行"，即要在思想、目标与行动三个方面做到和谐一致，全方位地团结共赢，让中国特色社会主义社会成为一个极具凝聚力和向心力的大家庭或共同体。显然，它与社会主义核心价值体系中的马克思主义指导思想、中国特色社会主义共同理想以及以爱国主义为核心的民族精神和以改革创新为核心的时代精神都有着一致的诉求：同心奋进。但"同心"思想无疑将"同心奋进"的共同诉求更加明确地指出来，与此同时，也恰到好处地强调了团结共赢的重要性和突出地位。

3. "同心"思想与社会主义核心价值体系是内在统一的有机整体

"同心"思想与社会主义核心价值体系有着同样的指向和旨归，即两者都极度重视和谐、统一与稳定。"思想上同心同德、目标上同心同向、行动上同心同行"的追求与社会主义核心价值体系中的中国特色社会主义共同理想有着高度的相通性与统一性，两者是紧密联系起来的内在统一的价值体系。如果分割开来的话，共同理想将失去更为明确的规定性与价值取向，而"同心"思想也将缺乏更为深刻的目标与指向性。可以说，"同心"思想是实现核心价值体系远大目标的价值指南。

（二）社会主义核心价值体系与统一战线发展

社会主义核心价值体系是社会主义意识形态的重要体现，是全党全国各族人民团结奋斗的共同思想基础。建设社会主义核心价值体系是构建社会主义和谐社会的必要基础，也是促进统一战线发展的重要条件。社会主义核心价值体系与统一战线有着不可分割的内在联系，它对统一战线的发展有着重大的推动作用。可以说，社会主义核心价值体系的发展与统一战线发展是步调一致的。

1. 马克思主义指导思想为统一战线的深入发展提供了科学的理论指导

马克思主义始终要求我们重视客观事实并全面地看待问题，它有着其他理论和学说无可比拟的科学性。社会主义核心价值体系是一个完整的系统，马克思主义的指导思想是灵魂，决定着社会主义核心价值体系的性质。巩固和发展爱国主义统一战线，关键是以马克思主义思想为指导。我

国现阶段文化发展方式中的文化思维方式的转变,即由单方面强调经济"硬实力"转向与文化"软实力"并重的方向发展,由文化为少数受众服务向为广大群众服务的方向转变。这种转变实质上是马克思主义中国化和大众化进程中形成的宝贵成果。统一战线作为马克思主义理论和中国革命建设实践相结合的产物,与马克思主义指导思想具有天然的联系,马克思主义为统一战线的不断发展提供了科学的理论支持。

2. 中国特色社会主义共同理想为统战工作指明了道路和方向

中国特色社会主义共同理想为统战工作提供强大的凝聚力并指明了前进的大方向。走中国特色社会主义道路,实现中华民族的伟大复兴,是全国人民的共同理想。这个共同理想,符合中华民族的利益,也为统战工作指明了道路和方向。发展统一战线就是要争取人心、凝聚力量,为中国的发展与统一做出贡献。以文化传播方式来看科技化、高效化等新特征,使共同理想对统一战线的影响更为广泛。符合我国国情的现代传播体系在中国特色社会主义共同理想的指引下对全面建设社会主义和谐社会,动员千千万万人民群众这一伟大的统一战线,具有不可低估的巨大作用。

3. 以爱国主义为核心的民族精神和以改革创新为核心的时代精神为统战工作提供了精神动力

建设中国特色社会主义,需要爱国主义凝聚人心,也需要创新精神激发动力。以爱国主义为核心的民族精神和以改革创新为核心的时代精神是统一战线不断发展的重要精神动力。爱国主义是中华民族不断团结进步的重要力量源泉,也是中国共产党在革命、建设和改革中团结全国各族人民重要的力量源泉与精神动力。我国文化建设通过种种实际行动来弘扬优秀传统文化,这种文化历史传承方式的优化使爱国主义思想得到更大弘扬,为统战工作提供了前所未有的精神动力。改革创新的时代精神使中国共产党能够不断摆脱教条束缚、竭力求同存异,创造性地提出团结一切可以团结的力量,为中国特色社会主义服务,促进了统一战线的发展。

4. 社会主义荣辱观为统一战线发展提供了道德环境与价值判断标准

中国是闻名遐迩的礼仪之邦,高度重视道德功能的社会价值。社会主义荣辱观具有统一战线发展所需要的道德环境和价值判断标准。与统一战线的基本要求相适应,坚持了以为人民服务为核心,以集体主义为原则,以爱祖国、爱人民、爱劳动、爱科学、爱社会主义为基本要求。社会主义荣辱观引导人们正确处理国家与个人、道德与利益等关系,引导人们在社会冲突中做出正确的道德选择。统一战线的目的是调动一切积极因素，联合一切可以联合的力量。而社会主义荣辱观的层次性以及丰富性对每一个人发挥积极的道德引导功能，使广大群众形成道德向心力，遵纪守法，热爱人民，以国家利益为重，为社会主义建设服务，为祖国统一大业服务。

统一战线是中国共产党革命时期的一大法宝，也是中国共产党领导社会主义建设的一大法宝。新时期统一战线面临着新变化、新发展、新情况、新问题。如何坚定正确的政治方向，如何正确处理民族关系，如何恰当处理宗教关系，如何正确处理党派关系，如何正确处理与其他国家的关系，如何促进祖国统一等等，都是统一战线需要解决的理论与现实问题。只有以社会主义核心价值体系引领统一战线建设，才能够科学地解决遇到的问题，实现建设中国特色社会主义和祖国统一的宏伟目标。

(三) "同心"思想对统战工作的引领作用

文化核心价值体系是对整个社会的普遍价值导向，而"同心"思想则是专门围绕统一战线发展提出来的指导思想。相比之下，后者的针对性和引领作用更强。

1. 从思想上确保统战工作的科学性和正确性

当前，由于统一战线规模较大，人数众多，阶层丰富，尤其是广东作为统战大省，市场经济迅速发展所形成的新阶层和毗邻港澳等地产生的地缘性政治群体，使统战工作承担了更为艰巨的任务，同时统战工作的方式途径等出现多样化特征。因此，指导思想上的"同心"思想就显得尤为关键。工作机制和工作效果的系统化必须坚持以社会主义核心价值体系为导向，以"同心"思想指导统战工作，有利于从方向上确保统战工作的科学性、正确性。统战工作要做好参政议政、服务社会的工作，必须以"同心"思想为指导，只有在思想上统一才能有效确保工作的实效进行，防止出现偏差。

2. 从目标上明确统战工作的有效性

随着对新领域的不断探索和对新形势的规律把握，统战工作取得良好的效果，但是在个别方面也存在流于形式、缺乏实效的现象。坚持"同心"思想，要求统战工作在目标上做到"同心同向"，有利于改善目前统战工作中的相关问题。例如，在发挥统一战线参政议政、建言献策作用时，以"同心"思想为指导，可以明确议政建言是为了更好地解决问题，推动社会的发展，而非基于其他目的。这样就可以更好地致力于提高议政建言的质量，深入问题的核心，并最终推动问题的有效解决。

3. 从行动上形成统战工作的品牌效应性

"同心"思想所具有的求同存异的品质和整合功能，有利于形成统战工作的品牌效用性，强化统战工作的有效性。以往，统战工作主要集中在政治板块，随着社会的发展，统一战线在解决民生问题中的作用更加突出，例如全省统一战线开展的"我为幸福广东建功业"系列活动即是如此。"同心"品牌活动也是一样，要不断拓宽和加深服务社会的新渠道。总而言之，坚持"同心"思想指导作用，形成活动品牌，有利于更好地发挥统一战线的维稳作用，在行动上形成统一、长期、持续的实践活动方式，形成有效的品牌效应，扩大统一战线作用的辐射范围。

二 文化发展方式的转变对统一战线发展的影响

文化是民族精神的载体，是社会机体的血脉。党和政府十分重视中国特色社会主义文化建设。中共十七届六中全会通过了《中共中央关于深化文化体制改革 推动社会主义文化大发展大繁荣若干重大问题的决定》，这意味着我国文化建设的大踏步前进，也意味着我国文化发展方式转变的必然性与紧迫性。事实上，我国文化建设与文化发展方式确已出现了可喜的新变化。在统战工作领域，一方面，文化发展方式的转变带来了统战工作的新变革，文化统战成为统战工作的重要方式；另一方面，它为统战工作带来了新的挑战，统战工作本身需要做出相应的调整与抉择。

(一) 文化思维方式的转变，有利于统一战线地位的提高

文化发展方式的转变是全方位、多层次的，而在这样或那样的转变中，"文化思维方式是转变的首要"[1]。我国文化建设应彻底从计划经济模式下发展文化的思路、理念和框框中解放出来，由片面强调经济"硬实力"转向与文化"软实力"并重的方向发展，由文化为少数受众服务向

---

[1] 朱咏雷:《对转变文化发展方式的思考》，2011年11月，人民网（http://theory.people.com.cn/GB/16583133.html）。

为广大群众服务的方向转变。这种文化思维方式的转变更有效地促进了统一战线的发展。一方面，经济"硬实力"与文化"软实力"并重的社会主义建设有利于我国综合实力的提高，尤其软实力，更是一个社会和谐稳定、同心奋进的象征符号，而这一符号正有赖于统一战线的力量壮大，这意味着统一战线地位的上升；另一方面，文化为少数受众服务向为广大群众服务的方向转变，意味着文化的大众化，这无疑有利于文化共同体内部的团结共赢，有利于统一战线发展更广泛的成员基础。

（二）文化传播方式的转变，要求统一战线必须顺应潮流，与时俱进

在21世纪这个信息时代，我国文化建设极度重视文化传播方式的科技化、高效化转变，要实现传播方式的现代化，适应新媒体环境变化，更加注重品牌建设和形式创新，更加注重智力、技术和管理要素在广播影视发展中的作用。文化传播方式的转变给统一战线的发展带来了机遇和挑战。构建符合我国国情的现代传播体系对统一战线在应用新媒体扩大影响方面创造了重要的条件，但也对统一战线的发展提出了科技化管理、信息化处理等与时俱进的要求，统战工作必须跟得上时代的步伐，否则在新形势下难以起到广泛的实质性作用。

（三）文化历史传承方式及交流方式的转变，有利于巩固统一战线的文化根基、扩大统战文化的交流范围

在文化历史传承方面，我国文化建设通过实施非遗保护工程等实际行动来有效地传承文化，并在大力弘扬优秀传统文化的同时，积极构建以价值观为灵魂的社会主义核心价值体系；在文化交流方式上，变封闭为开放，实施文化走出去战略，与世界文化相接轨，与各民族文化相交流。所有这些，都能够为统战工作提供更多的文化载体和渠道，都将有利于统一战线的高效发展。对优秀传统文化的能动性传承，能够在极大程度上巩固统一战线的文化根基；此外，文化交流方式的转变也有利于统战文化交流范围的扩大与延伸，使统一战线更具广泛性与全面性。

总之，我国文化发展方式在思维方式、传播方式、传承方式以及交流方式方面的转变，对统一战线的发展提供了双重影响——机遇与挑战并存。要做好统战工作，就必须积极顺应文化发展方式的转变并做出合理调整和最优化选择，只有与时俱进，才能不断焕发生机。

三 新形势下文化统战工作的适应与创新

由于文化发展体制的变革，文化的内容、传播方式等发生了重大变化，文化统战工作成为统战工作的重要发展维度之一，同时也面临着许多挑战。高校作为文化发展的前沿阵地，其文化统战工作也面临着各方面的问题。首先，由于高校是多元文化交集处，如何整合高校多元文化成为统战工作的重大难题；其次，随着新媒体的发展，网络化时代下文化统战工作同样面临着统一思想文化的传播问题；最后，校园文化体制的变革也给高校统战文化体制带来挑战，这就需要改变文化统战工作的传统做法，先求适应，再求创新。

（一）加强"文化自觉"，做到"三个善于"，适应形势发展

胡锦涛在《坚定不移走中国特色社会主义文化发展道路 努力建设社会主义文化强国》的讲话中提出"培养高度的文化自觉和文化自信，提高全民族文明素质，增强国家文化软实力，弘扬中华文化，努力建设社会主义文化强国"[①]。高校的文化统战工作要加强"文化自觉"，做到"三个善于"：善于发现文化资源、善于创造文化平台、善于掌握文化新事物。只有善于发现文化资源才能始终保持文化建设的推动力；只有善于创造文化平台才能使文化虚实结合，有所承载和依托；只有善于掌握文化新事物，才能跟得上历史的脚步，使文化统战永葆生命活力，为推进文化体制改革、提升我国文化软实力提供支撑。

文化创新也离不开革命传统资源，我们要利用新形式继承和弘扬统一战线优良传统。可以利用宣传、教育、培训和研究方式进行，加强宣传，利用重大节日开展系列主题活动，宣传统一战线和多党合作的理念；教育广大参观者，通过建立相关教育基地等不断重温中国共产党与民主党派团结合作的光荣历史，培训统一战线人才队伍；加强统一战线人才队伍的培训工作，以"同心"思想为指导，提高队伍素质；强化统一战线科研工作，从理论层面着手，以统战文化和文化统战为研究方向，针对文化发展

---

① 胡锦涛：《坚定不移走中国特色社会主义文化发展道路 努力建设社会主义文化强国》，2012年1月，人民网（http://cpc.people.com.cn/GB/64093/64094/16778578.html）。

新方式的转变开展有效的科研活动。

(二) 充分把握"同心"思想,融"同心"文化于文化统战之中

从理论体系和制度机制的高度,认真贯彻落实"同心"思想,使之贯穿于工作的各个领域、各个层级、各个方面,成为统一战线广大成员的思想共识和自觉行动。在实践中自觉践行"同心"思想,以正确的理念指导统战工作。目前高校统战工作部分存在零散、不成系统的问题,要建立完整的、系统的工作制度,就应该坚持把"同心"思想贯彻到高校文化建设中,形成"同心"文化,同心同德,共同致力于高校的文化软实力建设。同时,在新的历史条件下,要应对文化发展方式转变对统一战线建设提出的挑战,就要不断完善统战文化的内涵,并以文化统战建设的成果来完善社会主义思想道德体系,使"同心"思想得到进一步的巩固和深化。要结合社会主义思想道德体系建设,以社会主义思想道德体系的内在张力提高统战工作的文化应对能力。

(三) 与社会主义核心价值体系的践行过程相结合,使优势资源长效发展

要适时应对文化发展方式转变给统一战线发展带来的挑战,文化统战工作必须与社会主义核心价值体系的践行过程相结合,与"同心"文化相互补充,一方面可以有效发挥统一战线的力量,另一方面,有利于寻找到具有延续性和适应性的举措,借鉴社会主义核心价值体系践行过程中的宝贵经验,使目标更明确,效果更明显。同时,充分利用相关的社会资源,为践行"同心"思想提供更加充分的资源保障。例如,高校"两课"是宣传主流价值观念的平台,文化统战工作可整合学校课程教学,把文化统战工作纳入高校教育平台;也可以在学校"红色"党建活动中宣传文化统战"同心"思想,让文化统战理念与社会主义核心价值体系融入高校建设中的方方面面。全体统一战线成员要根据实际,广泛、深入、持久地开展社会主义核心价值体系学习实践活动,增强中国特色社会主义主流意识形态的影响力,使坚持"同心"思想与自觉践行社会主义核心价值体系相结合,使优势资源长效发展。

多党合作的历史、现实与未来

陈金龙[*]

现在常将多党合作与政治协商并提，实际上，多党合作讲的是一种党派关系，政治协商指的是一种民主体制。由于多党合作的一个重要内容是政治协商，所以二者有联系，但不是同一层面的东西。这里讲的主要是多党合作，包含如下几个问题：第一，多党合作的历史渊源与现实基础；第二，多党合作的独特性；第三，多党合作的社会功能；第四，多党合作面临的新形势；第五，多党合作制度的完善。

一 多党合作的历史渊源与现实基础

现代社会，政治运作的主体是政党。现在世界上200多个国家和地区，没有成立政党的大概只有20多个，其他国家和地区都是以政党为主体进行政治运作的。政党类型有多种划分方法，如以阶级为标准来划分，有无产阶级政党、资产阶级政党之分；以意识形态为标准来划分，有社会主义政党、保守主义政党、自由主义政党之别。就中国而言，政党产生于19世纪末20世纪初。也就是说，随着民族资产阶级的形成和发展，中国出现了政党。就世界历史而言也是如此，政党是随着资产阶级的形成、反封建斗争的兴起而出现的。中国同盟会是中国第一个资产阶级政党。民国初年，中国历史上出现过政党林立的局面。据统计，大大小小的政党有300多个，比较有影响的政党如民主党、共和党、统一党、国民党等。1912年底1913年初，中华民国国会大选，国民党大获全胜。正当宋教仁

---

[*] 作者简介：陈金龙，男，华南师范大学马克思主义学院院长、教授。
注：本文依据2012年12月华南师范大学统战系统研修班的讲课提纲整理而成。

欲循欧洲内阁制惯例,以党魁身份组阁之际,3月20日,袁世凯派人在上海火车站刺杀了宋教仁。民国初年的多党政治,以宋教仁被杀、国会解散而告结束。随后,中国出现了较长时间一党独裁的局面。

中国各民主党派是在国共两党既对立又合作的过程中产生的新型政治派别。在国共两党之间,一部分人有自己的主张,既不同于国民党,也不同于共产党,因此称之为中间党派。1927年南京国民政府成立后,国民党实行一党独裁,共产党得到发展壮大,中间党派也纷纷提出自己的主张。抗日战争时期,国民党对于中间党派、共产党采取了同样的压制政策,在抗日、反独裁的过程中,中间党派和共产党的联系越来越密切。1941年皖南事变后,中间党派对国民党的统治更为失望。中间党派要求民主,皖南事变的发生则充分显露了国民党无视共产党的存在与发展,想实行一党独裁的企图,促进了中间党派和中共的联合。1941年3月,中国民主政团同盟成立,标志着党派合作进入了新的阶段。1944年,各中间党派在中共的推动下,发起第二次宪政运动,要求开放党禁,实施宪政。1944年底,中共提出建立联合政府的主张。1945年,中共"七大"召开,毛泽东做了《论联合政府》的政治报告。所谓联合政府,自然容纳各中间党派,因此得到各中间党派的积极响应。1946年全面内战爆发,中间党派的主张、活动趋于活跃。1947年10月,国民党政府宣布民盟为"非法团体",民盟总部被迫解散,此举对各民主党派刺激甚大。在中国共产党历史上,善于利用纪念活动表达政治主张,实行政治动员。1948年4月30日,中共中央发布纪念"五一"节口号,提出了一些重要主张,号召"各民主党派、各人民团体、各社会贤达迅速召开政治协商会议,讨论并实现召集人民代表大会,成立民主联合政府"[①]。这一口号发布后,得到了民主党派的热烈响应。香港是民主党派集中的地方,5月5日,香港各民主党派联合致电中共中央,表示拥护"五一"口号,认同"成立民主联合政府"的主张。随后,民主人士纷纷北上,到北平筹备新政协的召开。毛泽东当初有一个想法,将新政协会议放在哈尔滨召开。民主党派觉得哈尔滨路程太远,不太合适,毛泽东在地点的选择上听取了民主党派的意见。1949年9月,中国人民政治协商会议第一届全体会议在北平中南海怀仁堂召开,这是一次由中国共产党发起并领导,由各民主党

---

① 《建党以来重要文献选编》第25册,中央文献出版社2011年版,第283—284页。

派、无党派民主人士和人民团体代表参加，协商成立中华人民共和国有关事宜的会议。随着中华人民共和国的成立，多党合作、政治协商制度基本上建构起来。

中国共产党和各民主党派之所以能够合作，有它共同的政治理想。反帝反封建是共产党和各民主党派共同的主张。中共在1922年明确提出反帝反封建的主张，各民主党派的政治主张之中也包含反帝反封建的诉求。反帝反封建指向国家独立、民族富强、人民解放。

中国共产党和各民主党派之所以能够合作，有它的文化渊源。多党合作作为一种制度，不是凭空产生的，而是建立在传统文化的基础之上。其一，中国传统文化提倡"和为贵"，推崇和谐，在重"和"的同时，强调"和而不同"。一方面讲究和，一方面承认差异、承认差别。西方人也认同和谐，但以对抗、竞争来达到和谐；中国传统文化倡导的和谐，是承认差异的和谐，所以中西方致和的思路、途径不一样，多党合作奠基于"和为贵"、"和而不同"的文化基础之上。其二，中国传统文化有一个重要特点，就是兼收并蓄。中国传统文化有保守、封闭的一面，也有开放、兼容的一面。比如，汉民族对少数民族的文化有汲取与借鉴，中华民族对外来文化有汲取和借鉴。中国文化的开放和兼容，反映在政党制度上，就是多党派同时并存。其三，中国传统文化倡导"中庸"之道，主张凡事不走极端，提倡调和、调适，把握好"度"。"中庸"之道体现在政党制度上，中国共产党领导的多党合作制，既不是一党制，也不是多党制，而是介乎一党和多党之间，与一党独裁有区别，与一般的多党制又有不同。其四，中国传统文化强调群体本位。我们常讲中国文化"重义轻利"，为什么"重义"，因为这个"义"代表群体利益，"利"则代表个人利益，"重义轻利"反映的是群体取向。多党合作是以国家的大局为重，多党合作的目标是一致的。比如说，民主革命时期谋求国家统一、民族富强、人民解放。现在多党合作的目标，是致力于中国特色社会主义建设事业，致力于实现中华民族的伟大复兴。在承认党派之间差异的前提下，致力于共同目标的追求，反映了中国传统文化的群体取向。

中国共产党和各民主党派之所以能够合作，有它的现实基础。新中国成立初期，有人认为社会主义改造结束后，民主党派的任务就完成了。民主党派要不要存在、要不要取消，当时存在不同看法。新中国成立初期，共产党和民主党派的关系是比较和谐的，有三位国家副主席是民主党派，有两位国务院副总理是党外人士，还有一大批民主党派人士担任各部门、各地方负责人。1956年前后，有人认为民主党派没有存在的必要了。毛泽东明确表态："究竟是一个党好，还是几个党好？现在看来，恐怕是几个党好。"① 周恩来也认为，民主党派是共产党的好帮手，认识到民主党派存在的必要性。"文化大革命"期间，党派之间的合作出现了曲折。十一届三中全会以后，多党合作回归正确轨道，并且把多党合作制度化、规范化了。那么，当下为什么需要多党存在？有多方面的原因。比如说，多种经济成分并存，反映了不同利益诉求，导致了社会阶层分化。这种不同的利益诉求、社会阶层的分化，就为多党合作的存在提供了现实土壤。特别是社会分化出现后，需要整合、需要凝聚，怎么实现社会整合和凝聚？一个重要的途径是通过多党之间的合作。因为，每一民主党派都联系了一部分社会主义建设者、爱国者或者党派成员，党派的整合和凝聚为社会的整合与凝聚奠定了重要基础。可见，多党合作的存在有它的现实土壤。

二　多党合作的独特性

中国的多党合作制曾遭到一些西方人士的批评，究其原因在于对中国的多党合作制的内容、特点不了解，对于多党合作制的运行机制缺乏体察和理解。

依据2007年11月国务院发布的《中国的政党制度》白皮书，多党合作的内容主要有：第一，中国共产党就重大方针政策和重要事务同各民主党派进行政治协商，实行相互监督；第二，各民主党派成员在国家权力机关中占有适当数量，依法履行职权；第三，各民主党派成员担任国家及地方人民政府和司法机关的领导职务，各级人民政府通过多种形式与民主党派联系，发挥其参政议政作用；第四，各民主党派通过人民政协参加国家重大事务的协商；第五，中国共产党支持民主党派参加改革开放和社会主义现代化建设。

那么，多党合作的独特性在什么地方？

1. 执政党与参政党是团结合作的友党关系

中共与民主党派之间只有执政党与参政党之别，不是执政党同在野反

---

① 《建国以来毛泽东文稿》第6册，中央文献出版社1996年版，第94页。

对党的关系，这种党派关系超越了西方的执政与在野之分。同时，参政党的活动目的不是要执政的中共下台、由自己上台，而是在不同的位置上以不同的方式协助中共执好政。

2. 多党合作坚持自愿、平等、互利原则

中国共产党和各民主党派在共同利益、共同目标基础上自愿联合；在法律意义上平等独立，民主党派自愿接受中国共产党的领导，共产党照顾同盟者的利益和诉求，双方互相尊重，形成"长期共存、互相监督、肝胆相照、荣辱与共"的格局，共享合作成果。共产党从多党合作之中获取了执政机会、执政经验；民主党派通过参政、议政自身得到发展和提高，双方是互利的结局。

3. 执政党与参政党的合作有明确规范和要求

多党之间的合作不是随随便便的，而是有它活动的规范、合作的要求。多党合作以宪法和法律、政策和意见为共同活动准则，"长期共存、互相监督、肝胆相照、荣辱与共"的十六字方针在宪法上有明确规定。为了保证多党合作能够有效运行，还制定了一系列规章。1949年9月通过的《共同纲领》，是中国共产党和各民主党派及无党派人士共同遵守的施政准则和建设蓝图。1954年12月，全国政协二届一次会议制定《中国人民政治协商会议章程》，多党合作和政治协商有了重要机构。此后，《章程》经过5次修改，成为政协运行的基本规范。此外，1989年12月出台的《中共中央关于坚持和完善共产党领导的多党合作和政治协商制度的意见》，2005年2月出台的《中共中央关于进一步加强中国共产党领导的多党合作和政治协商制度建设的意见》，2006年2月出台的《中共中央关于加强人民政协工作的意见》，对中国共产党领导的多党合作和政治协商的原则、内容、方式和程序等进行了科学规范。

4. 共产党对国家和社会管理方式的独特性

西方执政党主要通过间接形式实现对国家与社会的有效领导。比如，通过竞选，凭借获得多数选票而成为多数党或当选总统，从而上台执政；执政党的领导集团协商，提出内阁成员名单，组建政府；在议会中，执政党议会党团动员、组织本党的议员，支持本党政府的各项议案或代表本党利益的立法案；执政党领袖以总统、总理的行政首长身份，对政府的行政运行担负相应的领导职责，执政党组织一般不予以直接的干预。西方国家实行文官制度，大批事务官员不介入政党之争，不受执政党上下台的影响。西方国家体制内政党一般没有需要长久坚持与贯彻的纲领，没有要为之而奋斗的最终目标，政党组织实际上只是参与大选的竞选机构，不必参与政府实际运作的具体操作。中国共产党对国家实行直接、全面领导，主要包括政治、思想和组织领导，积极组织和引导政治、经济、文化、社会、生态文明建设。这是中国共产党和西方政党不一样的地方，也反映出多党合作的特点。

三 多党合作的社会功能

中国共产党领导的多党合作制度，有其独特的社会功能，在国家政治生活、经济发展、社会稳定等方面发挥了积极作用。

1. 政治稳定功能

多党合作既确立了共产党的领导地位，又充分考虑了各民主党派参政的愿望要求，是维系政治稳定的政治基础。西方一些国家之所以发生社会冲突、出现社会混乱，部分是因为党派关系不和谐造成的。中国共产党处于执政地位，民主党派参政议政的愿望也得到了满足，因此党派关系比较协调。多党合作内含民主机制，具有开放性、包容性，能有效进行利益表达、利益整合，为政治稳定提供了必要的前提条件。

2. 政治民主化功能

民主是世界的潮流和方向，选举民主与协商民主相结合，是中国特色社会主义民主的一大特点。中国进行重大决策和重要人事安排时，一方面通过投票来表决，另一方面又充分协商，在协商的过程中充分尊重大部分人的意见，也不忽略少数人的意见，这就把两种民主的优点结合起来了。选举民主看起来公平，但有时也不公平。如学校同学之间通过选举推荐选出的班长不一定是最好的，他（她）可能仅仅是人际关系比较好而已，真正要治理好这个班不一定能够胜任。为了弥补选举民主的缺陷，有必要把协商民主引进来。因此，中国现在的民主是选举民主和协商民主的统一。多党之间合作是前提、协商是途径、民主是目标。同时，一党执政、多党参政的局面有利于权力制约与权力监督，党派之间的政治协商也有利于决策民主化、科学化。

3. 社会和谐功能

新中国成立后，中共非常重视党际和谐，这是社会和谐的重要方面。

同时，党际之间关系和谐能带动党员之间关系的和谐，促进整个社会关系的和谐。如果党派关系不和，就会导致社会冲突。正是由于党派关系比较和谐，中国共产党的党员和民主党派成员之间没有什么冲突，成为社会和谐的重要支撑。

4. 减少执政成本

中国特色政党制度以合作、协商代替对立、争斗，不仅避免了政党相互倾轧造成的政局不稳，而且有效化解了各种社会矛盾和冲突，最大限度地减少社会内耗。根据测算，2012年美国总统和国会选举的总花费近60亿美元；奥巴马和罗姆尼各自的竞选经费加起来高达26亿美元，成为美国历史上最烧钱的大选。

四 多党合作面临的新形势

中国共产党领导的多党合作制度，面临的新形势、新挑战主要来自三个方面。

1. 世界政党政治发展的新态势对中国政党制度的挑战

西方国家总认为其政党制度模式应成为世界民主政治的标杆和圭臬，并认为负有向全世界输出其政治模式的责任和义务。美国一直认为它应该拯救整个世界，对整个世界负有改造的道义和责任，希望把自己的这一套制度移植到其他国家，不论是它的"三权分立"还是它的政党制度。西方国家大肆攻击中国政党制度，并且想方设法改变中国的政党制度。不管西方国家如何攻击，中国共产党坚持不开放党禁，如果党禁一开，新的政党一旦成立、整合，可能对多党合作甚至共产党执政造成比较大的冲击。台湾开放党禁后，国民党就失去了它的优势地位。所以，不开放党禁是中共的底线。

2. 中国经济社会发展对多党合作的挑战

（1）市场经济发展的新诉求。市场经济发展导致新的社会阶层、新的行业出现，这些新的阶层、新的行业需要寻求自己的代言人。如近年服务业发展很快，占GDP的比重逐年提升，而现有各民主党派在发展其成员时，对于服务行业的从业成员有所忽略，其政治诉求很难得到表达和反映。同时，科学发展面临诸多难题，这些难题怎么破解，需要民主党派贡献智慧和力量。（2）政治体制改革的新要求。社会上对于政治体制改革的期望很高，希望中国加快民主化进程。实际上，世界民主化发展到今天，学术界在开始反思第三波民主化浪潮的效果。西方一些学者，特别是海外的一些华裔学者认为，民主是有条件的，民主是要讲秩序的。在民主条件不具备的情况下，贸然推行民主要出问题，特别是像中国这么大的国家贸然实现西方的民主，将引发社会混乱。政治体制改革既要求强化党内权力约束机制，又需要加强参政党对执政党的监督和制约。因此，政治体制改革究竟如何推进，怎么改革才有利于多党合作，需要共产党和各民主党派共同探讨。（3）社会结构变迁的新挑战。现在，社会结构的分化、新型社会阶层的出现已是不争的事实。新的职业、新的群体形成后，就有自己的利益需求、自己的价值观念甚至自己的文化取向。如果他们的需求和取向得不到满足，可能就会成为社会不稳定的因素。要么民主党派调整自己的社会基础，要么共产党通过新的方式把这些新的社会成员整合起来，可考虑设立新的党委部门——群众工作部，专门来协调党和群众之间的关系，以利于社会整合。

3. 民主党派自身建设存在的问题

目前，民主党派发展中存在的问题主要有：组织发展不平衡；思想建设相对薄弱，具体主张趋同性明显；政治热情减退，新的党派成员大多缺乏社会经历、从政经验、政治敏锐性和洞察力；参政议政、民主监督机制不健全；民主党派独立性不够。解决这些问题，关系民主党派的未来发展。

五　多党合作制度的完善

完善多党合作制度，是中国共产党的责任，也离不开各民主党派的参与。

1. 加强执政党和参政党建设

就执政党的建设而言，中共十八大进行了顶层设计，如把加强执政能力建设和先进性、纯洁性建设作为党的建设主题，将建立学习型、服务型、创新型的马克思主义政党作为党的建设目标，把反腐倡廉建设提到制度建设之前，将反腐问题提到了新的高度。共产党要赢得民主党派的支持和认同，首先要把自身建设好，如果各民主党派不认同、尊重共产党的执政地位，共产党的执政地位将面临挑战。为此，共产党要改进和完善领导方式和执政方式，要有执政党的胸怀和雅量。民主党派的发展很大程度上取决于共产党的胸怀和雅量。比如说，共产党要民主党派实行监督，如果什么都不向民主党派公开，便无从下手进行监督。

当然，民主党派自身也要加强建设。思想上，在认同共产党话语的同时，要建构自己的理论，形成自己的话语体系。民主党派还面临组织发展的任务，要扩大规模，从而提升民主党派的社会影响力、社会吸引力。现在，年轻人对于民主党派越来越没有概念了，相当一部分年轻人既不想加入中共，也不想加入民主党派。各民主党派要注意培养自己的党派精英，一旦有机会需要民主党派承担责任、输送干部时，能有党派精英充当这一角色。民主党派要重视参政议政能力建设。这些年，民主党派的参政议政能力有了很大提高，重要法律的制定、重大决策的出台，民主党派提出了很好的建议，但参政议政能力还有提升的空间。同时，参政党要树立自己的政党形象，这一点很重要。一个政党要有影响力，首先要把政党自身的形象树立起来。现在社会上不少人对各民主党派的形象比较模糊，各民主党派的主张是什么、政党特色如何，社会上了解的人并不多。把自身形象建构起来，这是今后民主党派建设面临的重要任务。

2. 加强多党合作的规范化和程序化建设

现在关于多党合作有宪法规定、法律规定和《意见》规定，但实施过程中往往缺乏具体明确的指南，难于落到实处。比如，共产党承认民主党派监督的权利，怎么来实施监督要制度化、规范化、程序化。又如，关于党外人士的使用，哪些国家机关需要党外人士担任职务，党外人士在国家权力机关任职所占的比例，要有清晰的界定，否则执行过程中就不好操作和把握。

3. 切实保障民主党派的权利

把政治协商作为实行科学民主决策的重要环节纳入决策程序；充分发挥民主党派和无党派人士参政议政作用，并为之提供物质支持；加强民主党派的民主监督作用，进一步拓宽民主监督的渠道；党委及其领导干部要真诚接受民主党派的监督，保护民主党派和无党派人士民主监督的正当权利；发挥党外领导干部的作用，维护党外领导干部的权利。

中国共产党领导的多党合作制

杨世兰[*]

中国共产党领导的多党合作和政治协商制度,是马克思主义关于无产阶级革命同盟学说同中国革命具体实践相结合的产物。中国共产党成立不久,就重视同资产阶级革命派以及其他党外人士实行民主联合战线,经过28年的长期反帝国主义、反封建主义、反官僚资本主义的斗争,在实践中形成的共产党与各民主党派合作关系,发展成为中国共产党领导的多党合作制,这是近代中国革命历史发展的必然结果。

一 近代中国政党的产生及其类型

马克思主义认为政党不是从来就有的,也不会永远存在。它是社会经济和阶级斗争发展到一定阶段的产物,是近代社会才产生的一种特殊的政治历史现象。政党是阶级的政治集团,是阶级斗争的产物。它代表一定阶级的利益和意志,是组织领导本阶级进行斗争的政治组织。

政党是阶级斗争的产物,但并不等于说有了阶级和阶级斗争就产生了政党。在中国历史上曾有过"朋党"和"会党",然而并不是现代意义上的政党,政党的形成有一个历史演进的过程,确切地说,政党是近代资本主义社会的产物。资本主义的社会大生产,将整个资产阶级联系起来,加强了资产阶级的整体意识,在反对封建专制制度的斗争中,形成了代表资产阶级利益的核心领导集团,资产阶级所建立的民主共和制或君主立宪制又为政党的发展提供了可能。

---

[*] 作者简介:杨世兰,女,华南师范大学原思想教育系教授。
注:本文原载杨世兰、谭石洲主编《统一战线概论》,华南理工大学出版社1991年版。

现代社会的政党，不是阶级的全部，也不是阶级的普通一部分，而是由阶级中那些最有自觉性、最积极、最活跃的"一部分"组成的，他们代表本阶级的根本利益、长远利益和全局利益，成为本阶级的组织者和领导者。政党是一个严密的政治组织，作为阶级的组织者和领导者，必须具备三个基本要素：第一，政党要有一定的政治纲领和政治目标；第二，政党要有一定的组织机构和组织纪律；第三，政党要有一个权威的领导集团，同时，政党总是和国家政权相联系的，以掌握政权为主要目标，这也是政党区别于其他组织的标志之一。

近代中国政党的建立是近代中国社会经济政治斗争发展的必然产物。1840年鸦片战争以来，由于西方资本主义帝国主义的入侵和本国封建统治的腐朽统治，使中国逐步沦为半殖民地半封建的社会。中国社会经济政治状况和阶级关系的变化、反帝反封建革命斗争的发展、各阶级政治斗争的需要是中国现代政党产生的内部条件。而资本主义、帝国主义和世界无产阶级革命的影响，则是中国近代政党产生、发展、变化的外部条件。外部条件是通过内部条件起作用的，近代中国政党是随着近代中国经济、政治斗争的产生、发展而产生的，那种认为中国政党的建立是"西方输入"论或"俄国移植论"的观点都是片面的。

孙中山领导的中国同盟会是近代中国全国性的、统一的资产阶级政党，它创立于20世纪初，是伴随中国资本主义经济的发展，资产阶级登上中国政治历史舞台后才产生的。19世纪40年代鸦片战争后，一系列不平等条约的签订，资本主义列强对中国的入侵，使中国自给自足的自然经济解体，促进了中国资本主义因素的发展。到60年代，洋务派官僚兴办了近代资本主义军事工业和民用工业，同时70年代初，由华侨兴办的民族工业也开始出现在广东南海。这时，中国形成了早期的官僚资产阶级和民族资产阶级。中日甲午战争后，民族资产阶级得到了较大的发展。但是，中国民族资本从一开始就处于资本主义和本国封建势力的压迫与剥削下，得不到充分的发展，始终带有软弱性。经济上的软弱性，决定着中国民族资产阶级政治上的两面性，它一方面有反帝、反封建的要求，具有革命性；另一方面，又缺乏彻底反帝、反封建的勇气，具有妥协性。中国民族资产阶级是孙中山领导的资产阶级民主革命的社会基础，也是资产阶级政党建立的阶级条件。从19世纪60年代的洋务运动，特别是90年代末期的变法维新运动，学习西方资产阶级的君主立宪制，冲击了清王朝的封建统治的党禁，为在中国建立资产阶级政党提供了思想条件。孙中山、黄兴、严复等资产阶级革命派活动的发展，兴中会、华兴会、光复会等资产阶级革命团体的建立，为创立资产阶级政党准备了组织和干部条件。随之，政党观念日益强化，于是兴中会、华兴会、光复会等革命团体联合、发展组成的中国同盟会应运而生。

半殖民地半封建中国社会，政治斗争和社会阶级状况极为复杂，因此，在民国之初，曾有过政党林立的局面，但为时不久。在我国政治舞台上先后主要有四种不同类型的政党。

一种类型是资产阶级革命政党。前面已论述，孙中山领导的中国同盟会，是中国第一个资产阶级政党，它是 1905 年 8 月 20 日，在日本东京成立的，它的政治纲领是三民主义，政治目标是要在中国建立资产阶级共和国。它坚持武装夺取政权的道路，先后发动了 10 次武装起义，终于取得 1911 年辛亥革命的胜利，推翻了清王朝的统治，结束了长达 2000 多年的封建帝制，建立了民主共和国（中华民国），为中国民主革命的伟大先导。民国初期，曾实行西方资本主义国家的多党制。不久，袁世凯复辟封建帝制，它只是昙花一现。

一种类型是大地主、大资产阶级的政党——中国国民党。这个党是由资产阶级政党演化、蜕变而来的。辛亥革命失败后，同盟会分化了，1912 年再改称为中国国民党。1924 年，孙中山在共产国际和中国共产党帮助下，重新改组了国民党，提出"联俄、联共、扶助农工"三大政策、新三民主义，实现了第一次国共合作，推动了中国人民轰轰烈烈的大革命。但 1927 年蒋介石发动了"四一二"反革命政变，背叛了孙中山的三大政策和新三民主义，把中国国民党蜕变为大地主大资产阶级统治的政党，维持了长达 22 年之久的反动统治。尽管国民党内还有民主派坚持孙中山的革命主张，但不起主导作用。这个党实行封建买办独裁统治，鼓吹"一个主义，一个党，一个领袖"，搞"一党专政"，个人独裁，这违反了全国人民的革命意志，与中国历史发展规律背道而驰。结果，它被中国人民打败，"失民心者失天下"，这也是客观规律。

一种类型是无产阶级政党——中国共产党。她产生于资产阶级政党之后。中国共产党成立于 1921 年，是中国工人阶级的先锋队。中国共产党是马克思列宁主义同中国工人运动相结合的产物，是在俄国十月革命和我国五四运动的影响下,在列宁领导的共产国际帮助下诞生的。中国共产党是中国各族人民利益的忠实代表,是全心全意为人民服务的党。中国共产党是中国人民革命和建设事业的领导核心,以马列主义、毛泽东思想作为指导思想。中国共产党是按民主集中制原则组织起来,并有严格的组织纪律。中国共产党有"理论和实践相结合的作风,和人民群众紧密联系在一起的作风以及自我批评的作风"①。中国共产党与各民主党派团结合作。这些特点使中国共产党由小到大,由弱到强,由被压迫的政党发展成为领导全国政权的执政党,是中国历史发展的必然。"得民心者得天下",这是客观规律。

还有一种类型是各民主党派,另有专题论述。

二 中国共产党领导的多党合作是近代中国社会历史发展的必然

1. 马克思主义关于无产阶级同盟军的思想是中国共产党与民主党派合作的理论根据

马克思恩格斯在《共产党宣言》中阐述了无产阶级政党在与封建统治做斗争时,与其他资产阶级、小资产阶级党派合作的理论与策略问题指出:"共产党人到处都支持一切反对现存的社会制度和政治制度的革命运动。""共产党人到处都努力争取世界的民主政党之间的团结和协议。"②列宁阐述了马克思这一思想指出:"无产阶级决不应该把其他阶级和政党看做反动的一帮,恰巧相反,它应该参加整个政治生活和社会生活,应该支持进步阶级和进步政党去反对反动阶级和反动政党,应该支持一切反现存制度的革命运动。"③他认为无产阶级及其政党要战胜强大的敌人就必须"要利用一切机会,哪怕是极少的机会,来获得大量的同盟者,尽管这些同盟者是暂时的、动摇的、不稳定的、靠不住的、有条件的,谁不懂得这一点,谁就是丝毫不懂得马克思主义,丝毫不懂得一般的现代科学社会主义"。并认为这一切"对于无产阶级夺取政权以前和以后的时期,都

---

① 《毛泽东选集》第3卷,人民出版社1966年版,第995页。
② 《马克思恩格斯选集》第1卷,人民出版社1972年版,第285页。
③ 《列宁选集》第4卷,人民出版社1972年版,第197页。

是一样适用的"①。马克思主义关于无产阶级要争取同盟军,建立广泛的革命统一战线才能完成自己伟大的历史使命的这些思想,为世界各国无产阶级政党同其他政党合作提供了理论基础。

2. 新民主主义革命时期,中国共产党与各民主党派合作关系的形成

中国共产党与各民主党派互相支持、互相配合、共同战斗的政治合作关系,是在反帝反封建斗争,特别是反对国民党内战、独裁统治的斗争中建立起来的。

国民党新军阀的统治在全国建立后,实行了独裁,但其内部矛盾重重,各派军阀佣兵割据,连年混战,不仅工农大众,就是城市小资产阶级、民族资产阶级及广大知识分子,在政治上、经济上、生活上也痛苦难言。出于维护自身利益和民主或者爱国的要求,从1928年初开始,在我国先后产生了许多民主党派,到1949年中华人民共和国成立后,我国共有八个民主党派,即中国国民党革命委员会(简称民革)、中国民主同盟会(简称民盟)、民主建国会(简称民建)、中国民主促进会(简称民进)、中国农工民主党(简称农工党)、中国致公党(简称致公党)、九三学社和台湾民主自治同盟(简称台盟)。这就是我国大陆目前现存的八个民主党派。其中,除农工民主党成立于1930年外,大都是在抗日战争和解放战争时期,抗日反蒋的斗争中孕育建立和发展起来的。它们原来的社会基础,主要是民族资产阶级、城市小资产阶级及其所联系的知识分子和其他爱国民主分子,同时还包括一部分革命知识分子和共产党员。

在中国半殖民地半封建社会条件下产生的这些民主党派,在它自身产生发展过程中,形成了显著的历史特点。这些历史特点是:第一,各民主党派的社会基础,虽然主要是民族资产阶级、城市小资产阶级及其所联系的知识分子的政党,而且具有阶级联盟和统一战线的性质。第二,我国民主党派所代表和联系的上述阶级、阶层,由于长期受帝国主义、封建主义和官僚资本主义势力的三重压迫和剥削,他们同帝国主义、国民党反动派有矛盾,一般都具有强烈的爱国心和反帝反封建的要求。这是主要方面。但同时,也由于他们在不同程度上反映着民族资产阶级、上层小资产阶级的政治愿望,特别是其中的少数上层右翼分子,存在着资产阶级共和国的幻想,企图在国共两党之外,走"第三条道路",在斗争激烈时,又表现

---

① 《列宁选集》第4卷,人民出版社1972年版,第225—226页。

出一定的动摇性和软弱性。这是非主导方面。但在其自己内部的批评斗争和共产党的争取和影响下,不断克服其动摇性,和共产党合作,为革命做出了贡献。第三,由于资产阶级的软弱性和小资产阶级的散漫性,更重要的是帝国主义的压迫,国民党的独裁统治,人民没有丝毫的民主权利,以致处于国共两大政党之间的民主党派,始终不能发展为独立的强大的政治力量,不能成为领导民族民主革命的大党。

因此,在各民主党派产生后,经历了由联共抗日反蒋,到拥护共产党,抛弃"第三条道路",到接受共产党的领导为建立新中国而奋斗,进而发展为共产党领导的多党合作制。这既不是偶然的,也不是强加于人的,而是中国的社会历史条件决定的,是中国革命历史发展的必然结果。

在中国,各民主党派从一成立起,就不是作为共产党的对立物,而主要是作为共产党的同盟者、合作者出现在中国政治舞台上的。例如,中国国民党革命委员会,1948年1月在香港成立,主要由国民党内各爱国民主的反蒋派联合组成。它的主要成员是原国民党及与原国民党有历史联系的人士,其中包括一批国家机关工作人员和科技、高教、卫生战线的知识分子。它的产生经历了一个长期孕育的过程。早在1927年,蒋介石集团公开背叛革命后,国民党内坚持孙中山"联俄、联共、扶助农工"三大政策的爱国民主人士,就与蒋介石进行了坚决而又曲折的斗争。1931年"九一八"事变后,国民党爱国将领不顾蒋介石的"不抵抗"政策,坚定抵抗日本帝国主义的侵略。抗日战争期间,国民党爱国民主分子拥护中国共产党抗日民族统一战线,和"坚持抗战,反对投降;坚持团结,反对分裂;坚持进步,反对倒退"的政治主张,同国民党内消极抗日倾向进行斗争。1943年,国民党民主派由谭平山、柳亚子、王昆仑等组织的三民主义同志联合会和由李济深、何香凝组织的中国国民党民主促进会筹建起来。1945年秋三民主义同志会在重庆,1946年春中国国民党民主促进会在广州,分别召开了全国代表大会,制订了政治纲领和章程,选举了领导机构,宣告了这两个组织的正式成立,积极参加反对内战,争取人民民主的运动。1947年11月,民联、民促等国民党各民主党派代表和国民党一些爱国民主分子先后到达香港,举行了中国国民党民主派第一次代表大会,1948年1月正式成立了中国国民党革命委员会(简称民革),推举宋庆龄为名誉主席,李济深为主席,民革提出要"推翻蒋介石卖国独裁政权,实现中国独立、民主与和平"。民革的成立,标志着国民党民主派和国民党反动派的公开决裂。

又如中国民主同盟，主要是一部分中上层知识分子的集团，它的前身是1939年10月各民主党派在重庆组织的统一建国同志会，是处于国共两党之间的中间派别。皖南事变后，中间派别逐渐倾向共产党。1941年3月，统一建国同志会在重庆改组为中国民主政团同盟。1942年，包括三党——第三党（中国农工民主党）、中国青年党、国家社会党（后改称为民主社会党）和三派——中华职业教育社、乡村建设协会和中国人民救国会。开始由黄炎培，不久改由张澜任中央常务委员会主席。中国民主政团同盟的政治主张是：贯彻抗日主张，实践民主精神，加强国内团结。它的成立标志着中国进步势力的发展，推动着国统区民主势力的壮大，中国共产党称之为"中国民主运动的生力军"。1944年9月，"中国民主政团同盟"改为"中国民主同盟"，改团体会员制为个人参加。10月，发表《对抗战最后阶段的政治主张》，响应中国共产党建立民主联合政府的号召。1945年10月，民盟召开了临时全国代表大会，即第一次全国代表大会，通过了《政治报告》、《大会宣言》、《中国民主同盟纲领》和《中国民主同盟组织章程》，产生了第一届中央委员，推选张澜为中央委员会主席。在此期间，民盟反对独裁，要求民主，反对内战，要求和平，要求发展生产力，改善人民生活，并为之进行了坚决的斗争，在一定程度上冲击着国民党的独裁专制统治。在斗争中，民盟的领导成员李公朴、闻一多、杜斌丞等先后遭国民党反动派杀害。1947年10月，国民党宣布民盟为"非法团体"，接着又下令取缔该同盟及其分子的一切活动。逼迫民盟"自行解散"，中国民主同盟绝大多数地方组织和广大盟员反对国民党的暴行，继续开展活动。1948年1月5—19日，中国民主同盟在香港召开一届三中全会，发表了《紧急声明》，宣布恢复民盟领导机构，重新开展工作，公开宣告同中国共产党携手合作，为彻底推翻国民党反动政府，建立一个真正民主和平的新中国而奋斗。

1948年4月30日，中国共产党发布《纪念"五一"劳动节口号》，提出各民主党派、各人民团体及社会贤达，迅速召开政治协商会议，讨论实现召集人民代表大会，成立民主联合政府的口号。这时，在香港的民革、民盟、民主建国会、农工民主党、民进、民联、民促等各民主党派的领导人及其他爱国民主人士联名致电毛泽东，响应这一号召，并以香港为中心，积极开展了新政协运动。至此，中国共产党领导的多党合作关系正式形成。此后,他们的代表从四面八方陆续来到解放区,与中国共产党共同筹备新政协的工作。1949年6月15日,在北京召开新政协筹备会议,积极参加了中华人民共和国的创建工作。他们参加了1949年9月的中国人民政治协商会议第一届全体会议,在中国共产党领导下,迎来了中华人民共和国的光荣诞生。历史证明,民主党派是中国共产党的亲密朋友,"在争取新民主主义革命胜利和建立中华人民共和国的斗争中,各民主党派都发挥了重要的作用"[①]。

中国共产党与各民主党派的合作是中国历史发展的必然。因为在半殖民地半封建的旧中国,中华民族同帝国主义的矛盾,人民大众同封建主义的矛盾,是近代中国社会的主要矛盾,而中国民族同帝国主义的矛盾是最主要的矛盾。以孙中山为首的中国资产阶级革命派领导的辛亥革命失败了,领导民族民主革命的任务,历史地落到了中国无产阶级肩上。1921年中国共产党光荣诞生,她以马克思主义为指导思想,制定了彻底的反帝反封建的革命目标,像一条红线把中国共产党和各民主党派联系起来了。这是大背景,具体的历史原因主要有:

第一,共产党与民主党派有共同的政治境遇。1927年大革命失败后,国民党新军阀在新中国建立独裁专制的反动统治,对共产党和爱国民主人士等采取压制、打倒、迫害以致杀害的政策,共产党和反对国民党的一些党派,处于在野的地位,共同的政治境遇使他们走到一起。

第二,民主党派阶级力量弱小,无法形成强大的统一的政治力量,单独生存下去,他们要摆脱压迫和束缚生活下去,就必然向共产党领导的工农寻求力量。

第三,共产党是唯一能与国民党抗衡并取得胜利、不断发展壮大的独立的政党。1927年革命失败后,中共力量虽遭严重的摧残,但她始终坚持革命,与国民党新军阀进行不屈不挠的曲折斗争,并在斗争中壮大发展了自己,成为抗日战争的中流砥柱,为战略决战的胜利创造了条件,也赢得了各民主党派的信任,从而形成了合作关系。

第四,共产党能够提出正确的政治主张,中国共产党在民主革命时期的纲领是反帝反封建,建立一个独立、统一、民主的共和国。同时,共产

[①] 《邓小平在全国政协、中央统战部宴请出席各民主党派和全国工商联代表大会代表招待会上的讲话》,《人民日报》1979年10月27日。

党在各个时期也都提出了正确的主张，如《抗日救国十大纲领》、"五一"口号，代表了中国人民利益。各民主党派主要是反帝爱国，要民主，具有政治上的进步性，因而能响应共产党的号召，为共同的利益而奋斗。

3. 中国共产党领导的多党合作制确立

中华人民共和国的成立，开辟了历史的新纪元，从此，我国进入了由新民主主义向社会主义转变的历史新时期。中国共产党同各民主党派的合作也进入了一个新的历史发展阶段，中国共产党领导的多党合作逐步形成为我国的一项政治制度。

新中国成立初期，《中国人民政治协商会议共同纲领》规定："中华人民共和国为新民主主义即人民民主主义的国家，实行工人阶级领导的，以工农联盟为基础的、团结各民主阶级和国内各民族的人民民主专政。"[①]中国共产党是工人阶级的先锋队，工人阶级是通过中国共产党实现领导的，中国共产党掌握了新中国的国家领导权，并不排斥其他政党的存在以及与之合作的关系。列宁就曾说过：共产党如果掌握国家领导权后，"在各种活动领域中，不同非党员结成联盟，就根本谈不上什么顺利的共产主义建设"[②]。早在中国共产党的七届二中全会上，党就确定与民主党派、党外人士长期合作的方针。由于新中国成立初期，党和国家面临的总任务，就是彻底完成新民主主义革命的任务，在全国范围内建立新民主主义的政治制度和经济制度，并在此基础上逐步向社会主义过渡。中国共产党必须在国家政治生活和国家建设事业中同各民主党派真诚合作，充分发挥它们的积极作用。这是一方面。另一方面，各民主党派本身具有合作的条件。第一，民主党派有广泛的阶级基础，即民族资产阶级、城市小资产阶级和同这些阶级相联系的知识分子，不仅依然合法存在，而且是我国人民民主统一战线的重要组成部分。第二，各民主党派同共产党有长期合作的历史关系。新中国成立后，它们又公开宣布接受中国共产党的领导，赞同《共同纲领》，有了继续合作的政治基础。第三，各民主党派在所联系的团结、教育和改造民族资产阶级、小资产阶级及其他爱国知识分子，以及他们同港澳、台湾同胞、海外华侨有着广泛联系的工作中将继续发挥重要作用。第四，各民主党派的成员中有不少学者、专家，是宝贵的"人才

---

① 《中国人民政治协商会议共同纲领》（总纲）。
② 《列宁全集》第33卷，人民出版社1957年版，第198页。

库",对开展经济、文化建设事业是不可缺少的知识力量。因此,中国共产党与各民主党派在《共同纲领》的基础上,继续合作。为贯彻这一方针,党做了大量的工作,取得了良好的效果。

首先,帮助各民主党派召开全国代表大会或中央会议,总结历史经验,确定政治纲领和组织方针。1949年10月至1950年4月,民盟、民革、农工党、民建、民进和致公党都相继召开了全国代表大会或中央全会。进一步明确宣布接受中国共产党的领导,以《中国人民政治协商会议共同纲领》作为各自的政治纲领,积极参加新中国的各项建设事业。从根本上提高各民主党派的素质,为它们以后参加大规模的社会主义建设,实行多党合作的政治制度奠定了基础。

其次,帮助民主党派清理、整顿和发展党员。新中国成立初期,民主党派成员包括各种复杂分子,组织不纯,同时由于历史条件的限制和自身的弱点,其成员人数极少,领导机构也不够健全。中国共产党召开全国统战工作会议,要求各地党组织在大中城市和省会协助民主党派发展成员1—2倍。在中国共产党的帮助下,经各民主党派的努力,到1953年初,它们的成员发展了2倍。同时,帮助各民主党派确立正确的指导思想。民主党派的成员较复杂,包含各阶级各阶层的人,其内部存在左、中、右的分野。鉴于新中国成立初期的历史条件和《共同纲领》的要求,中国共产党帮助他们确立了"承认工人阶级为领导"的思想为指导思想。

再次,帮助各民主党派协商确定各自分工活动的主要范围。如民革的主要对象是原国民党及与国民党有一定历史联系的人士。民盟是文教界(特别是学校)的知识分子。民建是工商业资本家和与工商界有联系的知识分子。民进是中小学教师和文化出版界人士。农工党是国家公职人员和医务工作者。九三学社是科技界的高级知识分子。致公党是归国华侨和与华侨有联系的人士。台盟是祖国大陆上的台湾省籍同胞。

此外,根据各民主党派成员学习和参加三大革命运动,促其锻炼和改造。主要学习文件有:《共同纲领》、《中华人民共和国土地法》、时事政策和毛著。还帮助文教、科技界的高级知识分子,学习马列主义、引导他们用马列主义武装头脑,理论联系实际,不断提高政治理论水平,自觉改造世界观,以适应形势发展和历史重任的要求。

与此同时,中国共产党同全国政协还组织大批民主党派、民主人士参加和参观土地改革、抗美援朝和知识分子思想改造活动。经过三大运动的锻炼和考验，帮助他们基本上清除了帝国主义、封建主义的影响，进一步分清了是非，划清了敌我界限，确立了为人民服务的爱国主义思想，使人民民主统一战线得到了进一步的巩固和扩大，不仅彻底完成了新民主主义各项任务，而且为实现资本主义工商业的社会主义改造任务创造了良好的条件。

　　1952年底，中国共产党提出了党在过渡时期总路线之后，在我国开始了对农业、手工业和资本主义工商业的社会主义改造，党又耐心地教育、帮助各民主党派过好社会主义关。毛主席于1953年9月7日召开民主党派人士座谈会并做了重要讲话，他指出："国家资本主义是改造资本主义工商业和逐步完成社会主义过渡的必经之路。""实行国家资本主义，不但要根据需要和可能（《关于纲领》）而且要出于资本家自愿，因为这是合作的事业，既是合作，就不能强迫，这和对地主不同。"同年9月8日，周恩来总理在中国人民政治协商会议召开的常委扩大会议上做报告，针对资产阶级对社会主义改造的思想疑虑，系统地阐述了我国社会主义改造的方针、步骤、形式及资本主义前途等问题，指出：我国根据国际条件尤其是国内各阶级联盟和经济发展的情况，不采取激烈地突然变革的办法，而采取温和地逐步过渡的办法。国家资本主义并没有取消私人所有制，并不是取消利润，利润分配是"四马分肥"，资本家还有一份。他还指出，只要引导上国家资本主义，就可以因势利导，"水到渠成"，将来是"阶级消灭，个人愉快"①。由于中国共产党中央领导同志的多次坦诚教育；由于党采取国家资本主义形式，"赎买"政策的和平改造方针，正确引导；由于民主党派成员和工商界中的大多数人经过过渡时期总路线的学习讨论，提高了认识，消除顾虑，从而基本上接受了总路线和国家资本主义。当然，也许还有人感到"无可奈何花落去，社会主义是大势所趋，不走也得走"，但是他们终于在共产党领导下，走上了社会主义道路。

　　在生产资料私有制的社会主义改造基本完成后，中共中央和毛主席明确肯定了多党合作比只有一个党好。但从1957年下半年反右派斗争扩大化后，到史无前例的"文革"期间，在"左"的思想指导下，使党对各民主党派的工作发生了失误，党领导的多党合作也出现了曲折。而各民主党派没有动摇，接受了共产党领导和走社会主义道路的历史选择，他们继续和共产党合作。1978年党的十一届三中全会是新中国成立以来党的历

---

① 《周恩来选集》下卷，人民出版社1984年版，第105—106、111—112页。

史上的伟大转折，也给我国多党合作带来了生机。之后，党在多条战线上开展了拨乱反正，认真纠正统战方面"左"的错误，进行了积极而卓有成效的工作，从而恢复并发展了共产党领导的多党合作关系。

十一届三中全会以来，中共中央明确提出国内阶级状况已经发生根本变化，各民主党派已经成为各自所联系的一部分社会主义劳动者和一部分拥护社会主义的爱国者的政治联盟，实际上是以社会主义劳动者为主体的，具有政治联盟的为社会主义服务的政党。同时，随着改革开放的深化发展，一方面在经济上形成了以公有制为主体的多种形式的所有制，以"按劳分配"为主的多种形式的分配制，必须引起社会结构、新的代表人物的大量出现，这就要求妥善处理、协调人民内部各方面利益关系；另一方面在政治上，各阶级、阶层、政党、社团等社会成员的民主意识不断增强，参政议政的要求也日益强烈。适应这种社会历史发展的趋势，逐步建立社会主义民主和社会主义法制，成为我国政治体制改革的目标。因此，进一步完善和发展共产党领导的多党合作关系十分必要。1979年10月，邓小平明确地说："在中国共产党领导下，实行多党合作，这是我国具体历史条件和现实条件所决定的，也是我国政治制度中的一个特点和优点。"中国共产党的"十三大"的决议，明确提出了"共产党领导下的多党合作和政治协商制度"，进一步发挥民主党派和无党派人士在政治生活中的作用。毛泽东曾指出："国事是国家的公事，不是一党一派的私事。"[①] 周恩来也曾说，"我们这样大的国家，多一点党派去联系各方面群众，对国家、对人民的事业有好处"[②]。多党合作制在我国的确立，在推动社会民主建设、发挥民主党"智力集团"在社会主义物质文明、精神文明建设和海外联谊工作、推进团结联系广大群众等方面起着重要作用，这有利于发展社会主义四化，有利于发展长治久安的政治局面。

三　中国共产党领导的多党合作制是具有
　　中国特色的社会主义的基本政治制度

我国的多党合作制是政治制度中的一种政党制度。政治制度通常是指

[①]　《毛泽东选集》，人民出版社1966年版，第767页。
[②]　《周恩来统一战线文选》，人民出版社1984年版，第350页。

国家政权的组织形式及相关的政治制度，即统治阶级为了反对敌人和保护自己而采取的一定的政治形式，组织政权机关来治理国家的制度，具体内容不仅包括国家管理形式和结构形式，也应包括政党制度、选举制度、干部制度。只要有一定的阶级和政党存在，就必然要有政党的形式，即政党制度。政党制度是政治制度的一个重要组成部分。政党制度是指一个国家某些政党通过一定的形式和途径代表一定阶级、阶层、集团的利益去争取或维持和干预政治采取的基本形式。在我国则采取了共产党领导的多党合作制这种形式，因此，我国的"多党合作制"是政治制度中的一种政治制度。

我国多党合作制的具体含义是在中共的领导下，共产党与我国大陆上现存的八个民主党派团结合作，互相监督，共同致力于建设有中国特色的社会主义和统一祖国、振兴中华的伟大事业。这种合作的社会基础，是共产党同各民主党派联系的那一部分社会主义劳动者和拥护社会主义的爱国者。合作的政治基础是坚持中国共产党的领导，坚持四项基本原则。合作的前提是各民主党派承认共产党的领导，并能在国家的社会政治生活中发挥作用。合作的组织形式是人民政治协商会议，普遍是在各级人民代表大会和各级政府中的合作共事，更为广泛的是在人民团体、学术团体、企业事业单位以及外事活动中都体现了共产党与各民主党派的合作共事等等。中共对各民主党派的领导是政治领导，即政治原则、政治方向和重大方针政策的领导。各民主党派参政议政。合作的方针是"长期共存、互相监督、肝胆相照、荣辱与共"。我国多党合作制的性质是社会主义性质的。

由于我国的多党合作制是在这块特殊的国度里逐渐形成的，因此它具有的特点与西方国家相比，也是截然不同的。这些特点是：

第一，共产党是执政党，领导国家政权，而不是各民主党派轮流执政。这是历史发展的必然，也是各民主党派自己选择的结果。共产党的领导不是自封的，是由许多因素决定的。（1）共产党的阶级性、阶级地位及其肩负的历史使命所决定。（2）共产党具备领导的条件。（3）国情决定的，我国是11亿人口大国，领导建设要有统一有组织的、稳定的领导核心，保持安定团结的政局，共产党有5032万党员，具有统一的领导共同的意志，具有强大的向心力，凝聚力。8个民主党派只有30多万人，数量少、影响小。"中国由共产党领导，中国的社会主义现代化建设事业由共产党领导，这个原则是不能动摇的；动摇了，中国就要倒退分裂和混乱，就不可能实现现代化。"①

第二，各民主党派是参政党，参政的基本点是：参加国家政权，参与国家大政方针和国家领导人选的协商，参与国家事务管理，参与国家方针、政策、法律、法规的制度执行，而不是在野党，也不是反对党。共产党和民主党派的关系，不是你在台上，我在台下，你骂我，我骂你，互相拆台，而是合作共事的亲密友党、诤友。

第三，中国人民政治协商会议是中国共产党领导的多党合作制的组织形式，也是爱国统一战线的组织形式。它是由中国共产党、各民主党派、各人民团体和各界人士为基础，以国内少数民族、台湾同胞、港澳同胞和归国华侨的代表组成的。人民政协依据中华人民共和国宪法的原则，制定《中国人民政治协商会议章程》，设有全国委员会和地方委员会，全国委员会对地方委员会有指导工作关系。

1978年十一届三中全会后，人民政协的基本任务是：要调动一切积极因素，团结一切可以团结的力量，同心同德，为实现中国共产党十二大提出的宏伟目标而奋斗。它的具体作用主要是：（1）进行民主协商。（2）发挥民主监督。（3）调动政协委员会各界党外人士的积极性、广开言路、为四化做贡献。（4）组织学习马列主义、毛泽东思想、学习时事政策，学习专业知识。（5）积极开展人民外交活动。

第四，"长期共存、互相监督、肝胆相照、荣辱与共"是中共同各民主党派合作的基本方针。中共确定这一基本方针的主要依据是：（1）中共是执政党，领导着11亿人口的国家政权，非常需要听到各种意见和批评，接受广大人民群众的监督。（2）十一届三中全会，肯定了各民主党派作为一种政治联盟具有很大的广泛性，建设社会主义四化已经成为民主党派和共产党的共同利益和共同愿望。（3）各民主党派是反映人民群众意见、发挥监督作用的一条重要渠道。（4）政党是随着阶级的消灭而消亡的。在我国社会主义社会中，剥削阶级已不存在，但阶级差别、不同社会阶层和社会集团，将长期存在，人民内部也存在各种矛盾。这就决定了各民主党派的长期存在，通过民主党派反映他们的正当利益要求，也是自然的。特别是"一国两制"方针的贯彻，将是长期的战略任务。

第五，共同致力于社会主义四个现代化建设，和平统一祖国，振兴中

---

① 《邓小平文选（1957—1982）》，人民出版社1983年版，第232页。

华。要完成这项长期而艰巨的任务，需要中国共产党和各民主党派长期的合作。而中国共产党有关实行多党合作制的一系列方针、政策保证了这一制度的稳定性。

总之，我国的人民民主专政的社会主义国家性质要求我国的社会主义事业的领导核心是中国共产党，各民主党派接受共产党的领导。在中国不能搞一党制，也不能搞多党竞争、轮流执政的政治制度，只能是共产党领导的多党合作制。既坚持中国共产党的领导，又发扬社会主义民主是一党领导与多党合作相结合所必须遵循的原则。因为，唯有如此也才足以既防止"一党专政"，又防止多党制。十六字方针的确定和1989年颁发的《中共中央关于坚持和完善中国共产党领导的多党合作和政治协商制度的意见》的颁布，对于加强中国共产党和各民主党派之间的合作与协商；对于进一步发挥民主党派成员、无党派人士在人民代表大会中的作用；对于进一步发挥民主党派在人民政协中的作用和支持民主党派加强自身建设等将起到保证性的作用。

总之，中国共产党领导的多党合作和政治协商制度，是马克思列宁主义同中国具体革命实践相结合的产物，是近代中国共产党产生、发生及其相互关系发展的必然结果。它在新中国成立以来的40多年实践中经受了考验，在国家政治生活中发挥了积极作用，显示了无比强大的生命力。共和国的历史证明，它适合中国国情，将长期存在并不断发展完善。搞资产阶级自由化的人，鼓吹政治多元化，企图改变共产党领导的多党合作的格局，就是要从根本上否定共产党的领导地位，要搞资产阶级的"一元化"和资产阶级的多党制。

二 统战工作实践研究

关于高校民主党派代表人士队伍建设的思考

刘 凌[*]

民主党派代表人士队伍建设的科学发展是发挥参政党积极作用的重要组织保证，是巩固和发展统一战线的重要基础。不断完善民主党派代表人士的队伍建设，借此带动统一战线的和谐稳定发展，是共产党与民主党派合作共事的政治保障。高校民主党派组织齐全，成员数量较多，是我国统一战线的重要组成部分，研究高校民主党派代表人物队伍建设的相关问题，对于指导统战工作实践有积极作用。本文从华南师范大学的具体情况出发，通过发放问卷及一定范围的座谈收集数据、了解存在的问题，在实际情况和经验材料的基础上对加强民主党派代表人士队伍建设问题进行分析研究。

一 民主党派代表人士队伍建设的基本情况及分析

（一）民主党派整体队伍建设情况

华南师范大学目前共有民主党派成员 463 人，分属 7 个党派基层组织，另有台盟成员 1 人。成员职称、学历层次较高，大多集中在教学科研第一线，是促进学校改革、发展和维护稳定不可忽视的重要力量。2007年以来新发展成员共 35 人，占总人数 7.56%。退休人员 208 人，占总人数 44.92%；在职人员 255 人，占总人数 55.08%。从性别上看，男性共 247 人，占总人数 53.35%；女性共 216 人，占总人数 46.65%。从职称结

---

[*] 作者简介：刘凌，女，华南师范大学党委宣传统战部部长、讲师，广东省政协委员。
注：本文获第十届广东省高校统战理论研讨会优秀论文奖，原载苏时生主编《广东高校统战工作的实践与创新》，新世纪出版社 2011 年版。

构上看，具备正高级职称的有116人，占总人数25.05%；具备副高级职称的有195人，占总人数42.12%；具备中级职称的有124人，占26.78%。从学历层次上看，有博士90人，占19.44%；硕士67人，占14.47%；本科及以下306人，占66.09%。

（二）民主党派代表人士队伍建设情况

代表人士队伍建设是民主党派发展的关键支点，根据广东省委统战部相关文件规定，本文对各民主党派代表人士情况的统计范围和界定标准为：各民主党派省委会、市委会、县委会中的委员以上人士和已认定的年轻优秀后备干部，民主党派基层组织中的总支负责人和省直支部负责人，台盟可延伸到支部负责人。

（1）队伍人数：当前民主党派代表人士队伍共有25人，占民主党派成员总数的5.4%。

（2）性别：男性18人，女性7人。

（3）在党派中的分布：民革4人，民盟4人，民建3人，民进3人，农工党3人，致公党3人，九三4人，台盟1人。

（4）在各民主党派省级以上委员会及人大、政协任职情况：任各民主党派中央委员的有1人，任各民主党派省委委员的有10人。1人任区人大代表，8人任省政协委员（其中常委5人），1人任区政协委员。

（5）在学校行政岗位任职情况：有8人作为学校中层干部担任行政管理岗位，主要是院系、研究所的行政负责人。

（6）职称结构：具备正高级职称的有17人，具备副高级职称的有4人，具备中级职称的有4人。

（7）学历层次：博士12人，硕士7人，本科4人，大专1人，中专1人。

（8）年龄结构：40岁及以下0人，41—45岁3人，46—50岁16人，51—55岁2人，56—60岁4人。

（以上为2010年统计数据）

（三）情况分析

（1）民主党派代表人士在成员中比例合理，能够在一定的基数中选拔出能力表现突出、具有代表性的人才。

（2）代表人士在民主党派各级委员会中担任职务，且人数比例近半，说明代表人士在带领好基层组织成员的同时积极参与更高层级委员会的事务。人大代表、政协委员占32%，权重较大，能通过各种平台建言献策，发挥才能、扩大影响、服务社会。

（3）代表人士队伍中32%的成员在学校行政岗位上担任中层干部职务，能够融入学校整体事业发展中去，能够代表民主党派发挥参政议政功能、提升合作共事的范围和水平。

（4）代表人士范围中高学历、高职称人才占多数，说明队伍具有较强的智力优势，能够集中成员的智识力量，具有比较强的代表性。但从所有成员来看，高学历、高职称人才总数不大，说明智力优势的可持续性发展存在问题。

（5）民主党派代表人士年龄大多处于46—50岁区间，正是人生精力旺盛、政治成熟的黄金发展时期，这说明队伍建设经过良好规划并具备一定前瞻性，但45岁以下成员太少，尤其是40岁以下的年轻梯队未具规模，应当引起高度重视。

二 民主党派代表人士队伍建设的基本经验与成效

切实加强高校民主党派代表人士队伍建设，重在做好高校民主党派代表人士的发现、培养、使用和管理工作。发现是前提，培养是基础，使用是途径，管理是关键。四个阶段缺一不可，没有善于发现人才的独到眼光会导致培养缺乏对象；不重视培养只一味地使用总有一天将面临人才资源枯竭；不加强管理以提高使用的效率和贡献率，整个队伍建设工作乃至统一战线工作就会失去目标和方向。因此，必须积极做到四个方面有分有合、系统循环、科学运作。

（一）精心积累，善于发现

民主党派代表人士队伍的建设并非朝夕可成，需要长期对人才资源进行精心积累，并善于发现好"苗子"，摸清个体能力水平差异，为代表人士的出现和成长拓宽路径。

1. 做好民主党派人士资料的积累、管理、筛选工作

充分利用统战部在人员信息管理方面的资源优势，建立民主党派人士

数据档案，长期关注民主党派人士在教学、科研以及行政管理等方面的工作表现，关注他们参政议政、服务学校服务社会等的水平能力，及时更新、掌握动态。并定期从其所在党派或所在单位了解情况，获取群众基础、工作业绩、思想取向等相关信息。

2. 创设条件，为民主党派人士展现自身能力提供机会

对于学历和专业技术职务级别较高、能力较强表现突出的民主党派人士，通过座谈、邀请或推荐参加相关会议以及列席学校的通报会、意见征询会等平台，既能够深入了解他们对国家大事及学校改革发展的观点和意见，也能够提供机会让优秀的民主党派人士展现能力才华并脱颖而出。2009年是学校开展深入学习实践科学发展观活动的关键一年，当时便邀请了民主党派代表人士参加对《华南师范大学领导班子贯彻落实科学发展观情况分析检查报告》（征求意见稿）的评议会。类似的评议会既能沟通思想，也能识见人才。

（二）提供平台，科学培养

培养是民主党派代表人士队伍建设的基础工程。抓好科学培养工作才能形成一支精良的民主党派代表人士队伍，才能进一步提升民主党派的合作共事能力和参政议政水平。

1. 提供学习平台，抓好民主党派学习型队伍建设

新的历史时期下，抓好学习型队伍建设是民主党派进一步完善自身建设的必要条件。提供平台、强化学习培训是高校统战工作培养人才的有效方式，学校积极推荐、支持民主党派中的优秀成员到各级党委统战部、各级社会主义学院组织的各种形式的学习培训班参加学习、培训。例如，2009年学校推荐民建支部金华老师参加民建省委会员培训班的学习。此外，学校在寒暑假等长假期间还专门举办民主党派代表人士培训班和考察调研活动，通过学习和举行主题活动增强凝聚力。定期举行专题理论学习，开展了"深入学习贯彻科学发展观"、"树立和践行社会主义核心价值体系"、"建设学习型党组织"等为主题的理论学习，提升成员素养，加强政治引导。

2. 创造实践机会，将服务社会与能力锻炼结合起来

学用相长，创造实践机会发挥民主党派人士的才学智识，边实践边锻炼，既服务社会又提升能力，是人才队伍科学培养的重要举措。学校积极为民主党派成员参与实践锻炼搭建平台，有意识地让部分表现优异者参与

学校管理工作；大力支持和鼓励他们投身社会实践，在服务社会和实践工作中拓宽视野、增强才干。民盟总支束漫老师近年来坚持在边远山区开展"小蜜蜂活动"，为贫困地区的孩子们筹建图书馆以及提供信息素质教育；还与民盟省委委员、华南师大总支副主委李盛兵老师等一起成立了"广州市小蜜蜂文化传播中心"这一公益机构为社会造福，学校一直非常重视和支持，也通过《广东高校统战》等载体进行宣传，树立通过社会实践锻炼成长的典型。

（三）合理安排，大胆使用

合理安排与大胆使用是支持民主党派代表人士发挥作用这一目标的必由之路，是共产党与民主党派合作共事的具体体现和主要方式。学校高度重视民主党派代表人士的安排与使用，把选拔出来、经过培养的民主党派代表人士及时合理地安排和举荐到恰当的岗位或平台上去，达到人尽其才的目的，大力推动共产党与各民主党派合作共事不断上新台阶出新成就。

1. 合理安排行政岗位，参与学校管理事务

学校重视从民主党派中选拔人才，根据其专业特长安排行政职务，使学校干部队伍结构更加合理、管理运行稳步发展。当前，各民主党派代表人士在学校中层干部中任职的共有8人。包括民盟2人，民建1人，民进2人，九三3人。这些干部主要是在各二级院系、科研单位、机关部处中担任领导职务。

2. 推荐民主党派代表人士到更高层次平台上发挥作用

学校党委还重视将各民主党派代表人士推荐到人大、政协等更高层次的平台上去，通过建言献策、参政议政发挥作用。经过层层推荐，目前在这支民主党派代表人士队伍中，任人大代表和政协委员的共有10人。

（四）强化管理，完善机制

强化管理、完善机制是依法治校、依法行政在操作层面的具体表现。在民主党派代表人士队伍的建设和管理进程中，完善制度机制并切实加强管理始终是统战工作朝着科学化方向迈进的一项重要抓手。华南师范大学始终严格遵循上级部门的统战工作精神，贯彻落实统一战线工作的政策和

制度，积极探索创新工作的方式方法，并在实践中加以完善，引导民主党派代表人士在工作中明职责、守制度、懂程序，使人才队伍建设及统战工作尺度适恰、依制而行。例如 2010 年 6 月，根据《中共中央关于进一步加强中国共产党领导的多党合作和政治协商制度建设的意见》，为贯彻落实《中共广东省委政治协商规程》的精神和要求，学校结合实际拟定了《中共华南师范大学委员会关于与民主党派、无党派人士合作共事的规程（试行）》，并在学校统战工作会议上与各民主党派代表人士就规程的进一步完善进行了讨论协商，确保制度及时形成并有效运行。学校党委还定期对统战成员的工作履行情况进行了解。各民主党派也通过制定专项表彰奖励制度或措施，支持成员履行职责。

三 民主党派代表人士队伍建设存在的问题及原因

（一）二级党委对队伍建设重要性的认识需进一步提升

共产党高度重视民主党派代表人士队伍建设问题，在高校，校党委也非常注重抓好工作落实，但"口头上重视、意识上缺位、工作中忽略"仍是基层党组织统战工作的共同问题。对建设一支高素质的民主党派代表人士队伍这一战略大局认识不足，总认为统战工作是学校或统战职能部门的事，因此没有积极、主动地做好民主党派代表人物的发现、培养工作，也不参与管理。这些问题导致民主党派代表人士在二级单位中不受重视，缺少认同感，无法实现自身价值。

（二）政治引导工作面临时代挑战

时代的发展和信息传播方式的发达，给当前社会带来不少负面影响[1]。作为高级知识分子，高校民主党派代表人士在思想观念和价值取向上容易受到影响，呈现出多样化特征。第一，西方"政治多元化"、"思想多元化"、"实行多党制"等思想通过各种方式向国内渗透，向来以自由为主基调的知识分子容易受其迷惑。第二，信仰之下的利益驱使模糊了部分成员的成长动机，把兼任某种职务视为等级的擢升，甚至是身份地位的象征，反将参政议政、为国为民等最基本的政治责任感边缘化。第三，

---

[1] 朱坚：《关于新时期高校党外代表人士培养机制的思考》，《理论观察》2010 年第 1 期。

容易导致部分人对自身思想政治素质缺乏重视，意识不到个人思想观念和价值取向的悄然变化。

（三）民主党派代表人士队伍年龄结构须加调整

当前高校民主党派组织存在着一定的老龄化问题。华南师大的情况是，有相当一部分民主党派代表人士接近退休年龄，多数人在45岁以上，41—45岁阶段的仅有3人，40岁以下的还未能进入相应的梯队。有一定年龄的代表人士在长期的参政议政实践中积累了丰富经验。但随着年龄的增长，精力和热情逐渐消退，在监督、建言等方面需要更多与年轻人共同努力。另一方面，民主党派代表人士年龄段过于集中，其各方面的认识和能力趋于一致，缺乏层次性，容易产生形式化和惰性趋向。

（四）队伍建设的科学化水平亟待提升

长期以来，高校民主党派代表人士及其后备干部队伍建设工作难以形成科学化局面，缺乏合理有效的培养、管理机制和激励机制。民主党派代表人士队伍建设在具体运行的事务性层面之上，应当有严格的科学化要求，包括制度规范和运行机制的科学化，减少队伍建设工作的随意性和人为因素影响，使队伍建设工作可规划、可调控，实现科学化管理。但当前的情况是科学化水平不高，存在有制度不合理、有政策不落实、有目标不现实等问题。

四 加强高校民主党派代表人士队伍建设的对策思考

（一）从思想入手，着力加强政治引导的针对性与实效性

高校加强民主党派代表人士队伍建设的重中之重还是从思想入手，在转变政治引导方式的同时，仍要坚持强化引导的内容。要推动民主党派树立和践行科学发展观、社会主义核心价值观以及包括对祖国、对中华民族、对中华文化、对社会主义道路的认同在内"四个认同"观念。要结合实际情况，突出针对性，即结合时代特征和新的形势要求，针对政治引导存在的相关问题做工作，结合高校改革发展的实际以及管理体制改革中

出现的新情况新问题，及时协调关系，化解矛盾①；其次，政治引导应当重视实效性，通过多种载体、多种样式、多种渠道来传播正确的政治观、价值观，达到潜移默化的效果，切实增强政治引导的实效性。

（二）从功能入手，着力于创新参政议政等社会服务行为的载体

要始终重视统一战线的法宝作用，准确认识民主党派在参政议政方面的突出作用。积极地探索民主党派代表人士通过参政议政服务社会的新道路。创新载体，通过组织开展专项调研活动、课题立项活动，积极发挥统战部与上级统战部门以及社会相关职能部门之间的桥梁作用，适应社会发展需要和解决重大民生问题，提供调研的参考性方向，整合统一战线的有效资源，引导他们往更为准确的方向前进，并在调研基础上参政议政，真正做到在服务社会方面站得出来、使得上劲、帮得上忙。

（三）从规律入手，着力提升队伍建设科学化水平

把握规律是民主党派代表人士队伍建设规范化的前提和科学化的切入口。只有首先推动制度的科学化，才能提纲挈领依法管理。在 2011 年召开的全国党外代表人士队伍建设交流研讨会上，中央统战部部长杜青林指出，要进一步深化对党外代表人士成长规律的探索，深刻认识党外代表人士的根本属性，准确把握党外代表人士的时代特点，认真研究党外代表人士的成长路径，为开展工作提供科学指导②。因此，要通过深入调研准确把握民主党派代表人士队伍建设的规律，对其年龄结构、成员分布、准入情况等进行研究，按规律办事，适应科学化发展要求。

（四）从整体入手，着力培育和树立统战大局观

统战工作不应当只是学校层面的工作。二级党委同样必须增强统战意识，配合学校部署，形成合力，共同抓好民主党派代表人士队伍建设。因此，解决二级党委不重视民主党派代表人士队伍建设的问题，要从增强二

---

① 刘文洁、段建南、周清：《进一步加强高校党外代表人士队伍建设的探讨》，《社科纵横》2009 年第 24 期，第 131—132 页。

② 杜青林：《着力推进党外代表人士队伍建设》，《共产党员》2010 年第 5 期。

级党委负责人的统战意识入手，定期组织学习培训，强化大局观念、政治意识。建立监督和考核机制，对队伍建设情况实行进程监控、考核测评的重要内容，多方面推动二级党委的工作力度。

社会主义和谐社会视野下非政府组织（NGO）统一战线问题的思考

郭小川[*]

一 非政府组织的崛起和非政府组织在我国蓬勃发展的必然性

非政府组织（Non Governmental Organization，简称NGO）是国际上通用的一个概念，最早出现在1945年6月签订的联合国宪章的第71款中，该条款授权联合国经社理事会为同那些与该理事会所管理的事务有关的非政府组织进行磋商做出适当安排。NGO通常是指具有组织性、民间性、非营利性、自治性、自愿性五个特征的社会独立于政府和企业之外的"第三部门"，在我国国内官方通常称其为"民间组织"的机构，有专家学者也称之为"社会公共组织"。

（一）NGO的缘起

在过去的10多年间全世界的NGO的数量、活动、影响在空前增大，据国际组织年鉴统计，国际非政府组织的数量在过去10年中已经增长了4倍[①]。各国国内的非政府组织也在飞速增长。NGO崛起于20世纪80年代以来，但并非80年代的新生产物。实质上NGO与类似NGO在人类历史上一直以不同的形式存在于不同的历史阶段。比如，历史上的一些以

---

[*] 作者简介：郭小川，女，华南师范大学党委办公室、校长办公室副主任，助理研究员。

注：本文原载《华南师范大学学报（社会科学版）》2007年第2期。

[①] [美]约瑟夫·奈主编：《全球化世界中的治理》，布鲁克林研究所出版社2000年版，第278页。

"慈善"为旗号的社会组织机构,一直持续不断。为什么 NGO 在近十多年中发展迅速,并在国际和各国国内事务中的地位不断上升?究其原因有:(1) 50、60 年代盛行强调"强政府"是现代化的主要动因的发展理论,经过 20 年的实践,已经出现所谓的发展"理论困境",人们正在寻找新的发展理论和模式,NGO 契合了这一需要;(2) 公民社会的发展,政府的结构和角色被重新定义,新出现的社会公共角色向 NGO 开放,NGO 被认为是最合适的工具;(3) 全球经济一体化推动政府间就政策问题进行更广泛的谈判,NGO 成为国际交流中适宜的角色;(4) 全球化媒体的普及为 NGO 表达它们的观点提供了平台;(5) 民主原则的传播,公民社会公众参与决策和要求决策透明的愿望增强。[①]

(二) NGO 在我国蓬勃发展的必然性

我国 NGO 是改革开放的产物。改革开放以前,我国只有机关、企业和事业单位等几种形式的社会组织。计划经济体制下,社会高度简化、相对稳定和封闭,传统政府扮演"全能政府"的角色,包揽社会一切事务,社会所有的人都属于体制管辖内,处于严格的行政控制之中,政府为此付出高昂的代价。改革开放以来,随着经济体制改革和政府职能的转变,国家与市场、国家与社会的关系面临着深刻的变化和重新调整的机遇,这些机遇为 NGO 的发展提供了广阔的空间。NGO 的兴起也是我国政治、经济以及社会转型进一步发展的必然要求:其一,市场经济的深入改革要求改变传统政府的管理方式、手段,转变政府职能。政府从过去大包大揽的管理转变为宏观管理,过去政府包揽的、本应该属于社会承担的职责和功能,诸如行业性、社会性和公益性事务等等微观管理和社会服务工作,仍然回归社会,需要社会力量来填补这一空白,NGO 作为社会力量组织化的形式,来自民间,能够深入民间,凝聚社会资源,提高治理效益,比政府承担这部分功能更加灵活和有效;其二,多种所有制下,农村、城市产生的大量多元化的利益主体,很多人从体制内出来由"单位人"成为了"社会人"、个体户,市场竞争中,各利益主体需要选择建立自己的 NGO 来保护市场交换中的权益;其三,市场经济快速发展带来的社会问题,如贫困、环境污染、疾病、失业等,NGO 在促进社会公益事业,提供社

---

① [英] D. 露易斯:《非政府组织的缘起与概念》,《国外社会科学》2005 年第 1 期。

服务方面，可以弥补政府力量不足和市场"失灵"；其四，公民社会民主观念深入人心，社会阶层的思想意识多元化，各利益群体需要寻求利益诉求平台和参与社会管理的渠道。

种种原因，我国 NGO 顺应这种时代形势得以迅速发展。20 世纪 80 年代以来，我国出现的 NGO 雏形是伴随着农村经济体制改革在农村出现的农民自发技术型 NGO。随后，NGO 逐步扩展到经济、文艺、体育和公益事业等领域，NGO 成为我国最具有发展潜力的社会组织之一，并且与企业、政府机关、事业单位一起，成为中国重要的社会组织。

二 非政府组织在构建社会主义和谐社会中的作用以及非政府组织的发展现状

和谐社会是一种最优意义上的理想社会，和谐社会意味着各个主体可以在其中找到合适的位置，并且各尽所能、各得其所而又和谐相处。NGO 作为一种特定的社会组织形式，其成员一般是由有共同的信念、目标和兴趣的个人汇集而成的，其所独有的社会自发性和自治性，使 NGO 在构建社会主义和谐社会上可以发挥政府和市场所没有的独特优势，成为维护社会稳定必不可少的因素。

(一) NGO 在构建社会主义和谐社会中的作用

1. NGO 促进公民社会组织化，是团结和凝聚公民建设小康社会的潜在载体

当前，我国已经初步实行社会主义市场经济体制，这是历史发展的必然。但是市场经济的发展本身具有一种离散性的力量，搞不好就会走向无政府主义。目前，威胁社会稳定的一个突出原因就是，社会成员游离在社会之外，底层社会碎片化。一方面，如果游离的因素越多，其积累的离散力就越大，其积累的力量就越有可能冲击社会稳定；另一方面，社会成员游离于社会之外，公民权利得不到保障，无序的政治参与会带来很多随机的行为，给社会造成不稳定因素；再者，社会缺乏凝聚力，社会成员游离在社会之外，在面临风险时，就不能集中力量渡过危机。

和谐社会应该是一个高度组织化和具有强大凝聚力的社会。NGO 因其特有的来自社会民间的、自发组织的性质，决定了其能够成为社会多元

利益群体的代言人。在现实社会中，NGO 成员通过商会、行会、专业团体、同学会、业主委员会等多种自治组织，解困济贫、自我管理、自我约束、维护权益。NGO 能够把分散的个人意见和利益诉求以集中的、制度的、理性的方式向政府反馈，为政府决策提供咨询和参谋，同时可以成为有效集中民间资源、群众智慧，推动社会发展的重要力量。

2. NGO 有利于建立调节社会矛盾的模式，使国家、社会与市场各归其位、各司其职，体现社会主义和谐社会的本质要求

市场经济社会的基本难题就是效率和公平的问题，经济飞速发展的同时也带来了失业问题、贫富分化、贫困问题、权力腐败、道德生活失范等等，各种的矛盾以及利益主体多样化要求政府必须进行大的管理思路的调整，即让社会组织以主体姿态、以自治的方式组织起来，参与社会管理，参与社会矛盾的解决；政府通过税收政策，支持志愿者组织活动，调节社会资源的分配，给弱势群体以关怀，扩大其就业机会，缓解社会矛盾。

NGO 的存在本身就是一种调节社会矛盾的模式，其深远的经济、政治意义已经越来越明显。在协调政府与企业的关系中，NGO 的作用是独特的，这是由 NGO 的非政府特质所决定的。NGO 是来自民间的自主、自治的社会组织，它的非行政权力机构，以及非营利特质，使 NGO 能够成为与政府行政权力和市场经济权力并存的一种制衡力量，有利于建立一种纠正政府权力过大、市场力量垄断一切的倾向，建立一种以公民为本位的"公民社会"协调机制。

3. NGO 是社会服务体系和公益事业的执行者，有利于促进社会自治和特定社会问题的解决

在市场经济体制下，面对社会结构的分化，面对多元化的利益群体，面对各种困难群体、边缘群体，构建社会主义和谐社会需要构建一套完善的社会服务体系和现代公益制度，NGO 在提供社会服务方面显示出独特的优势。首先在构建社会服务体系中，以非营利性、志愿者出现的 NGO 是人性化、社会性、专业化的社会服务的倡导者和践行者，能够凭借自身的独特优势，拓展社会服务内容和范围，形成良好的社会治理机制。关注弱势群体、边缘群体，靠以利益交换为基础的市场经济手段和以权力控制为手段的政府是不能保证良好的效果的。解决这个问题，NGO 有天然优势，这一点已经被世界各国发展 NGO 的经验所证明。

(二) 我国 NGO 的发展现状

目前，我国 NGO 总体发展滞后，数量偏少，活力不强，在构建社会主义和谐社会中作用发挥不明显。

1. NGO 总量不足，力量单薄，结构不合理，发展不平衡

世界多数国家特别是发达国家普遍存在一个庞大的非营利部门 NGO，各国平均大约规模是：每万人拥有民间非营利组织而言，法国是 110 个，日本 97 个，美国 52 个，阿根廷 25 个，新加坡 14.5 个，巴西 13 个，而我国只有 2.1 个[①]。与发达国家相比，我国 NGO 无论从数量上，还是从规模和资金实力等方面都有很大的差距。我国各地 NGO 发展也很不平衡，NGO 主要限于城市和较发达的东部，广大农村和西部非常稀少。另外，国内 NGO 之间，在组织规模、活动范围、社会影响资金、技术等方面也存在很大的差距。总的来说，国家对 NGO 的发展宏观调控比较弱，缺乏统一规划，致使 NGO 发展处于无序状态，NGO 发挥的作用就十分有限，远远不能适应社会转型，多元阶层、多元利益群体并存的国情需要。

2. 我国 NGO 缺乏自治性，独立性不强

我国很多 NGO 不是来自民间的草根组织，而是从政府部门体制改革分流出来的，或者是政府组织设立的，先天存在依附政府的关系，甚至有的是由政府给编制、财政拨款，人事组织部门负责任免，自治水平很低。官民二重性使 NGO 很难发挥独特优势，真正起到人民群众与政府之间的桥梁和纽带作用。

3. 运作经费不足，非营利性不能自始至终坚持

据调查研究，我国 90% 的 NGO 每年支出额在 50 万元以下，只有不到 2% 的 NGO 每年支出规模在 100 万元以上[②]。这说明了我国 NGO 经济实力不强，资金的困乏使有的 NGO 参与经营活动，从事与自身性质和宗旨相违背的业务，很难起到社会中介组织协调利益、提供服务、反映诉求、规范行为的作用，致使 NGO 公信度下降。

4. 有的 NGO 带有社会负效应，是社会稳定的不和谐之音

对于我国 NGO 来说，一般都是非宗教性、非政治性的，但是受一些

---

① 红旗出版社编写组：《国民经济和社会发展"十一五"规划大参考》，红旗出版社 2005 年版，第 156 页。

② 《中国 NGO 研究——以个案为中心 (2001)》，清华大学 NGO 研究中心。

利益群体影响以及一些别有用心的集团利用，一些 NGO 带有宗教和政治性质，并且从事非法活动，在社会上造成不稳定因素。比如一些宗族势力、黑社会组织以及非法政治组织等，他们依靠强大的组织体系，有相当大的组织力量和动员力量。尤其现代的通信网络发达，在网络上很容易将不同地域的人煽动起来，一呼百应，影响极坏。

三 以国家、社会发展的战略高度，加强对非政府组织的统战工作

适应新形势新任务的要求，我们必须从站在扩大党的执政基础、提高党的执政能力的高度出发，加强对 NGO 的统战工作，促进 NGO 健康发展，充分引导好、组织好、发挥好 NGO 在构建和谐社会中的潜在作用，这是新时期统一战线不容忽视的历史责任。

（一）以构建和谐社会为目标，加强对 NGO 的统一战线理论研究

正确应对我国经济社会出现的新趋势，研究 NGO 新特点，妥善处理影响社会主义和谐社会建设的各种复杂问题和因素，不断提高构建社会主义和谐社会的能力，要求我们必须根据客观形势的发展变化，努力从理论和实践相结合上不断研究 NGO 统一战线的新问题，开拓新思路、提出新办法，以理论创新带动 NGO 统战工作的创新。要紧紧把握时代的特点，运用马克思主义基本原理，深化对"社会主义劳动者之间存在统一战线"这一理论问题的认识，深刻认识加强 NGO 统战工作是适应我国一致性在增强同时多样性在扩大的基本国情的需要，是在社会主义初级阶段的基本经济制度和政治制度的大格局下，巩固党的执政基础、扩大党的群众基础，为中华民族伟大复兴增添力量的需要，正确认识 NGO 的存在和发展对建设中国特色社会主义的影响，审时度势，与时俱进，用科学理论指导实际的 NGO 统战工作。

（二）营造政府依法管理、NGO 依法活动的良好环境，开创 NGO 统战工作新局面

构建和谐社会，需要国家、政府、执政党和 NGO 之间形成健康、正常的关系，这需要我们做大量的统战工作，解决许多复杂的社会政治问

题、理顺各种关系。但从根本上来说，就是要使它们形成法治化的关系，依法对NGO的性质、地位、作用、职责、权利、义务、社会职责、活动责任等进行法律规范，为政府依法管理提供依据，为NGO依法活动提供保障。总的来说，对NGO的统战工作，既要充分发挥党的优势，按照"求同存异"的原则，协调关系、化解矛盾、凝聚人心、团结和引导一大批NGO集结的新阶层人士，同时又要依靠法律、法规、制度以及程序等实现党的领导。

（三）按照分类指导、求同存异的原则，培育和发展NGO

我国NGO发展极不平衡，影响了NGO在社会主义和谐社会建设中作用的发挥。我们要根据中国国情，大力发展中国特色社会主义NGO，重点培育和扶持一些社会团体，使社团、行业组织和社会中介组织真正发挥组织协调利益、提供服务、反映诉求、规范行为的重要作用。按照分类指导的原则，加强对NGO的指导和管理，加强对NGO公益精神和志愿精神的培育，理清并优化NGO的运作机制。按照求同存异的原则，培养NGO的独立性和自治性，同时也要按照十六大关于"加大在社会团体和社会中介中建立党组织的工作力度"的精神，在有党员的NGO中逐步建立基层党组织，使NGO能够依托党组织发挥作用。

（四）完善社会民主参与和社会协商制度，建立新阶层组织参与社会管理的渠道

要在我国的政治体制框架内，广泛吸收一批NGO的优秀代表人士，明确在各级人大、政协委员中逐步增大充实NGO优秀代表人士的比例，通过座谈会、通报会、专题协商会等形式搭建NGO代表的利益群体的政治诉求平台，通过广泛的民主参与和建立社会协商制度，使NGO真正成为企业与市场之间的中介组织，成为政府与群众的桥梁和纽带，成为社会建设和社会管理的重要力量。

高校统战工作的文化软实力
塑造功能及其创新方向探索

黄子响[*]

  胡锦涛总书记在第二十次全国统战工作会议上发表重要讲话强调，要把巩固和壮大统一战线，作为提高党的执政能力的一项重要任务，作为发展中国特色社会主义事业的一项重要任务，作为增强中华民族凝聚力的一项重要任务，摆到全党工作的重要位置，真正抓紧抓实抓好，努力把统一战线建设成为坚持以人为本、具有强大凝聚力的统一战线，建设成为具有空前广泛性和巨大包容性的统一战线。高校人才荟萃，党外知识分子众多，是统战工作的重要阵地。如何团结和引导这一部分人，以稳定、和谐、团结的精神风貌凸显高校的文化软实力，探索高校统战工作的文化软实力塑造功能面临的问题及其解决方向，真正充分地发挥其化人作用，是高校统战部门在当前和今后一个时期内应该改革创新以适应时代要求的重要内容。

一 高校统战工作的文化软实力塑造功能及其重要意义

  20世纪90年代初，哈佛大学教授约瑟夫·奈首创"软实力"一词，是指包括凝聚力、文化认同以及价值同化等在内的无形力量。软实力涵盖了政治制度的吸引力、文化价值的感召力和国民形象的亲和力等无形影响力[①]。其中，以文化价值感召力为核心的国家文化发展实力即文化软实力。对于具

---

  [*] 作者简介：黄子响，男，华南师范大学党委宣传统战部助理研究员。
  注：本文获中共广东省委统战部2011年全省统战理论优秀成果三等奖，原载薛明扬、王小林主编《高校统战与高校发展》，复旦大学出版社2010年版。
  ① 姚迎春：《论马克思主义大众化与国家文化软实力》，《科学社会主义》2010年第1期。

有悠久历史文化传承和现代文明的国家来说,文化软实力是软实力构成中的核心内容。大学作为孕育新知识、新观念、新方法、新的组织形式和制度结构的基地,是国家软力量的发源地[①]。而高校的统一战线工作正是发展文化软实力的重要源泉。高校统战工作的文化软实力塑造功能是指高校统一战线建设所具有的,能够将统一战线上的所有成员团结起来,争取一切可以争取的力量,以推动学校、社会不断发展为共同目标来凝聚人心、形成合力的功能。国家高度重视文化软实力建设,2009年,广东省委、省政府也出台了《关于加快提升文化软实力的实施意见》,并于2010年按计划按步骤全面地开展。可见,文化软件力在当前形势下具有独特而且突出的地位。

统一战线对于文化软实力的塑造有其得天独厚的优势。从我国目前的具体情况看,党外代表人士基本上是高级知识分子,而且统一战线其他方面的骨干力量也大多具有较高文化水平[②]。高等院校聚集了大部分的智识人才,因而是开展统战工作的主要阵地,最能发挥其文化软实力的塑造功能。如何通过统战工作将高校统战成员的文化内涵激发出来形成合力和共同价值观,是创新文化软实力塑造的根本方向。

创新高校统战工作的文化软实力塑造是高校凝聚人心、共谋发展的客观需要。统一战线的内部成员,在有形利益和无形利益方面都有交集。在高校中,包括党外人士在内的广大师生员工,有着对学校事业的科学发展和整体实力不断壮大,带动全体师生员工在荣誉感、成就感、幸福感等方面不断提升的共同愿景。同时,也存在着不同的利益追求和具体情况,片面追求有同无异是不可能的,高校必须通过统一战线工作,以大局意识和共同目标为核心,求同存异,形成文化合力,共谋发展。

创新高校统战工作的文化软实力塑造是高校为社会发展提供智力支持的重要举措。高校统战成员的职称、学历层次比较高,知识优势明显,其间不乏知名专家学者及学科带头人、重大科研项目主持人。高校在教学、科研、管理等方面的发展离不开他们,国家和地区的经济发展、政治发展、文化发展、社会发展乃至生态文明发展同样离不开他

---

① 丁学良:《什么是世界一流大学》,北京大学出版社2004年版。
② 中共中央统一战线工作部:《统一战线各方面的代表人物大多数是党外知识分子》(http://www.zytzb.org.cn/zytzbwz/intell/shidaifengmao/200804/t20080430_374214.htm)。

们。统一战线成员的贡献与高校的统战工作分不开，高校支持他们深入调研，提供一切可能的便利，为广大代表和委员们建言献策以及服务社会发展提供了保障。

创新高校统战工作的文化软实力塑造是提升社会人文素养、助力国家软实力发展的重要法宝。新形势下，高校统战工作对象具备了新的特点[1]，主体意识增强，渴望自身价值得到充分实现；竞争意识增强，渴望在高校乃至社会事业发展中有所建树；民主意识增强，积极参与民主管理和民主监督工作；价值取向多元，信息敏感度高且易受影响。这些特点给统战工作带来新的课题，如果能够有效创新文化软实力塑造，则有助于社会发展、国家富强，否则，反而削弱自身力量而为敌对势力所利用。

二 当前高校统战工作塑造文化软实力面临的主要挑战

(一) 文化发展不够充分

高校统战文化，作为一种"争取人心，凝聚力量"的校园文化建设法宝，本应受到高度重视、大力弘扬。但当前高校统战文化的发展却相当不充分，在校园文化成果中所占分量不大，直接影响其文化软实力塑造功能的发挥。

1. 文化传播未成格局，体系化发展仍难实现

当前高校统战信息的传播途径不多，往往局限于校园的新闻报道，未能积极有效地策划体系化传播，统战教育活动实施力度相对较弱，没有达到文化凝聚的目的。统一战线成员众多、层次明显，在宣传、教育、沟通等方面采取一刀切的方式方法十分不可取；另外，统一战线不断发展，无论是时代背景、政策制度、组成人员、党派结构都发生了很大变化，以原来的工作思路和思维模式来框套今天的形势局面，将破坏执政党先进性在统战工作方面的贯彻体现。

2. 统战理论研究少有热潮，学术氛围难以深厚

统战理论研究难以真正形成热潮，研究动机、目的参差，许多研究往往出自统战干部队伍，统战对象本身关注统战理论研究的不多，其热情更

---

[1] 邓大庆：《试论高校统战工作在促进和谐校园建设中的特殊作用》，《学校党建与思想政治教育》2007年第8期，第60—61页。

多地倾注于自身所在的学科专业，割裂了学术探讨与社会责任的关系。统战对象如果不关注统战理论研究，统战工作的发展将面临路越走越窄、人越走越少的危险。理论研究少，自然也导致学风不盛。在高校，对统战知识及相关课题进行主动了解、深入学习、开展调研的学生少之又少。学生干部等精英骨干渴望加入中国共产党，对民主党派却比较陌生，忽略了对民主党派的了解和对统战知识的学习。

（二）组织松散合力不强

高校统一战线党外人士众多，要想万众一心形成强大的无形力量，必须在全面发展文化的基础上充分做好组织工作。组织工作不力将导致人心涣散、团结意识减弱，削弱高校文化软实力。

1. 对民主党派组织建设重视程度不够

高校民主党派众多，党派性质不一，但其间区别常被忽略。主管部门重视统战工作，但将统战对象作为整体对待，缺乏细节意识，导致对民主党派的基层组织建设，如换届选举、人才梯队建设等，未能给予分类指导、具体协调。尤其是统一战线的"三支队伍"建设存在着不平衡现象，出现思想政治教育强民主观念教育弱、思想认识到位贯彻落实缺位等问题。

2. 对民主党派活动参与程度不够

高校统战部门支持民主党派活动，为其提供经费、场所等多种便利。但由于统战干部这一支力量建设相对不强，存在人手不足现象，在活动参与方面做得不够，未能有效融入各民主党派群体当中，难与广大党派成员加强联系、深化关系、做好朋友，导致随行调研、交友联系等制度无法落到实处，造成部分成员产生孤立感、边缘感。

（三）制度建设相对滞后

统一战线工作制度建设，一是对已有制度进行健全完善；二是对原有但已过时的内容进行改造更新；三是根据新情况建立新制度[①]。制度建设滞后，反映出统战工作在塑造文化软实力方面的科学化、规范化程度仍然不高。

[①] 汪植英：《新形势下加强统战工作制度建设的思考》，《湖南省社会主义学院学报》2005年第5期，第17—18页。

1. 对新时期高校统战工作呈现出来的新趋势新特点认识模糊估计不足，制度创新进程缓慢

新时期高校民主党派不断发展，成员不断增多，由于密度较大且存在不同利益趋向，同时也伴随着高校管理体制改革不断深入所造成的个体间、个人与高校之间的矛盾冲突，传统的统战工作模式面临极大的挑战，原有制度无法适应时势发展，造成文化软实力在基础层面的分解与弱化。部分统战工作者存在认识误区，认为制度是根基，不能随意改变，倾向于以不变应万变，通过临时的变通和具体工作的调整来应付局面变化。实质上种种个案所表现出来的变化已经反映出统战工作制度亟须变革创新的必要性和紧迫性。

2. 缺乏大统战格局意识，统战制度无法融入高校整体制度建设

构建大统战格局是高校统战工作的重要目标，但在制度建设方面往往格局较小，不成体系。统战工作制度不能仅仅是统战部门的制度，也不能仅仅是对统战部门提路线、方针、任务、要求的制度。在学校的制度体系中，统战工作应该被纳入各个部门的制度建设中，统战部门之外的各个部门都应该对统战工作尤其是其文化软实力发展有一定的配套制度内容。同时还应该融汇到各个部门的具体工作细则中去，这样才能形成合力抓统战、齐心促发展的良好局面。

三 高校统战工作塑造文化软实力的创新方向思考

（一）树立和践行共同价值观，形成本质性合力

软实力以及文化软实力更多地体现为人们共同的精神力量和思维向度。而人们在精神、思想、意志等方面所具备的力量均受其价值观的本质影响，可以说，价值观的正确与否关系到文化软实力的每一个发展进程。因此，高校统战工作应以此为切入口，引导统战成员树立和践行作为共同价值观的社会主义核心价值体系，从本质上形成合力。

首先，落实求同存异、谅解包容的统战工作精神。推动统战成员在具体实践和精神升华的过程中将社会主义核心价值观内化为自身的精神需求、价值取向、政治理念，超越具体的利益关系和经验差异，团结一切可以团结的力量，专注于共同的价值观，形成鲜明而强大的文化软实力。

其次，延伸现有平台，全力加强宣传教育。现有统战平台包括加强民

主党派组织建设的活动平台，党外人士参政议政、建言献策的工作平台，以党外人士为对象的服务平台。这些平台在党外人士参与学校改革发展重大决策，助力民主党派组织不断发展和民主党派活动后勤保障等方面起到重要作用。应充分拓展平台的影响力，抓住载体创新载体，高效传播共同价值观并汇集力量。

最后，对形成合力和共同价值观这一目标进行实效评测。统战工作是否使文化软实力发展取得进步、产生文化建设成果，是否使广大师生尤其是学生受到文化熏陶和体系化的知识教育，是否在校园中产生一定的文化氛围，是否能够引起学习热潮并推动统战理论研究的深入发展等等，这些都应成为衡量工作是否到位的重要标准。

（二）重视民主党派组织建设，通过组织整合力量

对于民主党派来说，组织建设的发展是整合力量、激发其在文化软实力建设中的积极性和创造力的主要途径，具体表现在以下几个方面。

第一，进一步加强民主党派代表人士队伍建设。民主党派代表人士包括各民主党派中央委员会、省委会、市委会、县委会中的委员以上人士，民主党派基层组织负责人和年轻优秀的后备干部。这支队伍中的大多数属于高校民主党派基层组织的领导班子，凝聚力、影响力等文化软实力要素很大程度取决于领导班子的能力建设水平。只有提纲挈领激发这支队伍的积极性、创造力，才能汇集主要力量、整合分散资源，塑造好文化软实力。

第二，过好组织生活，增强党派成员向心力。当前高校民主党派的组织生活有弱化现象，组织生活内容简单、方式单一，无法有效凝聚人心。文化软实力的塑造需要稳定、成熟的仪式和集会来巩固和强化党派成员的集体意识与共同认知。组织生活松散意味着整个组织架构的松散。所以应当协助民主党派将组织生活发展成为壮大文化软实力的有效载体，通过有形的活动塑造无形的合力。

第三，以主题活动为契机，抓住一切有利时机传播共同价值观。民主党派的主题活动能够以丰富多彩的形式来强化组织的整合力，借用多种途径形成有利于树立和践行社会主义核心价值体系的良好氛围，不断地引导、规范成员的行为。使社会主义核心价值观念潜移默化地被各民主党派成员所接受，并成为民主党派成员的政治素质和生活习惯，成为民主党派思想建设的主旋律。

(三) 针对具体情况，突出统战干部队伍建设

当前高校统战工作组织松散合力不够主要原因在于队伍建设平均用力，未能根据具体情况有所侧重地进行建设发展。"三支队伍"中统战干部队伍的建设不够完善。统战工作的高层决策需要高水平高素质的统战干部去执行和操作，党外代表人士规模较大需要充足的统战干部去组织和协调，但这两个方面仍然是当前统战干部队伍建设的薄弱环节。因此必须在"三支队伍"建设中突出统战干部队伍建设，在统战干部队伍建设中抓好数量适度增加、质量快速提升两个方面的工作。

文化软实力的形成需要足量高质的统战干部在各个层次上发挥作用，当前不少高校统战人员编制少，维持在原来的水平长时间没有变化，无法适应大规模统战对象的组织工作，仅有的统战干部无法从大量的事务性工作中脱身，投入到相应的学习调研中去，导致素质提升困难、人才队伍质量水平上不去。统战部门应在干部队伍建设方面进行细致调研，协同相关部门做好人才的引进和培养工作。

(四) 建立考核体系，贯彻落实制度决策

推动统战工作在塑造文化软实力方面的科学化、规范化，应围绕以下两个方面，建立考核体系，抓好制度落实。

一是考核主体。高校应落实一个相关职能部门负责对统战工作进行考核，考核主体必须制定较为完善的量化标准，其涵盖面要广，指标内容要细。考核主体依据标准，客观、公正地进行考核。一方面是要考核包括文化软实力塑造在内的工作成效，另一方面是要将具备统战意识和完成统战任务作为各个部门绩效考核的重要指标来进行检查。

二是考核制度。考核量化的主要目标是要把统战工作纳入学校党建目标管理体系，把统战理论政策作为党员领导干部和高校党校培训的重要内容，分层次、按内容制定考核体系，并将考核结果作为考察干部政绩的重要内容[1]。考核制度的制度要紧扣这些目标，确保标准制定、考核运行有

---

[1] 海克军、傅举庆：《当前高校统战工作存在的主要问题与对策研究》，转引自《新发展 新探索 大作为：第十三届全国高校统战工作研讨会论文集》，暨南大学出版社2008年版，第45—50页。

中心有旨归。同时配套相关的奖惩制度，共同推动统战决策全面执行、统战任务顺利完成。

高校统战工作任重道远，如何创新其文化软实力塑造功能是理论研究和工作实践当中的思考重点与创新方向，我们必须始终以改革创新的精神坚持探索开拓，以科学发展的眼光探寻解决问题的方向，不断发展和完善统一战线，将人心凝聚起来，推动新形势下高校统一战线事业蓬勃发展。

三 海外统战工作研究

海外华侨政治基础界定问题研究
——一种类型学方法的分析

龙向阳　郑建成[*]

建立海外统一战线是中国共产党在新时期爱国统一战线新形势下的重大决策。新时期爱国统一战线包括两个范围的联盟：一个是大陆范围内以爱国主义和社会主义为政治基础的团结全体劳动者、建设者和爱国者的联盟；另一个是大陆范围外以爱国和拥护祖国统一为政治基础的台湾同胞、港澳同胞和海外侨胞的联盟。以爱国主义和祖国统一为旗帜的海外统一战线，是爱国统一战线的重要组成部分，也是中国共产党的统一战线工作在新形势下的重大发展。爱国与否成为海外统一战线工作的最大政治分野。对台湾同胞、港澳同胞和海外侨胞，只要爱国，赞成祖国统一，即使不赞成社会主义制度的人们，不论属于哪个阶级、阶层，哪个党派、集团，都要积极争取团结。[①]

但是，近年来各界围绕"爱国"的讨论未曾中断。爱哪个国，爱什么样的国，如何爱国，这些问题在中国内地及港澳台地区仍然存在不同解读的空间。这使得统战部门和相关人员在对海外华侨开展具体工作时变得非常为难，因为"爱国"这一政治基础已经变得过于笼统和模糊。所以，海外华侨政治基础的界定问题重新引起有关部门和学术界的高度重视与研

---

[*] 作者简介：龙向阳，男，华南师范大学政治与行政学院副教授，民进广东省委员会委员；郑建成，男，暨南大学国际关系学院2012级博士研究生。

[①]《关于海外统战工作座谈会情况的报告》，2012年8月，中国共产党新闻网（http：//cpc.people.com.cn/GB/64184/64186/66703/4495621.html）。

究。本文是以类型学方法来分析海外华侨政治基础的界定问题,主要分四个部分进行论述:第一部分是从政治哲学的角度对"政治基础"这一概念进行讨论,为下文的进一步分析做好铺垫;第二部分是从历史和法理的角度对"海外华侨"这一概念进行讨论,指出海外华侨政治基础的界定可能出现两难的情况;第三部分是分析港台政治生态的现状及其对海外华侨政治基础界定的影响;最后一部分是在上述讨论和分析的基础上,以类型学方法对海外华侨政治基础进行比较清晰的分类界定。

一 政治基础就是划分敌友的基础

在研究海外华侨政治基础的界定问题之前,我们首先需要讨论的是:何谓政治基础?它有什么标准?对此,德国著名的政治哲学家卡尔·施米特(Carl Schmitt)曾有深刻的分析。

施米特认为,与人类思想和活动中其他各种相对独立的成就相比,尤其是与道德、审美和经济方面的成就相比,政治具有某种以自身特定方式表现出来的标准。所以,政治必须以自身的最终划分为基础,而一切具有特殊政治意义的活动均可诉诸这种划分,正如道德领域的最终划分基础是善与恶,在审美领域是美与丑,在经济领域则是利与害。[1] 施米特接着指出,所有政治活动和政治动机所能归结成的具体政治性划分便是朋友与敌人[2]。也就是说,划分敌友是政治的标准,政治基础就是划分敌友的基础。当然,朋友与敌人这对概念必须在其具体的生存意义上来理解,不能把它们当作比喻或象征,也不能将其与经济、道德或其他概念相混淆,或被这些概念所削弱,尤其不能在私人—个体的意义上将其理解为某些私人情感

---

[1] 关于政治领域的独立性问题,著名的国际政治理论家汉斯·摩根索(Hans J. Morgenthau)也有类似的论述,参见[美]汉斯·摩根索《国家间的政治:为权力与和平而斗争》,杨岐鸣等译,商务印书馆1993年版,第27页。关于摩根索与施米特的相互关系及其思想的比较研究,则可参见 Hans J. Morgenthau, "Fragment of an Intellectual Autobiography: 1904—1932", in Kenneth Thompson and Robert J. Myers eds., Truth and Tragedy: A Tribute to Hans J. Morgenthau, Washington, D. C.: The New Republic Book Company, Inc., 1977, pp. 15 - 16; William E. Scheuerman, "Carl Schmitt and Hans Morgenthau: Realism and beyond", in Michael C. Williams ed., Realism Reconsidered: The Legacy of Hans Morgenthau in International Relations, Oxford: Oxford University Press, 2007, pp. 62 - 90。

[2] [德]施米特:《政治的概念》,刘小枫编,刘宗坤等译,上海人民出版社2004年版,第106页。

或倾向的心理表现。那对于一个共同体来说何谓敌人呢？施米特认为：

> 敌人并不是指那些单纯的竞争对手或泛指任何冲突的对方。敌人也不是为某个人所痛恨的私敌。至少是在潜在的意义上，只有当一个斗争的群体遇到另一个类似的群体时，才有敌人存在。敌人只意味着公敌，因为任何与上述人类群体，尤其是与整个国家有关的东西，均会通过这种关系而变得具有公共性。①

其实，毛泽东在1925年12月1日发表的《中国社会各阶级的分析》一文中也有类似的论述。毛泽东在该文中开宗明义地就指出：

> 谁是我们的敌人？谁是我们的朋友？这个问题是革命的首要问题。中国过去一切革命斗争成效甚少，其基本原因就是不能团结真正的朋友，以攻击真正的敌人。②

毛泽东的这句话也成了中国共产党开展统一战线工作最重要的指导思想。换言之，我们研究海外华侨的政治基础，实际上就是研究中国与海外华侨作为同盟者对付共同敌人的政治基础。也正是在这个意义上，我们认为，以爱国和拥护祖国统一作为新时期海外华侨的政治基础是正确和恰当的。但如果考虑到海外华侨政治处境的两难情况，以及目前港台政治生态的现状，那么这一政治基础就显得过于笼统和模糊，无法起到真正团结海外华侨的作用。

二　海外华侨的两难政治处境

关于华侨、华人等称谓问题，曾经成为国内外侨务界和学术界争论不休的热门话题。目前，大家有一个基本共识，认为华侨与华人虽然具有共同的血缘、文化传统和千丝万缕的历史联系，但时至今日二者已经演变成

---

① ［德］施米特：《政治的概念》，刘小枫编，刘宗坤等译，上海人民出版社2004年版，第109—110页。
② 《毛泽东选集》第1卷，人民出版社1991年版，第3页。

为两个不同的概念,有明确的政治和法律界定①。

"侨"这个字的意思,清代编的《佩文韵府》说:"侨,寄也,客也。"《康熙字典》说:"旅寓曰侨居。"可见,寄居外地都称为侨,并不专指"远托异国"的人。到19世纪末,中国才把移居外国的中国人简称为华侨,而且起初也没有特殊的政治意义②。1955年4月22日,中华人民共和国和印度尼西亚共和国签署关于双重国籍问题的条约,正式宣布中国不赞同华侨拥有双重国籍。该条约第1条明确规定:

> 缔约双方同意凡属同时具有中华人民共和国国籍和印度尼西亚共和国国籍的人都应根据本人自愿的原则就中华人民共和国国籍和印度尼西亚共和国国籍中选择一种国籍。具有上述两种国籍的已经结婚的妇女也应根据本人自愿的原则在两种国籍中选择一种国籍。③

1980年公布的《中华人民共和国国籍法》第3条明确规定,中华人民共和国不承认中国公民具有双重国籍④。1984年6月23日,在国务院侨务办公室的《关于华侨、归侨、华侨学生、归侨学生、侨眷、外籍华人身份的解释(试行)》这一文件中,对华侨和华人进行了明确的区分:华侨指定居外国的中国公民,外籍华人指原是华侨或华侨后裔,后已加入或已取得居住国国籍者⑤。后来,在1990年通过的《中华人民共和国归侨侨眷权益保护法》中,对华侨进行了法律上的界定:华侨是指定居在国外的中国公民⑥。因此,华侨一般也称海外华侨。

根据上述从历史和法理的角度对华侨这一概念进行的讨论,我们知道,华侨的概念具有以下三个特点。

---

① 编辑委员会编:《华侨华人百科全书·总论卷》,中国华侨出版社2002年版,第2—3页。
② 朱杰勤:《华侨史》,广西师范大学出版社2011年版,第7页。
③ 《中华人民共和国和印度尼西亚共和国关于双重国籍问题的条约》(1955年4月22日),载中华人民共和国外交部档案馆编《中华人民共和国外交档案选编(第二集):中国代表团出席1955年亚非会议》,世界知识出版社2007年版,第65页。
④ 《中华人民共和国国籍法》第3条。
⑤ 《关于华侨、归侨、华侨学生、归侨学生、侨眷、外籍华人身份的解释(试行)》(1984年6月23日),载广东省人民政府侨务办公室编印《侨务工作政策法规选编(1955.2—1996.5)》,1996年,第16—17页。
⑥ 《中华人民共和国归侨侨眷权益保护法》第2条。

（1）华侨是中国公民。也就是说，华侨必须是中国公民，而不是外国公民。在外国，中国公民的标志是具有中国国籍。国籍不同是华侨与外籍华人的基本区别。华侨作为中国公民，享有中国宪法和法律规定的公民权利，当然也应该履行宪法和法律规定的公民义务。但由于华侨侨居国外，宪法和法律上的权利和义务的实现，与国内其他公民的权利和义务的实现会有所不同。

（2）在外国定居。也就是说中国公民必须在国外定居的才是华侨。是否在国外定居是华侨与国外其他中国公民的主要区别。所谓定居是指在国外已经获得长期或永久居留权并事实上已在国外居留。这个居留资格包括外国政府批准的合法定居和已被外国政府认可的事实上的定居。

（3）国外是指中国领土以外的国家和地区。香港、台湾和澳门是中国的领土，不属于外国的概念。所以在香港、澳门及台湾地区居住的中国公民不是华侨，而是同胞。但如果他们移居国外，获得住在国永久居留权就是华侨。①

换言之，海外华侨的政治处境处于两难之中：华侨是中国公民，但侨居国外，而且是定居，因此很容易转变成华人；华侨既享有中国宪法和法律规定的公民权利，并履行相应的公民义务，也要遵守居住国的法律，同当地的人民和睦相处，尊重当地的风俗习惯。这样，以爱国和拥护祖国统一作为新时期海外华侨的政治基础就显得过于笼统和模糊，而且很容易造成海外华侨与居住国的冲突。

三 港台政治生态的现状及其对海外华侨政治基础界定的影响

由于目前中国的特殊政治状态，港台地区②对"爱国"的认识越来越显现出多样化的趋势。因此，来自这些地区的海外华侨自然与来自中国大陆的海外华侨对"爱国"的认识是很不相同的。这自然也对海外华侨政

---

① 编辑委员会编：《华侨华人百科全书·法律条例政策卷》，中国华侨出版社2000年版，第191页；国务院侨办侨务干部学校编著：《侨务工作概论》，中国致公出版社2006年版，第2页。

② 虽然这里没有涉及澳门政治生态的现状，但不代表在香港出现的问题就不存在于澳门，只是澳门没有那么严重和突出而已。

治基础的界定产生不容忽视的影响。

1. 爱国和爱香港之间已出现相互分离、甚至对立的趋势

自从1997年开始,香港市民如何在"一国"的体制下"归心",已成为特区政府在回归后的一大课题。但从2002年的"反对23条立法"和2012年的"反国教科运动"这两个例子中,我们发现香港人在爱国和爱香港之间已呈现出相互分离、甚至对立的趋势。

2002年中,时任国务院副总理钱其琛表示中央人民政府希望香港尽快落实基本法第23条立法。2002年9月24日,香港政府颁布了《实施基本法第23条咨询文件》,除了把现时法律已经涵盖但过时的法例进行修订外,还就原来《香港法例》没有的分裂国家行为与颠覆国家罪提案做出咨询。可是,香港特区政府开始就基本法第23条立法进行咨询时,却有很多反对的声音。2002年12月15日,6万人游行反对立法。2003年7月1日,香港特别行政区成立纪念日,民间人权阵线举办"七一游行",主题是"反对23条立法",吸引50万市民上街参与,从铜锣湾步行到中环政府总部。参与游行的人数大大超过政府预期。9月5日,时任香港特首董建华宣布撤回《国家安全(立法条文)条例草案》,承诺先搞好经济,并会再次充分咨询市民,达成共识后再立法,并重申没有时间表。

反对23条立法的最大理由就是该立法会使得香港居民的基本人权和自由变得没有保障,而人权与自由又被认为是香港的精神价值所在。因此,"反对23条立法"最终演变成了爱国与爱香港之争。

无独有偶,香港回归10年后的2007年,"国民教育"被正式列为未来特区工作的内容之一,到了2010年政府正式计划2012年在中学设置"德育与国民教育科"。然而,这一计划曝光后,香港教育界及社会就杂音不断。[①] 先是有教师团体"香港教协"齐声表达疑虑,继而"被教育"的当事人、90后中学生也站了出来,组成了"学民思潮"的组织,站到反对"洗脑教育"的最前列。"反国教科运动"的理由是国民教育引入的教科书对"国情"的叙述"不客观"。这被认为是向大陆历史观接轨的爱国教育,是向香港下一代进行"洗脑"。而之前香港的教科书一向被认为

---

① 林泉忠:《"国教科"争议与一国两制》,《明报》2012年7月30日。

是中国内地及港澳台地区最为理性、中立和客观的。① 因此，"反国教科运动"最终也演变成了爱国与爱香港之争。

因此，有学者认为，回归了15年的香港社会在包括国家认同上如何与内地接轨，即国民整合政策方面的失败，凸显了"一国"与"两制"之间难以克服的内在矛盾②。

2．"台湾主体意识"在台湾岛内仍继续发酵

从2008年以来，两岸局势出现"四个重大"变化：一是"台独"分裂势力遭到重大挫折，二是台湾局势发生重大变化，三是两岸关系出现重大转折，四是两岸关系取得重大进展，步入和平发展轨道③。但笔者曾指出，对于中国大陆来说，海峡两岸局势缓和只是条件、阶段和过渡，它不是最终目标，最终目标是国家完全统一。而对于台湾当局来说，两岸局势缓和虽然也是条件，但它的目的却是"以最符合台湾主流民意的'不统、不独、不武'的理念，在中华民国宪法架构下，维持台湾海峡的现状"。而且，台湾当局虽然认同"九二共识"，却也一直坚持所谓的"一中各表"。④ 近来，关于"一国两区"的概念也成为政界和学术界的一个热门话题⑤。

2012年1月台湾地区举行选举，马英九赢得了胜利，国民党在"立委"选举中也保持了半数以上的席位。这让所有关心两岸关系稳定和平发展的人们松了一口气。但有学者认真分析这次选举的结果，并严肃地指出："这次选举的情况表明，维持现状、维护两岸关系的和平稳定是台湾人民的共同愿望。同时也表明，'台湾主体意识'（即认为'台湾是独立于大陆的主体'）仍在岛内继续发酵。"⑥

---

① 林泉忠：《"国教科"争议与一国两制》，《明报》2012年7月30日。
② 同上。
③ 中华人民共和国年鉴编辑部编：《中华人民共和国年鉴2009》，中华人民共和国年鉴社2009年版，第365—367页；国务院台湾事务办公室编：《新闻发布会集（2009年度）》，九州出版社2010年版，第4—5页。
④ 龙向阳、郑建成：《两岸局势缓和与国际形象建设背景下的海外统战工作研究——以非洲中国和平统一促进会的活动为例》，载刘兵主编《广东高校统战工作的实践与创新》，新世纪出版社2012年版，第346—347页。
⑤ 本刊编辑部：《"一国两区"概念的意涵与影响》，《中国评论》2012年6月号（总第174期），第59—74页。
⑥ 陈营懋：《台湾政治生态与两岸关系和平发展框架的构建》，《中国评论》2012年6月号（总第174期），第5页。

因此，对于来自港澳台的海外华侨来说，爱国和拥护祖国统一这一政治基础就变得过于笼统和模糊。我们必须根据这些地区的政治生态，对来自港澳台的海外华侨的政治基础做出更加具体且有针对性的分类界定。

四 类型学方法与海外华侨政治基础的分类界定

综上所述，从政治哲学的角度来看，爱国和拥护祖国统一作为海外华侨的政治基础是正确和恰当的。但海外华侨作为定居在国外的中国公民，其政治处境处于两难之中，加上香港人在爱国和爱香港之间已出现相互分离，甚至对立的趋势，以及"台湾主体意识"在台湾岛内仍继续发酵，这使得海外华侨政治基础的界定变得过于笼统和模糊。所以，我们必须对海外华侨的政治基础做出更加具体且有针对性的界定。可我们同时又不能走向另一个极端，即对海外华侨的政治基础做出事无巨细的界定。在这里，类型学方法是一种比较合适的分类界定方法。那什么是类型学方法呢？

类型学方法起源于德国著名社会学家马克斯·韦伯（Max Weber）提出的"理想类型"（ideal type）概念。"理想类型"是韦伯社会学理论中最重要的方法论概念之一。在韦伯那里，"理想类型"可以分为两种，即"历史学的理想类型"和"社会学的理想类型"。前者是在具体时空条件下形成的，亦即是在具体的历史进程中形成的，因此又被称为"形成过程的理想类型"。后者在具体的历史过程中很少存在，但作为一种抽象原则或典型却又是应当在任何时空条件下都可能存在的，所以又称为"纯粹的理想类型"。[①] 现在，类型学方法是指根据调研目的及所调查事物的属性或特征的共同点和差异点，按照一定的标志将调查总体内所有的个体（资料）划为一些性质相同或相近的类别，分别归入某一层或组内，使之条理化、系统化，以利于对总体进行分门别类的研究的方法。因此，类型学方法一般也称类型分析法或分类研究法。

那海外华侨的政治基础应该如何进行分类界定呢？分类的依据或标准又是什么呢？笔者认为，以海外华侨的来源地为变量进行分类界定是比较

---

① ［德］马克斯·韦伯：《新教伦理与资本主义精神》，于晓、陈维刚等译，生活·读书·新知三联书店 1987 年版，第 51 页。

恰当的。根据目前中国的特殊政治状态，我们把海外华侨分成三类，包括中国大陆海外华侨、港澳海外华侨和中国台湾海外华侨。在坚持以爱国和拥护祖国统一为海外华侨政治基础原则的前提下，他们的政治基础分别具体界定如下。

（1）中国大陆海外华侨的政治基础是热爱中华人民共和国，拥护中华人民共和国对台湾的统一。

（2）港澳海外华侨的政治基础是坚持热爱中华人民共和国和爱港爱澳相统一，拥护中华人民共和国对台湾的统一。

（3）中国台湾海外华侨的政治基础是热爱历史、地理、文化和血缘上的中国，坚持"一个中国"原则，支持国家的统一。

当然，笔者心里非常清楚，上述关于海外华侨政治基础的分类界定只是一个初步的探索，它肯定还有很多不足之处。笔者希望自己的努力能引起各界对海外华侨政治基础界定问题的持续关注和深入研究，进而为开展海外统战工作提出更加切实可行的建议与对策。

论中国国家形象建设背景下的海外统战工作

龙向阳　郑建成[*]

2009年11月23日，美国CNN电视台播出了一则由中国商务部投放的"中国制造"广告。该广告以"携手中国制造"为主题，以"合作和参与"为理念，强调中国与世界各国一道，为消费者提供高品质的产品。2010年8月初，由国务院新闻办公室发起的《国家形象宣传片》在北京开拍，这是中国提升国家形象的又一重要举措。它不仅标志着中国开始更加自信、主动地向世界展示自己的国家形象，同时也意味着中国已经有意识、有组织地开展公共外交活动。对于海外统战工作来说，这是在新世纪新阶段面临的一个重大新课题。为了正确认识和把握在中国国家形象建设背景下如何开展海外统战工作，我们必须对中国国家形象建设提出的背景、具体缘由及其对海外统战工作的新要求与新对策等问题进行全面研究。

一　中国国家形象建设提出的背景及具体缘由

任何一项政策的提出都不可能是凭空产生的，肯定是在特定的背景和各种缘由综合作用下促使而成。中国国家形象建设的提出也不例外。因此，在具体分析中国国家形象建设对海外统战工作的新要求与新对策之前，我们有必要对中国国家形象建设提出的背景及具体缘由进行探讨。

目前，关于中国国家形象建设的研究已成为学术界一个新兴热门课

---

[*] 作者简介：龙向阳，男，华南师范大学政治与行政学院副教授，民进广东省委会委员；郑建成，男，暨南大学国际关系学院2012级博士研究生。

注：本文获第十届广东省高校统战理论研讨会优秀论文奖，原载苏时生主编《广东高校统战工作的实践与创新》，新世纪出版社2011年版。

题，国内外学者对国家形象的定义、构成要素、特征和中国国家形象战略等内涵的解释也是见仁见智[1]。不过，我们在这里无意参与这些争论，我们只想着重指出，中国国家形象建设提出的背景是中国崛起。

改革开放三十几年以来，中国经济持续稳定增长。尤其是近年来，中国相对于其他世界大国在经济、政治、军事及科技等方面势力的不断增长，中国对世界的影响也在日益增大，中国的崛起已经逐渐被认为是一个事实。根据日本在2010年8月16日公布的二季度宏观经济数据显示，日本二季度GDP为12880亿美元，而此前中国公布的二季度GDP为13390亿美元，即中国经济总量已经超过日本，成为全球第二大经济体。正是在中国崛起这一背景下，中国国家形象建设被提上议事日程，并被作为开展公共外交的首要目的。[2]

伴随着中国的崛起，中国国家形象在国际社会上也面临着很多挑战。这些挑战就是中国国家形象建设提出的具体缘由，主要有以下四个方面。

（1）"中国威胁论"。随着中国的崛起，西方国家利用他们掌握的国际舆论优势，纷纷大肆炒作所谓的"中国威胁论"，而不是像一些学者冷静、客观地思考："中国一定是做了非常对的事才产生了我们见到的经济奇迹。那是什么呢？这才是真正的问题。"[3] 就目前来看，根据国际形势的发展变化和世界舆论焦点的转移，"中国威胁论"也就在不同的时间段流传着各种各样的版本。过去，西方国家鼓吹"中国威胁论"，以强调中国军事威胁为主。而如今随着全球化趋势的深入发展和中国加入WTO之后与世界联系的日益紧密，经济、环境、科技甚至日常生活的方方面面都可能成为"中国威胁论"的内容。在2009年底召开的哥本哈根世界气候大会上，许多西方国家无端指责中国态度"傲慢"就是个典型例子。实质上，"中国威胁论"是一种舆论战和心理战，西方国家试图以此来影响中国的对外行动和外部环境。这提醒我们在中国崛起的过程中，必须通过国家形象建设，争夺国际话语权，为我国现代化建设和国家的完全统一营造一个正面友好的国际环境。

---

[1] 刘艳房、张骥：《国家形象及中国国家形象战略研究综述》，《探索》2008年第2期，第69—73页。

[2] [日] 金子将史、北野充主编：《公共外交："舆论时代"的外交战略》，外语教学与研究出版社2009年版，第7页。

[3] 张五常：《中国的经济制度》，中信出版社2009年版，第117页。

(2)"新殖民主义"论。江泽民同志在 1996 年就提出:"要加紧研究国有企业如何有重点有组织地走出去,做好利用国际市场和国外资源这篇大文章。广大发展中国家市场十分广阔,发展潜力很大。我们要把眼光放远一些,应着眼于未来、着眼于长远,努力加强同这些国家的经济技术合作,包括利用这些国家的市场和资源搞一些合资、合作经营的项目。"① 2010 年 1—7 月,我国境内投资者共对全球 113 个国家和地区的 2034 家境外企业进行了直接投资,累计实现非金融类对外直接投资 267.5 亿美元②。中国积极地实施"走出去"战略不仅是关系我国长远发展的重大举措,"也才能通过同亚非拉广大发展中国家的经济技术合作,促进第三世界的共同发展,从而增强反对霸权主义、维护世界和平的国际力量。"③ 但是,中国实施"走出去"战略却被西方及个别受西方影响的发展中国家指责是在实行"新殖民主义"或"经济帝国主义",尤其是在近十年与中国关系发展迅速的非洲地区。不仅如此,西方国家还指责中国是在掠夺广大发展中国家的能源,并攻击中国漠视人权,支持独裁政权。虽然已有学者对这些指责进行了批驳④,但这还远远不够,我们必须积极建设和提升中国国家形象,在全世界为中国正名。

(3)"制度之争"。从 2000 年开始,台湾当局积极推行其所谓的"民主外交"与"人权外交"。台湾当局认为,民主、自由和人权是超越国界、文化及种族的普世价值,而扩展这些共同信念与价值将有助于创造和平稳定的国际环境。不仅如此,台湾当局还以所谓的"民主人权"作为其开展侨务工作的三大主轴之一。虽然自 2008 年以来,两岸关系出现缓和的趋势,马英九也摒弃陈水扁时期的"烽火外交",改采"活路外交"政策,主张"外交休兵",但是台湾当局还是没有改变以所谓的"民主自由人权"为向外宣传的重点。对此,我们必须建设中国国家形象,对外宣传社会主义的民主、自由和人权,同时要有高度的政治敏感性,清醒地

---

① 中共中央文献研究室编:《江泽民思想年谱:1989—2008》,中央文献出版社 2010 年版,第 247 页。

② 《2010 年 1—7 月我国非金融类对外直接投资统计》,商务部网站(http://www.mofcom.gov.cn/aarticle/tongjiziliao/dgzz/201008/20100807090525.html)。

③ 中共中央文献研究室编:《江泽民思想年谱:1989—2008》,中央文献出版社 2010 年版,第 451、458 页。

④ 李安山:《为中国正名:中国的非洲战略与国家形象》,《世界经济与政治》2008 年第 4 期,第 6—15 页。

认识到"两岸统一的实质是维护国家主权与领土完整,不是所谓'制度之争',也不是要不要民主之争"①。

(4) 中国公民出境旅游的不文明行为。随着中国经济的持续快速增长和居民收入的不断增加,中国公民出境旅游的人数也急剧增长。2008年,我国旅游业虽连续遭受金融危机和各种突发事件、不利因素的冲击,但中国公民出境旅游人数还是达到 4584.44 万人次,比 2007 年增长 11.9%②。根据国家旅游局预计,2010 年全年中国出境旅游人数将达 5200万人次,比 2009 年增长 7%③。与此同时,截至 2010 年 8 月 15 日,除香港、澳门两个特别行政区外,已有 108 个国家和地区成为我国公民出境旅游目的地④。可是,随着中国公民出境旅游人数的迅速增长,一些公民在旅游中的不文明行为也时有发生,这严重影响了中国"礼仪之邦"的形象。为此,中央文明办和国家旅游局通过网上征集与整理,在 2006 年 9月 20 日公布了 20 项不文明行为,包括随处抛丢垃圾、废弃物,涉足色情场所、参加赌博活动等⑤。这也是提出中国国家形象建设的一个重要缘由。

总而言之,中国国家形象建设提出的背景及具体缘由要求我们必须积极开展公共外交,努力向世界展现中国和平、平等、统一和文明的国家形象。这既是中国在"舆论时代"的外交战略的一个重要目标,也是新世纪新阶段海外统战工作的题中应有之义,因为"统一战线工作的根本任务就是争取人心、凝聚力量,为实现党和国家的宏伟目标而团结奋斗"⑥。

---

① 中共中央文献研究室编:《江泽民思想年谱:1989—2008》,中央文献出版社 2010 年版,第 355 页。
② 《2008 年中国旅游业统计公报》,国家旅游局网站(http://www.cnta.gov.cn/html/2009—9/2009—9—28—9—30—78465.html)。
③ 《2010 年中国出境旅游人数将达 5200 万人次》,新华网(http://news.xinhuanet.com/politics/2010—07/16/c_12342135.htm)。
④ 《已开放的出境旅游目的地国家(地区)》,国家旅游局网站(http://www.cnta.gov.cn/html/2009—5/2009—5—13—10—53—54953.html)。
⑤ 《关于公布征集"中国公民旅游不文明行为表现"和"提升中国公民旅游文明素质建议"结果的公告》,国家旅游局网站(http://www.cnta.gov.cn/html/2008—6/2008—6—2—21—23—24—260.html)。
⑥ 中共中央文献研究室编:《江泽民思想年谱:1989—2008》,中央文献出版社 2010 年版,第 503 页。

二 中国国家形象建设对海外统战工作的新要求

统一战线历来是为实现党和国家的中心任务服务的，其主要任务必须随着党和国家工作重心的转移而不断调整和变化①。因此，我们可以说，解放思想、实事求是、与时俱进和求真务实是统一战线的精神要求，这也是自1985年中共中央书记处第一次正式提出"放眼世界，大胆开展海外统战工作"以来海外统战工作的精神要求。中国国家形象建设是海外统战工作在新世纪新阶段面临的一个重大新课题，它对海外统战工作提出了以下三个新要求。

（1）大力支持海外和平统一促进会工作，发挥海外华侨华人在当地的各种人脉关系和优势，增强海外华侨华人心向统一的共识。在21世纪初，由于台湾当局不断推行"台独"分裂政策，海外华侨华人掀起声势浩大的反"独"促统运动。旅居全球的3000多万华侨华人先后自发地在世界各地举办了多次反"独"促统大会和大型论坛，并纷纷成立反"独"促统组织。截至2005年，全球共有80多个国家和地区成立了170多家中国和平统一促进会，反"独"促统的呼声遍及五大洲②。2009年4月，中国和平统一促进会第八届海外统促会会长会在北京召开，来自全球68个国家和地区的122位海外统促会会长及有关人士与会。

但是，一些国家机构和官员没有充分认识到"广大海外同胞热情支持我们的改革开放和现代化建设。他们是我们了解外部世界的重要渠道和发展国际民间友好事业的重要促进力量。充分发挥他们的积极作用，对加快我们的经济建设和促进祖国和平统一大业，是十分有益的"③。以至于发生像非洲地区的胡介国先生那样，"动用了大笔的金钱、投入了巨大精力"去参加反"独"促统工作却得不到我国驻外使领馆及其工作人员支

---

① 杜青林：《爱国统一战线在改革开放大潮中扬帆远航》，《求是》2008年第24期，第24页。
② 中国和平统一促进会秘书处编：《心向统一：华侨华人反"独"促统活动纪实（一）》，世界知识出版社2005年版，第8、94页。
③ 中共中央文献研究室编：《江泽民思想年谱：1989—2008》，中央文献出版社2010年版，第376页。

持的情况①。因此,我国应大力支持海外和平统一促进会的工作。唯有如此,海外和平统一促进会及其成员才能充分发挥他们在当地的各种人脉关系和优势,发展我国与所在国的民间友好事业,树立中国和平、平等和互利双赢的国家形象。与此同时,海外和平统一促进会才能更加积极有力地与台湾当局所谓的"全侨民主和平联盟"②进行抗争,增强广大海外华侨华人(尤其是台湾地区的华侨华人)心向统一的共识,使他们清醒地意识到两岸统一的实质是维护国家主权与领土完整的问题,而不是所谓的"制度之争"。

(2)切实照顾海外同盟者利益,把帮助台湾同胞、港澳同胞和海外侨胞发展经济作为海外统战工作的重要任务之一。1986年5月,在中共中央办公厅转发中央统战部的《关于海外统战工作座谈会情况的报告》中强调,海外统战工作的主要任务是:"为促进祖国和平统一,支援祖国四化建设,增进我国同世界人民的友谊,维护世界和平。"③中共中央在2006年7月召开第二十次全国统战工作会议之后颁发的《中共中央关于巩固和壮大新世纪新阶段统一战线的意见》中提出要"切实照顾同盟者利益",但基本上局限在大陆范围内④。这些规定不仅是正确的,也是我们必须坚决认真贯彻执行的。但是,随着中国国家形象建设的提出,中国应该改变以往单向强调台湾同胞、港澳同胞和海外侨胞对国家的服务作用,把帮助"三胞"发展经济作为海外统战工作的重要任务之一。正如中国和平统一促进会理事、西非中国和平统一促进会秘书长胡介国先生所指出的:"我们首先在'一个中国、和平统一'的政策上给他们讲道理,祖国的统一一定要实现也必须完成,再就是给他们商机,毕竟让华侨饿着肚子搞统一是不现实的……我认为对'绿色'台商要打击,但也不能刺激台湾民众。"⑤我们通过帮助"三胞"发展经济,争取越来越多的海外

---

① 李安山编注:《非洲华侨华人社会史资料选辑》,香港社会科学出版社2006年版,第474页。

② "全侨民主和平联盟"是台湾地区侨务委员会在2001年筹划成立的所谓"联系传统侨社与新兴侨社之交流平台"。

③ 《关于海外统战工作座谈会情况的报告》,中国共产党新闻网(http://cpc.people.com.cn/GB/64184/64186/66703/4495621.html)。

④ 《中共中央关于巩固和壮大新世纪新阶段统一战线的意见》(中发〔2006〕15号)。

⑤ 李安山编注:《非洲华侨华人社会史资料选辑》,香港社会科学出版社2006年版,第472、473页。

统战人士，树立和提升中国在国际社会上统一的国家形象，粉碎国际敌对势力及台湾当局利用所谓民主、人权等问题分裂中国的图谋。

（3）扩大海外统一战线的工作范围，提高他们国家形象建设的意识。改革开放以来，根据邓小平同志关于统一战线"不是可以缩小，而是应该扩大"①和"范围以宽为宜，宽有利，不是窄有利"②的思想，统一战线的工作范围不断扩大，由大陆范围内扩大到大陆范围外，体制内拓展到体制外。目前，统一战线形成了大陆范围内以爱国主义和社会主义为政治基础的团结全体劳动者、建设者、爱国者，以及大陆范围以外的以爱国和拥护祖国统一为政治基础的团结台湾同胞、港澳同胞、海外侨胞的广泛联盟。其中，海外统一战线的工作范围主要包括港澳同胞，台湾同胞、去台湾人员留在大陆的亲属，留学人员，海外侨胞和归侨侨眷等。可是，随着我国对外开放的扩大和社会主义市场经济体制的建立和完善，特别是加入WTO后，国内市场与国际市场逐步接轨，境内外人员的联系往来更加频繁，两个范围联盟的统战工作出现渐趋交融的局面。根据中国商务部的统计，2010年1—7月，我国累计派出各类劳务人员22.2万人，较上年同期减少0.3万人，7月末在外各类劳务人员81.2万人，较上年同期增加4.6万人③。中国大陆公民出境旅游的人数也每年都在迅速增长，已经超过海外地区（不含香港、澳门）的华侨华人人数。④而且，不管这些中国公民是在海外工作、生活，还是旅游、消费，他们的一言一行都已经影响到中国在国际社会上的国家形象。因此，在某种意义上，这些属于"准海外侨胞"的中国"新华侨"或"新移民"也应该成为海外统一战线的工作范围。只有这样，我们才能建立最广泛的海外统一战线，整合涉外统战部门，统一协调和指导他们在中国国家形象建设过程中的言行，提高他们国家形象建设的意识，在国际社会上塑造和提升中国文明、和平的国家形象。

---

① 《邓小平文选》第2卷，人民出版社1993年版，第203页。
② 《邓小平论统一战线》，中央文献出版社1991年版，第159页。
③ 《2010年1—7月我国对外劳务合作业务统计》，商务部网站（http://www.mofcom.gov.cn/aarticle/tongjiziliao/dgzz/201008/20100807090520.html）。
④ 根据台湾地区的统计，截至2006年底，海外地区（不含香港、澳门）的华侨华人人数约为3879万人。

三 海外统战工作的新对策

根据中国国家形象建设对海外统战工作的新要求，我们认为海外统战工作应实行以下三项相应的新对策。

(1) 中国和平统一促进会不仅要通过定期举行海外统促会会长会，大力支持和指导海外和平统一促进会的反"独"促统工作，而且要积极与外交部及驻外使领馆、侨办及华侨华人社团沟通和配合，为当地和平统一促进会开展工作提供必要的帮助。

(2) 中共中央统战部要和国务院侨办、商务部和外交部等相关部门互相配合，支持和帮助在发展中国家多成立类似"南非—中国经济文化交流中心"的机构①。这种机构既可以作为当地华侨华人与祖国联系的纽带，可以作为所在国政府与人民和中国政府与人民互相交流、合作的中介，也可以作为当地华侨与所在国政府与人民相互沟通的平台。同时，要整合国内国外相关组织机构和资源，包括国家汉办和各大学及其在海外开办的"孔子学院"和"孔子课堂"，将国家形象建设与国家软实力的发展有机融合起来，争取实质性的提升与成效。中国政府可以借鉴美国、德国等国家的经验，在国务院下创设一个专门的主管国家形象建设的公共关系部。

(3) 中共中央统战部要和中共中央文明办、国家旅游局、商务部、国务院新闻办公室和外交部等相关部门努力合作，不仅要对扩大后的海外统一战线工作对象积极宣传《海外中国公民文明指南》②，还要提高他们国家形象建设的意识，鼓励和支持他们开展公共外交活动。

当然，我们非常清楚，不管什么时候，统一战线都是中国共产党的一个重要法宝，不是可以削弱，而是应该加强，不是可以缩小，而是应该扩大，不是可以停滞，而是应该发展。海外统战工作作为党的统一战线工作的一个重要方面自然也不例外。而且，我们可以预见，随着中国的崛起、

---

① 李安山编注：《非洲华侨华人社会史资料选辑》，香港社会科学出版社2006年版，第468页。

② 《海外中国公民文明指南》手册是外交部在2009年7月举行"树立海外中国公民文明形象宣传月"活动中推出的，它的目的是为在世界范围内树立中国公民谦和友善、尊俗守法、诚实守信的文明形象，从而提升中国国家形象。

主动地融入国际社会和积极地参与国际事务,海外统战工作将越发显示其在中国国家战略和中心任务中的重要性。我们今后也定将面临更多更严峻的新情况新问题。这不仅需要海外统战工作的具体实践者继续"放眼世界,大胆开展海外统战工作",还需要理论研究者不断地开拓创新,正确认识和把握新形势,为海外统战工作提出新理论和新对策。

四　参政议政工作研究

社会主义民主与统一战线

邓林根[*]

社会主义民主与统一战线是相互依存的。社会主义民主是统一战线存在和发展的前提，而统一战线则是扩大社会主义民主的一个重要组成形式。在深化改革的形势下，统一战线在社会主义民主建设中必将起着更大的作用。

一

自从马克思、恩格斯把"全世界无产者，联合起来"的策略纲领写进《共产党宣言》中，并提出"工人革命第一步就是使无产阶级上升为统治阶级，争得民主"[①] 以来，历来的无产阶级革命家，总是把作为政治制度的人民民主，与作为政治联盟的统一战线，互相联系起来。无论是无产阶级夺取政权、巩固政权，还是在社会主义建设过程中，统一战线都是人民民主的一个重要组成部分。什么是民主？民主指的是民主权利、民主程序、人民当家作主，是属于国家制度，国家形式。民主是上层建筑，是为一定经济基础服务，并受一定经济制约的。因为经济基础的不同，掌握国家政权的阶级不同，民主的性质也因之而异。在资本主义私有制制度下，资产阶级掌握国家政权，它的民主是少数有钱人的民主，是维护资本

---

[*] 作者简介：邓林根，男，华南师范大学原党委统战部部长，原广东省政协委员。

注：本文获1991—1995年度广东省统一战线理论研究论文三等奖，原载《华南师范大学学报（社会科学版）》1989年12月高校管理研究专刊。

① 《马克思恩格斯选集》第1卷，人民出版社1972年版，第272页。

主义剥削制度的民主。社会主义民主建立在公有制基础上,社会主义民主是绝大多数人享有的民主。由此可见,民主总是一定阶级的、具体的民主,具有鲜明的阶级性,从来没有也不可能有抽象的民主、纯粹的民主、一般的民主、超阶级的民主。正如列宁指出的:"如果不是嘲弄理智和历史,那就很明显:只要有不同的阶级存在,就不能说'纯粹主义',而只能说阶级的民主,'纯粹主义',是自由主义者用来愚弄工人的谎话。"①在当代,西方资产阶级和国内极少数顽固坚持资产阶级自由化的"自由主义者"们,正是指抹杀无产阶级民主与资产阶级民主的原则界限,在一般民主的谎言下,打着民主的旗号,贩卖西方资产阶级的货色。这根本不是社会主义民主,而恰恰是对社会主义民主的粗暴践踏。

社会主义民主是社会主义政治制度的一个基本特征。努力建设高度的社会主义民主,是建设具有中国特色的社会主义的重要内容;是建设高度的社会主义物质文明和精神文明的保证;是我们党领导亿万人民,为之追求、为之奋斗的基本目标和根本任务之一。邓小平同志指出:"没有民主就没有现代化。"② 社会主义民主建设是在宪法和法律范围内,通过一定程序,多方面多渠道去实现的。它使工人阶级和广大人民群众以不同的形式享有对生产资料的占有权和支配权,享有管理国家和社会事务的权利。但是这种民主的实现,是一个从初级到高级、从不成熟到逐步完善和健全的历史过程。要使社会主义民主达到高级的、成熟的程度,需要有比较发达的经济和文化教育条件为前提。马克思说过:"权利永远不能超出社会经济结构以及由经济结构所制约的社会文化发展。"③ 社会主义民主作为社会主义的政治制度,包括两个方面的含义:一是工人阶级和劳动者在国家政治生活中主人翁的地位不受侵犯,国家一切权利属于人民;二是由绝大多数人实现统治,必须通过民主制的政治组织来实现。至于采取何种方式,才能实现宪法赋予人民的各种民主权利,保证人民享有自己决定其劳动和创造的条件、方式、成果,决定其生活和劳动的各种权利和自由,每个民族、每个国家根据马列主义原理,结合本民族和本国的具体情况,完全可以采取不同的方式。中国共产党领导下的统一战线,正是马列主义政

---

① 《列宁选集》第3卷,人民出版社1972年版,第629页。
② 《邓小平文选(1957—1982)》,人民出版社1983年版,第154页。
③ 《马克思恩格斯选集》第3卷,人民出版社1972年版,第12页。

党和国家学说在我国的具体运用。它组成了以工农联盟为基础的，各革命阶级、阶层、党派、团体参加的人民民主专政国家。

我国人民民主专政国家的建立，为社会主义民主开辟了广阔的前景。毋庸置疑，社会主义民主是人民民主专政的重要方面，没有民主，实现人民民主专政是不可想象的。但是如何实现民主，按社会主义民主实质办事，真正形成"既有民主，又有集中；既有自由，又有纪律"的生动活泼的政治局面，这在实践过程中有过深刻的教训。我国的"文化大革命"则是走向了社会主义民主的反面。要不断地总结社会主义民主建设的经验教训，找出成功与失败的原因，探索促进生产力发展的社会主义民主形式，进一步完善社会主义民主制度。当前经济体制改革的发展，正呼唤着政治体制改革的进程，日益要求加快社会主义民主建设的步伐，发挥社会主义民主对经济发展的推动作用和保护作用。民主政治要不断发展，民主程度要不断提高，民主制度要不断建立和健全，增强民主意识、政党意识、民族意识、团体意识，这是不可逆转的历史潮流。

二

社会主义民主是统一战线巩固和发展的保证，统一战线是社会民主建设的一个法宝，社会主义民主与统一战线的关系是密切相连、互为作用的。

社会主义国家对敌人实行专政，对人民实行民主。正确区分两类不同性质的矛盾，分清敌我，采用正确的方法、民主的方法、自我教育的方法，才能保证统一战线成员的民主权利。历史的回顾正是这样：1954年在第一届全国人民代表大会上通过了中国有史以来第一部社会主义类型的宪法，使人民民主权利有了法律的保证。1956年"三大改造"完成，我国社会主义制度确立之后，我们党审时度势，又在理论上明确提出关于正确处理人民内部矛盾问题，在政策上制定了"百花齐放，百家争鸣"，"长期共存，互相监督"的方针，从而使民主建设取得进展，为统一战线的巩固和发展提供了基本条件。但是1957年以后相当长一段时间，民主不仅没有扩大，反而缩小了，专政则被强化到不正常的地步，统一战线中的许多成员被视为敌对分子。"十年内乱"期间，在所谓"大民主"棍棒下，真正的社会主义民主被践踏殆尽，统一战线对象受凌辱迫害，统一战线遭到严重破坏。党的十一届三中全会深刻地总结了历史的经验教训,明确宣布停止使用"阶级斗争为纲"的"左"的口号,把建设高度的社会主义民主作为建设社会主义的根本任务之一,社会主义民主有了重大的发展。这就从根本上保证了统一战线成员的民主权利,使统一战线在一个安定团结的环境中不断巩固和扩大,统一战线成员已成为促进四化建设、统一祖国、振兴中华和维护安定团结的重要力量。

民主还需要制度化、法律化,才能保证统一战线建立在坚实的基础上。邓小平同志在谈到要继续发展社会主义民主时说:"我们的民主制度,还有不完善的地方,要制定一系列的法律、法令和条例,使民主制度化、法律化。"[①] 为了保障民主的实施,要加强社会主义法制建设。多年来,全国人大常委会制定了许多法律法规,做出了许多关于保障公民权利的规定,扩大了民主范围,在国家政治生活起了积极作用。我国实行经济、政治、教育、科技等方面的体制改革,又进一步扩大了人民参与管理的民主权利,为统一战线成员议政参政奠定了坚实的基础。中国共产党还郑重指出,党也要在宪法、法律范围内活动,各民主党派在宪法赋予的权利和义务范围内具有政治自由、组织独立、法律平等。正是民主的逐步制度化、法律化,使统一战线得到迅速发展,目前已形成了两个范围的联盟:一个是由大陆范围的全体劳动者和爱国者组成的以社会主义为政治基础的联盟;另一个是广泛团结台湾同胞、港澳同胞和海外侨胞,以拥护祖国统一为政治基础的联盟。由人民民主统一战线发展成爱国统一战线,它的对象、权限比过去扩大了,活动范围和活动内容比历史上任何时候都要广阔、丰富、充实,已渗透到政治、经济、文化以及社会生活各个领域。

统一战线是建设社会主义民主政治的一个法宝。这是因为:(1)统一战线是社会主义民主的重要组成形式。我国民主政治的显著特点,是人民代表大会制度;共产党领导的多党合作制、各阶层、党派、团体以及一切爱国人士,是广泛的政治联盟,是广泛的民主政治组织。(2)统一战线是民主协商对话的重要渠道。各民主党派、人民团体、各阶层爱国人士,各自代表和联系着一部分群众;能及时反映他们的意见、愿望和要求。通过统一战线这一渠道的畅通,能起到下情上达、上情下达的联系作用。建设社会主义民主政治,促进统一战线这一渠道的畅通,加强与各界人士的联

---

① 《邓小平文选(1957—1982)》,人民出版社1983年版,第318页。

系，听取他们的意见和建议，有助于党和国家决策的正确实施。（3）统一战线是社会主义民主建设的一支重要力量。统一战线范围内拥有大量的专家学者，在社会主义民主政治建设中他们能运用自身的专业知识和丰富的社会阅历进行宣传教育，有利于形成社会主义民主政治所需要的舆论力量、价值观念和社会环境。各民主党派成员还善于结合民主党派史、中国近代史，对于广大青年学生进行爱国主义教育和民主与法制教育，他们不愧是维护安定团结、进行思想政治教育的一支可以依靠的力量。

三

随着社会主义建设的发展，要求社会主义民主政治日益加强和民主制度日臻完善，更好地调动各方面人士建设社会主义的积极性。统一战线在社会主义民主建设中的作用日益显著，当前要明确以下几个问题。

（1）深入开展统一战线理论、方针、政策的教育，扩大统一战线的社会影响。统一战线理论是一门科学，是科学社会主义的重要组成部分；统一战线方针、政策是党的总路线、总政策的组成部分。在民主革命时期，统一战线是三大法宝之一，在社会主义初级阶段，统一战线仍然是统一祖国、振兴中华、建设中国特色社会主义的一大法宝。正确认识统一战线存在的长期性、重要性，认识统一战线在社会主义民主建设中的地位与作用，是十分必要的。由于统一战线是在工农联盟基础上形成的广泛的政治联盟，它正确地把工人阶级和民族资产的矛盾作为人民内部矛盾处理，扩大了民主和团结的范围，使团结的人越来越多。在社会主义初级阶段，统一战线的成员包括民主党派人士和非党派知识分子，具有各自的优势，在国家政治生活和社会主义民主建设中起着重要作用。通过统一战线，把各民族、各阶级、阶层和党派、集团在致力于社会主义事业的共同目标下联合起来，协调他们之间的不同利益，使之各得其所，妥善解决，这对实现人民的团结统一，实现国家的长治久安具有重要意义。加强高校统战工作，调动各方面的积极因素，促进教育事业的发展，是高校统战工作面临的新任务。由于高校自身的有利条件，高校统战工作具有独特的功能，形成了许多优势，非党知识分子多，民主党派和上层人士多，归侨、侨眷、港澳台属多。这"四多"反映出高校统战工作的特点：统战对象密集，智力结构层次高，民主党派组织齐全，社会联系广泛，信息灵通。这些特点和优势，决定了高校统战工作的地位与作用的重要，只有把握这些特点，才能更好地发挥高校统战工作的优势，巩固和发展爱国统一战线。

（2）坚持共产党领导的多党合作制，建设具有中国特色的社会主义的民主。我国多党合作的政治体制，是我国社会主义民主的一个突出特点，也是由中国的历史和现实条件所决定的，是符合中国国情的。以任何形式否定它或照搬西方国家的多党轮流执政的企图，是绝对行不通的。这是因为中国共产党和民主党派已有长期合作的坚实基础，共同经历了长期严峻考验，可谓风雨同舟，和衷共济。实践证明，我国的多党合作制，有利于加强中国共产党领导全国各族人民走社会主义道路；有利于发扬人民民主，巩固人民民主专政；有利于团结一切力量，调动一切积极因素，推进社会主义物质文明和精神文明建设。至于如何进一步完善和健全我国的多党合作制，扩大社会主义民主渠道，推进社会民主建设，从统一战线的角度要求：一是通过统一战线的宣传教育，正确认识民主党派的建立、发展、性质、地位与作用，支持民主党派独立自主地开展各项活动，在依靠中实现中国共产党与各民主党派的真诚合作；二是在合作中把共产党执政与民主党派参政很好地结合起来，实行政治协商、民主监督，在各级人民政权结构上，仍继承有民主党派成员担任领导职务的具有统一战线特点的优良传统。

（3）坚持"长期共存、互相监督、肝胆相照、荣辱与共"的十六字方针，创造民主、平等、协商的政治环境。十六字方针是新时期统一战线的方针，也是扩大和发扬社会主义民主的方针。它和"百花齐放，百家争鸣"的双百方针交相辉映，推进国家政治、经济、文化和社会生活民主化。历史经验表明：什么时候在统一战线工作中认真地贯彻这一方针，社会主义民主就能够充分体现，民主党派、工商联盟等有关人民团体和无党派人士的作用就能得到充分发挥，统一战线就能够巩固和发展。反之，什么时候忽视或放弃这一方针，社会主义民主就遭到破坏，统一战线就要停滞以至萎缩。这是一个已被长期历史所反复证明了的客观真理。对贯彻十六字方针当前要有新的认识、新的步子、新的要求。新的认识是对"长期共存"主要解决民主党派长期存在和后继有人的认识问题，"互相监督"主要是指民主党派对共产党和人民政府机关实行民主监督；新的步子是要有良好的政治环境，实行民主化；新的要求是要使十六字方针实施制度化、法律化，建立和健全"政治协商，民主监督"制度，更好地发挥人民政协的作用，使人们看到协商和监督的实际效果。

（4）运用统一战线组织，推动社会生活民主化。要把社会主义民主建设逐步扩展到经济、文化、科技、教育和社会生活等非国家形态的各个领域中去，搞好经济、文化、科技、教育等体制改革，扩大企事业单位自主权和专业技术人员直接参加管理的民主权利，使知识分子、科技人员成为企事业的主人。由于社会主义初级阶段还存在着多种经济形态和分配形式，由于改革开放、搞活方针实行以后带来的生产关系改革，在经济、文化、社会生活等领域出现了新的人际关系，因此，在发展和扩大这些领域的民主生活时，应照顾到多方面的利益和应有的民主权利，应注意依靠统一战线内部方面的积极力量，推动经济、文化和社会生活民主化的完善和发展。

（5）发挥统一战线对决策科学化和民主化所具有的重要作用。统一战线组织和统一战线对象参与决策，是我国决策民主化的一个重要部分。决策科学化，要求决策民主化。只凭个别典型事例而做出判断，必然要引起决策的失误。统一战线汇聚着许多高层次的人才，有参政议政的能力，对各方面决策的科学化有着重要的作用。由于统一战线的多层次性，对从中央到地方各层次决策都能起着积极的影响。通过统一战线对决策的参与，实现决策科学化和民主化的过程，也是尊重知识、尊重人才、充分发挥知识分子优势的过程。在参与决策过程中，各民主党派、各团体和非党人士献计献策，民主协商，起着对决策机关的咨询、监督、反馈等系统的作用，为实现领导机关决策的科学化民主化出力，也就是为社会主义民主建设做出了贡献。

人民民主、协商民主与中国政治发展

王金红[*]

中共十八大报告第五部分以"坚持走中国特色社会主义政治发展道路和推进政治体制改革"为题，对今后一段时期我国政治建设的主要内容和实践举措进行了新的谋划。如果将这个部分的论述同以前历次党的全国代表大会政治报告的相关论述进行比较，我们发现，无论在政治观念方面还是实践举措方面，都有一些值得关注的新亮点，这昭示着未来中国政治发展有一些值得期待的新气象。

一 政治发展的概念引入与道路选择

十八大报告在"坚持走中国特色社会主义政治发展道路和推进政治体制改革"这个部分的论述中，使用了"政治发展"这个重要的政治学概念。这个概念在党的全国代表大会政治报告中是首次使用。

从政治学理论的视野来看，"政治发展"是二战结束以后西方学者提出的一个学术概念，其基本含义是指亚非拉发展中国家从专制政治走向民主政治、从不完善的民主政治走向更加完善的民主政治的持续的政治进程。随着研究的深化和系统化，政治发展研究形成了政治发展条件、政治发展动力、政治发展道路、政治发展战略等一套完整的理论体系，政治发展理论成为当代政治学中一个重要的理论流派。尽管政治发展理论存在一定的局限性，但是对于发展中国家政治民主化进程具有很强的理论解释力和理论借鉴意义。

20 世纪 80 年代末，政治发展理论被引入中国政治学研究领域，不仅

---

[*] 作者简介：王金红，男，华南师范大学政治与行政学院教授。

为中国政治学研究提供了新的理论视角、新的理论资源和新的研究方法，而且为中国政治学者研究和思考中国的民主化进程问题以及中国的政治体制改革问题，提供了全新的问题意识和丰富的国际经验。因为，中国的政治道路虽然具有自己的独特性，但是，中国毕竟属于一个发展中国家，中国的政治发展离不开时代环境和国际环境。

值得注意的是，从20世纪80年代以来，受全球性"第三波"民主化浪潮的影响，苏联解体、东欧剧变，拉丁美洲和东南亚、南亚地区社会运动与政治抗争运动持续不断，中东、北非地区"茉莉花革命"接踵而来，许多发展中国家遭遇急剧的政治转型之痛。

面对"第三波"民主化浪潮带来急剧政治转型的挑战，中国共产党在自己的政治方略中吸收政治发展理论的有益经验，将政治发展同坚持走中国特色社会主义道路结合起来，提出"坚持走中国特色社会主义政治发展道路"这一主张，以政治发展应对"第三波"民主化浪潮的挑战，以渐进的政治发展缓解急剧的政治转型之痛，在此基础上表明继续通过积极稳妥的政治体制改革来推进民主和完善民主，这不仅是对中国发展道路的理性选择，而且是对时代环境和国际环境做出的积极回应。

二 人民民主的本质回归与实践创新

坚持和完善人民代表大会制度，是从党的十二大以来历届党代会报告中都会涉及的议题。如何坚持和完善人民代表大会制度，确保人民民主的真实性、有效性，历届党代会报告有不同的侧重。从十八大报告的论述来看，同以往相比，有三个前所未有的新举措。

第一，加强对政府全口径预算决算的审查和监督。人民代表大会作为国家权力机关，拥有立法权、监督权、决定权和任免权。但是，长期以来，人大在财政上的决定权和监督权没有得到明确的保障和实施，导致了人大地位和作用的弱化。我们知道，在当代代议制民主国家，民选产生的民意机关（议会、国会）之所以能够对行政机关具有强有力的监督制约作用，关键在于民意机关掌控国家的"钱袋子"，政府所需要的行政开支以及公共服务开支必须得到民意机关的审批，预算必须严格执行。因此，财政预算和决算作为重要的政治问题，往往成为民意机关关注和讨论的重点，也是议会（国会）、执政党和政府三者关系的焦点。十八大报告强调加强人大对政府全口径预算决算的审查和监督,这昭示着在将来的政治体制运作中,提高人大的地位和作用,财政权向人大回归是一个新的政治趋势。民主财政、法治财政和公共财政的时代将逐步取代官僚财政、人治财政和部门财政的时代。加强人大对政府全口径预算决算的审查和监督,有利于公共财政更好地向民生领域、社会保障和公共服务领域倾斜,改变发展主义财政政策造成的社会不公和经济社会发展失衡,同时也有利于监督政府合理安排行政开支,减少不良"三公"消费之类财政资源的浪费。

第二,提高基层人大代表特别是一线工人、农民、知识分子代表比例,降低党政领导干部代表比例。人民代表大会作为我国人民行使当家作主权利的机关,其组成人员理当具有真正的"人民性",也就是说,人大代表更多地应该是人民选举出来的普通公民代表。长期以来,由于种种因素的影响,我国各级人民代表大会代表构成中,一线工人、农民、知识分子代表比例偏低,党政领导干部比例偏高,以至于有人认为我国的各级人民代表大会实际上变成了"官员代表大会"。在人民代表大会开会期间,掌握话语权或者话语主导权的往往是官员代表,真正底层群众的声音被淹没、被遮蔽了,人民的意愿和利益诉求也被代表了。这种状况对于决策的民主化、科学化以及民主的真实性、有效性都是极为不利的。现在,十八大报告明确强调要做出比例调整,这有利于社会主义民主向真正的"人民性"的本质回归。

第三,在人大设立代表联络机构,完善代表联系群众制度。在大多数现代代议制民主国家,民意代表一般都是专职化的,而且按照有关法律规定,民意代表必须经常深入选区,调查研究,听取选民意见,及时将选民意见反映到国家立法机关,或者形成议案、法案,在开会时以正式方式进行表达。如果一位民选议员长期脱离选民,失去选民信任,选民可以提议罢免。我国从实行人民代表大会制度以来,基于具体国情的考虑,人大代表主要是兼职代表或者业余代表,开会期间是代表,闭会以后回到自身工作单位和工作岗位,扮演原来的社会角色,履行代表职责成为业余工作。由于我们没有从法律上明确规定代表任期内联系选民的时间、方式,也没有形成代表联系选民的工作制度,造成代表同选民脱离的情况比较严重,代表同选民之间尚未形成制度化、常态化的良性互动。十八大报告强调设立代表联络机构,完善代表联系群众制度,表明中央认识到我们在这个方面的弊端,通过代表联络机构的设立和代表联系群众机制的设立,做实人大代表工作，从而使人大、人大代表和人民群众形成更为密切的政治关系。

三 协商民主的时代要求与中国表达

"社会主义协商民主"也是首次在全国党代会报告中出现的政治语汇。

"协商民主"是当今世界民主理论中一个崭新的理论概念。20世纪80年代开始，西方学者在反思西方民主政治中选举民主的弊端时发现，以选举民主为主要实践形式的代议制民主具有成本高、效率低的缺陷，"多数决定"的游戏规则可能带来"多数暴政"；甚至有的时候，选举民主会遭遇无法预料的尴尬困境，例如，全民大选产生的政治领导人能力平庸，全民投票产生的公共决策并非最优选择，等等。尽管选举民主具有自我纠错的功能，但是，受规则和程序的影响，其自我纠错往往需要付出高昂的代价。为了修复选举民主的缺陷，更好地实现民主，一些学者提出了协商民主这一新的民主主张。协商民主强调在选举民主的基础上，公共决策、公共事务以及人事安排通过公开协商的方式解决，通过讨论、辩论、相互尊重、相互包容、相互妥协，最终达成共识，避免非此即彼的极端性或赢者通吃的不合理性，谋求多方基本满意的解决方案。协商民主被认为是选举民主的有益补充，是当代民主的新实践形式。

协商民主理论在21世纪初传入中国。中国政治学者在对协商民主的内在精髓做了比较好的理解与把握之后，不仅积极吸收其思想精华用于民主理论研究，而且迅速将其转换为政治实践。近年来，一些地方在公共财政预算、民生工程立项等方面引入协商民主机制，由政府代表同社会各方代表进行讨论、辩论，最后达成一致，取得了良好的效果。经验表明，协商民主是个好东西，它不是西方国家的政治专利，更不是资产阶级民主的特有方式。在社会主义民主政治实践中引入协商民主，同样有利于发展和完善社会主义民主。从这个意义上来看，十八大报告明确提出要"健全社会主义协商民主制度"，这也体现了对协商民主的积极肯定和乐意实施的态度。

必须强调的是，从协商民主理论传入中国学术界以来，对于中国过去是否已经存在协商民主、中国的人民政治协商会议制度是否就是协商民主、中国共产党同各民主党派之间的政治协商是否就是协商民主，这些问题国内学术界一直存在争论。十八大报告明确指出：

> 社会主义协商民主是我国人民民主的重要形式。要完善协商民主制度和工作机制，推进协商民主广泛、多层、制度化发展。通过国家政权机关、政协组织、党派团体等渠道，就经济社会发展重大问题和涉及群众切身利益的实际问题广泛协商，广纳群言、广集民智，增进共识、增强合力。

上述论述中将国家政权机关、政协组织、党派团体并列为三种不同的实行协商民主的渠道，也许对一直以来学术界的争论有了一个回应。应当承认，我们过去的那些制度安排和运作机制有协商民主的成分，但不是真正的协商民主。协商民主对于中国而言，是一个新的政治技术，我们还需学习掌握。

新的时代需要新的政治智慧、新的政治风气和新的政治语言。从"政治发展"和"协商民主"两个新的政治语汇在十八大报告中出现，从关于完善人大制度的实际举措和发展协商民主的层次部署，我们看到了党的新一代领导集体改革创新的诚意和勇气，也看到了中国民主政治发展新的希望。

网络问政与民主党派参政议政

周建伟　陈金龙[*]

网络问政是通过互联网的微博、论坛、发帖、跟帖、贴图、制作和上传视频等方式发表有关政治和社会问题言论、进而影响政治决策的新型参政议政方式，是集政治沟通、政治参与、社会监督于一体的新型的政治行为方式和民主形式。网络问政是技术政治的一种形态，是互联网等现代信息技术在社会政治领域的一种重要使用方式。网络问政具有平等、直接、便捷、廉价等优点，是现代信息技术条件下公民参与政治生活、社会管理等的一种重要和直接的形式。随着互联网的普及和公众政治参与热情的高涨，网络问政已成为引人注目的一种政治现象，成为影响中国政治发展的重要因素。

中国共产党领导下的多党合作与政治协商制度，是我国的一项基本政治制度，也是我国一种重要的民主形式。按照宪法和相关法律政策规定，我国的政治生活中，民主党派具有政治协商、参政议政、民主监督的重要职责。网络问政作为互联网时代一种新的政治参与方式，一种新的民主形式，它对政治生活的各个层面和方面具有渗透性，也将不可避免地对民主党派的参政议政、民主监督产生重要影响。本文将对网络问政对新形势下民主党派参政议政发展的影响，进行简要的考察和讨论。

一　协商民主：网络问政与民主党派参政议政的契合

网络问政是一种新的民主形式，属于网络民主、电子民主（e-de-

---

[*] 作者简介：周建伟，男，华南师范大学马克思主义学院副教授；陈金龙，男，华南师范大学马克思主义学院院长、教授。

注：本文获第十二届广东省高校统战理论研讨会优秀论文奖，原载《韶关学院学报（社会科学版）》2012年第11期。

mocracy)、赛博民主（cyber-democracy）等范畴。网络问政由互联网推动和衍生，是技术政治的体现。按照凯尔纳的界定，"'技术政治'意指政治被诸如通信媒体和互联网等技术所中介，这种互联网政治和为数众多的其他媒体政治包含在一个广义的'技术政治'概念下，它泛指一切与政治斗争有关的技术扩散。"① 在互联网时代，狭义的技术政治，就是指信息技术在政治领域的扩散和使用造成的独特政治现象。

网络技术在政治领域的应用，基础性的建构是形成了一个互联网空间或赛博空间（cyber space）。互联网空间具有虚拟性和公共性。一方面，互联网空间是一个虚拟空间，里边进行的是虚拟交往，与现实的社会政治空间及其互动方式存在差异，不过，虚拟并不代表虚幻，互联网空间是可以实实在在发挥作用的空间。另一方面，互联网空间是效率、公开性、民主性极高的公共空间，人们可以在其中对各种问题进行无保留的交流、讨论和辩论，发表见解，达成共识。美国学者达尔格伦认为，互联网作为一种传播媒介，为相对自发的、灵活的、自治的公共辩论提供了多样性的场所，是一种新的公共力量②。因此，互联网空间虽然具有虚拟性，但它与现实社会的公共空间并无本质性的区别，而且优势明显。

按照哈贝马斯的理论，在公共空间的基础上，可以生长出协商民主这一新的民主形态。协商民主（deliberative democracy，也译为审议民主）是指一种有别于选举民主的民主形式，对其内涵和特征，学术界争议颇多。Deliberative的基本含义是慎思的、讨论的。协商民主的基本含义是面对分歧时，政治主体通过公共领域，按照合理的程序，进行公开的、理性的、审慎的思考和辩论，达致共识，增强决策的正当性，提高决策的质量，从而将民主从数量取向推向质量取向。协商民主有三大基点：公共空间、多元条件下的正当性和合理程序。就公共空间而言，协商民主的重要思想来源是德国哲学家哈贝马斯的交往理论，哈贝马斯认为，理性的公共空间的存在是交往的基础，也是协商民主得以培育生长的必需场域。多元条件下的正当性强调协商民主的核心是民主质量而非

---

① 转引自颜岩《技术政治与技术文化——凯尔纳技术批判理论评析》，《哲学动态》2008年第8期。

② 参见安德鲁·查德威克《互联网政治学：国家、公民与新传播技术》，任孟山译，华夏出版社2010年版，第117页。

民主数量,协商民主要求不同个体或群体在公共空间的理性思考和辩论,为民主和决策提供正当性基础。正如艾米·古特曼和丹尼斯·汤普森所言:"从最根本的意义上讲,协商民主强调的是公民及其代表要对决策的正当性进行证明,他们都希望赋予其施于对方的各种法律以正当性。"① 合理的程序即乔舒亚·科恩所言的"理想协商程序",它不仅意味着程序正当,还意味着政治主体做出的集体选择结果是正当的,因为理想的协商程序能够保障协商是自由的、理性的、平等的(实质上和形式上)②。

公共空间是协商民主的基础,协商民主强调公共空间审慎、理性的讨论,协商民主的核心在于决策过程的平等参与和决策质量的提高,这些都使得协商民主与网络问政有了契合点。研究者指出,互联网论坛为创造新兴的公共领域提供了可能性,互联网公共论坛的商谈推动了政治决策过程的理性、公开和质量③。网络问政作为互联网空间政治行为的一种重要形态,具有协商民主所倡导的公开的、理性的、审慎的思考和辩论的内容和特征,是协商民主的一种重要形式。

中国共产党领导下的多党合作和政治协商制度,是具有中国特色的社会主义民主制度。它与西方的协商民主虽然有原则和理念的差别,但同样具有协商民主的内核。研究指出,协商民主要求具有公共协商性质的政团作为组织形式,我国的人民政协就是这样的组织;协商民主要求公民平等、理性地参与决策讨论,达成共识,中共领导的多党合作和政治协商制度的基本要求就是广泛征求民主党派和无党派人士意见,保证政策决策的正当性;协商民主着眼于多元文化与公共责任的关系,强调相互理解和共识,我国的多党合作和政治协商制度也暗含这一理念;从协商民主与选举民主(代议制民主)的关系看,协商民主是选举民主的补充,并不是要取代选举民主,而是弥补选举民主中票决制的不足。我国的人民政协也不是要取代人民代表大会制度这一代议制民主形式,而是对人民代表大会制

---

① 转引自陈家刚《协商民主与当代中国政治》,中国人民大学出版社 2009 年版,第 12 页。
② 参见詹姆斯·伯曼、威廉·雷吉主编:《协商民主:论理性与政治》,陈家刚等译,中央编译出版社 2006 年版,第 55—56 页。
③ 参见陈剩勇、杜洁《互联网公共论坛:政治参与与协商民主的兴起》,《浙江大学学报(人文社会科学版)》2005 年第 3 期。

度的补充①。我国的多党合作和政治协商制度虽然不能同西方学者笔下的协商民主等同，但它与协商民主具有亲缘关系。

协商民主是网络问政和民主党派参政议政间的有效聚合点。协商民主与包括网络问政在内的网络民主密不可分，而民主党派的参政议政可视为中国特色的协商民主，也就是说，网络问政和民主党派的参政议政具有属性上的契合性。在此基础上，网络问政作为技术政治可以为民主党派的参政议政所利用，民主党派的参政议政也可以成为网络问政的现实载体，二者可以实现有机结合，促进中国特色社会主义民主政治的有序发展，特别是民主质量的提高。

二　网络问政对民主党派参政议政的促进作用

网络问政是网络民主的一种重要形态。同西方国家已经蔚为大观的网络竞选、网络投票、在线会议（主要是议会）、网络论坛、网络政治筹款、在线政党、政治博客等网络民主形式相比，我国的网络民主发展还处于萌芽阶段，网络民主的形式很少，网络问政是其中的亮点，也是当前我国发展最迅速、效果最好的一种网络民主形态。我国的网络问政之所以能够获得爆炸性的发展，与网络问政的优势直接相关。一是信息传递的开放性和高效率。互联网上想阻断信息传播难度很大，信息的可达性最高，通过论坛、博客、微博、即时通等常用工具传递信息的效率远非传统方法可比。二是政治参与的平等性和互动性。在报纸、电视时代，政治信息的传递主要是垂直的，以自上而下为主，受众只能被动接受信息。互联网的出现从根本上改变了这一状况，信息的传递变为水平的，无论是领导人还是普通网民，都处于信息的同一平面上，同时，信息的生产者、接受者可以合二为一，信息的各方可以实现即时互动，单向演变为互动。从互联网使用者的情况看，"中国互联网具有较强的低廉性，越来越大众化……低收入者的人群占绝大多数"②，低收入者通过报纸获取政治信息，网络问政为他们开启了了解政治、参与政治的机

---

① 参见温宪元《协商民主：科学发展的一种治理机制》，载政协广东省委员会办公厅编《纪念改革开放30周年暨人民政协理论研讨会论文集》，中国文史出版社2008年版，第121—123页。

② 赵春丽：《网络民主发展研究》，经济科学出版社2011年版，第123—124页。

会和途径，带来了政治平等非常明显。三是实践上的互补性和衔接性。我国民主政治虽然在本质上具有优越性，但具体的制度、机制还不健全，社会主义民主制度的优越性发挥还存在瓶颈。这也是网络问政兴起的一个背景和原因。在这种情况下，网络问政可以对实践中运作的民主制度起到补充作用，在一定程度上弥补现实民主机制不足带来的问题和矛盾，通过互联网上和互联网下的衔接，可以将网络问政的结果延伸和作用到实际的政治社会生活，进行社会议程设置，形成强大的社会压力。总的来说，网络问政属于增量民主，优势较为突出，对中国当前的民主政治实践具有较强的针对性和适用性，对民主党派参政议政的发展具有重要的推动作用。

第一，有助于拓展民主党派参政议政的领域和范围。从政治实践看，民主党派所代表和联系的群体有限，掌握的信息存在限制。民主党派参政议政的范围虽然没有限制，但信息不足却造成了实际的限制。网络给民主党派提供了宽广的信息来源，可以有效弥补内部通报、实地调研等传统信息渠道的不足，从而拓展参政议政的领域和范围。比如，九三学社成员、广东省政协委员孟浩就经常通过互联网论坛、电子邮件等方式获取信息，为参政议政和民主监督收集资料，对信息资料的广泛掌握，使孟浩委员提出的很多提案引起了强烈的社会反响，孟浩也成为广东省参政议政的明星政协委员。

第二，有助于丰富参政议政的内容和形式。从制度上讲，民主党派参政议政的形式内容主要是向中国共产党各级党委、政府、法院、检察院等组织机构提出建议和批评，基本上属于对上的意见咨询和建言献策范畴，形式主要是有定期的会议（如政协会议）和不定期的征求意见。总的来说，民主党派的参政议政无论是内容还是形式，都有进一步拓展和丰富的必要和空间，而网络问政可在一定程度上帮助实现这一目标。比如，基于网络问政的公开性，民主党派利用网络问政方式参政议政，不仅可以更加快捷地实现批评建议和建言献策的功能，还可以直接和网民互动，将有关情况及时告知公众，实现对上和对下的结合，改变传统参政议政只对上不对下的相对封闭的参与形式；民主党派及其成员利用网络问政形式，不仅可以向党委政府建言献策，也可以利用自身的超然地位和专业知识，将党委政府的有关决策事项，在正式颁布前预先告知公众，测试社会反应，起到党委政府直接公布很难起到的效果；网络问政中产生了由高端网民组成的、具有开放性的"民间智库","民间智库"就经济社会发展中的重大问题发表的意见,高层极为重视,民主党派成员大多学有专攻,完全有条件成为"民间智库"成员,一旦加入进去,也就拓展了民主党派参政议政的渠道和内容。目前,民主党派利用网络问政的方式参政议政还不多,但这是一个重要的发展方向,非常值得关注。

第三,有助于增强民主党派参政议政的代表性。对民主党派而言,在继续拥有内部信息优势的同时,可以通过网络问政获得更多的信息,除代表本党所联系的那部分社会群体外,还能够代表更多的社会成员,参与更多的社会政治生活,提出涉及更多群体利益诉求的意见建议,提高自身参政议政的水平和质量,从而增强自身的代表性和正当性。在网络问政和互联网运用比较成熟的广东,一些来自民主党派的政协委员利用网络方式深度参与公共话题讨论,获取社会各方面的信息,并作为提案进入政协会议,在一定程度上使政协委员超越了民主党派的身份属性,增加了参政议政的社会代表性,也增强了自身参与公共事务的正当性。广东一些地方的政协机关已经充分认识到微博等网络问政工具在增强政协委员与社会沟通、扩大代表性方面的重要作用。广州市政协主席林元和认为,"微博议政"以更低的门槛和更广阔的影响面,让网络上的民主政治变为现实,也让"网络政协"与民众无缝链接,能够充分发挥人民政协作为扩大公民有序政治参与的重要渠道和平台的作用[1]。在林元和的推动下,2011 年,广州市政协先后召开两次微博培训班,近 200 名委员接受了"微博扫盲",首批 80 名委员在人民网开通了微博。

第四,有助于提升参政议政的质量。民主党派和来自民主党派的政协委员,利用网络问政的方式增强参政效果,提高参政议政和民主监督质量,是近年来我国的一个重要政治现象。网络问政之所以确实能够带来民主党派参政议政质量的提高,原因主要有三:一是扩大了参政议政的信息来源,集中了广大网民的智慧,增强了人大议案、政协提案、民主协商等传统参政议政方式的针对性和有效性。四川省政协委员樊建川的提案一般都吸收了网络的信息成果和网友的智慧,在接受记者采访时坦诚:"我写提案的时候,就会马上通过博客或者微博发布,向大家征求

---

[1] 曾妮:《政协委员要通过微博为百姓说话》,《南方日报》2011 年 12 月 21 日。

意见，以便修改。"① 二是微博等参政议政方式具有直接性、效率高、容易形成社会反响等特点，与民主党派、政协委员等身份结合，能够产生更大的社会反响，引起决策层的重视。三是网络问政易于产生参政议政的明星式人物，明星式人物容易引起媒体和社会的关注，在无形中对政府机关产生社会压力，从而增强参政议政的效果。广东省政协委员孟浩、广州市政协委员韩志鹏是广东的参政议政明星，他们的提案和微博往往都能得到媒体和社会的广泛关注。

需要指出的是，网络问政对民主党派参政议政的促进作用是明显的。但从实践来看，民主党派对网络问政的运用还不多，效果还需要检验和提高。

三 网络问政给民主党派参政议政带来的挑战

技术是中性的，但技术一旦与政治结合，形成技术政治，那它就具有两面性：积极性和消极性。互联网也是一样，一旦互联网进入政治领域，产生网络民主、网络问政等政治形态，由于价值立场、认识水平、制度的容纳力等因素的存在，不可避免地会给现行体制带来挑战甚至冲击。对民主党派的参政议政而言，网络问政会带来四个方面的挑战。

第一，网络问政的发展，可能带来民主党派功能的弱化。网络问政属于直接民主，民主党派参政议政是间接民主，二者既有渗透、互补的一面，也有矛盾、替代的一面，前者促进民主党派参政议政的发展，后者则可能弱化民主党派参政议政的功能和价值。比如，网络问政与民主党派参政议政可以产生渠道替代，由于网络问政所具有快捷性、低成本、平等性、互动性，社会大众将更多地采用网络问政方式反映问题和利益诉求，对民主党派的参政议政这一反映社会意见的形式形成挤压甚至替代。又如，互联网论坛形成的公共空间与民主党派参政议政形成的公共空间具有相似性，但虚拟的互联网公共空间具有公开、透明、高效等优势，这可能使民主党派参政议政形成的实体政治空间被社会所诟病、功能被取代的风险。再如，当前中国民主的制度性空间不足，渠道不畅，作为增量民主的

---

① 《四川政协常委通过微博直播会议引关注》，新华网（http://news.xinhuanet.com/new-media/2010—01/29/content_ 12895472. htm）。

网络问政，具有广泛的群众基础（特别是中下层民众），而民主党派参政议政虽然也要代表社会整体，但其具有明显的精英政治色彩，网络问政的发展，自然会对民主党派参政议政的社会基础产生侵蚀。当然，需要指出的是，不论是民主党派的参政议政还是网络问政，都具有很大的发展潜力，当前两者的互补性超过替代性，网络问政对民主党派参政议政的挤压、替代作用还不明显，但随着网络民主的发展，这种替代作用将会逐步显现，需要引起重视。

第二，互联网的消极面和网络问政的不成熟，会影响民主党派参政议政的效果。互联网及网络问政并非完美无缺。互联网及网络问政存在的问题和不足，既来自其本身固有的特质，也来自当前我国社会发展和网络问政发展的不成熟。互联网时代"数字鸿沟"越来越大，偏远地区、边缘人群进一步边缘化，他们的困难和利益诉求更加难以通过网络形式得到体现，这使得这部分人更加"沉默"，也很难进入民主党派参政议政的视野，这种状况在每年的"两会"议案、提案中已经得到体现，政协委员针对底层人群利益诉求的提案极少。互联网空间具有公共性，更加透明和民主，但与哈贝马斯所倡导的公共空间存在理性程度的差异，互联网给各种思潮都提供了生存空间，形成众声喧哗的喧嚣场面，观点杂陈，情感大大多于理性分析，网络民意有时很难说是真正的民意，这对网络舆情并不十分了解的民主党派和政协委员来讲，是一个巨大挑战，如果不细加分析，民主党派的参政议政就可能被网络舆情牵着鼻子走，每年"两会"上都有个别政协委员受互联网上一些思潮影响，提了一些违背常理的提案或观点，成为社会上的笑谈。

第三，通过网络问政方式参政议政，会产生集体参政与个体参政的矛盾。从民主党派在中国政治生活中的性质来看，民主党派及其成员代表本党派参政议政，民主党派成员担任政协委员，以政协委员身份进行社会调查、参政议政和民主监督，一般认为代表的是政协组织，也就是说，无论何种情况，民主党派及其成员的参政议政都是集体性质。但信息化条件下的参政议政，容易催生明星式的政协委员，使参政议政带上强烈的个体化特征。一些地方已经出现政协委员以互联网等媒体为中介，利用个人的身份和社会声望开展调查研究和参政议政的案例。在社会上，也出现了知道政协委员个人却不知道政协委员党派身份的情况，比如，广州很多人都知道敢说敢言的省政协委员孟浩、市政协委员林高潮，却很少人知道孟浩是九三学社成员，林高潮是民主建国会成员。由此，在利用网络问政参政议政的过程中，就产生了政协委员个体行为与所属党派、政协组织间的矛盾：党派和政协组织参政议政的功能弱化，作为党派成员的政协委员参政议政的个体特征被突出，这也导致了民主党派和政协组织内部的争议。九三学社成员、广东省政协常委孟浩对政协委员的集体身份和个体身份的冲突深有感触，曾专门著文探讨，呼吁人民政协加快法治化进程①。

第四，民主党派面临对网络问政认识不足、运用能力不足的挑战。网络问政是新生事物，对民主党派成员来说，具有认识和运用的双重挑战。近年来的"两会"上，一些政协委员发言要求不断加强对网络舆论的监管，甚至要求对网络言论进行最严格的审查和限制，不允许所谓错误言论在网上发表。这种观点说明，部分民主党派成员对网络公共空间、网络民主、网络问政等新生事物持有疑惧心理，对互联网这种新媒体带来的信息传播革命和民主政治发展还存在误解甚至错误认识，没有跟上形势的发展和需要。民主党派成员年纪普遍较大，网络问政运用能力普遍不足。一些地方的政协已经认识到这种状况，主动开展对政协委员微博等网络问政工具运用能力的培养。

四 促进网络问政与民主党派参政议政的有机结合

网络问政是我国当前最具成长性的增量民主形式之一，具有广泛的群众基础。中国共产党领导下的多党合作与政治协商制度，是中国特色的民主制度。二者通过协商民主，实现相互沟通和渗透；二者的结合，既能够使民主党派的参政议政在信息化条件下获得新的发展和创新，也能够使虚拟的网络问政提供制度载体，向实际运作的民主制度延伸，促进网络问政在实践中得到落实和发展。正如美国学者肯尼斯·黑克尔和简·范戴克所言，互联网带能够"克服时间、空间和其他物理条件的限制，使用信息和通讯技术或网络交往，而努力实践民主，对传统的政治实践来说……不是替代，而是丰富"②。

---

① 参见孟浩《有关政协委员如何履职问题的思考》，载政协广东省委员会办公厅编《纪念改革开放30周年暨人民政协理论研讨会论文集》，中国文史出版社2008年版，第237—242页。
② 转引自安德鲁·查德威克《互联网政治学：国家、公民与新传播技术》，仁孟山译，华夏出版社2010年版，第111页。

毋庸置疑，网络问政对民主党派参政议政发展的影响具有两面性，网络问政对民主党派提高参政议政水平、拓展参政议政渠道、扩大参政议政影响，是一个重要的机遇，不过，新生事物总是要对既存的事物带来挑战，面对勃兴的网络问政，民主党派将面临功能弱化、社会基础弱化、政治空间挤压等挑战，这些挑战有的已逐步成为现实，有的还只是可能，但都要引起民主党派的重视。总的来说，网络问政对民主党派参政议政带来的机遇大于挑战，如果民主党派能够以协商民主为指引，积极主动迎接挑战，趋利避害，将网络问政融入自身的发展之中，就可以变挑战为自身发展的机遇，促进自身参政议政能力不断提高。

就当下而言，民主党派要利用网络问政促进自身发展，需要注意几点：一是深化对互联网和网络问政的认识，树立协商民主的理念，对网络问政的利弊得失及其对民主党派自身带来的机遇和挑战有正确和清晰的了解，破除那种把互联网视为威胁的观念和意识，认识到网络民主、网络问政是发展的大趋势，对民主党派的参政议政、民主监督的发展主要是机遇，而不是威胁。二是要培养和提高网络问政的应用能力，特别要加强对微博问政、互联网公共论坛应用能力的培养，加强对网络舆论分析能力的培养。三是从各地实际、从本党派实际出发，找准参政议政与网络问政的契合点、结合点，将网络问政有机融合到民主党派的参政议政过程中，拓展参政议政的空间，提高参政议政的能力和效果，同时，也要防止条件还不成熟时一窝蜂地开展网络问政，导致参与爆炸、参政议政失序的情况。四是探索多党合作和民主协商具体机制的创新，实现网络问政与民主党派参政议政在制度机制层面的结合，使民主党派的参政议政、民主监督制度成为网络问政向实体政治空间延伸的重要载体。

论民主党派参政议政与党政决策优化

杨和焰　张义火[*]

一　民主党派参政议政与党政决策优化的理论基础

民主党派参政议政与党政决策优化研究的理论基础主要有多党合作理论、公共决策理论和协商民主理论。

（一）多党合作理论

多党合作理论是马克思主义理论体系的重要组成部分。马克思、恩格斯创立的科学社会主义就包含着多党合作的思想。经过不断地实践与发展，至今多党合作理论已经形成了比较系统的理论体系，成为了我国多党合作事业的行动指南。

1. 多党合作理论的发展历程

（1）多党合作理论的开创时期。

19世纪30年代至40年代，资本主义大工业得到很大发展，随着生产力的迅速提高，社会财富越来越集中在少数人手中，资本主义社会的基本矛盾即生产社会化同生产资料资本家私人占有之间的矛盾日益明显暴露出来。产业革命也使得无产阶级作为一支独立的政治力量登上了历史的舞台，工人运动此起彼伏。工人运动要取得胜利就要有科学的理论作为指导。马克思、恩格斯适应时代的要求创立了科学社会主义。1848年2月《共产党宣言》的发表，标志着科学社会主义的诞生，马克思、恩格斯的多党合作思想也随之产生。

---

[*] 作者简介：杨和焰，男，华南师范大学政治与行政学院副教授，民盟华南师范大学委员会委员；张义火，男，农工党广州市委会主任科员。

《共产党宣言》提出:"只要资产阶级采取革命的行动,共产党就要同它一起去反对君主专制、封建土地所有制和小市民的反动性。"共产党要"到处都支持一切反对现存的社会制度和政治制度的革命运动",要"到处都努力争取全世界的民主政党之间的团结和协议。"同时,马克思、恩格斯也特别提醒:"共产党人同社会主义民主党派联合起来反对保守的和激进的资产阶级,但并不因此放弃对那些从革命的传统中产生出来的空谈和幻想采取批判的权利。"[①]从这里,我们可以看出马克思、恩格斯关于多党合作的初步思想:一是共产党要努力团结一切可以团结的力量、联合一切可以联合的政党,共同与敌人做斗争,以最终取得无产阶级革命的胜利,实现自己的奋斗目标;二是共产党在与其他党派合作的同时,要坚持原则,保持本党派的独立性,做到既联合又斗争,既讲原则又讲灵活性。对同盟者的错误不听之任之、及时指出并让其改正,这有利于合作关系的长久发展。这些思想在后来的多党合作中基本上得到了贯彻。因而,马克思、恩格斯关于多党合作的思想可以说为多党合作奠定了一个雏形。

(2)多党合作理论在实践中不断发展和完善。

随着无产阶级革命运动的不断兴起和一些社会主义国家相继建立,多党合作理论也在无产阶级革命斗争和社会主义民主建设中得到应用,并在实践中不断发展和完善,形成了比较系统的理论体系。

十月革命之前,列宁就主张同资产阶级自由派、社会革命党等资产阶级和小资产阶级的党派实行联合。十月革命胜利后,他发表的《俄国社会民主工党(布尔什维克)中央委员会宣言》指出:"我们过去同意,并且现在仍旧同意同苏维埃中的少数派分掌政权,但这个少数派必须诚心诚意地服从多数。"[②]随后布尔什维克党吸收7个左派社会革命党人参加人民委员会,分别担任司法、农业部的人民委员(即部长)。这是十月革命胜利初期开创的社会主义两党合作制。后来,左派社会革命党因故退出政府,并分化成民粹主义共产党和革命共产党,他们的领导人继续在政府中担任要职。于是俄国又出现了三党合作的新局面。在《共产主义运动中的"左派"幼稚病》一书中,列宁指出:要战胜强大的敌人,就要"利用一切机会,哪怕是极小的机会,来获得大量同盟者……谁不懂得这一

[①]《马克思主义著作选读》,高等教育出版社1993年版,第399页。
[②]《列宁全集》第33卷,人民出版社1985年版,第71页。

点，谁就丝毫不懂得马克思主义"①。列宁的多党合作实践，丰富和发展了马克思主义的多党合作理论。

在我国新民主主义革命时期，国共两党的合作、共产党与民主党派的合作、抗日根据地实行的"三三制"政权都可以说是多党合作理论在中国的初步实践。1949年，中国人民政治协商会议第一次全体会议的召开标志着中国共产党领导的多党合作和政治协商制度正式确立，这一制度作为我国的一项基本政治制度，受到宪法的保护。从此多党合作理论在我国的实践进入了一个崭新的时代，其理论体系也逐步完善。中共历代领导人都高度重视多党合作，为推动多党合作理论的发展做出了不懈努力。

以毛泽东为核心的中共第一代中央领导集体，创立了中国共产党领导的多党合作和政治协商制度，提出了"长期共存、互相监督"的多党合作方针，创造性地发展了马克思列宁主义多党合作理论。在1938年，毛泽东同志就指出："在一切有愿意和我们合作的民主党派和民主人士存在的地方，共产党员必须采取和他们一道商量问题和一道工作的态度。"② 在中共七届二中全会上，又提出："我们党同党外民主人士长期合作的政策，必须在全党思想上和工作上确定下来。"③ 在《论十大关系》的讲话中又说："究竟是一个党好，还是几个党好？现在看来恐怕是几个党好。不但过去如此，而且将来也可以如此，就是长期共存，互相监督。"④

以邓小平同志为核心的中共第二代中央领导集体，把我国的多党合作方针由"长期共存、互相监督"发展为"长期共存、互相监督、肝胆相照、荣辱与共"；科学地界定了新时期民主党派的性质，即我国各民主党派"已经成为各自所联系的一部分社会主义劳动者和一部分拥护社会主义的爱国者的政治联盟，都是在中国共产党领导下为社会主义服务的政治力量"⑤；同时首次将多党合作提到了政治制度的高度："在中国共产党的领导下，实行多党派的合作是我国历史条件和现实条件决定的，也是我国政治制度中的一个特点和优点。"⑥

---

① 《马克思主义著作选读》，高等教育出版社1993年版，第529页。
② 《毛泽东著作选读》上，人民出版社1986年版，第278页。
③ 《毛泽东选集》第4卷，人民出版社1999年版，第1437—1438页。
④ 《毛泽东著作选读》上，人民出版社1986年版，第733页。
⑤ 《邓小平文选》第2卷，人民出版社1994年版，第86页。
⑥ 同上书，第205页。

以江泽民同志为核心的中共第三代中央领导集体,将中国共产党领导的多党合作和政治协商制度载入国家的根本大法;明确了民主党派的参政党地位;概括了我国政党制度的显著特征,即"共产党领导、多党派合作,共产党执政、多党派参政";明确了衡量我国政党制度的具体标准:"一是看能否促进社会生产力的持续发展和社会全面进步;二是能否实现和发展人民民主,增强党和国家的活力,保持和发挥社会主义制度的特点和优势;三是看能否保持国家政局稳定和社会安定团结;四是看能否实现和维护最广大人民的根本利益。"[①]

以胡锦涛同志为总书记的中共中央领导集体,完善了对民主党派性质、地位和作用的表述,即民主党派是各自所联系的一部分社会主义劳动者、社会主义事业建设者和拥护社会主义爱国者的政治联盟,是接受中国共产党领导、同中国共产党通力合作的亲密友党,是进步性与广泛性相统一、致力于中国特色社会主义事业的参政党,是发展先进生产力、社会主义民主政治、社会主义先进文化和构建社会主义和谐社会的一支重要力量;提出发展是民主党派参政议政的第一要务;第一次把"政党关系"列为我国社会政治领域的五大关系之一,强调了多党合作在构建社会主义和谐社会中的重要意义。

2. 我国多党合作理论的主要内容

现阶段,我国多党合作制度的主要内容有以下几方面。

(1) 在多党合作制度中,中国共产党处于领导地位。我国多党合作制度的一个显著特征是:共产党领导、多党派合作,共产党执政、多党派参政。中国共产党是我国特色社会主义建设事业的领导核心,也是多党合作制度的领导者,各民主党派是参政党,接受中国共产党的领导。《中共中央关于进一步加强中国共产党领导的多党合作和政治协商制度建设的意见》明确指出:"坚持中国共产党的领导是多党合作的首要前提和根本保证。"[②] 这也是多党合作制度的核心问题。中国共产党对民主党派的领导是政治领导,即政治原则、政治方向和重大方针政策的领导。民主党派在组织上是保持独立的。现阶段,我国的民主党派是对大陆范围内,除中国

---

① 《江泽民文选》第3卷,人民出版社2006年版,第144页。
② 杜青林:《中共十一届三中全会以来多党合作理论、政策和实践的创新与发展》,华文出版社2008年版,第262页。

共产党以外的 8 个参政党的统称,即中国国民党革命委员会、中国民主同盟、中国民主建国会、中国民主促进会、中国农工民主党、中国致公党、九三学社、台湾民主自治同盟。

(2) 共产党和各民主党派是团结合作的关系。在我国的多党合作制度中,中国共产党与各民主党派团结合作,真诚相待,它们之间是亲密友党、是诤友,民主党派接受中国共产党的领导,不谋求执政权。这是一种新型的政党关系,与西方国家的两党制或多党制之下,各政党为争夺执政权,互相竞争、尔虞我诈的关系有着显著的区别。

(3) 多党合作坚持 16 字基本方针。"长期共存、互相监督、肝胆相照、荣辱与共"是我国多党合作的基本方针。这一方针体现了中国共产党与民主党派长期合作的思想和决心,体现了彼此信任的关系,也是我国多党合作制度得以长期存在和发展的保证。

(4) 多党合作的主要方式是政治协商、民主监督、参政议政。中国共产党与各民主党派政治协商,主要采取民主协商会、小范围谈心会、座谈会等形式。民主监督则是在坚持四项基本原则的基础上通过提出意见、批评、建议等方式进行。参政议政就是参加国家政权、参与政治事务的管理,就国家政治事务的管理提出意见和建议。一方面民主党派成员可以在人大、政府部门、政协、法院、检察院等任职,直接参与国家事务的管理等工作,另一方面民主党派可以通过提交政协提案等方式对国家事务管理、公共决策的制定建言献策。民主党派的政协提案是以各级民主党派组织的名义向各级政协全体委员会议或者常务委员会提出的、经提案审查委员会或者提案委员会审查立案后,交承办单位办理的书面意见和建议。

(二) 公共决策理论

决策是人类在改造自然和社会的实践中十分普遍的一种行为。在古代,国家或部落之间的战与和、战争中各种战略战术的选择运用、本国本部落经济的发展等都涉及决策的问题。然而,决策作为一门科学则产生于 20 世纪 40 年代,它主要通过理性决策模型的建构,寻求决策效益的最大化。公共决策是决策科学的一个重要组成部分,是指"公共组织(例如国家、行政管理机构和社会团体等)针对有关公共问题,为了实现和维护公共利益而做出的行动或不行动的决策,如国家安全、国际关系、社会就业、公共福利等"①。

1. 公共决策的价值

实现社会公共利益最大化是公共决策行为的出发点和归宿。关于公共利益,《公共政策词典》的定义是：指社会或国家占绝对地位的集体利益而不是某个狭隘或专门行业的利益。公共利益表示构成一个整体的大多数人的共同利益，它基于这样一种思想，即公共政策应该最终提高大家的福利而不只是几个人的福利。② 英国学者洛克认为，建立在社会契约基础上的"有限政府"是保护和尊重人们的生命、自由和财产权利的工具，为防止政府专制和滥用公共权力，确保其实现公共利益和人民福利，必须把国家权力分为立法权、执行权和联盟权（对外权），实行公民"同意的政治"和多数决议原则③。史蒂文·凯尔曼指出，对公共决策进行评价，以分析它的正当性及效果时，必须看这项公共决策"热心公益精神是否达到适当程度，以及过程是否培养我们的尊严和品格"④。我国学者谭兴中认为，公共决策的宗旨是更有效地为社会公众提供公共产品与公共服务，保障和增进社会公共利益的公平分配⑤。可见，公益性是公共决策的价值所在。政府是社会利益的代表，在决策的过程中，必须广纳民意，广聚民智，使公共决策真正成为惠民为民的科学决策。

2. 公共决策的主体和决策体制

决策离不开一定的主体。那么公共决策的主体是什么呢？张国庆在《现代公共政策导论》中认为，公共政策制定的主体主要有以下三类：一是国家公共法权主体，即国家法定的公共权力主体，包括立法、行政、司法机关等；二是社会政治法权主体，即经由法律认可和保护的社会政治权力主体，它有政党、利益集团和作为个体的公民三种基本存在形式；三是社会非法权主体，即在正式的法律规定中，其行为属于非政策行为，但实际却可以影响甚至深深影响政策决定的社会主体，如新闻媒体，它通过制

---

① 石路：《政府公共决策与公民参与》，社会科学文献出版社2009年版，第6页。
② ［美］E. R. 克鲁斯克、B. M. 杰克逊：《公共政策词典》，上海远东出版社1992年版，第30页。
③ ［英］洛克：《政府论》（下篇），商务印书馆1964年版，第82—99页。
④ ［美］史蒂文·凯尔曼：《制定公共政策》，商务印书馆1990年版，第183页。
⑤ 谭兴中：《论推进我国公共决策民主化科学化规范化》，《西南民族大学学报（人文社会科学版）》2005年第9期。

造和传播社会舆论而成为极具"杀伤力"的社会行为主体,因而历来受到政策研究的重视①。尽管公共政策的制定有多种主体,但都应以追求公共利益作为价值取向,都赋有相应的公共责任。决策发展的趋势是组织决策逐步代替个人决策,程序化决策逐步代替非程序化决策。陈庆刚、颜涛认为,现代公共决策是民主化与科学化的有机统一,推进我国公共决策科学化与民主化具有必然性②。姜国兵、孙永怡、欧阳晓东、唐斌在《论公共决策体制的三种模式》一文中认为,在公共决策体制的形成过程中,发挥主要作用的是权力的来源和构成、公职人员产生的方式和地位、历史文化的特征,三者以不同形式的组合构成不同的公共决策体制。文中论述的公共决策体制的三种模式是:传统模式即自上而下的公共决策体制、理想模式即自下而上的公共决策体制、现实模式即协商式的公共决策体制。③目前,我国在公共决策中更加重视与民主党派进行协商,更加重视听取社会团体和群众的意见,这是协商式公共决策体制的要求,也是其在现实公共决策中的生动体现。

3. 公共决策的过程

如果把决策与执行分离,公共决策的过程主要包括确立目标、拟订方案、优选方案三个基本程序。这种划分方式最早可以追溯到杜威,他在《如何认识》一书中认为,解决问题包括问题是什么、有哪些可能的答案、哪个答案最好三个步骤。④西蒙则认为决策活动还必须对决策的实施情况进行反馈,以便对决策方案进行修正与完善。他把决策过程分为情报活动、设计活动、抉择活动和实施活动四个阶段。实施活动是执行、跟踪和学习的过程。决策方案一旦确定,并不是下达一些命令、指示就完成了决策,还必须制订详细的执行计划和资源预算计划,使组织成员深刻理解决策方案并努力实施,同时还要加强实施过程的监督检查,发现偏差及时纠正。⑤相对而言,西蒙对决策过程的概括是比较完善的。公共决策不是一个静态的、一次完成的行为,而是一个根据实际情况的变化,可以不断

---

① 张国庆:《现代公共政策导论》,北京大学出版社1997年版,第34—39页。
② 陈庆刚、颜涛:《党政决策科学化与民主化的路径选择》,《金陵科技学院学报(社会科学版)》2009年第3期。
③ 姜国兵、孙永怡、欧阳晓东、唐斌:《论公共决策体制的三种模式》,《四川行政学院学报》2009年第3期。
④ 孙学玉:《公共行政学论稿》,人民出版社1998年版,第235页。
⑤ 王佃利、曹现强:《公共决策导论》,中国人民大学出版社2003年版,第7—8页。

修正和选择的动态过程，它不仅包括决策前的准备活动、决策方案的制定与选择，还包括决策的实施活动。公共决策的实施与反馈是促使公共决策不断得到完善的重要环节。实践是检验真理的唯一标准。一项公共决策正确与否，最权威的评判专家就是实践。

(三) 协商民主理论

1. 协商民主理论的兴起与发展

协商民主（deliberative democracy，有学者也译作审议性民主、商议性民主）是20世纪后期在西方兴起的一种民主理论。1980年，约瑟夫·毕塞特（Joseph Bessette）在其论文《协商民主：代议制政府中的多数原则》中，首次在学术意义上使用"协商民主"这个概念。协商民主作为一种民主理论，是基于社会多元化的发展以及选举民主遭遇的困境而提出的。20世纪后期，西方国家社会主体呈日益多元化的发展趋势，各主体之间都有不同的利益追求，社会分歧逐步扩大，这就需要有适当的机制来解决这种分歧，防止社会分化进一步加剧。此外，选举民主的一些缺陷在实践中也逐步展现出来，如选择过程耗资巨大、选择结束后难以对当选者实施有效监督等，这表明，广受推崇的选举民主也存在一定的局限性。正是在这种背景下，协商民主理论在20世纪80年代开始逐步在西方兴起。

不过，严格地说，协商民主不是一种完全意义的理论创新，它包含着古希腊民主思想复兴的成分。在古希腊，雅典的民主制度就可以窥见协商民主的身影。其500人大会、陪审团制度等都可以被看作是协商民主的一种形式。在伯克、密尔的政治理论以及20世纪初期的一些理论家的著作中，也能发现协商的先例。

尽管如此，"协商民主"的概念提出后，还是受到了理论界的广泛关注。伯纳德·曼宁和乔舒亚·科恩的研究丰富了协商民主的内涵。美国著名政治哲学家约翰·罗尔斯、英国著名社会政治理论家安东尼·吉登斯、德国思想领袖尤尔根·哈贝马斯等当今西方政治思想界的领军人物对协商民主的积极倡导，更是进一步推动了协商民主的发展。

2. 协商民主理论的内涵

关于"协商民主"，不同的学者有不同的理解，他们从不同的角度对"协商民主"做出解释。陈家刚先生在《协商民主：概念、要素与价值》

一文，把学者们对协商民主的不同理解归纳为以下三种。①

一是作为决策形式的协商民主。米勒认为，当一种民主体制的决策是通过公开讨论——每个参与者能够自由表达，同样愿意倾听并考虑相反的观点——做出的，那么，这种民主体制就是协商的。这种决策不仅反映了参与者先前的利益和观点，而且还反映了他们在思考各方观点之后做出的判断，以及应该用来解决分歧的原则和程序。

二是作为治理形式的协商民主。现代社会的最显著特征就是文化的多元化。多元文化民主面临的最大危险就是公民的分裂与对立。"协商民主是一种具有巨大潜能的民主治理形式，它能够有效回应文化间对话和多元文化社会认知的某些核心问题。它尤其强调对于公共利益的责任、促进政治话语的相互理解、辨别所有政治意愿，以及支持那些重视所有人需求与利益的具有集体约束力的政策。"

三是作为社团或政府形式的协商民主。例如，库克认为，"如果用最简单的术语来表述的话，协商民主指的是为政治生活中的理性讨论提供基本空间的民主政府。"科恩也认为，协商民主是一种事务受其成员的公共协商所支配的团体。这种团体将民主本身看成是基本的政治理想，而不只是将其看成是能够根据公正和平等价值来解释的协商理想。从这个角度出发，科恩认为协商民主具备五个要素：（1）协商民主是一个正在形成的、独立的社团；（2）恰当的社团条件既为成员间协商提供框架，也是这种协商的结果；（3）在管理自身生活中，社团成员具有不同的偏好、信念和理想。虽然成员都承诺通过协商来解决集体选择问题，但他们的目标还存在分歧；（4）成员将协商程序看成是合法性的来源，所以，其社团条件不仅是其协商的结果，而且同样是这种协商的表现；（5）社团成员尊重其他人的协商能力，即要求参与公共交往的能力，以及根据公共理性行动的能力。

在该篇文章中，陈家刚先生也对协商民主给出了自己的解释："我们可以将协商民主理解成这样一种涉及立法和决策的治理形式。其中，平等、自由的公民在公共协商过程中，提出各种相关理由，尊重并理解他人的偏好，在广泛考虑公共利益的基础上，利用公开审议过程的理性指导协

---

① 陈家刚：《协商民主：概念、要素与价值》，《中共天津市委党校学报》2005年第3期。

商，从而赋予立法和决策以政治合法性。"① 纵观众多学者对"协商民主"的各种定义，本课题更为赞同陈家刚先生对协商民主的解释。

3. 协商民主理论的现实意义

协商民主作为一种民主体制，在特定的社会背景中兴起，既是民主理论发展的必然结果，也是应对社会发展面临的新挑战的必然选择，具有很强的现实意义。

（1）有利于应对社会多元化发展面临的挑战以及选举民主遭遇的困境。在前面介绍协商民主理论的兴起时，我们知道，协商民主是基于社会多元化的发展以及选举民主遭遇的困境而提出的。协商民主强调在党政决策过程中，各相关方面的人要进行充分的协商、沟通，互相理解和尊重对方的利益偏好，充分顾及公共利益，在参与者达成共识的基础上形成决策，各方还可以对决策执行情况进行监督。这既有利于化解社会多元化发展中，各主体由于利益取向的不同而形成的矛盾，也有利于克服选举民主中耗资巨大等不足。

（2）有利于促进决策的民主化、科学化和合法化。首先，在协商民主理论指导下的决策，各利益相关方都可以自由、平等、理性地参与决策讨论，大家地位平等，能充分表达自己的意见，这样的决策就是民主化的决策；其次，由于决策过程中，充分听取了各方意见，广纳民意、广聚民智，会使决策更加正确、更加科学化，正所谓"三个臭皮匠，胜过一个诸葛亮"；再次，在决策过程中，各方积极参与，这样的决策具有广泛的民意基础，也就增强了决策的合法性。

（3）培养公民精神，制约行政权的膨胀。协商民主鼓励公民积极参与党政决策的协商。通过协商、交流，一方面可以培养出公民互相尊重、互谅互让等美德，另一方面也有利于提高公民的民主意识以及参政议政能力。公民民主意识的提高和参政议政能力的增强，将有利于加强对政府行政权力的监督，促使政府加强自律，廉洁行政。

正因为协商民主有如此重要的实践意义，它也是我国社会主义民主的组成部分。2006 年颁布的《中共中央关于加强人民政协工作的意见》就明确提出："人民通过选举、投票行使权利和人民内部各方面在重大决策之前进行充分协商，尽可能就共同性问题取得一致意见，是我国社会主义

---

① 陈家刚：《协商民主：概念、要素与价值》，《中共天津市委党校学报》2005 年第 3 期。

民主的两种重要形式。"① 可见协商民主和选举民主（或称表决民主）都是社会主义民主的重要形式。

二 民主党派参政议政存在的问题与原因

当前，民主党派参政议政在党政决策中发挥了积极作用，但还存在一些不足，质量水平有待提高，参政议政的外部环境有待进一步改善，这些因素都不同程度地制约着民主党派在党政决策中进一步发挥作用。

（一）民主党派参政议政的质量水平有待提高

民主党派参政议政在党政决策中能否发挥作用、能发挥多大作用，首先取决于其质量水平，即提案的论据是否充分合理，所提建议是否可行，是否有利于切实解决实际问题。目前，民主党派参政议政依然存在质量水平不够高的问题，主要表现为有深远影响的政策建议不多、从宏观性战略性角度提建议的提案较少等。究其原因，主要在于信息获取渠道有限、人才队伍结构不尽合理、激励机制不够健全等方面。

1. 民主党派参政议政质量水平不高的主要表现

（1）有深远影响的政策建议不多。

民主党派应当能够提出具有深远影响而且有一定代表性的政策建议，这是展现民主党派政策影响力的重要方面。就目前我国民主党派政策建议而言，出现了不少优秀提案，这些优秀提案所提建议不同程度地被政府有关部门采纳，对党政决策产生了积极影响。这也是民主党派参政议政取得的一个比较大的成果。但严格来讲，民主党派的参政议政建议称得上影响深远的尚在少数。因而，如何打造出一些精品提案，提出影响深远的政策建议，依然需要目前我国各民主党派参政议政的不断努力。

（2）从宏观性战略性角度提建议的提案较少。

2005年2月颁布的《中共中央关于进一步加强中国共产党领导的多党合作和政治协商制度建设的意见》规定："中共党委和政府要积极支持民主党派和无党派人士就全局性和战略性问题进行有组织的考察调研，也

---

① 杜青林：《中共十一届三中全会以来多党合作理论、政策和实践的创新与发展》，华文出版社2008年版，第265页。

可委托民主党派就有关问题进行考察调研。对民主党派和无党派人士的调研成果，要认真研究并反馈情况。"① 文件的这一规定具有一定的倾向性，表明中共中央希望民主党派和无党派人士履行参政议政职能的时候能多就一些"全局性"和"战略性"问题进行调研和建言献策。

全局观和战略眼光是一个政党应当具有的素质。执政党要制定指导党和国家发展的大政方针，固然需要具有很强的全局把握能力和深远的战略眼光。作为参政党要从较高层次上与执政党合作共事，也离不开一定的全局把握能力和战略眼光。增强全局把握能力这也就要求民主党派从更宏观的角度去思考和分析问题。目前，民主党派的政策建议和政策提案，基本上都是针对某些具体问题建言献策，甚少从我国社会发展的全局出发，提出一些具有宏观性、战略性的建议。

2. 民主党派政策建议和政策提案质量不够高的内在原因

民主党派政策提案和政策建议存在不足的主要原因有人才队伍结构不尽合理、信息获取渠道不够顺畅和激励机制不够健全等三个方面。

(1) 人才队伍结构不尽合理。

人才是具有一定知识能力、具备某些特长的人，是谋事、行事、成事十分关键的一个因素。比如，要研究和制造原子弹，就要有掌握核科学技术的人才；要建造大桥就需要有懂得桥梁设计建造的专家。同样，民主党派参政议政要想取得好的效果，就必须具有一支结构搭配合理、参政议政能力强的人才队伍，否则，就难以提出高质量、高水平的建议，难以产生实际效果。随着经济社会的不断发展，民主党派的参政议政工作在新世纪、新阶段也面临着许多新的挑战，建立一支结构搭配合理的高素质的人才队伍也显得越来越重要。

(2) 信息获取渠道不够顺畅。

开展调查研究，尽量全面深入地掌握相关信息是撰写政协提案的前提和基础。毛泽东同志在《反对本本主义》一文中指出：没有调查，就没有发言权，"你对那个问题不能解决么？那末，你就去调查那个问题的现状和它的历史吧！你完完全全调查明白了，你对那个问题就有解决的办法了。一切结论产生于调查情况的结尾，而不是它的先头……调查就象

---

① 杜青林：《中共十一届三中全会以来多党合作理论、政策和实践的创新与发展》，华文出版社2008年版，第258页。

'十月怀胎'，解决问题就象'一朝分娩'。调查就是解决问题。"① 可见通过调查研究，全面了解信息的重要性。从党政决策的视角看，民主党派撰写政协提案，向中共党委、政府建言献策，就是为了引起决策者对某一问题的重视，进而通过制定相应的政策措施，最终促使问题得到妥善解决。一份提案能否引起决策者的重视，很大程度上就取决于所提建议的可行性程度。而要提出中肯的、能切实解决实际问题的建议就需要深入调研，掌握充分的信息。信息掌握充分了，对问题的了解透彻了，撰写提案、提出建议就是水到渠成的事情。

但是，目前民主党派获取参政议政信息的渠道并不是很顺畅。政府职能部门是民主党派获取权威信息的最主要的渠道之一。然而，有些部门出于某些考虑，不太愿意提供关键的数据，有些即使提供了也会明确要求某些数据不得在提案中反映出来。"知情渠道不畅通是各民主党派参政议政面临的共性问题和突出矛盾。由于这种信息不对称的状态，造成民主党派对政府行为的计划、过程和结果知之甚少或者一无所知，提出的意见和建议往往不合时宜——不是过时的就是太超前，最终根本不具备可行性，更不可能被政府所采纳。"② 正所谓巧妇难为无米之炊，缺乏"知情"，没有足够的信息，民主党派就很难撰写出高质量的提案。

（3）激励机制不够健全。

办好一件事情离不开一定的客观条件，也离不开人的主观能动性。在客观条件一定的情况下，由能力相同的人办同一件事情，有些人可以很快把事情办好，有些人可能不能按时完成任务。这主要是因为人的主观能动性的问题。积极性高的人可以想方设法、争分夺秒地把事情办好，甚至是创造性地把事情办好。积极性不高的人就会得过且过，敷衍了事，难以按质按量完成任务。因此，完善激励机制，充分调动人的积极性也是办好一件事情的关键因素。

目前，各民主党派尚未形成一套完整的参政议政工作激励机制，对积极参政议政并取得成绩的党员也没有及时给予一定的表扬或奖励。尽管一些党员在没有激励措施的环境下，也会凭自己对组织的责任感，积极参与

---

① 《毛泽东著作选读》（上册），人民出版社1986年版，第48—50页。
② 王磊：《民主党派参政议政的边缘化趋势及对策》，《重庆社会主义学院学报》2006年第1期。

调研活动、认真阅读提案草稿并提出修改意见，但这毕竟是只有责任感很强的人才能做到，不是人人都可以做到的。缺乏激励机制，就难以充分调动广大党员参政议政的积极性，难以形成参政议政的整体合力，因而也就限制了民主党派参政议政水平的发挥。

（二）民主党派参政议政的外部环境有待进一步改善

民主党派在党政决策中发挥作用的程度，除了与其自身的质量水平有关以外，还受民主党派参政议政的外部环境的影响。各级党政部门高度重视民主党派的参政提案，积极支持民主党派开展参政议政调研，做到党政决策民主化科学化，及时将提案中科学合理的建议吸收到党政决策中，这样就能使民主党派的参政建议和提案产生实际效果，体现出应有的社会价值，同时也会进一步激发民主党派的参政议政热情，提高提案质量，形成良性循环。反之，就会影响民主党派参政议政的积极性，影响其在党政决策中的作用的发挥。目前，我国还存在某些党政部门党政决策还不够民主，对民主党派建议提案不够重视等不足，成为了制约民主党派在党政决策中发挥作用的外在因素。

1. 民主党派参政议政外部环境存在不足的主要表现

（1）某些部门的党政决策还不够民主化。

目前，党政决策发展的趋势是组织决策逐步代替个人决策，程序化决策逐步代替非程序化决策，即决策过程越来越趋向于民主化。公共决策的价值主要在于其公益性，因而决策过程更应做到民主化，通过广纳民意、广聚民智，使党政决策真正成为体现最广大人民群众意愿与利益的科学决策。

在促进党政决策民主化方面，我国做了大量努力，不断完善决策的基本制度，在坚持重大事项集体决策的基础上，进一步健全了民主集中制、专家咨询、社会公示与听证、决策评估、合法性审查等制度，明确规定凡涉及重大公共利益和人民群众切身利益的决策，都要向社会公开征求意见。这使得我国的公共决策更加规范化、制度化，程序更加完善，大大提升了党政决策的民主化水平，体现了社会主义政治文明建设的新成果。

然而，我们也不难发现，由于受到传统思想、部门利益等因素的影响，部分党政决策部门的民主决策有时候还只是一种形式，未能体现出真正意义上的民主。比如近年来频频见于报端的"听证会"，这本来是为实现民主决策而设计的一种制度，但由于听证代表往往缺乏代表性等原因，

"听证会"很多时候仅停留于形式上,各类价格"听证会"更是经常被群众戏称为"听涨会"。正如《羊城晚报》的评论指出:"听证会是一种民主程序,是公众表达意见的平台,是公民参与决策的场所,可是在'听证'之后,人们却发现公众往往成陪练,意见常常被诱拐,决策还是按照决策者的初衷'原汁原味'地行走。"[1] 这完全有违于民主决策的初衷。

部分党政决策部门决策不够民主化,表明他们广纳民意、广聚民智的意愿还比较欠缺。在这种情况下,他们对包括民主党派在内的提案建议的采纳程度就会大打折扣,进而也阻碍了民主党派在党政决策中进一步发挥作用。

(2)部分党政部门对民主党派参政议政还不够重视。

部分党政领导干部对多党合作的重要性认识不足。有的统战观念、统战意识比较淡薄,对多党合作和政治协商制度存在模糊认识,存在"建国初期需要、现在不需要,上层需要、基层不需要"的错误认识;有的不了解民主党派的性质和地位,个别的甚至把民主党派看成异己力量,不支持民主党派开展活动,造成一些党派成员开展参政议政重要调研活动、参加市委会组织的学习培训的时间和经费得不到保证。这表明,部分党政部门(在现实中尤其表现为部分基层党政部门)对多党合作制度的重要性的认识还有待进一步加强。

部分党政部门对多党合作制度的重要性认识不足,会导致他们对民主党派参政议政重要意义的认识不到位。因此,他们在承办民主党派提案时,往往会"走过场",应付了事,在做出决策时也难以做到认真吸收民主党派提案中科学合理的建议,从而直接影响到民主党派的提案建议在党政决策中发挥作用。

2. 民主党派参政议政外部环境存在不足的原因

民主党派参政议政外部环境存在不足的原因主要有以下两个方面。

(1)部分党政部门民主决策意识有待加强。

在党政决策中实行民主决策具有十分重要的意义。首先,有利于实现党政决策的科学化。在决策的过程中广开言路,广泛听取各方面的意见,有利于决策者集思广益,做出正确的决策选择,最大限度地防止决策失误。其次,有利于缓解社会矛盾,防止决策腐败。通过民主决策,社会各

---

[1] 阿龙:《听证会不要变成民主秀》,《羊城晚报》2009年2月25日第A08版。

阶层、各方面利益代表充分交流意见,在平等的协商沟通中相互妥协,最终达成一致意见,这样就能使党政决策较好地兼顾社会各方的利益,缓解社会矛盾。决策过程中各方平等的协商沟通是对个人专断决策的制衡,可以有效地防止决策腐败的发生。再次,有利于增强决策的民意基础,使党政决策得以顺利贯彻执行。在民主决策过程中充分听取和吸收了社会各方面代表的意见,做出的决策具有充分的民意基础,得到了群众的支持和拥护,这样就有助于党政决策的顺利贯彻执行。但由于部分党政部门领导受专制主义传统思想影响较深,对民主决策的重要意义认识不足,部分人出于部门利益的考虑,对民主决策存在抗拒心理,最终使得某些部门的党政决策民主化程度不高。

(2) 多党合作制度有待进一步完善。

俗话说:没有规矩,不成方圆。这从一个侧面也表明,制度建设在现代社会的重要意义。完善的制度可以促使人们遵循既定法则,朝着组织确立的目标和方向前进,对偏离组织目标的行为可以进行鞭策和惩戒,最终使偏离组织目标的行为回归到组织认定的正确轨道上来。中国共产党领导的多党合作制度是我国的一项基本政治制度,这一制度自1949年正式确立以来,不断朝着规范化、制度化的方向迈进,中共中央先后颁布了〔1989〕14号文、〔2005〕5号文等文件对这一制度进行规范和完善,多党合作制度建设的成果是显著的,但同时也存在某些有待进一步完善的地方。如中发〔2005〕5号文规定各级人大、政府、政协、法院、检察院要选配适当比例的民主党派成员和无党派人士担任领导职务,并要求中共各级党委和政府要积极支持民主党派履行好政治协商、参政议政、民主监督职能,要"把政治协商纳入决策程序,就重大问题在决策前和决策执行中进行协商"。总的来说,这些要求是比较明确的,不过文件没有规定,如果这些要求没有落实会受到怎样的惩罚。这容易给某些领导这样一种感觉:这些要求落实了是好事,不落实也不会受到惩戒,不见得就是什么坏事。最终会导致他们对多党合作不够重视。因而,这方面的规定还有待进一步完善。

三 民主党派参政议政与党政决策优化的对策

进入新世纪新阶段,中国共产党通过大力加强执政能力建设,执政水平有了新的提升，民主党派参政议政面临着新的形势和挑战。提高民主党派参政议政的能力和水平，优化党政决策是时代发展的客观要求。

民主党派参政议政在党政决策优化方面已经发挥了一定作用，但由于其提案质量水平还有待提高、参政议政环境还存在一些不足，一定程度上影响着民主党派在党政决策中作用的发挥。如何优化民主党派的参政议政，从而以使其在党政决策中发挥更大的作用？本文将从内因和外因两个方面加以探讨。

（一）提高民主党派自身的参政议政能力是根本途径

马克思主义原理告诉我们：内因决定外因，内因是最根本的原因。要增进民主党派政协提案在党政决策中的作用，首先要从内因着手，即提升民主党派的参政议政能力，进而提高民主党派政协提案的质量水平，这是最根本的途径。

1. 加强自身建设，提高人才队伍素质

人才在参政议政工作中起着十分关键的作用。建立一支高素质的、结构搭配合理的人才队伍是参政议政工作取得成功的前提。因而，民主党派要进一步加强以思想建设为核心、组织建设为基础、制度建设为保障的自身建设，提高成员素质，构建一支结构搭配合理的参政议政人才队伍。

（1）加强思想建设，不断提升党员的思想政治素质和知识水平。

学习是人们增长知识、提高素质的有效途径，也是增强民主党派成员参政议政能力的有效做法。首先要加强政治理论的学习。要组织民主党派成员深入学习马列主义、毛泽东思想、邓小平理论、"三个代表"重要思想和以人为本的科学发展观；学习中国共产党的路线、方针、政策，明确参政议政的重点和方向；学习本党派的历史，继承和发扬老一辈民主党派领导人与中国共产党风雨同舟、患难与共、团结协作的优良传统，加深广大成员对多党合作制度优越性的认识，夯实他们自觉接受中国共产党领导、坚持多党合作制度的思想政治基础，增强参政意识，提高履行参政议政职能的积极性与主动性。其次要加强对党派成员进行更新知识、扩充知识面的培训学习。"学无止境"、"学海无涯"说明了学习永远没有尽头，必须坚持"活到老，学到老"的精神，才不会落后于时代。特别在新世纪、新阶段，科技发展日新月异，知识更新速度快，更应坚持不懈地抓好学习。就民主党派而言，其成员主要集中在医疗卫生领域，除了要不断学习医疗卫生领域的新技术、新知识外，还应加强对诸如公共管理、市场经济、环境保护、法制建设等领域知识的学习，拓宽知识面，提高从多角度、多领域参政议政的能力和水平，逐步培养出一支知识丰富、领域宽广、多专多能的高素质的参政议政队伍。

（2）加强组织建设，不断充实参政议政人才队伍。

组织建设是民主党派自身建设的基础，是实现民主党派可持续发展、建设适应21世纪要求的高素质的参政党的需要。通过加强组织建设，可以使民主党派不断发展壮大，增强组织的凝聚力和战斗力，为提高参政议政能力奠定坚实的组织基础。领导班子是组织前进的"火车头"，起带动作用。加强组织建设，首先要抓好领导班子建设。民主党派的领导班子成员要自觉加强政治理论的学习，认真贯彻民主集中制，提高政治把握能力、参政议政能力和合作共事能力，高度重视参政议政工作。通过领导班子的表率作用，组织、引导广大成员积极履行好参政议政职能。其次，在组织发展中，注意把好入门关，重点发展一批高素质的党员。要认真贯彻坚持"三个为主"（即以协商确定的范围和对象为主、以大中城市为主、以有代表性人士为主）、注重质量、保持特色的原则，做好组织发展工作，把好入门关，要重点发展一批政治素质好、学历层次高、参政议政能力强的党员。同时，要在保持界别特色的前提下，适当增加一些其他界别党员的比例，使民主党派的参政议政人才队伍结构更趋合理，更有利于参政议政工作的开展。再次，要加强参政议政干部队伍的建设。在组织建设的过程中，要有意识地做好参政议政干部队伍的培养工作，要在实践中发现、挖掘具有参政议政潜力的人才，及时充实到参政议政干部队伍中。同时，要把是否具有一定参政议政能力作为考察后备干部的标准之一，促使广大党员自觉提升参政议政能力。

（3）加强制度建设，保障、规范并提升参政议政能力。

制度建设是民主党派自身建设中带有长期性、保障性的建设，是规范民主党派参政议政能力建设的保障。正所谓没有规矩，不成方圆。制度建设可以最大限度地减少工作中的随意性和盲目性，使民主党派参政议政能力建设工作规范、有序运转，提高参政议政能力建设的效果和质量。为此，民主党派要在总结经验的基础上，根据自身的特点，逐步建立一套适合新形势要求、适应参政议政能力建设需要的制度，使参政议政能力建设做到规范化、制度化。例如，要建立参政议政人才的选拔机制、学习培训制度、激励机制等等。通过制度规范，确保参政议政能力建设工作顺利进行，不会因领导者的喜恶而有所改变。

2. 拓宽信息收集渠道，抓好调查研究工作

信息收集渠道不顺畅，调研工作没能深入开展，是影响民主党派政协提案质量的一个因素。为此必须想方设法拓宽参政议政信息的收集渠道，做到全方位、多角度收集信息，扎扎实实做好调研工作。

（1）加强与党政部门的沟通联系，畅通权威信息收集渠道。

党政部门一般都作为领导者和管理者身份存在，因而是民主党派获取参政议政信息的重要渠道，也是收集权威信息的最便捷、最有效的途径之一。但由于部分政府职能部门对民主党派参政议政工作重视不够或出于部门利益等其他因素，往往刚好"没有"民主党派调研所需的一些关键数据或资料。为此，民主党派要进一步密切与政府职能部门的联系，加强沟通，增进互信，保持权威信息收集渠道的畅通。党委政府也要加强协调，确保民主党派与党政部门的沟通能顺利进行。

（2）对相关当事人或企事业单位开展调研。

这种调研可能比较辛苦一些，但却比较容易获得第一手材料。如为了了解水污染的情况，既可以到环保局、水务局等管理部门调研，也可以对河流周边的居民、单位进行调研。河流周边的居民对河水水质的变化过程、原因都有一定的了解，对河水被污染后对生态、生活带来的不良影响有亲身感受，体会深刻，很有发言权。

（3）通过网络新闻媒体等获取信息。

现代网络新闻媒体资讯发达，蕴含的信息极为丰富，传播速度快，查阅方便，几乎不受时空限制，而且费用低廉，是获取参政议政信息便捷而廉价的途径。民主党派应充分利用好网络新闻媒体这一渠道，广泛收集参政议政信息。比如要就垃圾处理的专题进行调研，就可以查阅网络新闻媒体的相关报道，了解群众、政府、专家学者对垃圾处理的态度、看法，甚至还可以了解到国内其他地方以及国外在垃圾处理方面好的做法和经验。

（4）其他渠道获取信息。

发挥民主党派联系广泛的优势，深入开展"一支部一建议"、"一人一信息"活动，广泛收集参政议政信息。民主党派的不少成员都在工作一线，而且与周围的群众联系密切，他们掌握着一定的参政议政信息。因而要坚持不懈地开展"一支部一建议"、"一人一信息"活动，把这些信

息汇集到民主党派，不断扩充参政议政的信息量，集思广益，形成合力，以提高参政议政的质量。

在拓宽信息收集渠道的同时，民主党派还要切实坚持求真务实的调查研究之风，把调查研究工作做深、做细、做实，杜绝只做表面文章的现象，扫除影响提案质量提高的障碍。

3. 健全激励机制，提高民主党派参政议政的积极性

激励即激发鼓励。在组织行为学中，激励主要是指激发人的动机，使人产生一种内驱力，向期望的目标前进的心理活动过程。胡冶岩在其著的《行为管理学》中将激励解释为："是指引起个体产生明确的目标指向行为的内在动力。或者说，它是设法激起他人的行动，以达成特定目的的过程。广义的激励是指激发鼓励，调动人的热情和积极性。"① 激励的作用主要表现在：（1）激励可以有效地提高工作效率；（2）激励可以充分地调动和挖掘人的内在潜力，使员工最充分地发挥其技术和才能，激发创造性和革命精神，从而出色地完成公共组织目标；（3）激励可以使公共组织的管理职能完善并提高其效力。科学的激励方法使管理者能区别对待各种表现的员工，形成"好人更好，一般学好，差者变好"的局面，从而使每个员工行为的实际结果与组织目标相一致②。

在公共组织里，专职的员工尚离不开激励。对民主党派绝大部分成员而言，其参政议政完全是兼职的，建立健全激励机制就显得更为必要。为此，民主党派必须进一步健全激励机制，充分调动广大成员参政议政的积极性，以进一步提高参政议政的水平。

（1）定期表彰奖励在参政议政工作中表现突出的成员。

例如，可以在每年年初举行的参政议政工作会议上，对上一年在参政议政工作中表现积极，取得较好成绩的成员进行表彰奖励。向获奖者颁发荣誉证书，并将获奖情况抄送获奖者所在基层组织及单位中共党组织，同时给予适当的奖金。坚持精神奖励与物质奖励相结合，提高激励的效果。

（2）把具有一定参政议政能力作为干部选拔任用的一个条件。

参政议政是民主党派十分重要的一个职能。民主党派各级干部只有具备一定的参政议政能力，才能更好地引领广大成员履行好参政议政职能。

---

① 胡冶岩：《行为管理学》，经济科学出版社2006年版，第267页。
② 娄成武等：《公共组织行为学》，中国人民大学出版社2006年版，第227—228页。

因而，民主党派要坚持把具有一定参政议政能力作为干部选拔任用、纳入后备干部人才库、推荐担任人大代表政协委员的条件。这样有三个好处：第一，使参政议政能力强的人有更多的机会和更广阔的舞台展现其能力，对其本人是一个激励，能使其参政议政潜能得到进一步发挥；第二，这样的用人导向对其他成员也产生了一个示范作用，促使他们更加积极主动地提升自身的参政议政能力；第三，在党员的参政议政能力提升后，民主党派的整体参政议政能力会相应提升，其政协提案的质量自然也会提高。

（3）实行一定的退出机制。

比如对不胜任的参政议政工作委员会委员、由民主党派推荐的人大代表政协委员，在任期届满时将其淘汰，不再推荐其继续担任此类职务。如果说前面两种方式是正激励，那么这种带有一定惩罚性质的做法就属于负激励的范畴。负激励是通过一定的惩戒措施对人的错误动机和行为进行压抑和制止，促使其幡然悔悟，改弦更张，保持有利于实现群体目标的行为。正激励和负激励联系密切，相得益彰，结合使用可以取得更好的激励效果。

（二）营造良好的参政议政外部环境是促进因素

民主党派的参政议政离不开一定的社会政治环境。在民主党派参政议政能力一定的情况下，外在的社会政治环境将直接决定着其参政议政的效果。因而，要增进民主党派在党政决策中的作用，营造良好的参政议政外部环境也是必不可少的要素。

1. 加强制度建设，使民主党派政策提案和建议受到应有的重视

随着多党合作事业和社会主义民主政治的发展，党政决策民主化程度不断提高，民主党派的提案也越来越受到重视，但这离民主科学决策的要求依然存在一定差距。同时不可否认，一些部门在办理提案的过程中也存在流于形式和走过场的现象。为此，有必要加强制度建设，进一步规范党政部门对民主党派提案建议的办理行为。

（1）进一步完善中国共产党领导的多党合作和政治协商制度。

中国共产党领导的多党合作和政治协商制度是我国的一项基本政治制度，确立和实行这一制度是中国社会历史发展的必然选择，是中国共产党和中国人民政治智慧的结晶。自这一制度正式确立的60多年来，我国各民主党派与中国共产党风雨同舟、荣辱与共，共同推进建设中国特色社

主义伟大事业，成就举世瞩目，充分显示了这一制度的巨大政治优越性。

随着社会的不断发展进步，我国的多党合作制度也得到了不断的发展完善。如1989年颁发的《中共中央关于坚持和完善中国共产党领导的多党合作和政治协商制度的意见》规定："在政协会议上，民主党派可以本党派的名义发言、提出提案。"[①] 但对提案应如何办理没有明确规定。在2005年颁布的《中共中央关于进一步加强中国共产党领导的多党合作和政治协商制度建设的意见》（以下简称2005年《意见》）则规定：中共党委和政府"对民主党派和无党派人士的调研成果，要认真研究并反馈情况。"[②] 这是多党合作制度的发展与进步。尽管这样，这些规定也存在有待进一步完善的地方。如各级党委政府应怎样研究和反馈情况，如果没反馈情况会受到怎样的处理等等，还不是很明确，若能做出更细化的规定，则能促使提案办理单位更加重视民主党派提案的办理工作。各省市也可以结合本地实际，出台相应的细则，使民主党派提案的办理工作更加规范。

（2）进一步加强党政决策的民主化建设。

党政决策的民主化程度，对民主党派提案的受重视程度有很大影响。党政决策越民主，在决策过程中善于广泛听取各方意见、乐于广泛听取意见，那么，民主党派提案就越容易受到重视。反之，如果一个地方的党政部门决策民主化程度不高，不愿意听取和采纳包括民主党派在内的社会各界的意见和建议，那么再好的民主党派提案也会被相关部门束之高阁，进而影响民主党派参政议政的积极性以及其质量的提高。

因此，必须加强党政决策的民主化建设，不断完善民主决策的程序。对事关经济社会发展、涉及广大群众利益的重大决策，要广泛征求包括民主党派在内的社会各界的意见，决策过程中要真正把专家论证、听证公示等必要的程序落实到位，切实扩大群众的知情权与参与度，坚决反对和避免由个人或少数人说了算的做法。通过加强制度建设，使民主决策规范化、制度化，让党政决策部门用海纳百川的胸怀，广泛听取意见，这样就有利于优化民主党派的提案。

2. 各级党政部门要为民主党派参政议政提供支持与帮助

在中国共产党领导的多党合作和政治协商制度框架内，中国共产党

[①] 杜青林：《中共十一届三中全会以来多党合作理论、政策和实践的创新与发展》，华文出版社2008年版，第250页。

[②] 同上书，第258页。

处于执政地位，是执政党，民主党派处于参政地位，是参政党。共产党在国家资源的支配利用上起决定性的作用。民主党派的活动经费也由国家财政支付。因而，民主党派的参政议政工作要顺利开展并取得成效，就离不开中共各级党委和政府的支持与帮助。正如中共马鞍山市委统战部的调研报告指出："目前……调研经费紧张，办公条件紧缺，兼职成员参加调研活动的时间以及交通费、差旅费难以保证……这些都不同程度地给党派开展议政调研工作带来了一定的影响。"[①] 可见，中共各级党委和政府的支持与帮助是民主党派提升提案质量、认真履行好参政议政职能的有力保障。

（1）为民主党派获取参政议政信息提供帮助。

因为参政议政信息获取渠道不够顺畅，影响了民主党派的提案质量。要撰写好提案就必须有充分的参政议政信息。而执政党在获取信息上更具有天然的优势，因而要为民主党派开展参政议政调研，获取参政议政信息提供必要的支持和帮助。同时要求各级党政部门尽力配合民主党派的参政议政调研，让民主党派真正做到"知实情"、"出好力"。

（2）为民主党派的调研活动提供必要的资金支持。

民主党派的参政议政调研活动需要一定的资金保障，缺乏经费保障的调研活动将难以深入开展。例如民主党派要就社区卫生专题展开调研，为G市做好社区卫生工作建言献策。民主党派首先要对G市的社区卫生工作进行调研，了解G市社区卫生工作的情况。在本市的调研花费可以相对少些。但如果距离G市较远的H市在社区卫生工作上做得比较好，要想借鉴H市的经验，以提出更加科学的建议，民主党派就需要到H市进行调研。这种调研花费就比较大，单靠民主党派有限的行政经费是难以应付的。这就需要党政部门提供必要的经费支持。否则，到H市的调研无法实现，就会影响到民主党派提案的质量。

（3）为民主党派成员履行参政议政职能提供有利条件。

民主党派成员参与参政议政工作大多数都是兼职行为，他们还有本职工作要做。参政议政的调研往往要占用工作时间，需要单位在时间上、在工作安排上对民主党派成员给予支持。这对于统战工作意识比较强的单位

---

① 中共马鞍山市委统战部课题组：《完善调研工作机制，提高参政议政能力》，《江东论坛》2007年第3期。

领导可以很容易做到，但对于一些对统战工作、对党派工作认识没那么深刻的单位领导通常就难以做到了。为解决这一困难就需要党委政府加强协调，提高各单位对统战工作重要性的认识，加大对党派工作的支持力度，为民主党派成员履行参政议政职能提供更有利的条件。

当前提高我国民主党派参政绩效的若干思考

杨和焰[*]

一　民主党派参政绩效的内涵

政党绩效通常等同于执政党的执政绩效。很少有人将绩效与民主党派联系起来讨论。本文提出民主党派参政绩效问题，基于我国具有中国特色的政党制度和民主党派在我国重要的政治地位。我国的政党制度是中国共产党领导的多党合作制度，民主党派与中华民族同命运共荣辱。民主党派作为参政党，其参政绩效如何，关系到执政党的执政绩效，也关系到政府绩效。因此，如何通过加强民主党派自身建设，完善民主党派参政议政的条件和机制，提高民主党派参政绩效，就成为中华民族复兴重大问题的子问题，也是中国政党制度建设和参政党建设必须回答的问题。

论文对于民主党派参政绩效问题的思考，围绕以下几个基本问题：什么是参政绩效？提高民主党派参政绩效有何意义？提高民主党派参政绩效的基本途径有哪些？论文抛砖引玉，试图提出这些问题并进行初步的分析，以引起关心参政党发展的各界人士对该问题的重视。

绩效概念最初在工商企业中使用，现在已经扩展应用到政府管理等其他领域。绩效概念通常指组织绩效，指一个组织利用资源的经济性、效率性和效果性。经济性就是以最低的费用取得一定量的资源，即支出是否节约；效率性就是投入和产出的关系，包括能否以最小的投入取得一定的产出或者以一定的投入取得最大的产出，即支出是否讲求效率；效果性就是

---

[*] 作者简介：杨和焰，男，华南师范大学政治与行政学院副教授，民盟华南师范大学委员会委员。

注：本文获中共广东省委统战部2011年度全省统战理论研究优秀成果三等奖。

指在多大程度上达到各种目标和其他预期结果，即能否达到目标。绩效概念有时指制度配置资源的经济性、效率性和效果性。绩效概念有时指活动、工作绩效，比如，管理绩效，指某种管理活动和工作的经济性、效率性和效果性。综合起来，绩效应该是制度、组织和活动三个层面的综合，它包括上述的三个方面。绩效往往通过外部的表现和结果来衡量，人们通常会制定具体的考评标准对组织的实际绩效进行对比、评估和测量，并作为改进绩效的参考。

论文认为，民主党派的参政绩效应当在综合意义上使用绩效概念。民主党派参政绩效是指参政党制度、参政党管理和参政党在履行参政职能过程中表现出来资源配置和利用的经济性、效率性、效果性，是参政党制度和参政党建设成果的外在体现。参政党经济性就是参政党以最低的费用、最少的时间取得一定量的资源，取得一定的成果，即支出是否节约；效率性就是参政党投入和产出的关系，包括参政党能否以最小的投入取得一定的产出或者以一定的投入取得最大的产出，即支出是否讲求效率；效果性就是指参政党在多大程度上达到各种目标和其他预期结果，即能否达到目标。民主党派的参政绩效是制度绩效、组织绩效和工作绩效（包括管理绩效）的综合，民主党派的参政绩效包括多党合作制的制度绩效，民主党派的组织绩效和活动绩效等几个方面。从管理的角度说，民主党派的绩效应该可以制定一定的绩效标准，通过绩效标准对参政党的参政绩效进行衡量、评估，借此，可以不断改进和提高参政绩效。

民主党派绩效是对参政党的外在表现测量的结果，绩效的主体是参政党。从这个意义上说，民主党派的参政绩效具有独立性和明确的指向，是相对于参政党的绩效，区别于执政党绩效和政府绩效。不过，民主党派是参与国家政权的政党，从而民主党派的参政绩效与执政党的执政绩效、政府统治和管理绩效以及社会主义国家人民参与政治的绩效一起，构成人民政权绩效的总体。参政党绩效成为人民政权的总体绩效的重要组成部分，具有相对性和总体指向。

二 提高参政党参政绩效的必要性

绩效是现代国家政权合法性的基础。具有绩效的政权通常具有合法性，相反，没有绩效的政权会减少甚至丧失其合法性，因此，民主党派参政绩效关乎参政党自身的合法性。从这个意义上讲，民主党派参政绩效是参政党生存和发展的必要条件。从更为广泛的角度考虑，参政党参政绩效关乎中国共产党领导的多党合作制的合法性和人民政权的合法性，是能否发挥中国共产党领导的多党合作制的优势和功能的重要问题。

首先，提高民主党派参政绩效，在于参政党具有提高绩效的潜力。统一战线是社会主义革命和社会主义建设的重要法宝，在社会主义革命和社会主义建设中起到了非常重要的作用，民主党派的作用毋庸置疑。问题在于，中国共产党领导的多党合作制的优势是否得到最充分发挥？民主党派的参政议政功能是否已经达到了最佳状态？如果我们以审慎的态度分析民主党派建设和发展的现实情况，包括其环境条件、制度、组织、管理和文化，不难得出结论，民主党派参政绩效提高仍然有很大的潜力和空间。因此，出于建设繁荣中国和实现民族复兴的考虑，我们应该整合各种优势资源，应该提高参政党的参政绩效。

其次，提高民主党派参政绩效，在于当前民主党派面临着新形势和新挑战。当前，提高民主党派的参政绩效是应对国际国内形势发展变化，建设社会主义政治文明，坚持和完善共产党领导的多党合作与政治协商制度以及实现和谐社会的需要。当前，"建设一个什么样的参政党以及怎样建设参政党"，成为民主党派必须面对和解决的一个与时俱进的重大课题。中共十六大特别是十六届四中全会，系统总结了执政党的历史经验，做出了加强执政能力建设的战略决策，科学回答了"建设一个什么样的执政党以及怎样建设执政党"的根本问题，为参政党建设提供了新的思路和方法。为进一步巩固和发展共产党领导的多党合作和政治协商制度，不仅需要加强和改进执政党建设，完善执政党领导，提高执政党的执政绩效，而且需要不断推进参政党建设，提高参政绩效。只有充分发挥中国政党制度中来自执政党和参政党两个方面的作用，中国共产党领导的多党合作制的整体效能才能体现出来。因此，新的形势和挑战要求政党建设的基本方向是绩效型政党，执政党必须提高执政绩效，参政党必须提高参政绩效。

最后，提高民主党派参政绩效，在于加强参政党自身建设的需要。参政党自身的变化给参政党建设提出了新课题，当前，参政党领导集体完成了新老交替，组织状况和组织结构有新发展，队伍思想状况呈现新特点。这些变化对民主党派自身建设提出了更高更新的要求。只有不断提高参政水平，提高参政党参政绩效，才能适应新形势，迎接新挑战，更好地履行参政党的职能。

三 提高参政党参政绩效的基本途径

民主党派参政绩效是多种因素共同作用的结果,因此,提高民主党派参政绩效应该具有多种途径。

提高民主党派参政绩效,其首要的途径就在于加强民主党派自身的建设,提高参政党的效能。民主党派要与时俱进,从制度、组织和文化各方面进行建设,提高参政议政的能力,体现参政绩效和社会主义政党制度的优越性。内修乎己,才能发乎于外。只有自身能力提高了,才能出绩效。当前,民主党派必须与中国共产党亲密合作,以领导班子建设为重点,以思想建设为核心,以组织建设为基础,以制度建设为保障,不断加强能力建设,建设一个理论上清醒、政治上坚定、组织上巩固、制度上健全、适应新世纪发展要求的参政党[①]。21世纪的参政党,应当建设成为知识密集型的学习型政党,做到全员学习、全过程学习和终身学习。只有不断学习和不断创新,民主党派才能永葆活力。21世纪的民主党派,还应该建设成为可以问责的责任型政党。民主党派是参与国家政权的政党,根据有权就应当负责的要求,民主党派应当是有担当负责任的政党。民主党派的责任,在于体现社会发展要求,推动社会进步;回应民众呼声,实现社会公益;关注民主民生,伸张社会正义。此外,新世纪的参政党,还应该符合规范化、制度化、透明性和高绩效的要求。

其次,要提高民主党派的参政绩效,要求参政党履行好议政职能、监督职能和公共服务职能。参政绩效具体体现为参政党履行其职能的经济性、效率性和效果性。如果说目前民主党派的参政绩效并不令人满意,其直接表现就是参政党在履行其职能过程中还存在不足,这在一定程度上降低了参政党的政治合法性。在当前转型社会的转轨阶段,发展过程中本身具有的各种新的社会矛盾日益凸显,各种新的社会问题层出不穷。这些矛盾能否尽快化解,这些问题能否高效率地解决,关系到社会主义现代化建设的效率和速度,甚至关系到社会转型能否保持社会政治稳定,关系到社会主义改革事业的成败。这就要求民主党派关注当前的形势发展,积极主

---

① 游洛屏:《适应时代要求加强参政党建设》,《中国统一战线》2003年第3期。

动,深入调查研究,理性分析当前社会发展中面临的社会主要矛盾和问题,尤其是人民群众关心的民主和民生问题,提出有建设性的建议、决策方案和提案。积极建言献策,大胆出声发言,在与中国共产党的合作中推进中华民族的伟大复兴。社会转型期也是权力腐败的高发期,民主党派要履行政治监督职能,不仅监督共产党,还应该监督共产党的各级担任公共职务的官员,从而保证公共权力的行使符合法律的规定,符合人民的要求,这也应该是政治监督的应有之义。转轨阶段,公共产品和公共服务需求与供给之间的矛盾正在显现出来,民主党派应当在公共产品和公共服务提供方面有所作为。参与提供公共产品和公共服务是参政党的优良传统。现代公共管理理论认为,公共管理的主体应该是多元化的,从这个意义上说,民主党派本身是公共管理的主体,是多元管理主体的组成部分,应当发挥自身的优势,为群众提供更多更好的公共产品和服务。

民主党派提供公共物品和公共服务,可以选择现代化建设进程中出现人民群众比较关心的影响比较大的新问题,比如,公共教育、公共医疗,弱势群体的生活保障。同时,民主党派要发挥自身的资源优势,民主党派大多数党员文化素质比较高,是高中级知识分子,具有智力优势,同时,大部分党员有爱国参政的热情和社会的良知,是社会的中坚力量。

再次,提高民主党派参政绩效还要依靠创造优良的外部环境。提高民主党派的参政绩效,还需要为参政党的发展创造良好的外部环境。1989年中共中央颁发了《中共中央关于坚持和完善中国共产党领导的多党合作和政治协商制度的意见》,2005年,中共中央又颁发了《关于进一步加强中国共产党领导的多党合作和政治协商制度建设的意见》,这是多党合作的纲领性文件。建立在"长期共存、互相监督、肝胆相照、荣辱与共"的方针基础之上的多党合作制度的建立,以及多年来与中国共产党建立起来的良好的党际关系,为民主党派发挥参政职能、提高参政绩效提供了良好条件。但是,在体制层面和具体的操作层面还有许多需要完善的地方。比如,民主党派监督国家公职人员的职能发挥,还需要从制度上规定监督的方式、程序和监督结果的使用以及监督对象如果存在不妥当的行为所应当承担的后果。还有,民主党派直接提供公共物品和公共服务,还要进一步明确民主党派提供公共服务的范围,建立相关的规定和机制。另外,民主党派获取、管理和使用公共资源应该纳入制度化的轨道,最好转入公共财政的轨道,使得收入有规范,支出也有规范,使得参政党的活动更加透明。这样，也有利于进行法律保障和社会各界进行评估和监督。此外，民主党派外部活动环境的优化，还需要整合多方面的力量，共同构建参政党与执政党、参政党与参政党、参政党与社会各种团体以及公民、企业的合作关系，在合作与适度竞争中推进公共事务治理，并以此为契机，提高民主党派的参政绩效。还要在宪法和法律的制度框架内，探索参政党参政的新领域、新方法、新机制和新路径。

最后，提高参政党参政绩效还必须建立评估参政党绩效的标准。这个标准应当具有可操作性，可以从参政党的议政职能、监督职能和公共服务提供职能三个方面分别从经济性、效率性和效果性三个层面进行考量。其中，经济性、效率性和效果性又必须继续细分为可操作的数据标准。具体标准的确定是一项复杂的工程。可以参照各个参政党以往已经取得的绩效水平，也可以参照某个有代表性的参政党已经取得的绩效或者各个参政党绩效的平均水平，并考虑各个参政党自身的资源状况。标准确定以后，应该根据形势的变化进行逐步修改和完善。而且，作为提高民主党派参政绩效的基本措施，还必须建立专门性的评估机构和制度化的绩效评估机制，当然，最主要的评估主体是最广大的人民群众。

协商民主视域下的人民政协理论之思考

——以哈贝马斯公共领域理论为方法

龙向阳　付宇珩　叶丽萍[*]

中国人民政治协商会议是我国社会主义民主政治的重要形式和实践载体，人民政协理论是中国社会主义建设的历史产物。在新的时代发展背景下，人民政协仍然发挥着积极的作用。但是，随着社会的发展，人民政协理论也面临着一些思想和实践层面的瓶颈问题，吸收世界先进文化成果就成为人民政协理论发展之必然选择。这其中，西方协商民主理论就是可以吸收和借鉴的有益成分之一。本文以哈贝马斯的公共领域理论为视野，试就上述命题进行实证的分析，以求教于方家。

一　问题的提出

民主是当代国际社会政治发展的一大主题。而国际社会对于民主的争论从未停止过，争论的焦点大多集中在民主的实现形式上。在当代政治光谱中，几乎所有的力量都认为民主代表着政治进步，而且都宣称自己致力于推动政治民主化进程。民主是个好东西，问题是怎样实现它。在这个问题上，各种政治力量有不同的看法，甚至激烈交锋。西方自近代以来，代议制民主从观念上生成到制度上完全确立经历了相当长的一个过程，选举

---

[*] 作者简介：龙向阳，男，华南师范大学政治与行政学院副教授，民进广东省委会委员；付宇珩，男，华南师范大学政治与行政学院2011级硕士研究生；叶丽萍，女，华南师范大学政治与行政学院2011级硕士研究生。

注：本文获中共广东省委统战部2012年全省统战理论政策研究创新成果二等奖、第十二届广东省高校统战理论研讨会优秀论文奖，原载《韶关学院学报（社会科学版）》2012年第11期。

逐渐成为了民主的代名词，争取普遍的公民选举权成为西方民主化进程的主要内容。不可否认，选举的确是民主的一种重要实现形式。如果说，让更多的民众，或曰被统治者，能够控制、支配国家机器，进行政治决策，从而实现大多数人，甚至所有人的统治，是人类政治进步的总趋势，并且以此定义民主的话，那么，现代代议制无疑是顺应了这一历史趋势，推进了民主的发展。

第二次世界大战以后，大多数国家至少在形式上都建立起代议制民主，实现了普遍的公民选举权。但是，代议制民主在实践中逐渐暴露出其种种弊端。第一，在西方发达国家，公民的民主权利逐渐被局限于选举投票活动中，他们对于实际的政治决策过程逐渐失去了控制。20世纪60年代席卷西方的民权运动正是这一弊端的体现，普通民众以社会组织、社会运动的形式进入政治过程，力图控制政治活动对于经济社会和个人生活的影响。因此，西方发达国家政权的合法性受到了严重挑战。第二，在长期的历史积弊和西方霸权控制下的世界体系的共同作用下，二战后新兴独立的发展中国家在经历了剧烈的社会政治变革后建立起来的代议制民主体系是空有形式而少有实质内容，这些威权主义政权利用在革命叙事中取得的合法性操纵这套制度体系，不断扩张和加强国家权力对于社会生活领域的控制，因此，那些从统治有效性中积累的新的合法性也逐渐被消耗殆尽。第三，西方发达国家不断在世界范围内扩张其霸权统治，它们抓住发展中国家上述的不健全的选举制度的弱点，利用其霸权支撑起来的制度吸引力强化"民主等同于选举"的认识，对发展中国家进行意识形态攻讦，甚至发动侵略战争，进而达到扶植傀儡政权，实行新式、间接的殖民统治的目的。而这些看似摆脱威权统治的发展中国家真的实现了政治进步和社会进步吗？答案当然是否定的，这些新政权同样是空有西方自由主义式的代议制民主框架，而无民主之实。虽然没有了当初威权主义统治下过度扩张的国家权力，但是社会却陷入了事实上的无政府状态；西方霸权国家和一些强势的社会政治力量操纵选举，普通民众对于政治过程的控制依然十分有限，社会基本共识无法真正达成，新政权无法有效组织经济与社会，因而重新跌入了合法性危机的泥潭。

作为对代议制民主危机的回应，西方学术界在20世纪后期提出了"协商民主"这一概念。不少学者认为，选举这一权力委托机制往往导致代议制民主变成现代形态的精英统治，而另一种民主形式——协商，可以填补选举之后留下的民主真空。实际上,协商民主是一种古老的民主形式,早在古希腊时期,协商已经作为一种直接民主的方式在公民大会中发挥作用。现代社会日趋多元化,公共事务变得十分繁杂,社会共识越来越难以形成;政治参与压力增大,单纯的选举投票已经难以满足政治发展的要求。协商能够使复杂分化的社会成员之间在一定程度上达成具有合法性的决定。

值得注意的是,虽然协商民主这一概念产生自西方,但是协商作为一种政治参与方式在我国却有深厚的历史传统。在1840年中国被迫踏上现代化道路以来的历次社会政治变革中,各种社会力量通过协商的方式形成公共舆论,并达成共识,影响政治过程,进而配合革命和战争,在很大程度上促进了社会和政治的进步。但协商真正成为一种民主形式,特别是一种制度化的民主政治形式,是随着1949年新民主主义革命的胜利和中华人民共和国的成立,并基于中国共产党领导下的多党合作与政治协商制度,以中国人民政治协商会议的形式体现出来的。在长期的人民政协实践过程中,逐渐形成一整套的人民政协理论,为我国社会主义民主政治建设提供了重要的理论指导。可以说,现代意义上的协商民主在我国是先有实践,后有理论;人民政协实践是作为代议制民主实践的补充,而不是以批判为目的而存在的,人民政协理论是富有建设性的协商民主理论。

实际上,无论是选举还是协商,其核心都是国家与社会的互动,以及共识的形成,并且最终达成具有合法性的政治决定。要对人民政协理论进行深入的思考,并且对人民政协工作提供建设性意见,应当抓住这一核心。我们不仅需要发挥人民政协理论本身的优势,也需要不断借鉴西方有益的理论资源。德国法兰克福学派代表人物尤尔根·哈贝马斯,是协商民主理论的积极推动者,他的公共领域理论着眼于国家与社会的互动关系,立足于以话语为中心的社会交往行为,对协商这一民主形式做了深刻的分析。哈贝马斯公共领域理论为我们在政治体制改革的背景下思考人民政协理论并加以创新提供了一种有意义的分析方法。

二 西方协商民主理论与我国民主实践的关联

(一) 西方协商民主理论的逻辑和内涵

协商民主 (deliberative democracy,又称审议性民主、商谈民主) 是20世纪80年代在西方兴起的一种民主理论。罗尔斯、吉登斯、哈贝马斯等人是协商民主的积极倡导者。协商民主的提出是对传统代议制民主的批判。协商民主是一种半直接民主，是介于代议制民主和完全的公民自治之间的一种民主形式。近代西方的民主理论家认为，代议制民主提供了一种可行的民主形式，克服了直接民主的理想化；减轻了普通公民的决策难度；允许有能力的人脱颖而出、发挥才智，形成理性的决策；能够防止"多数人暴政"。但是，现代社会日趋多元化，公共事务变得十分繁杂，社会共识越来越难以形成；政治参与压力增大，单纯的选举投票已经难以满足政治发展的要求；人们对民主过程的重视超过了对民主结果的关注，希望能直接参与公共事务决策，而不是委托他人行使权力。哈贝马斯对传统代议制民主进行了批判，他指出，"竞争性民主制的合法性产生于自由、平等和无记名选举中的多数人选票"①，但是"民主过程的参与者……至少需要一种合理性的说明来解释，多数人通过的规范，为什么应该被投票反对的少数人也接受为有效的东西"②。协商民主将民主的实际主体从代议精英扩展到广大的普通公民，强调意见表达和参与民主决策的平等性；它把公民对公共事务的利益关切放在首位，反对竞争性的权力角逐压制公民平等参与公共事务决策的机会；它提倡理性、公开、广泛的协商，强调普通民众的公共话语权。协商民主的核心是具有合法性的共识的形成。

（二）我国协商民主的特点

第一，协商民主在我国是作为一种建设性而非批判性的民主形式而存在的。与西方协商民主是对代议制民主充分发展并暴露弊端后的一种批判不同，我国的协商民主的发展反而是先于代议制民主的发展，并且是推动民主化进程的重要力量。从人民政协的历史中可以看到，协商民主不仅推动了新民主主义革命，而且在革命胜利后还曾发挥了临时制宪会议的功能。人大产生并成为国家最高权力机关以后，代议制民主得以真正确立，但是在此后的各个时期，协商民主相对于代议制民主在我国民主政治实践中仍然具有很高的地位，两种民主形式有机统一，共同推动我国社会主义

---

① ［德］尤尔根·哈贝马斯：《在事实与规范之间：关于法律和民主法治的商谈理论》，生活·读书·新知三联书店 2003 年版，第 363 页。
② 同上书，第 364 页。

民主政治的发展。

第二,协商民主在我国有丰富的实践经验和有力的制度保障。当西方还在构建协商民主理论,并且对协商民主在实践中的合理性仍然存在争议的时候,我国的协商民主通过人民政协、听证会、民主恳谈会、社区议事会等形式,不仅积累了丰富的实践经验,而且还拥有人民政协理论这样一种具有指导性的理论形态,更重要的是,政治协商被写入宪法,上升到了国家基本政治制度的层面。人民内部各方面在重大决策之前进行充分协商,尽可能就共同性问题取得一致意见,是我国社会主义民主的一种重要形式。我国用实践证明,协商民主是一种具有强大生命力的民主形式。

第三,协商民主发挥着重要的政治合法性功能。在我国,协商民主虽然不是产生合法性权力和进行政治决策的民主形式,但是,作为代议制民主的重要补充,协商民主由于具有积累社会资本、形成公共舆论、达成社会共识、促进公民有序政治参与的天然优势,在增强政治权力合法性,保障政治决策的合理性与有效性方面发挥着极其重要的作用。

三 哈贝马斯的公共领域理论及其对人民政协理论之意义

(一) 哈贝马斯公共领域理论的基本内容

尤尔根·哈贝马斯是德国著名的哲学家、社会学家,法兰克福学派代表人物。他着眼于国家与社会的互动关系,立足于以话语为中心的社会交往行为提出了"资本主义公共领域"这一概念,并对其产生、发展进行了阐述;基于对晚期资本主义危机和福利国家转型的思考,他还分析了公共领域的结构转型。

哈贝马斯指出,"资产阶级公共领域首先可以理解为一个私人集合而成的公众的领域;但私人随即就要求这一受上层控制的公共领域反对公共权力机关自身,以便就基本上已经属于私人,但仍然具有公共性质的商品交换和社会劳动领域中的一般交换规则等问题同公共权力机关展开讨论。这种政治讨论手段,即公开批判,的确是史无前例,前所未有"[①],"政治

---

① [德] 尤尔根·哈贝马斯:《公共领域的结构转型》,学林出版社1999年版,第32页。

公共领域……以公众舆论为媒介对国家和社会的需求加以调节"①。这就是说，公共领域是横亘在资本主义国家机器与资产阶级市民社会之间的地带，它是社会共识形成的空间和政治意见向国家领域输送的中转区域。以话语为中心的社会交往行为起到国家与社会沟通的作用，一方面，社会力量通过形成公众舆论，将个人的主体性的利益偏好转化为具有主体间性的利益诉求，即达成社会共识；另一方面，国家通过对社会共识的回应，并在政治过程中体现社会力量的利益诉求，取得了统治的合法性，其政策的有效性也得到了保障。

但是，"19世纪末……国家干预社会领域，与此相应，公共权限也向私人组织转移。公共权威覆盖到私人领域之上，与此同时，国家权力为社会权力所取代。社会的国家化和国家的社会化是同步进行的，正是这一辩证关系逐渐破坏了资产阶级公共领域的基础，亦即，民族国家和市民社会的分离。从两者之间，同时也从两者内部，产生出一个重新政治化的社会领域，这一领域摆脱了'公'与'私'的区别。它也消解了私人领域中那一特定的部分，即自由主义公共领域，在这里，私人集合成为公众，管理私人交往中的共同事务"②。另外，国家权力和一些社会强势力量通过控制大众媒体来左右公共领域中共识的形成，其结果是意识形态和私人利益歪曲了社会共识，哈贝马斯称之为"传媒功能的退化"。

（二）哈贝马斯公共领域理论中的协商民主

第一，协商民主建立在社会主体及其利益、文化背景的多元性的基础上。在现代社会，"大众的抵制能力和批判潜能，这一多元大众的文化习惯从其阶级局限中摆脱了出来，内部也发生了严重的分化"，"在后传统社会中……不存在基本信仰的同质性，不存在假设的共同阶级利益，相反，相互角力的平等的生活方式具有无法透视的多元性"③。承认多元性是进行社会交往，实现理性的协商讨论的前提，这对于形成具有合法性的社会共识是必要的。

第二，协商民主的核心要素是话语。哈贝马斯批判了自由主义民主理

---

① ［德］尤尔根·哈贝马斯：《公共领域的结构转型》，学林出版社1999年版，第35页。
② 同上书，第170页。
③ 同上书，1990年序言第19页。

论，他指出，"卢梭将普遍意志理解成为'心灵的共识，而非辩论的共识'。相反，道德必须在公共交往过程本身中确立下来。卢梭过高地冀望公民及其个人动机和德行能有道德"①。哈贝马斯认为，协商讨论的过程其实就是共识形成的过程，"'政治公共领域'作为交往条件……公民公众能够以话语方式形成意见和意愿"②。哈贝马斯指出，"政治分歧往往与经验问题和对事态的诠释、诊断以及预测有关"③，"经验问题往往无法与价值问题区分开来，因此自然也就需要以辩论的方式加以处理"④，他认为，"协商必须以相互交换意见为基础"，而"话语理论的优势就在于，它能够明确交往的前提"⑤。

第三，协商民主具有"批判的公共性"。公共领域作为国家与社会之间的区域，承载着二者互动中的张力。在现代社会中，国家为应对复杂的公共事务而不断地自我强化，与此同时，公民的批判意识日益增强，他们在协商的话语空间中进行多元的批判性意见的交流，"旨在一同或面对庞大的国家官僚机构来争取使权力和利益达到均衡"⑥。然而，协商民主又要在"不同利益无法消抹的多元性"内部，寻求"一种可作为公众舆论标准的普遍利益"⑦，从而争取具有建设性的结果。

（三）人民政协理论与哈贝马斯公共领域理论的关联

第一，协商民主基本原则的一致。爱国统一战线最广泛地将各种爱国力量整合在一起，使他们都能够平等地参与政治协商，发挥各自的优势，人民政协的团结和民主两大主题，充分体现了这一点。人民政协根据中国共产党同各民主党派和无党派人士"长期共存、互相监督、肝胆相照、荣辱与共"的方针，促进参加中国人民政治协商会议的各党派、无党派人士的团结合作，充分体现和发挥我国社会主义政党制度的特点和优势。哈贝马斯指出，在协商过程中，"一切可能的当事人都应当完全包括在

---

① ［德］尤尔根·哈贝马斯：《公共领域的结构转型》，学林出版社1999年版，1990年序言第23页。
② 同上。
③ 同上书，1990年序言第25页。
④ 同上。
⑤ 同上。
⑥ 同上书，1990年序言第19页。
⑦ 同上。

内,各党派之间保持平等,互动应当自由运作,应当公开观点,结论可以加以修正"①,"每一次辩论实践的交往前提都在于参与者消除和超越党派偏见与自身的特权。这两个前提必须得到实现,这甚至应当成为辩论的成规"②。

第二,协商民主制度化取向的一致。中国共产党领导的多党合作和政治协商制度已作为我国的一项基本政治制度写入宪法,政协章程也规定,中国人民政治协商会议的一切活动以中华人民共和国宪法为根本的准则,《中国人民政治协商会议章程》是人民政协工作规范化、制度化、程序化的集中体现。哈贝马斯指出:"法律必须保障话语方式,根据这一话语方式,必须在辩论的前提下制定和使用法律条款。这意味着法律程序的机制化,这些法律程序保障了交往前提的进一步实现,以进行公平协商和自由辩论。"③

总的来说,人民政协体现了协商民主的精神,建立了一个具有很大包容性、平等性的国家与社会互动的机制,形成了具有合法性的共识。在哈贝马斯公共领域理论看来,人民政协可以算是一种机制化的公共领域载体,是公共交往的一种枢纽。

(四) 哈贝马斯公共领域理论对人民政协工作的启示

哈贝马斯关于公共领域的结构转型的思考对于人民政协工作有一些重要的启示。虽然哈贝马斯对公共领域理论的反思是基于对晚期资本主义的分析,但是,其中也不乏值得借鉴的成分,这对于思考人民政协实践、创新人民政协工作是有益的。

第一,人民政协应当成为更具包容性和建设性的协商民主推动力量。哈贝马斯认为,在晚期资本主义中,"平等公民权普及之后……私人在资产阶级公共领域中联合成公民公众。如果这种假定的社会自我组织的潜能能够释放出来的话,那么,在一个不断扩张的公共领域中,文化和政治上已经动员起来的大众就必须有效地使用自己的交往和参与权利","大众私人的自律地位倚赖于社会福利国家的保证。当作为福利国家当事人的市

---

① [德] 尤尔根·哈贝马斯:《公共领域的结构转型》,学林出版社 1999 年版,1990 年序言第 26 页。
② 同上。
③ 同上。

民享有作为民主国家的公民赋予自身的地位保证时,这一衍生的私人自律就有可能成为原初私人自律的对等力量"①。这就是说,在参与压力下,利益诉求需要得到合理而有序的表达空间,尤其是在公民政治权利不断扩大和普及的情况下,现代社会中不断分化出来的新社会力量力图用政治手段保障自身的利益。于是,国家为了保证治理的合法性与有效性,就必须在政治层面对其进行妥善的回应。总之,不断扩张的公共领域需要建立更有包容性的载体。随着新社会阶层的出现和基层民主的蓬勃发展,人民政协在积极稳妥推进自身体制的改革,在扩大公民有序政治参与方面可以大有作为。首先,爱国统一战线应当不断扩大,更具包容性。其次,人民政协各组成单位必须密切联系各自的群众基础,抓住各阶层群众的政治参与特点,注意培养他们的政治参与能力,合法有效地将他们整合进协商的话语空间。最后,人民政协的工作应当重视公民社会组织及其在基层协商民主中的作用,在组织层面上创新人民政协的工作方法,提高政治协商的质量。

第二,人民政协必须善于利用大众媒体来开展工作。哈贝马斯指出:"随着商业化和交往网络的密集,随着资本的不断投入和宣传机构组织程度的提高,交往渠道增强了,进入公共交往的机会则面临着日趋加强的选择压力。这样,一种新的影响范畴产生了,即传媒力量。具有操纵力量的传媒褫夺了公众性原则的中立特征。大众传媒影响了公共领域的结构,同时又统领了公共领域。"② 改革开放以来,大众传媒在我国蓬勃发展,对民主政治的发展既提供了机遇,也带来了挑战,特别是进入21世纪以来,互联网媒体的迅速发展在革新了公民的政治参与方式的同时,提高了公民的政治参与水平。哈贝马斯认为,电子传媒导致了直接互动的结构转变,它使得民众在现实政治活动中"真实的在场转变为无所不在的在场",同时,"事件在全球变得无所不在,不是同时发生的事件也具有了共时性效果",因此,"大众通过电子传媒相互交往遇到了越来越大的选择强制"③。这就是说,大众传媒在公共领域中设置公共议程的作用越来越明显。人民政协作为一种公共领域载体和公共交往枢纽,必须善于利用新兴大众媒体

---

① [德] 尤尔根·哈贝马斯:《公共领域的结构转型》,学林出版社1999年版,1990年序言第13页。
② 同上书,1990年序言第15页。
③ 同上书,1990年序言第32页。

来开展工作，创新履行政治协商、民主监督、参政议政三大职能的方法，对公众的政治参与加以正确引导，"使他们能够改变、创意性地拓宽和批判性地筛选受外界影响的价值、观点和原因"①。

四　结语

新中国成立以来，中国人民政治协商会议在我国社会主义民主政治建设中发挥了重要作用。人民政协理论在实践中不断发展。协商民主视域下的人民政协理论，应当更具包容性、建设性和时代性，为新时期新形势下的人民政协工作提供理论指导。在政治体制改革的时代背景下，积极创新人民政协理论，需要吸收和借鉴西方有益的政治文明成果，为人民政协理论的进一步发展提供新思路。当然，我国的民主政治理论与西方的民主理论有着不同的产生背景和实践基础，这需要我们在学习与借鉴的过程中运用自身的政治智慧，理论联系实际，将西方有益的民主政治经验与我国的具体国情相结合，形成具有中国特色的民主政治理论，从而推动我国社会主义民主政治不断发展。

---

① ［德］尤尔根·哈贝马斯：《公共领域的结构转型》，学林出版社1999年版，1990年序言第31页。

五 民族宗教问题研究

中共第三代领导集体与中国的宗教问题

陈金龙[*]

进入20世纪90年代，中国宗教出现了许多新情况、新问题。面对新形势，党的第三代领导集体把宗教问题提到了前所未有的高度来认识和对待，不仅重申和拓展了行之有效的宗教信仰自由政策、宗教统战政策、宗教国际交流政策，而且根据新形势、新特点、新问题，提出了"依法加强对宗教事务的管理"、"积极引导宗教与社会主义社会相适应"等新政策，既使党的宗教政策得到了丰富和发展，又妥善处理和解决了中国的宗教问题，为21世纪中国宗教问题的处理积累了宝贵的经验。

一 对中国宗教问题的新认识

认识宗教问题是处理宗教问题的前提。第三代领导集体以马克思主义宗教观为指导，结合当今错综复杂的国际形势和中国宗教的具体实际，对中国宗教问题做出了新判断、新概括，形成了一些新认识、新观点。

（一）对中国宗教问题重要性的新认识

中国宗教具有长期性、群众性、民族性、国际性和复杂性，宗教问题处理得如何，直接关系到民族团结、祖国统一、社会稳定、社会发展和国际关系。正因为如此，第三代领导集体多次强调：正确对待和处理宗教问

---

[*] 作者简介：陈金龙，男，华南师范大学马克思主义学院院长、教授。

注：本文获中央统战部2003年度全国统战理论研究优秀成果奖，原载《粤海同心》2002年第12期。

题，是我国社会主义建设事业中的一个重要课题，也是建设有中国特色社会主义的一个重要内容，要求党的各级领导干部高度重视宗教工作。1990年12月召开的全国宗教工作会议，其基本精神就是要统一思想，继续贯彻宗教信仰自由政策，保持宗教政策的稳定性和连续性，动员各级党委、政府和社会各方面更加关心、重视和做好宗教工作。李鹏在会上发表讲话，要求全党和各级政府充分认识宗教工作的重要性，全面正确地贯彻执行宗教信仰自由政策，加强党和政府对宗教工作的领导。在和与会的部分代表座谈时，江泽民系统论述了宗教工作的重要性。他说："宗教问题是个大问题。因为它关系到我们整个国家的安定团结，关系到民族的团结、祖国的统一，关系到我们整个社会主义物质文明和精神文明的建设，也关系到渗透与反渗透、和平演变与反和平演变的斗争。"① 这"四个关系到"，是对宗教问题重要性所做的全面概括。1993年11月，江泽民在全国统战工作会议上再次提醒全党："民族、宗教无小事"②，这一精辟论断，是对国内外经验教训特别是东欧剧变、苏联解体惨痛教训的深刻总结，是对全党同志的重要告诫。

在2001年12月召开的全国宗教工作会议上，江泽民进一步强调了宗教工作的重要性。他说：宗教工作是党和国家工作中的重要组成部分，在党和国家事业发展的大局中有着重要的地位。他把宗教工作提到了关系全党、全局的新高度来认识和对待，并将宗教工作的重要性再次概括为"四个关系到"：即做好宗教工作，关系到加强党同人民群众的血肉联系，关系到推进两个文明建设，关系到加强民族团结、保持社会稳定、维护国家安全和祖国统一，关系到我国的对外关系。③ 这"四个关系到"较之1990年的认识，强调了宗教工作对于加强党同人民群众血肉联系的重要性，并充分肯定了宗教在对外关系中的作用。把宗教工作由部门的、局部的工作，变为全党的、全局的工作，并将其重要性具体化为"四个关系到"，这种对宗教工作重要性的认识，是前所未有的，表明了第三代领导集体在世纪之初对宗教问题的高度关注和重视。

---

① 《新时期宗教工作文献选编》，宗教文化出版社1995年版，第199页。
② 同上书，第250页。
③ 《全国宗教工作会议在京举行》，《人民日报》2001年12月13日。

(二) 对中国宗教特点的新论断

第三代领导集体在重申宗教"五性"的基础上，对中国宗教的"群众性"、"长期性"和"复杂性"的认识有所深化和升华。对于宗教的群众性，第三代领导集体的认识是清楚的。1990年12月，李鹏在全国宗教工作会议上指出："我国信仰各种宗教的群众虽然在全国总人口中所占比例不算很大，但绝对数字并不小。尤其是我国有近二十个少数民族几乎全民族信仰某一种宗教。宗教在我国仍有比较广泛的群众基础。因此，从某种意义上讲，正确对待宗教问题就是正确对待群众的问题。"① 这就指明了中国宗教的群众性，认识到如何对待宗教问题实质上就是如何对待群众的问题。在2001年12月召开的全国宗教工作会议上，江泽民进一步提出了"群众性的社会现象"的概念，也就是说，宗教不仅牵涉到数量庞大的信教群众，而且总是与社会问题结合在一起。并且指出："我们党代表最广大人民群众的根本利益，当然也包括广大信教群众的合法利益"，明确肯定我国信仰各种宗教的一亿多群众"也是建设有中国特色社会主义的积极力量"②。这是对信教群众政治地位最明确的定位，也是对党同信教群众关系最明确的定位。这种对宗教群众性的认识较之以往有了升华，如此有利于调动广大信教群众投身有中国特色社会主义建设事业的热情，也有助于消除视信教群众为落后面、消极力量的糊涂观念。

对于宗教的长期性，第三代领导集体的认识一直是明确的。1993年11月，江泽民在全国统战工作会议上就指出："宗教是一种历史现象，在社会主义社会中将长期存在。"③ 在2001年12月召开的全国宗教工作会议，江泽民对宗教产生和存在的自然根源、社会根源、认识根源和心理根源及其发展趋势进行了全面深入的分析，在此基础上提出了"根本是长期性"的论断。这一论断突出了长期性在中国宗教诸特点中的地位，说明了宗教的长期性与宗教的群众性、民族性、国际性、复杂性之间的关系，是对中国宗教特点认识的深化，也是我们认识和处理社会主义历史条件下宗教问题的基点。

---

① 《新时期宗教工作文献选编》，宗教文化出版社1995年版，第190—191页。
② 转引自叶小文《社会主义与宗教的历史新篇》，《中国宗教》2002年第1期，第15、13页。
③ 《新时期宗教工作文献选编》，宗教文化出版社1995年版，第254页。

由于中国宗教具有复杂的国际背景，又同复杂的社会政治斗争和民族关系交织在一起，第三代领导集体多次强调："宗教问题是一个重大的问题，也是一个复杂的问题。它涉及千百万群众的信仰，在许多地方与民族问题交织在一起，在一定条件下还受到某些国际因素的影响。"① 世纪之初，随着国际国内形势的变化，宗教问题的复杂性表现更为突出。因此，在 2001 年 12 月召开的全国宗教工作会议上，江泽民进一步强调，宗教问题从来就不是孤立存在的，它总是同政治、经济、文化、民族等方面历史和现实的矛盾交织在一起，宗教常常与现实的国际斗争和冲突相交织，具有"特殊复杂性"。"特殊复杂性"命题的提出，表明第三代领导集体对于当今中国宗教的复杂性有足够和清醒的认识。

认识宗教是"群众性的现象"，把握其"根本长期性"，关注其"特殊复杂性"，有利于我们进一步认识中国宗教问题的重要性和中国宗教发展的规律性，从而按照宗教的规律和特点来处理宗教问题。

（三）对中国宗教社会作用的新概括

宗教的社会功能具有两重性，从宗教社会学的观点来看，宗教具有心理调适功能、社会整合功能、社会控制功能、个体社会化功能、认同功能、文化功能、交往功能等正功能，但宗教的正负功能相互对应，在每种正功能的后面都有一种与其相对应的负功能②。把握宗教社会功能的两重性，能使我们更加全面地认识宗教这种社会现象的复杂性。对于宗教社会作用的两重性，尽管我们历来有所认识，但往往是消极的一面强调得多，一定意义上的积极作用肯定得比较少。在 2001 年 12 月召开的全国宗教工作会议上，江泽民总结中外历史经验，对我国社会主义初级阶段宗教的社会作用重新进行审视，第一次明确提出："我国宗教的社会作用仍然具有两重性，既有积极的一面，也有消极的一面"，"社会主义社会为发挥宗教的积极因素、抑制消极因素创造了有利条件"。③ 他充分肯定宗教在从事公益慈善活动、发展文化、鼓励信教群众追求良好道德、稳定信教群众情绪、调节信教群众心理、维护社会秩序和社会稳定以及对外交流等方面

---

① 《新时期宗教工作文献选编》，宗教文化出版社 1995 年版，第 242—243 页。
② 参见戴康生、彭耀主编《宗教社会学》，社会科学文献出版社 2000 年版，第 162—189 页。
③ 转引自叶小文《社会主义与宗教的历史新篇》，《中国宗教》2002 年第 1 期，第 14 页。

的积极作用。他强调，要鼓励和支持宗教界发挥宗教中的积极因素为社会发展和社会稳定服务，鼓励宗教界多做善行善举。对宗教的社会作用做出如此完整、具体的概括，这是第三代领导集体对马克思主义宗教观的发展，有助于把人们的观念从"宗教是人民的鸦片"这一偏颇中解放出来。

二 处理中国宗教问题的新政策

第三代领导集体根据冷战结束后国际格局的深刻变化和中国宗教问题日益突出的新形势，结合我国改革开放和现代化建设的新实践，在总结经验的基础上，提出了一系列处理中国宗教问题的重要政策和原则，确保了中国宗教问题的妥善处理。

(一) 依法加强对宗教事务的管理

宗教事务特指宗教社会事务，是宗教作为社会实体而产生的涉及社会公众利益的各种关系、行为或活动，它属于社会公共事务，是政府行政部门应该管理的对象。依法管理宗教事务，本质上是广大群众（包括信教群众）在党的领导下，依照宪法和法律的规定，通过各种途径和形式管理一个方面的社会事务，是为了使宗教事务纳入法律、法规和政策许可的范围，而不是去干涉宗教团体的内部事务。

对于依法加强对宗教事务的管理，第三代领导集体非常重视，不仅从理论上就此进行了阐述，而且对于宗教法规的制定工作十分关心。在起草管理宗教事务法规和征求意见的过程中，江泽民曾多次就此做出指示。1991年1月，他在听取了宗教界领导人的意见后说："要依法加强对宗教工作中有关法律、法规和政策的贯彻实施进行行政管理和监督。这对国家、对社会、对宗教界都有好处，目的是为了更好地保护正常的宗教活动和宗教界的合法权益，也有利于防止和制止不法分子利用宗教和宗教活动制造混乱、违法犯罪，有利于抵制境外敌对势力利用宗教进行渗透。这是为了更好地贯彻执行宗教信仰自由政策，决不意味着干预宗教团体自身的活动，更不是宗教政策收紧了。"[①] 1991年2月5日，中共中央、国务院

[①] 《政治上团结合作　信仰上互相尊重　保持宗教政策的稳定性和连续性》，《人民日报》1991年1月31日。

下发的《关于进一步做好宗教工作若干问题的通知》,进一步阐明了这一政策的精神实质和基本内涵。1994年1月31日,李鹏以国务院第144号令和第145号令,正式颁发了《中华人民共和国境内外国人宗教活动管理规定》和《宗教活动场所管理条例》。由于这两个条例是新中国成立以来除宪法外,第一次以法律、法规的形式,公布于众的政府对宗教事务进行管理的专门性条例,因而受到宗教界人士和信教群众的普遍好评,一致认为这是我国宗教立法工作迈出的重要一步,是我国宗教事务管理走向法制轨道的良好开端。世界各传播媒体也纷纷做了报道,盛赞这一举动是中国政府决心把包括宗教事务在内的社会事务管理法制化的又一生动事例。[①]

在2001年召开的全国宗教工作会议上,江泽民、朱镕基都进一步强调要依法加强对宗教事务的管理。朱镕基说:依法对宗教事务进行管理,是政府管理社会事务的重要职责,是建设社会主义法治国家的必然要求。要继续推进宗教法制建设,进一步把对宗教事务的管理纳入制度化、法制化的轨道。要坚持"保护合法,制止非法,抵御渗透,打击犯罪"的原则。既要敢于管理,又要善于管理,努力提高依法管理宗教事务的水平。[②]这就进一步明确了依法管理宗教事务政策的实质、原则和要求。

依法加强对宗教事务的管理,是第三代领导集体提出的处理宗教问题的新政策。自国务院颁布两个宗教行政法规以来,宗教立法工作进展很快,各省、自治区、直辖市根据国家有关法律、法规,结合本地宗教工作实际,陆续制定和颁布了有关宗教事务管理的综合性或单项的地方性法规和政府规章。到2001年1月,全国已有15个省、自治区、直辖市通过并施行了宗教事务条例,从而有效地推动了对宗教事务的依法管理。

(二) 积极引导宗教与社会主义社会相适应

宗教作为一种意识形态,受物质文化条件的制约,必然随社会状况的转变而转变,随社会的发展而发展,否则就将丧失继续存在的条件,宗教发展的过程就是与社会发展相适应的过程。在社会主义社会,引导宗教与社会主义社会相适应,既是社会主义对宗教的要求,也是宗教在社会主义制度下存在的条件。1990年,中共中央《关于加强统一战线工作的通知》

[①] 参见赵匡为《我国的宗教信仰自由》,华文出版社1999年版,第176页。
[②] 《全国宗教工作会议在京召开》,《人民日报》2001年12月13日。

明确指出:"要引导爱国宗教团体和人士把爱教与爱国结合起来,把宗教活动纳入宪法和法律的范围,同社会主义制度相适应。"① 这就明确提出了引导宗教与社会主义社会相适应的政策。1993年11月,江泽民在全国统战工作会议上进一步指出:"贯彻党的宗教信仰自由政策也好,依法加强对宗教事务的管理也好,目的都是要引导宗教与社会主义社会相适应。……这种适应,并不要求宗教信徒放弃有神论的思想和宗教信仰,而是要求他们在政治上热爱祖国,拥护社会主义制度,拥护共产党的领导;同时,改革不适应社会主义的宗教制度和宗教教条,利用宗教教义、宗教教规和宗教道德中的某些积极因素为社会主义服务。"② 这是对引导宗教与社会主义社会相适应政策的具体阐释和说明。

2001年12月,江泽民在全国宗教工作会议上,更为全面地论述了积极引导宗教与社会主义社会相适应的政策。他在讲话中提出了宗教与社会主义社会相适应的"两个基础":一方面,我国社会主义制度的建立,建设有中国特色社会主义,符合包括信教群众在内的广大人民群众的根本利益,这是我们做好宗教工作的政治基础;另一方面,我国各宗教通过自身的改革和进步也为社会主义社会发挥其积极因素打下了一定的基础。在这次会议上,江泽民还将积极引导宗教与社会主义社会相适应的内涵精辟概括为"两个要求"和"两个支持",即要求宗教界人士和信教群众热爱祖国,拥护社会主义制度,拥护共产党的领导,遵守国家的法律、法规和方针政策;要求宗教界人士和信教群众从事的宗教活动服从和服务于国家的最高利益和民族的整体利益。各级党委、政府和宗教工作部门,支持宗教界人士努力对宗教教义做出符合社会进步要求的阐释;支持宗教界人士与各族人民一道反对一切利用宗教进行危害祖国和人民利益的非法活动,为民族团结、社会发展和祖国统一多做贡献。③ 江泽民的上述概括,标志着中国共产党处理宗教与社会主义社会的关系进入了成熟阶段。

积极引导宗教与社会主义社会相适应,既是宗教认识观念上的一个重大转折,也是第三代领导集体提出的处理中国宗教问题的又一新政策。

---

① 《新时期宗教工作文献选编》,宗教文化出版社1995年版,第178页。
② 同上书,第224—255页。
③ 《全国宗教工作会议在京召开》,《人民日报》2001年12月13日。

(三) 政治上团结合作，信仰上互相尊重

与宗教界建立统一战线，是党历来执行的政策。第三代领导集体总结多年的经验，提出了"政治上团结合作，信仰上互相尊重"的原则。1991年1月，江泽民在会见各宗教团体主要领导人时提出："我们处理同宗教界朋友之间的关系的原则是政治上团结合作，思想信仰上互相尊重。"[①] 这是对宗教统一战线经验的新概括，也是对党的统一战线理论的新发展。

为了真正做到政治上团结合作，第三代领导集体沿用了过去一些行之有效的具体政策，如宗教界同其他界别的人士一样，在政治上享有平等的民主权利，17000余名宗教界人士在各级人大、政协会议上参与国家大事和社会重要问题的讨论，并就政府涉及宗教的工作提出意见、建议、批评或议案、提案；团结宗教界上层，政治上给以适当安排；充分发挥爱国宗教团体的作用，帮助各宗教团体搞好自身的组织建设；等等。除此之外，第三代领导集体还采取了其他一些切实有效的措施，其中的一项重要内容，就是注意培养宗教界的代表人物，解决其后继乏人的问题。

进入90年代，第三代领导集体对于宗教教职人员后继乏人的问题，较之以往更为重视。因为现有宗教教职人员随着年龄的增大，后继乏人的问题表现更为突出。1991年1月，江泽民在与我国各宗教团体主要领导人谈话时就说："培养一支政治上热爱祖国，拥护共产党领导，走社会主义道路，而且具有一定的宗教学识，能联系信教群众的年轻的宗教教职人员队伍，关系到我国宗教组织的将来面貌，也关系到我们党同宗教界长期合作的大问题，具有战略意义。"[②] 根据这一精神，1991年，中央统战部、国务院宗教事务局发出了《关于推荐和培养爱国宗教团体后备人员的意见》，明确提出：各级统战、宗教工作部门要把推动和帮助爱国宗教团体培养后继人的工作，作为一项长期的战略任务和宗教工作中一项基本建设来抓。要根据各地的情况和需要，帮助爱国宗教组织在现有中青年神职人员和教徒中物色和掌握一批政治素质好，有一定宗教学识或有信仰基础的人员，制定培养目标和切实可行的措施，力争在5—10年内，培养一批素

---

① 《新时期宗教工作文献选编》，宗教文化出版社1995年版，第210页。
② 同上书，第212页。

质良好的宗教团体后备人员，以保证各级爱国宗教团体负责人的新老交替顺利进行。据统计，至1997年，宗教团体开办的培养宗教教职人员的宗教院校有74所，先后毕业的学员有8000多人。如中国道教学院从1990年开办至1997年，先后举办了3届专修班，1届进修班，共有118人圆满毕业，获得毕业证书。这些学员毕业后，除了一部分留在中国道教协会和中国道教学院工作外，大多数回到各地参加管理宫观和地方道教协会工作，成为当代道教界的骨干和生力军。① 年轻宗教教职人员的培养，在很大程度上缓解了宗教教职人员"青黄不接"的矛盾。

信仰上互相尊重方面，第三代领导集体也采取了一些新的举措。如对穆斯林的朝觐，政府有关部门高度重视。从90年代开始，中国伊斯兰教协会组织的朝觐工作在国家有关部门的大力支持下，与地方伊协密切合作，实行统一包机接送，统一管理，统一着装戴牌，使朝觐组织与管理工作得以有条不紊地进行。仅2001年，就有2150名穆斯林朝觐人员圆满完成朝觐功课。中国政府为朝觐人员提供的良好服务，受到各地哈吉们的好评。

第三代领导集体尊重宗教信仰最突出的表现就是对藏传佛教活佛转世的承认。根据藏传佛教的仪轨和历史惯例，活佛去世后按传统的办法转世传承。国务院有关部门于1991年7月提出了"可以转世，不可全转，从严掌握"的原则。这个原则既体现了党的宗教信仰自由政策，照顾了藏传佛教的信仰特点，又可使活佛的数量比较适当，不致增加群众负担。有关部门同意恢复中断多年的活佛转世活动，体现了第三代领导集体对藏传佛教信仰的尊重。1992年6月27日，国务院宗教事务局正式批准了第十六世噶玛巴活佛的转世灵童，这是自西藏1959年民主改革以来首次由中央政府正式批准认定的转世大活佛。

1989年1月28日，十世班禅大师圆寂。关于十世班禅转世灵童的寻访工作，第三代领导集体高度重视。国务院于班禅大师圆寂的第三天便提出了关于十世班禅大师转世的原则规定。随后不久，经国务院批准，成立了以嘉雅活佛为首，有扎什伦布寺主要活佛、堪布、高僧参加的寻访班子，组成了以中国佛教协会会长赵朴初和副会长、佛协西藏分会名誉会长帕巴拉·格列朗杰为总顾问的顾问班子，着手进行灵童的寻访工作。在寻

---

① 《中国道教学院的诞生与发展》，《中国道教》1998年第1期，第7页。

访过程中，江泽民、李鹏等中央领导同志经常过问寻访工作的进展情况，做出了许多重要指示。有关部门还划拨专款，从各方面为寻访工作提供保障。在中央的积极推动下，经过各方面的共同努力，到1995年底，圆满完成了十世班禅转世灵童的寻访、认定与坐床这件佛门盛事。经金瓶掣签认定、国务院批准，1990年2月13日出生的西藏自治区嘉黎县坚赞诺布继任为第十一世班禅额尔德尼。第三代领导集体对班禅转世灵童寻访认定工作的高度重视、及时指导与大力支持，充分体现了对班禅大师遗愿的尊重，对藏传佛教宗教仪轨的尊重，对广大藏族信教群众宗教信仰、宗教感情的尊重。

实践证明，只有在政治上真诚团结合作，才能真正做到在信仰上互相尊重；而只有在信仰上互相尊重，才能有效地巩固和加强政治上的团结合作。这两者相辅相成，缺一不可。

（四）既要开展宗教的国际交流，又要抵制宗教的国际渗透

中国宗教具有国际性，对于宗教的国际交流，党和政府一直持支持态度。进入90年代，以江泽民为核心的第三代中央领导集体，依然主张在平等友好的基础上，积极地开展宗教方面的对外交流与交往。1990年12月，李鹏在全国宗教工作会议上就重申：我们要支持宗教界发展同境外宗教界的友好往来，为改革开放服务，为维护世界和平做出贡献。1998年2月12日，江泽民在接见美国宗教界人士访华代表团时还明确表示，欢迎美国宗教界的朋友到中国来亲眼看一看中国的情况，亲耳听一听中国各界特别是宗教界人士的想法、看法，并把在中国的见闻介绍给美国公众，为增进中美两国宗教界和人民的相互了解做出积极的贡献[①]。由于中国政府积极支持国内宗教团体和宗教界人士开展同外国宗教团体及宗教界人士之间的友好往来，90年代以来，宗教界的国际交流出现了空前的盛况。中国各宗教团体已同世界70多个国家和地区的宗教组织和宗教人士建立了友好联系，参加了联合国等国际组织的许多重大活动。宗教界的国际友好往来，消除了误会，加深了了解，增进了友谊，促进了经贸往来和文化交流，对我国的改革开放事业产生了积极影响。

但是，随着对外开放的深入，抵制境外势力的宗教渗透，又成为第三

[①]《江泽民会见美国宗教人士代表团》，《中国宗教》1998年第2期，第7页。

代领导集体面临的一个严峻问题。面对境外势力的宗教渗透,第三代领导集体特别强调:我国宗教团体和宗教事务要坚持独立自主、自办教会的教会的原则,不受境外势力的支配。1990年4月,陈云就宗教渗透问题专门写信给江泽民,信中表达了他对宗教渗透的不安和忧虑,并告诫"现在是中央应该切切实实地抓一抓这件大事的时候了"[①]。1990年12月,李鹏在全国宗教工作会议上就此指出:"要十分警惕和坚决抵制境外敌对势力利用宗教对我国进行渗透。这种渗透是指以颠覆中华人民共和国政权和社会主义制度、破坏祖国统一为目的的反动政治活动和宣传,以控制我国宗教团体和宗教事务为目的的活动和宣传,以及在我国境内非法建立和发展宗教组织和活动据点,而不是指宗教方面的友好往来。"[②] 这就对宗教"渗透"的实质做出了明确的界定,提高了全党对于这一问题的认识。

那么,究竟如何抵制境外势力的渗透呢?1991年2月,中共中央、国务院下发的《关于进一步做好宗教工作若干问题的通知》对此做出了一些具体规定。如:不允许任何境外宗教团体和个人在我国设立办事机构,建立寺观教堂,进行传教活动;对来自境外的宗教书刊、音像制品和其他宣传品,由政府有关部门制定管理办法,加强管理;任何人不得接受来自境外的、以渗透为目的的宗教津贴和传教经费;经贸、科技、文化、教育、卫生、体育、旅游等部门对外开展交流与合作,涉及境外宗教组织及其附属机构或个人,签订有关合作项目,不得带有传教、设立宗教机构、建立寺观教堂等宗教内容的条件;等等[③]。实践证明,这些措施对于抵制境外势力的宗教渗透是有效的。在2001年12月召开的全国宗教工作会议上,江泽民再次重申:要坚持独立自主、自办教会的原则,坚决抵御境外势力利用宗教进行渗透[④]。

历史的经验告诉我们,中国宗教具有国际性,处理宗教问题要从这一实际出发。既要促进和推动宗教界的国际交流,又要坚持独立自主、自办教会的原则,反对境外宗教团体和个人干预我国宗教事务,进行宗教渗透。而在当前复杂的国际环境之下,对于境外势力利用宗教所进行的政治渗透,更应保持高度的警惕。

[①] 《新时期宗教工作文献选编》,宗教文化出版社1995年版,第177页。
[②] 同上书,第194—195页。
[③] 同上书,第217页。
[④] 《全国宗教工作会议在京召开》,《人民日报》2001年12月13日。

三 解决中国宗教问题的新经验

第三代领导集体在解决和处理宗教问题的过程中，积累了丰富的经验。概而言之，主要有如下几个方面。

（一）既要保持宗教政策的稳定性和连续性，又要根据新情况使党的宗教政策不断得到发展

第三代领导集体一再强调：要全面正确地贯彻执行宗教信仰自由政策，保持宗教政策的稳定性和连续性。这是因为，党的宗教信仰自由政策反映了中国宗教的特点和规律，符合各族人民的利益，是处理宗教问题的一项基本政策，我们没有理由改变这个政策，贯彻执行了这一政策，也就能保持宗教政策的连续性和稳定性。同时，宗教政策的稳定，是爱国宗教界人士和广大信教群众思想稳定的前提，也是保证党的宗教政策权威性的基础。当然，随着形势的发展变化，党的宗教政策也应不断充实和发展，以解决宗教工作中出现的新情况、新问题，但其基本政策、基本原则不应改变。

（二）对宗教信仰宽容，对宗教事务管理严格

宗教信仰自由政策的实质，就是要使宗教信仰问题成为公民个人自由选择的问题，成为公民个人的私事。因此，第三代领导集体强调："如果我们在对待宗教问题上产生急躁情绪，试图用行政命令的办法或其他强制性手段对待宗教，将会破坏党和政府同信教群众之间的关系，从而给社会主义事业带来严重损害。"[①] 由于真正执行了宗教信仰自由政策，许多宗教领袖都认为，"我们享受着全面的、充分的宗教信仰自由"，是宗教界的"黄金时代"。[②] 宗教事务则不同，它属于社会公共事务，是政府行政部门应该管理的对象。加上改革开放以来，我国宗教事务方面也出现了不少问题，如一些地方滥建、扩建寺庙教堂，频繁进行

---

① 《新时期宗教工作文献选编》，宗教文化出版社 1995 年版，第 191 页。
② 圣辉法师：《破邪扬善 热爱和平 维护人权》，《中国宗教》2001 年第 3 期，第 14 页。

大型宗教活动，信教群众的宗教负担加重；利用宗教干涉行政、司法、教育、婚姻和群众生产、生活的现象时有发生；有的地方教派纷争，发生流血事件；有的地方甚至恢复了早已被废除的宗教封建特权和封建剥削制度；极少数民族分裂主义分子利用宗教进行分裂破坏活动。在这种情况下，只有将宗教事务作为政府管理社会公共事务的组成部分，由政府依法进行管理，并将这种管理推向制度化、法制化轨道，才能处理复杂的宗教问题。

（三）既要尊重信教群众的信仰，依法管理宗教事务，又不可放弃对信教群众的思想政治工作

第三代领导集体一方面强调信仰自由，依法加强对宗教事务的管理，另一方面也没有放松对信教群众的思想政治工作。第三代领导集体明确提出：要在宗教界人士和信教群众中深入开展建设有中国特色社会主义理论教育、爱国主义教育和宪法、法律、法规、政策教育，引导宗教团体和宗教人士把爱教和爱国结合起来；各级领导要加强同宗教界人士，特别是上层爱国人士的联系，同他们多接触、多交谈、多交朋友；定期或不定期地组织他们到内地参观访问，使他们开阔视野，增长见识；各级主要领导要定期召开各种形式的座谈会，给他们谈形势，通消息；要及时给他们看应该看的党和政府的文件，使他们了解情况，懂得政策。这些做法，提高了宗教界的民族自尊心和自豪感，增强了宗教界维护国家和民族最高利益的责任感和自觉性，对于促进宗教界思想的转化和进步，起到了积极作用。正因为如此，尽管90年代国际风云变幻，宗教界人士仍一致表示：要坚持党的领导，坚持走中国特色社会主义道路，坚持独立自主自办教会的方针。

（四）既要重视对宗教界上层人士的工作，又要关注对广大信教群众的工作

长期以来，我们在处理宗教问题时，比较重视对宗教界上层的统战工作。1990年12月，江泽民在同全国宗教工作会议部分代表座谈时强调：宗教工作要做信教群众的工作，"更要把对宗教界上层的统战工作做好。宗教界上层人士在信教群众中有相当的影响，做好他们的工作意义重大。各级党政领导、特别是主要领导，都要接触宗教界上层人士，关心他们的工作和生活，主动地做他们的工作，注意发挥他们的作用。"① 1991年、1992年，江泽民两次接见全国性宗教团体主要领导人，每年新春前夕李瑞环邀请全国性宗教团体负责人到中南海座谈，即是重视宗教界上层统战工作的具体体现。对广大信教群众的工作，第三代领导集体也没有忽视，如对他们的生活给予了足够的关心，注意发挥他们的积极性，特别是江泽民在2001年召开的全国宗教工作会议上提出：宗教工作，最根本的是做信教群众的工作，这是第三代领导集体对信教群众工作重要性的新认识，也是对宗教统战经验的新总结。

（五）谨慎处理宗教问题上两类不同性质的矛盾

第三代领导集体反复强调，我国宗教的状况已经发生了根本的变化，宗教问题上的矛盾已经主要是属于人民内部矛盾，处理宗教方面的矛盾必须持十分谨慎的态度。1990年12月，李鹏在全国宗教工作会议上指出：宗教问题上的矛盾主要属于人民内部矛盾，"对宗教问题一定要采取十分慎重的态度，从维护稳定大局出发，严格区分和正确处理两类不同性质的矛盾。对于人民内部的思想认识问题，要坚持团结的方针，坚持民主和教育的方法；对国内外敌对势力的破坏活动，不管它以什么形式出现，都要坚决予以制止和必要的打击。"② 这里对宗教问题的矛盾所做的定性及提出的处理宗教矛盾的方针，对于宗教矛盾的处理，具有指导意义。90年代，在中央的正确领导下，妥善处理了西北地区因伊斯兰教教派矛盾等引起的群体性事件；因个别出版物侮辱少数民族、伤害宗教感情引发的穆斯林群众抗议事件。这些事件的妥善处理，教育和团结了大多数群众，孤立和打击了极少数违法犯罪分子，为妥善处理新形势下因宗教问题引发的群体性事件和突发事件，积累了有益的经验。

（六）保护正统宗教，取缔打击邪教

第三代中央领导集体，严格区分宗教与邪教，在保护正常的宗教组织和宗教活动的同时，果断采取了取缔打击邪教的方针。90年代以来，成功地处理了"呼喊派"的遗留问题和"法轮功"问题，保证了党的宗教

---

① 《新时期宗教工作文献选编》，宗教文化出版社1995年版，第203页。
② 同上书，第192—193页。

政策的贯彻执行。朱镕基在 2001 年全国宗教工作会议上继续强调，邪教不是宗教，但邪教往往打着宗教的旗号蒙骗群众，危害社会。要广泛深入地普及科学知识和科学精神，大力反对封建迷信，从根本上铲除邪教的社会土壤。必须继续依法打击和取缔一切邪教活动，严防新的邪教产生。在同邪教做斗争中，要继续发挥宗教界的重要作用。[①] 这是对 90 年代以来经验的深刻总结。

　　有人预言，民族、宗教问题将成为 21 世纪世界面临的突出问题之一。也许问题不至于如此耸人听闻，但从当今世界范围来看，民族和宗教问题确实是引发局部冲突和地区危机的重要因素之一。从发展的趋势来看，21 世纪中国宗教仍将继续存在，宗教的影响将会有所扩大，宗教的世俗化倾向将进一步加强，中国宗教问题将变得更为复杂。对于 21 世纪中国宗教的复杂性、严重性、长期性，我们必须保持高度的警惕和清醒的认识。只有这样，才能妥善处理新世纪中国的宗教问题。

---

　　① 《全国宗教工作会议在京召开》，《人民日报》2001 年 12 月 13 日。

新形势下广东宗教管理社会化之路径探析

张栋梁　陈云飞*

宗教在人类文明的历史发展过程中总是起着独特而复杂的作用，它对社会经济、政治、文化、伦理道德等方面都可以发生影响。广东省作为迄今为止我国最早接触外来宗教并保存多种宗教的省份，改革开放以来，省委、省政府重视做好宗教工作，积极探索对宗教事务全方位、多层次、立体化的管理模式，为维护社会稳定和服务经济建设发挥了积极作用。但是，随着经济社会的高速发展，现代宗教管理模式急需新的理论和思路来激活宗教与现代社会间的交叉点。推进宗教管理社会化，努力通过社会公共事务管理的方式解决宗教领域的社会问题，不仅是加强和创新宗教事务的重要内容，更是促进和谐广东建设的有效途径。

一　广东管理宗教事务的实践和成效

作为改革开放前沿的广东地区，世界许多地区的民众在此共同工作、学习和生活，"各教信徒约有96万人，经批准开放的宗教活动场所2400多处。全省信教群众、宗教活动场所和教职人员主要集中在珠三角发达地区和粤东、粤西广大农村"①。五大宗教齐全，历史悠久，与岭南文化相互影响，形成了多处别具特色的宗教人文景观。改革开放以来，广东省在管理宗教事务方面进行了持续而有益的探索，取得了较好的效果。

---

* 作者简介：张栋梁，男，华南师范大学政治与行政学院馆员，民进广东省委会委员，民进华南师范大学总支副主委；陈云飞，女，华南师范大学政治与行政学院2010级硕士研究生。

　　注：原文载《广东省社会主义学院学报》2012年第1期。

① 中共广州市委统战部：《广东省宗教简介》（http：//www.gztzb.org.cn/DataDetail.asp?tb_id=53）。

(一) 积极立法，大力普法，认真执法

立法是管理宗教事务的前提。为了保护群众的宗教信仰自由，保护正常宗教活动和宗教界的合法权益，搞好宗教事务，广东省积极立法，加强了对宗教事务的管理。在遵循全国性宗教法规的基本原则的前提下，广东省结合自身宗教情况，先后颁布了《广东省宗教活动场所行政管理规定》、《广东省宗教事务管理条例》、《深圳经济特区宗教事务条例》、《广州市宗教事务管理条例》等文件。以法律、法规为依托，我省加大了普法力度，强化培训宗教界工作干部，并依托社区，增进社会各界对宗教法规和知识的了解，提高识别正常和非正常宗教活动界限的能力。执法方面，我省各级宗教事务部门依法对宗教活动场所进行了登记和年检，加强宗教活动场所的管理，先后取缔了多起打着宗教名义的违法、非法活动和境外宗教渗透势力，维护了社会稳定。

(二) 热心支持社会公益事业，积极投身经济建设

广东省宗教界开展了多个爱心公益活动，积极捐款捐物，支援教育、卫生、公益事业和灾区、贫困地区。例如，在"十百千"扶贫奔小康工程中，肇庆佛教界捐资10万元帮扶德庆江南村10万困难群众，省基督教两会积极支持瑶安隔江水村新农村建设项目，中山市32个困难户获得"百寺扶千户"帮扶金；在"建设和谐宗教，服务广州亚运"系列活动中，阳江市民族宗教系统扎实开展"建设和谐阳江，服务广州亚运"系列活动，广州市越秀区举办涉亚宗教服务培训班，广州市市长张广宁多次称赞亚运城宗教服务中心工作做得好。此外，省宗教界还利用自身优势在开发利用文化资源、对外招商引资方面为我省经济做出了贡献，引领广大信徒发展生产，脱贫致富，模范完成了国家各项任务，开创了美好生活。

(三) 加强宗教团体建设，发挥桥梁纽带作用

广东省政府为了加强与各信教群众之间的联系，特别注重对宗教团体的建设。各宗教团体与政府机构贯彻"政治上团结合作，信仰上互相尊重"的原则，坚持独立自主自办教会，不断加强自身建设，注重对宗教界人士的教育培养，选送各教年轻教职人员到全国性宗教院校就读，并举办各类进修班和培训班，培训宗教人才，提高自身管理能力，带领信徒积

极走与社会主义社会相适应的道路。

二 社会转型期广东省宗教管理方面的新情况、新问题

随着经济的加速发展，社会转型期的广东省在管理宗教事务方面遇到了一些现有宗教法规、规章难以覆盖的新情况、新问题。

(一) 基层宗教管理体制有待完善

目前，广东省基层宗教管理体系中有待完善点主要包括：第一，"各县区尽管成立了宗教工作领导小组，但领导小组成员结构不稳定。由于基层工作的变动性较强，人员调整速度较快，有时个别地区的领导刚成为基层宗教工作领导小组成员，尚未开展工作就发生调动"[①]。这种频繁的人员调整，往往会影响到宗教工作领导小组作用的发挥。第二，基层宗教部门与政府其他部门之间的协同配合还缺乏相应的协调机制。这就使很多工作具有被动性，难以开展，从而影响宗教部门依法执政和有效管理。第三，基层宗教培训工作和保障机制有待完善。由于领导重视不够、经费短缺等条件限制，基层宗教人士素质普遍较低，且基层宗教教职人员队伍后继乏人也是我省部分地区普遍存在的现象。

(二) 宗教社团管理权力有限

宗教社团作为一种民间组织，只能在各级政府宗教部门领导下协助开展工作，缺乏行政能力。但在实际上，由于宗教问题非常敏感、复杂，经常涉及法律、经济、外事等问题，各教派之间及教派内部也是矛盾重重，每当碰到这类问题，宗教社团由于行政管理权力有限，往往无力解决，不得不转而向政府宗教部门进行求助，最终使许多社会不和谐因素没有得到及时有效的解决，形成处理滞后的负面影响。

(三) 宗教资金流向逐渐"资本化"

在广东省，各教派为了自养，必然会进行一定的经济活动。例如，

[①] 中共本溪市委统战部：《加强基层宗教工作机制建设研究》，《中央社会主义学院学报》2010年第2期。

信教群众参加一些特殊的宗教活动，如点灯、烧香、做水陆道场、抽签解签等都需要交纳较高的费用，由此可见，信众的奉献数额在宗教的收入中占了相当大的比重。收入增加后，有的新建或改建宗教活动场所，有的应用于慈善事业，但是也有个别人将钱财收入自己囊中，使宗教成为敛财工具，这种管理不规范的财务制度对宗教的慈善形象造成了一定的不良影响。

三　推进宗教事务社会化管理模式的探索

全国政协副主席、中共中央统治部部长杜青林在与宗教界代表人士座谈时曾明确指出："要深入贯彻宗教工作基本方针，尽可能用管理社会公共事务的法律法规来规范宗教事务，尽可能通过社会公共事务管理的方式来解决宗教领域的社会问题，尽可能调动社会力量加强对宗教事务的综合管理，切实增强宗教工作的针对性和有效性。"[①] 由此可见，实行宗教管理社会化不仅是中央指导地方宗教工作的重要方针和思路，更是解决我省宗教管理方面各种问题的新途径、新方法。

(一) 加强基层宗教管理社会化机制建设

基层宗教作为与广大信教群众联系最为密切的部分，是我省宗教事务社会化管理的基础和支撑点。

(1) 建立横向到边，纵向到底的工作网络。从纵的方面看，在宗教工作任务重的市、县、乡、村设立宗教工作专门机构或宗教工作专职人员，并逐级签订责任书，形成垂直到底的领导管理体系；"从横的方面，各级党委、政府主管领导同有关部门签订责任书，有关部门又在系统内层层分解，形成平行到边的社会管理网络"[②]。在这种上下联动、左右协调、条块结合的管理体制的制约和牵动下，各级各部门各司其职，密切合作，提高基层宗教高效、快捷的办事效率。

(2) 加强基层宗教场所建设与管理。基层宗教场所是广大信教群众

---

① 《坚持宗教事务管理法制化与社会化方向》，中国新闻网（http://www.chinanews.com/gn/2011/04—11/2962381.shtml）。
② 侯志华：《推进民族宗教工作社会化管理》，《中国民族报》2001年12月11日。

组织祭祀、参拜等活动的聚集地，因此，各基层宗教活动场所要依法成立管理组织，实行科学民主化管理，严格按照规章制度审批宗教活动，切实保障每场宗教活动的和谐开展。此外，还可以发动基层宗教团体向信教群众提供技能培训，倡导信教群众创业致富，以改善生活，提升幸福指数，促进宗教场所的平安、和谐。

（二）发挥宗教团体桥梁和纽带作用

宗教团体作为非政府组织的一部分，它的宗旨就是按照党和政府有关政策和法规组织、团结广大教徒和信众，开展正常的宗教活动，因此要加强对宗教团体桥梁和纽带作用的认识。

（1）发挥宗教团体信息管道机制作用。宗教团体代表了信教公民利益，团体中成员或信教公民有意见、建议，可以通过自己的组织把信息上达至政府宗教工作部门。宗教团体的这种"减压阀"作用，可以有效改善政府与信教公民之间的关系，减少社会宗教矛盾，为使社会达到一种和谐状态，起到了积极作用。

（2）发挥宗教社团组织作用，加强对城市外来教徒管理工作。随着广州"亚运会"和深圳"大运会"的召开，广东外来宗教人员在逐步增加，管理难度也不断加大，要注意发挥宗教社团组织协调作用，主动与外来教徒加强接触、建立亲密关系，了解他们的思想感情及生活状况，帮助他们解决一些实际问题。只有感情融洽了，外来信众有意见才敢讲，才愿提，社会才能更团结。

（三）推进宗教慈善事业社会化发展

慈善社会化，是社会慈善事业的发展方向。宗教慈善，也只有融入社会慈善，走向社会化发展之路径，才能充分发挥其积极作用。

（1）根据宗教慈善文化的特性，探讨树立优质的慈善形象。多年来宗教作为一种慈善文化的"代言人"，多从事一些零碎的慈善活动，缺乏自己的独立创意，没有把宗教慈善发展成为更有感召力的社会文化品牌。作为宗教慈善品牌，要更加注重其内在价值和外在形象的契合，从而增强社会知名度。通过对慈善品牌积极推广，增加社会募捐资金，并捐资到社会各个阶层，形成爱心网络。

（2）"建立规范的社会募捐体系，组织严密，分工明确，使慈善活动在阳光下进行。"① 宗教慈善募款吸纳着大量的社会资源，寄托着社会的良知与期待，如果缺乏有效管理，不仅极易滋生腐败，伤害社会慈善的开展，更会摧残捐献者基于信仰和道德追求的心灵。所以，必须对宗教慈善募捐活动进行监督和管理，建立合法规范的运行机制与管理体制，加强对宗教慈善事业负责人社会福利和社会服务意识的培养教育，增强宗教慈善的社会公信力。

（四）促进城市中宗教和谐社区的建设

"社区具有两种主要形态：地域性社区和泛地域文化社区。"② 近年来，由于民政部门的高度重视，以居委会和街道为代表的地域性社区服务建设得到了快速发展，专业化服务程度和服务质量都在不断提高。但是，民政部门只管地域性社区，以宗教信仰为纽带的泛地域文化社区归宗教部门管理，而宗教管理部门在实际管理过程中只重视宗教事务管理，没有充分认识到泛地域和谐社区建设的重要性和现实意义，在一定程度上忽视了宗教社区服务，结果引起了信教群众的不满，在社会中产生了一些不和谐音符。

宗教和谐社区的建设具有重要的现实意义。首先，"通过宗教和谐社区的建设，广大教徒和信众可以实现互助，提高生活质量，完成宗教功课，传承宗教文化，满足宗教信仰需求和部分日常生活需要"③。所以城市宗教社区，不仅是信众之间信息交流，展示文化底蕴的平台和社区活动的中心，同时还是各教内部不同群体之间互动的平台以及非信众了解信众群体的重要窗口。其次，宗教和谐社区建设可以促进宗教内部的和谐，促进城市的对外开放和吸引外资，促进民族地区的城市化和现代化，最终为我省社会和谐做贡献。

宗教既不是思想毒物，也不是歪理邪说；既不是封建思想，也不是腐朽没落的代表，而是一项涉及方方面面的社会性很强的管理工作。因此，我们要重视，不能回避；要引导，不能强治；要管理，不能放松。作为一

---

① 《佛教慈善社会化之路径》，中国慈善事业研究中心（http://www.worlduc.com/e/blog.aspx?bid=30306）。

② 白友涛：《积极推动城市穆斯林和谐社区建设——以南京等大城市穆斯林社区为例》，《中国穆斯林》2007年第6期。

③ 同上。

项庞大的长期的社会工程,我们要进一步加大工作力度,努力在宗教管理社会化方面大胆探索,积极推进,走出一条更符合省情,更符合宗教工作规律,更有成效的路子。

宗教同社会主义社会相协调问题的探讨

吴少荣[*]

宗教与社会主义水火不容，是我国宗教理论界流行的观点。正是这种理论上的偏颇导致了党和国家在宗教政策上存在某些失误。但事实上，宗教与社会主义社会具有某种可适应性、可协调性。我国宗教理论界自1982年开始提出了"宗教和社会主义相协调"的命题之后，对此做了初步的理论探讨，使人们对此的认识趋于科学。本文拟就这一问题提出几点看法，以就教于同人。

一　宗教与社会主义社会具有某种协调性

宗教在社会主义历史阶段，因仍有其赖以存在的认识根源和社会根源，还拥有一定的群众基础，在可预见的未来将不会消亡。但是，社会主义时期的宗教同传统的宗教有所不同。社会主义社会是伟大的历史变革时代，这势必也影响宗教发生变革，使它可以朝着与社会主义社会相适应、相协调的方向发展。

首先，这是由宗教自身的发展规律决定的。任何一种宗教都不是永恒不变的，而是随着社会变革而发展变化的。从宗教史上看，各种宗教都面临着如何适应社会的发展，不断调整其教义、组织以发挥其在社会生活中的作用问题。只有能与社会制度相协调的宗教才能生存和发展，否则会被淘汰或衰落。从宗教的现状看，社会主义时期的宗教，经历了深刻的变革，这主要是废除了教堂寺庙的土地私有制和各种宗教特权，从而消灭了

---

[*] 作者简介：吴少荣，男，华南师范大学原政治与行政学院教授。
注：本文原载《华南师范大学学报（社会科学版）》1993年第2期。

宗教剥削的经济基础；彻底完成了政教分离的过程，割断了宗教与政权的联系；切断了宗教同外国帝国主义势力的联系，使反动势力无从控制宗教；宗教的某些观点、组织形式、规章制度进行了革新，好的传统得到发扬，而一些弊端得到革除；等等。改革后的宗教发生了深刻的变化：宗教组织成为联系各自信教群众的名副其实的社会团体；宗教主要是作为一种社会意识和历史文化传统而存在，宗教思想成为一种自由信仰；宗教教士和宗教职业人员绝大多数是爱国的、守法的和拥护社会主义的；广大信教群众作为社会主义社会成员积极参加社会主义建设；宗教团体成为促进各国人民互相交往的桥梁之一，成为社会主义国家对外联系的一个重要渠道；宗教领域出现的社会矛盾，主要是人民内部矛盾并主要表现为世界观的矛盾；等等。宗教和宗教组织发生的这些变化使它可以朝着与社会主义社会相适应、相协调的方向发展。在我国，广大宗教人士和信教群众拥护党、拥护社会主义；遵守国家的政策法令，发扬宗教教义和宗教道德中有益于社会主义的积极因素；维护社会安定、祖国统一和民族团结；宗教活动服从于社会主义建设的大局等就是有力的佐证。

其次，社会主义者与宗教徒存在建立政治联盟和统一战线的共同思想基础。尽管科学社会主义与宗教有根本的区别，但两者在社会主义运动中仍有相容之处。因为宗教不仅是信仰问题，而且是一个具有多要素、多层次的社会实体。它由宗教徒、宗教组织和宗教思想所构成。而其主体，则是信教的广大劳动群众。在社会主义社会里，宗教的主体是一部分劳动群众，在有些少数民族地区，几乎是全体人民都信仰宗教。他们向往消灭压迫剥削制度，追求美好的社会制度，他们把建设具有中国特色社会主义作为崇高理想。他们把"荣神"和"益人"，"爱国"和"爱教"结合起来，热爱祖国、热爱劳动、热爱人生、热爱社会主义已构成其宗教观念的重要内容。广大信教群众是要求和推动宗教沿着与社会主义社会相协调方向发展的内在动力。在信教群众中，其主要活动和社会生活是从事社会主义物质文明与精神文明的建设。据统计，基督教信徒被评为社会主义先进工作者、先进生产者和劳动模范的，所占的比例在许多地方还略高于一般群众。因此，尽管社会主义者与宗教信徒之间存在思想信仰差异，但这并不妨碍他们之间存在着建立政治联盟和统一战线的共同的思想基础。

再次，宗教对社会主义的道德建设和精神文明建设能够起一定的辅助作用。社会主义的道德建设和精神文明建设具有多层次的结构和内容，可以说，在广阔的领域里，宗教文化都可能发挥它特殊的积极作用。从社会主义精神文明的低层次上说，宗教教义与社会主义倡导的遵纪守法乃有异曲同工之妙。宗教的弃恶扬善、仁慈怜悯、普度众生等教义可从积极方面唤起一种神圣的情感，而宗教的教规戒律又从被动方面增强信徒自律、自责、自戒的意识。而且教徒遵守教规的自觉性往往比一般人遵守道德规范的自觉性更强，因其慑于神的威力。因此，宗教的教规教义是约束人们行为的强大有力的社会规范，它有助于个体心理的稳定和社会的安定。从精神文明建设的高层次上说，宗教倡导的利他主义等与社会主义文明建设可谓不谋而合。宗教文化具有一种利他的精神品质，它要求教徒为人正直，坚持正义，关心社会公共福利，反对唯利是图、个人至上等。这种利他主义行为的实施，个体在主观上便同时获得自我完善的满足感。这有利于个体道德修养的提高，同时也必然造就融洽的社会气氛。

最后，党的宗教信仰自由政策和统一战线政策是宗教能朝与社会主义社会相协调发展的重要条件。宗教与社会主义社会协调是以爱国主义、社会主义为基础，以宪法为准绳的，而不是以唯物主义为标准，更不是以消灭宗教为目的的。因此，宗教与社会主义社会的协调是有条件的。从宗教界来说，基本条件是爱国守法，拥护社会主义。从党和国家来说，则是执行正确的宗教政策。我国党和政府承认宗教存在的必然性与合法性，反对任何消灭宗教和歧视宗教的行为，依法保护正常的、正当的宗教活动，只打击在宗教外衣掩盖下的违法犯罪活动、反革命活动，以及各种不属宗教范围的危及人民、国家利益的迷信活动。这样就能够团结爱国的宗教界人士和信教群众，发挥他们在社会主义建设中的积极作用，从而引导宗教走上同社会主义社会相协调的轨道。

二 宗教与社会主义社会存在不协调的方面

宗教与社会主义社会虽然具有某种相协调的方面，但是，它与社会主义社会也存在不协调的某些方面。对此，我们应有清醒的认识。宗教之所以与社会主义社会存在不协调性，是与宗教本身所具有的某些消极作用相联系的。宗教毕竟是一种非科学的世界观，这决定了它在社会主义时期仍然具有不容忽视的消极作用，主要表现在：第一，它的教义主要教导人们把命运和幸福寄托于对"来世"的向往，而轻视为"今生"的幸福而奋斗，从而抑制了人们奋发向上的进取精神，使一些教徒消极厌世，超脱现实，同时宗教教义把一些有限的观点和褊狭的态度神圣化和神秘化，从而抑制了人们对其自身环境的认识和控制的努力，这在一定程度上仍是阻碍社会发展的力量。第二，宗教要求信徒对神灵绝对效忠和盲目信仰，宗教的价值观和关于人类命运的说教对人们的意识存在一定程度的麻痹作用，这会不同程度地影响信教者的发展和成长。第三，宗教对神灵的敬畏和信仰极易与对鬼神的迷信混搅在一起，在一定程度上助长封建迷信活动的发展，同时伴随着对神的力量的迷信，衍生了种种落后的现象，这一现象在低层次的信教群众中越发突出。值得指出的是，这类比较烦琐的宗教仪式和迷信现象，往往要耗费大量的钱财和物资，并占用大量的时间，这对于社会乃是一个不轻的经济负担。第四，目前我国的信教群众中，处于较低层次的占多数。这表现在信教动因层次低，多数是迫于客观环境压力而皈依神灵；宗教意识也较低，只知教规而不知教理，有一定盲目性；部分宗教神职人员素质不高，我国对宗教组织的管理也不够严密。因此，在实际的宗教活动中，存在比较复杂的情况，有正常的、不正常的和违法的几种类型。少数传教士为所欲为，甚至私设聚会点，或者把宗教活动搞得过频、过长，从而影响了社会的生产、工作和生活秩序，甚至危害教徒的健康。更有个别人还利用宗教进行反动宣传，有的则进行违法破坏活动，如一些不法分子披上宗教外衣，趁机诈骗钱财、奸污妇女等，这已构成了对社会主义事业的直接危害。第五，有的宗教存在教派矛盾和纠纷，这成为一定范围内影响社会安定的一个因素，而宗教中的极少数对党对社会主义心怀敌意分子还利用宗教进行反对政府，反对社会主义和分裂祖国的活动。上述种种表现，都是宗教与社会主义社会的不相适应性，其中，情节严重的还对社会主义社会存在对抗性和破坏性。这些方面社会主义社会当然对它也不具有可容性。

只有客观地、如实地、辩证地认识宗教与社会主义社会协调问题的两重性，才能使我们的宗教政策建立在科学的基础上，忽视其中的任何一方面都是片面的、不可取的。

三 科学管理，积极引导，兴利除弊

宗教是十分复杂的社会现象，它既是人们的思想信仰问题，又是社会政治问题。由于阶级斗争仍在一定范围内存在，宗教又是一种国际组织，境外敌对势力仍会加以利用，把它作为向社会主义国家渗透的一个重要渠道。因此，社会主义时期，宗教信仰不可能完全脱离政治成为单纯的信仰问题，宗教在一定条件下会变成一种社会政治势力。因此，宗教是社会主义事业中一个政策性很强的实践问题，它对政策界限和工作方法要求极高，我们一定要采取积极而谨慎的态度。

从宗教界方面来说，这就要求各教在自己的信仰所许可的范围内，发扬符合社会主义的内容，不断扬弃和消除违背社会主义的东西，面对社会主义社会的现实，分别对各自的教规进行相应的变革，并联系实际做出新的解释。赵朴初在谈到"中国佛教向何处去"时，提出了"建立人间佛教"的思想，即珍惜人生、建设人间净土，实行五戒、十善、六度等自利和利他的原则就是一个宗教进行革新以便更好地适应社会主义社会的例子。

从党和政府方面来说，则应在科学的基础上确立和执行正确的宗教政策，尊重群众的宗教感情，同时依法加强对宗教的管理和引导，以达到兴利除弊之效。具体说来，应做好如下几点。

首先，要坚定不移地贯彻执行党和国家的宗教信仰自由政策，保持宗教政策的稳定，加强对宗教活动的科学管理，善于区分正常、正当的与不正常的、违法的宗教活动。正常的依法保护，违法的依法处理。目前，尤其要注意遏制境外敌对势力的渗透和颠覆活动。

其次，加强对宗教的引导，尽量把其消极因素限制在最小程度和最狭小的范围内，团结、吸引广大信教群众，努力引导和促进宗教与社会主义社会相适应。

再次，改革宗教工作领导管理体制。改革以往行政部门包办代替宗教团体事务的现象，让宗教团体办成在党和政府领导下，在宪法、法律和政策范围内，按照自身特点独立自主开展工作的民间性社会团体。

六 人才培养与组织建设研究

高校党外干部成长因素的实证研究
——以近两届广东省人大政协副省级干部为例

李盛兵[*]

近 10 年来，我国对于高校党外领导干部的培养给予了高度重视，一批又一批优秀党外人士备受重用，广大党外人才在人大、政协、民主党派和政府等政治舞台，在政治、经济、文教等各个领域发挥着不可替代的重要作用，成为中国共产党建国、治国、强国战略中不可缺少的重要依靠力量。2007 年 4 月，中国致公党副主席万钢（原同济大学校长）被任命为科技部部长，成为 35 年来第一位担任部级正职的民主党派人士。6 月 29 日，无党派人士陈竺（原中国科学院副院长，上海交通大学医学院教授）被任命为卫生部部长，这是改革开放 29 年来，中国第一位出任国务院组成部门正职的无党派人士。这两项任命是中国政治民主建设当中一个很重要的举措，它将党外人士从政提升到更高层次。

但是，高校党外干部的培养选拔工作还存在不足，主要表现在党外干部占据的实职少，培训锻炼机会不多，党外干部比例低，校级干部少等，与高校党外人士的诉求仍存在一定的距离。问题产生的原因是多方面的，既跟外部环境有关，也与个人因素相联系，研究这些制约因素，对于制定党外干部选拔培养政策，同时指导党外干部个人发展具有重要意义。本研

---

[*] 作者简介：李盛兵，男，华南师范大学教育科学学院教授，民盟广东省委会常委，民盟华南师范大学委员会主委，广东省政协委员。

注：本文获中共广东省委统战部 2012 年度全省统战理论政策研究创新成果优秀奖、第十二届广东省高校统战理论研讨会优秀论文奖，原载《韶关学院学报（社会科学版）》2012 年第 11 期。

究以广东省最近两届（十届、十一届人大；九届、十届政协）副省级高校党外干部为例，进行研究总结，以期得到一些规律性认识。

一 基本情况

在近两届中，广东省曾在高校任职过的副省级党外干部全部集中在省人大和政协，其中在十届人大中，有1人担任副主任（王宁生），在九届政协中，有6人担任副主席（陈蔚文、王珣章、周天鸿、姚志彬、罗富和、韩大建）；本届人大、政协高校党外副省级干部中，有1人担任省人大副主任（王宁生），与上届持平；有5人担任省政协副主席（陈蔚文、王珣章、温思美、姚志彬、周天鸿），比上届少1人。

从籍贯来看，所研究8位副省级干部来自不同的省份，分别为贵州、广西、广东、福建、安徽、四川、海南和台湾，彰显了广东文化的开放和包容性。从性别组成看，有男性7名，有女性1名。从民族来看，均为汉族。在年龄分布上，目前8位领导均在50岁以上，其中51—55岁有两人，均为现任；56—60岁2人，均为现任；61—65岁3人，除罗富和同志担任副国级干部外，其他两位均为现职副省级干部；66岁以上1人，为上届副省级干部。在8位干部中，现任全国人大代表3人，其中人大常委1人；全国政协委员4人，其中政协副主席1人，政协常委2人。8位干部仍有4位在高校担任副校长职务。

表1　　　　近两届副省级高校党外干部基本情况统计

姓名	性别	年龄	民族	籍贯	现任职务
王宁生	男	65	汉	贵州	全国人大常委、广东省人大副主任、广州中医药大学副校长
陈蔚文	男	61	汉	台湾	全国人大代表、广东省政协副主席、广州中医药大学副校长
王珣章	男	60	汉	海南	全国人大代表、广东省政协副主席
温思美	男	53	汉	四川	全国政协常委、广东省政协副主席、华南农业大学副校长
姚志彬	男	58	汉	安徽	全国政协常委、广东省政协副主席、广东省卫生厅厅长
周天鸿	男	55	汉	福建	全国政协委员、广东省政协副主席、暨南大学副校长

续表

姓名	性别	年龄	民族	籍贯	现任职务
罗富和	男	62	汉	广东	全国政协副主席
韩大建	女	71	汉	广西	无

二 影响高校党外干部发展外部因素的层级分析

根据马克思主义辩证法，事物的发展是内外因共同作用的结果。影响高校党外干部发展的因素是纷繁复杂的，但从横向维度看可以划分为内部因素和外部因素，在每一类型的影响因素中按照重要性程度，还可以进行层级分析。

影响副省级高校党外干部发展的外部因素主要有党中央的重视、地方党组织的支持和个人良好机遇。

（一）中共中央高度重视

党外干部是推动社会主义建设的重要力量，作为执政党，中国共产党历来重视与党外人士的团结与合作，并颁布了一系列政策和措施来支持党外干部的发展，为党外干部的成长提供了良好的外部环境。

改革开放后，为实践"长期共存、互相监督、肝胆相照、荣辱与共"的基本方针，消除"文化大革命"对党外人士参政议政组织原则带来的消极影响，1989年12月，中共中央通过的《关于坚持和完善中国共产党领导的多党合作和政治协商制度的意见》中认为民主党派成员和无党派人士担任国家和政府的领导职务，是实现共产党领导的多党合作的一项重要内容。应采取切实措施，选配民主党派成员、无党派人士担任国务院及其有关部委和县以上地方政府及其有关部门的领导职务。要保证民主党派成员、无党派人士在全国人大代表、人大常委会委员和人大常设专门委员会中占有适当的比例，在省、自治区、直辖市、市、州、县人大中应保证民主党派成员、无党派人士占适当比例。[1]

进入21世纪，党中央明确了加强同党外人士的合作共事，是中国

---

[1] 中共中央办公厅：《中共中央关于坚持和完善中国共产党领导的多党合作和政治协商制度的意见》（http：//www.cppcc.gov.cn/2011/09/06/ARTI1315304517625143.shtml）。

共产党坚定不移的方针,更加重视对党外干部的培养。2005年2月,中共中央颁发《中共中央关于进一步加强中国共产党领导的多党合作和政治协商制度建设的意见》中明确提出:(1)党外干部是国家干部队伍的重要组成部分,要进一步加强培养选拔党外干部工作;(2)拓宽党外干部的选配领域;(3)充分发挥党外领导干部的作用①。2006年11月中共中央颁发的《关于巩固和壮大新世纪新阶段统一战线的意见》中又重点强调了"加大在政府及其工作部门和司法机关担任领导职务的党外干部的培养选拔力度,加大高等学校、科研院所、国有大中型企业以及人民团体领导班子中的党外干部的培养选拔力度。"在具体培养措施上主要有三点:(1)加强教育培训和实践锻炼;(2)健全党外代表人士后备队伍培养选拔制度;(3)完善党外代表人士培养选拔任用工作机制②。

(二) 地方党组织的支持

地方党组织的支持是中央党外干部培养政策得以顺利实施的基础。广东地处沿海,文化开放,对于党外干部的培养选拔工作也格外重视,主要包括以下几个方面。

1. 制定政策

2004年11月,中共广东省委组织部、中共广东省委统一战线工作部印发了《关于进一步做好培养选拔党外干部工作的意见》的通知,并作出具体规定:(1)市、县两级人大副职中应有一定数量的党外干部,政府领导班子要配备1名党外干部,政协副职中党外干部应多于中共党员干部;(2)省、市、县三级人大的工作机构和内设机构的专职领导成员中,应有党外干部;省、市、县三级政协的工作机构和内设机构的专职领导成员中,应有一定数量的党外干部;(3)省、市、县三级政府工作部门配备党外干部的领导班子应不低于四分之一,其中行政执法监督、与群众利益密切相关、联系知识分子和专业技术性强的政府工作部门领导班子应优先配备党外干部;(4)省法院、省检察院领导班子中要各有1名党外干部,市、县两级法院、检察院领导班子要逐步配备党外干部;(5)本科

---

① 中共中央办公厅:《中共中央关于进一步加强中国共产党领导的多党合作和政治协商制度建设的意见》(http://cpc.people.com.cn/GB/64162/71380/102565/182142/10993406.html)。

② 中共中央办公厅:《中共中央关于巩固和壮大新世纪新阶段统一战线的意见》(http://cpc.people.com.cn/GB/64162/71380/102565/182142/10993375.html)。

院校领导班子一般应配备党外干部。注意在专科院校、中等专业学校、人民团体、科研院所和国有企业领导班子中配备党外干部；(6) 省、市、县三级政府工作部门、人民团体和企事业单位领导班子中正职党外干部的数量，要在现有基础上有所增加①。

2. 公开选拔和实践锻炼

2003年2月省委组织部下发《关于全省联合公开选拔年轻干部、女干部、党外干部的通知》，要求各部门根据实际情况，制订党外干部用人计划。2003年至今，广东省、市、县等各单位举行了一系列针对任用年轻干部、女干部和党外干部的考试，党外干部的任用力度明显增大。在2008年全省"公推公选" 43名副厅级领导干部中，省委开设"专门通道"，采取单独编组、名额单列的办法，公推公选出5名党外人士，社会反响热烈。

在实践锻炼方面，早在2004年省委组织部、省委统战部首次选派29位我省各民主党派的后备干部和优秀无党派人士到基层挂任县（市、区）长助理。2006年3月，省委组织部、省委统战部、省法院、省检察院选派了20名优秀法律工作者到地级市的法院、检察院挂副职，其中有15人是在高校从事法律研究的正副教授。

3. 教育培训

教育培训是提高党外工作水平的重要途径。自2008年至今，广东省社会主义学院先后举办了4期党外中青年干部培训班。此外，近年来广东省共推荐30多名党外厅、处级干部参加省里举办的英国"牛津班"、美国"哥大班"等境外进修班。②

（三）个人的良好机遇

机遇是影响个人发展的外部条件，具有偶然性和随机性。王宁生，先后三次出国留学，三次载誉而归。在他第一次留学回国时，便被原农工党广东省委会主委、广州市医学院附属医院院长黄耀燊所识，最终受年逾古稀的黄耀燊的精神感召，加入了中国农工党。1997年，王宁生

---

① 中共广东省委组织部：《关于进一步做好培养选拔党外干部工作的意见》（http://www.gd.gov.cn/govpub/gbxb/gbxbry/0200610280327.htm）。

② 周镇宏：《广东党外代表人士"六支队伍"建设情况调研报告》，《南方日报》2011年4月15日第A04版。

当选为农工党广东省委会主委,继而出任省人大常委会副主任和农工党中央副主席。① 罗富和和温思美都是卢永根担任华南农业大学校长时一次性破格提拔的。1987年的华南农业大学面临着人才断层的困局,论资排辈的风气又很重。彼时,校长卢永根受命选拔年轻人才。当时年仅29岁的温思美被破格提拔为副教授,39岁的罗富和担任华南农业大学副校长,成为当时广东省最年轻的副校长之一。②

三 影响高校党外干部发展内部因素的层级分析

内因是事物发展的决定性因素,通过对8位副省级领导的研究,按照层级划分,我们可以得出影响高校党外干部发展的主要因素包括:优秀的个人品质、民主党派党员、学术影响力、较高的党内职务、学历和职称、任职学校、具有高校行政职务、所学专业、教育培训和实践锻炼经验、年龄等。

(一)优秀的个人品质

品质是个人发展的基础。我们所研究的8位党外副省级干部都关心国家发展,以国家利益为重,拥有优秀的个人品质,其中高尚的爱国精神、无私的奉献精神和甘于吃苦耐劳的精神是这一品质的核心。例如:王宁生,留学学成归国前,海德堡大学有意留他在德国工作,他以"广州中医药大学的事业在等着我"为由婉言谢绝。他说:"说心里话,作为个人,留在德国可以有更好的发展,但是有一点得明白,我出国学习是为了什么?是国家培养了我,我必须用我的所学报效国家。"③ 王珣章,现任广东省政协副主席,1980年4月,王珣章怀着强烈的求知欲,远赴英国牛津大学攻读病毒学博士学位。他说:"那时候,我们在外留学的人都以归国效力为荣,以不回国为耻。"也许更深一层的原因是他还记着父母儿

---

① 马镇:《鸿鹄高飞举千里——记农工党中央副主席王宁生》,《前进论坛》2003年第1期。
② 南方日报:《华农八旬院士主动停止招生》(http://news.cntv.cn/20101130/105904.shtml)。
③ 赵俊涛:《殷殷报国赤子心——访农工民主党中央副主席王宁生教授》,《当代贵州》2004年第23期。

时的教导："我们永远是中国人,我们的根在那里。"① 陈蔚文,广东省政协副主席,1985年,他作为公派人选被选送到法国巴黎第七大学攻读细胞生物学博士学位。1989年,应广州中医学院院长之邀,他放弃了在法国研究所的工作,毅然回国。回到母校后,他把从国外带回的科研设备无偿捐献给了学校。②

(二) 加入民主党派

我国的政治制度是中国共产党领导的多党合作和政治协商制度,各民主党派履行参政党职能。加入了民主党派就意味着具有了参政议政的义务和权利。在近两届广东省人大和政协中,所有具有中共党员党籍的副省级干部均没有高校工作经历,我们所研究的8位干部均来自民主党派,没有无党派人士,其中中国民主同盟2人,中国国民党革命委员会、中国民主促进会、中国农工民主党、中国致公党、九三学社和台湾民主自治同盟各1人。(见表2)

表2　　　　　　　　　各民主党派构成情况

民主党派	构成
国民党革命委员会	各战线爱国人士
中国民主同盟	文化教育以及科学技术工作的高、中级知识分子
中国民主建国会	经济界人士
中国民主促进会	从事教育文化出版工作的高中级知识分子为主
中国农工民主党	以医药卫生界高中级知识分子为主
中国致公党	归侨、侨眷中的中上层人士和其他有海外关系的代表性人士
九三学社	以科学技术界高、中级知识分子为主
台湾民主自治同盟	台湾省人士

---

① 廖瑛珊、黄大烽:《梦想,引领逐日之行——记中山大学校长王珣章》,《同舟共进》1998年第9期。
② 郑诚:《治学参政　尽显爱国赤忱——访广东省政协副主席、台盟广东省委主委陈蔚文》,《中国统一战线》2004年第4期。

（三）学术影响力

学术影响力是在党内和高校获得行政职务的关键。8位副省级干部具有很强的科研精神，在各自的专业领域具有较高的声誉（见表3、表4）。

表3　　　　　　副省级高校党外干部著述和行业兼职情况

姓名	著述情况	行业兼职
王宁生	课题30多项，论文50多篇，专著3部	国务院学位委员会学科评审组成员，中国药理学会毒理专业委员会副主任委员，国家药典委员会委员，德国药学会会员，卫生部抗体技术重点实验室（南京）学术委员会委员，国家新药（中药）安全性评价研究重点实验室主任，国家新药基金评审委员，广东省学位委员会委员世界中医药学会联合会中药药理专业委员会会长等
陈蔚文	论文100余篇、专著2本，教材2本	中国药理学会理事，广东省药理学会副理事长；兼任国家自然科学基金委员会学科评审组成员、中国药理学会理事、广东省药理学会常务理事
王珣章	—	曾任中山大学校长、国家教委科技委员会委员、广东省科技发展专家顾问委员会委员、广东省生物工程学会常务理事等职
温思美	课题40多项，专著、教材、译著12部，论文120多篇	国务院学位委员会农林经济管理学科评议组召集人；教育部经济学教学指导委员会委员，中国农业专家顾问团成员，农业部软科学委员会副主任，广东省学位委员会学科评议组成员；国际农业政策研究理事会执委会委员等
姚志彬	著作10部，论文200余篇	—
周天鸿	课题近20项，80多篇论文，专利2项，专著2部	教育部高等院校生物科学与工程教学指导委员会委员，生物工程与生物技术专业教学指导委员会副主任委员，中国遗传学会常务理事，广东遗传学会副理事长，广东省医学会医学遗传分会主任委员等
罗富和	—	
韩大建	专著3部，论文70余篇，译著3部	广东省土木建筑学会副理事长、广东省空间结构学会副理事长、广东省力学学会常务理事等

表4　　　　　　　　　　副省级高校党外干部获奖情况

姓名	获奖
王宁生	曾获广东省中医药科技进步奖一等奖、二等奖，广东省科技进步三等奖，国家教委科技进步甲类三等奖，获国家科技部、财政部、国家计委、国家经贸委"九五"国家重点科技攻关计划先进个人称号
陈蔚文	获广东省科学技术二等奖1项，广东省科技进步三等奖1项，广州中医药大学基础研究二等奖1项，广东省中医药科技进步二等奖1项。获国家发明专利1项，成果转让合作开发获国家中药新药证书1项
王珣章	获国家自然科学奖1项，国家教委科技进步奖二等奖1项，广东省科学技术奖一等奖2项；并先后获得广东省高教系统先进工作者荣誉；"有突出贡献的回国留学人员"荣誉称号；荣获广东省"丁颖科技奖"；入选国家教委"跨世纪优秀人才计划"等
温思美	曾获原国家教委霍英东基金会高等学校青年教师奖（二等）、美国Kellogg基金会优秀研究成果奖、农业部高校优秀统编教材一等奖、广东省优秀人文社科成果二等奖等学术奖励以及广州"十大杰出青年"、广东省"优秀教师"、"全国模范教师"等荣誉称号
姚志彬	国家教委科技进步二等奖2项、三等奖1项，卫生部和广东省科学进步奖各1项，军队科技进步二等奖1项、中山医科大学优秀教学成果一等奖2项、广东省优秀教学成果一等奖1项和中国首届中青年医学科技之星奖等
周天鸿	全国优秀教师、国务院侨办所属学校优秀教师、南粤教书育人优秀教师等
罗富和	——
韩大建	——

在学历方面，各位高校党外干部的学历普遍较高，其中研究生学历7人，占87.5%；大学学历1人，占12.5%；在7人中，具有博士学位的干部共5人，占62.5%，具有硕士学位的干部共2人，占25%。在8位干部海外经历中，具有海外博士学位的共3人，具有海外硕士学位的2人，海外访问学者2人，海外专门进修1人。在留学国家中，美国3人，

法国1人，英国1人，德国2人，芬兰1人。

在职称方面，8位干部均具有一线教学经验并且在学术方面具有较高的造诣，8位干部均具有教授职称，其中7人为博士生导师。

（四）在党内具有较高的地位

党内地位与学术影响力密切相关，从某种意义上说，学术影响力直接决定党内地位。高校党外干部要成长为副省级干部，除为民主党派党员外，在党内担任重要职务，具有较高的资历也是必要条件，从成长路径看，8位干部在担任副省级干部前，全部担任中央常委、广东省主委，其中王珣章、温思美两位同志分别担任致公党和民盟中央副主席，这些同志在党内的认同度高，工作能力强，能够确保人大、政协工作的顺利开展。当然党内职务的获得与学术能力密切相关。

（五）任职学校和来源专业

所研究的8位副省级干部全部来自省内重点本科院校，其中广州中医药大学2人，华南农业大学2人，中山大学2人，华南理工大学1人，暨南大学1人。这些学校的科研实力雄厚，为个人的成长也提供了较高的平台，更容易获得较高的学术影响力。不同学校在培养年轻干部和党外干部方面的力度也有所不同，例如华南农业大学在20世纪80年代末大胆任用年轻干部和党外干部，罗富和与温思美两位同志都是在当时被提拔重用的。广州中医药大学在培养党外干部方面在广东省更是无出其右。

研究领域与专业也是影响副省级干部的因素。在专业分布上，以生物、医药学居多，共计5人，占62.5%，其次为经济学、农林学和建筑学，各1人。生物制药、经济、农林和建筑学都是应用广泛，与国家、社会发展和人民生活密切相关，更容易取得显著成果并引起重视。

（六）高校行政职务

高校行政职务对于副省级干部的发展意义重大。8位党外干部在担任副省级干部前，均具有从政经历，其中正校级干部1人，为中山大学校长王珣章教授，副校级干部4人，分别为广州中医药大学副校长王宁生，华南农业大学副校长罗富和、温思美，华南理工大学副校长韩大建；院处级干部3人，分别为中山大学研究生处处长姚志彬，暨南大学生命科学技术

学院院长周天鸿，广州中医药大学中药学院院长、脾胃研究所所长陈蔚文。（见表5）

表5　　　　　　　　　副省级高校党外干部任职情况

姓名	任职时年龄	任职学校	来源专业	任副省级干部前担任职务
王宁生	55	广州中医药大学	药学	副校长
陈蔚文	53	广州中医药大学	生物医学	院长
王珣章	47	中山大学	病毒学	校长
温思美	50	华南农业大学	经济学	副校长
姚志彬	50	中山大学	医学	副市长
周天鸿	47	暨南大学	生物	院长
罗富和	54	华南农业大学	农林学	副厅长
韩大建	58	华南理工大学	建筑	副校长

（七）教育培训和实践锻炼

教育培训是提高干部素质的重要途径，为了提高党外干部素质，国家积极组织各级干部到中央党校、社会主义学院和国家行政学院等进修学习。参加组织安排的教育培训可以为之后的发展添加砝码。陈蔚文同志在广州中医药大学工作期间曾于1990年9月—1991年7月、1999年9月—2000年1月两次到中央党校培训部台籍班学习。

相对于教育培训，实践锻炼在提高干部素质上更加有效。从8位干部的经历看，成为副省级干部的途径有两种，最为常见的是高校行政干部—副省级干部，例如王宁生、王珣章、温思美、陈蔚文、周天鸿和韩大建，并在高校担任行政岗位期间有机会参加挂职锻炼，例如温思美同志在2005年9月—2006年9月担任华南农业大学经济发展研究所所长和广东农村经济研究中心主任期间，参加中组部、团中央组织的博士服务团挂任云南怒江州副州长。第二种是高校—行政单位—副省级干部。例如罗富和教授1989—1998年期间华南农业大学副校长，1998年任广东省科技厅副厅长，广东省科委副主任，2001年调任广东省农科院院长，2003年被选为广东省政协副主席；姚志彬教授1998—1999年任九三学社省委会副主委，中山医科大学解剖系教授、主任，研究生处处长，1999年在调任中山市副市长，2003年任省卫生厅厅长，被选为广东省政协副主席。

（八）年龄

担任副省级干部需要以工作经验为基础，工作经验显然以年龄为基础。从任职年龄看，8位高校党外人士在担任副省级干部时年龄集中在47—58岁之间，其中47岁2人，占25%；50岁2人，占25%；53、54、55岁和58岁各1人，分别占12.5%。从分析看，年龄不是制约副省级干部任职的绝对性因素，但是随着干部年轻化政策的出台，未来担任副省级干部的党外干部应该不会超过55岁，至少现任人大、政协副省级干部都在55岁之前就完成了这一晋升。

总的来说，高校党外干部成长的内外部因素众多，共同影响，相互作用。不过，最主要的因素是中国共产党的统一战线政策、学校党委的重视以及个人的品质和学术影响力。另外，通过上述副省级干部的来源学校分析，高校的办学水平和地位也是影响该校党外干部成长的一个重要因素。

新一代民主党派代表人士的现状及成长规律分析
——以广东某党派 X 为调查分析对象

吴 翰[*]

2010年4月24—25日，中共中央统战部在上海召开全国党外代表人士队伍建设交流研讨会，全国政协副主席、中央统战部部长杜青林出席并在会议上强调，加强党外代表人士队伍建设，是一项事关全局的重要工作，是一项影响深远的战略任务，是一项十分紧迫的现实课题，必须着眼党和国家人才发展战略，采取有效措施，加大工作力度，扎实推进党外代表人士队伍建设不断向深度和广度拓展。杜青林还指出，要进一步深化对党外代表人士成长规律的探索，深刻认识党外代表人士的根本属性，准确把握党外代表人士的时代特点，认真研究党外代表人士的成长路径，为开展工作提供科学指导。

虽然这里讲的是"党外代表人士"，而非本课题所研究的"民主党派代表人士"，但我们认为"民主党派代表人士"是"党外代表人士"中最重要的组成部分，必须进一步深化对民主党派代表人士成长规律的探索，准确把握民主党派代表人士的时代特点，认真研究民主党派代表人士的成长路径，为各级统战部门更好发现、培养、使用和管理民主党派新一代代表人士提供决策参考，也为党派的各级组织建立能让优秀人才脱颖而出的

---

[*] 作者简介：吴翰，女，华南师范大学政治与行政学院教授，民革广东省委会常委，原广东省政协委员。

注：本文获中共广东省委统战部2011年度全省统战理论研究优秀成果二等奖、第十一届广东省高校统战理论研讨会优秀论文奖，原载刘兵主编《广东高校统战工作的实践与创新》，新世纪出版社2012年版。

合理人才培养选拔机制提供参考。应该指出，不管是学术界还是实际工作部门，向来对"党外代表人士"的成长规律及培养选拔问题关注较多，研究成果也比较丰硕，而专门针对"民主党派代表人士"的研究成果却相对较少，这种状况折射出民主党派代表人士的成长问题总的来讲尚未得到足够的重视。

一 "新一代民主党派代表人士"的界定及本课题研究对象的选择问题

（一）关于"新一代民主党派代表人士"的界定问题

什么是"新一代民主党派代表人士"？这个问题涉及两个方面：第一，"新一代"的含义是什么？第二，新一代民主党派成员中的哪些人可以称得上"代表人士"。

关于"新一代"的含义，一般的理解有两层意思：第一层意思是，他们是生于新中国并同新中国一起成长起来的；第二层意思是，他们都是改革开放以后才加入民主党派的。

关于"代表人士"，有的人把"代表"两字理解为"代表性"，认为"代表人士"就是能代表党派成员的利益、为党派成员（包括所联系的群众）表达诉求的民主党派人士。这种理解实际上是有偏差的。在中国特色政党制度框架中，不仅仅是"处于执政地位的中国共产党不是本党利益的代表"，而且是"处于参政地位的各民主党派也不是自己利益的代表，其参政的目标并非维护党派成员及其所代表阶层或者群众的利益"。因此，宁可把"民主党派代表人士"中的"代表"两字理解为"标志性"或"旗帜性"，也就是说，"民主党派代表人士"指的是民主党派中有影响的人物，这种影响不仅是在党派内部，而且是甚至可以说更为重要的方面是体现在社会上。概括起来讲，"民主党派代表人士"是指那些在民主党派内部及社会上有一定影响力的民主党派人士。

（二）关于本课题研究中调查对象的确定问题

中共广东省委统战部曾对广东各个党派的代表人士队伍建设展开调研，开展此课题研究的同志针对"民主党派代表人士"所确定的范围是：（1）各民主党派省委会、市委会、县委会中的委员以上人士；（2）年轻优秀后备干部；(3) 民主党派基层组织中的总支负责人（台盟可延伸到支部负责人）。不过，在我们看来，民主党派代表人士应该是已经担任一定党派职务的在党派内部以及本职工作单位乃至社会上有一定影响的民主党派人士，而"年轻优秀后备干部"是党派各级组织内部确认的，尽管这些人可能是很优秀的，但毕竟还处于"潜在"状态，尚未担任党派职务并在其活动范围内树立某种形象，因此，把所谓"年轻优秀后备干部"当成"民主党派代表人士"是不合适的。至于民主党派基层组织负责人是否只有"总支负责人"才算民主党派代表人士而支部负责人一般不算？我们对这个问题的看法是，支部是一个党派最基层的组织，支部负责人是决定基层组织的活力和影响力的关键性人物，一个党派的社会影响既取决于党派中的高层领导人，也取决于基层组织负责人，因此，民主党派代表人士应该包括支部负责人。

鉴于以上这些考虑，我们对广东某党派的代表人士队伍现状的调查与分析主要以省委委员、市委委员和支部主委为主。

为了节省人力物力，我们只对党派的省委委员采取全面调查（该党派省第十一届委员会委员共53名，这是2007年换届时确定的委员人数，不包含后来增补的对象）；而对市委委员，我们采取抽样调查，具体做法是：把十几个市委会先按照一定标准分成三类，再从每一类中随机抽取一个市委会，共有甲、乙、丙三个市委会被抽中（这种抽样方法统计上称为"定类抽样"），被抽中的三个市委会的委员全部成为调查研究对象（共33名）；至于该党派的基层组织负责人，我们采取重点调查法，仅挑选一个该党派人数比较多的地级市作为调查研究对象，该市委会共有30个支部，这30个支部的负责人即支部主委全部成为本课题研究的对象。对以上调查对象的调查采取问卷调查法、访谈法、直接观察法、文献调查法等，可以说是多种多样的方法途径并用，不拘一格，旨在获取有价值的真实的信息。

二 对新一代民主党派代表人士的现状分析

调查显示，新一代民主党派代表人士总体特征是：

第一，年富力强。

以我们调查的X党派为例，其第十一届省委会委员共53名，其中"70后"的极少，只有1名；新中国成立前出生的也不多，仅3位；但60

年代出生的委员人数就相当多了,共有 30 名,超过一半,说明大多数省委委员正处于年富力强的可以有所作为的时期。而人才库中非省委委员的成员,其总体年龄就更加年轻了,80% 以上的成员是 60 年代出生的,"70 后"的有 4 位(见表 1)。

表 1 省委委员年龄结构

出生年份	委员人数(人)	占比(%)	人才库中非委员人数(人)	占比(%)
1945—1949	3	5.66	0	0
1950—1954	8	15.09	1	1.45
1955—1959	11	20.75	6	8.70
1960—1964	24	45.28	40	57.97
1965—1969	6	11.32	18	26.09
1970 年及以后	1	1.89	4	5.80
合计	53	100	69	100

第二,党龄短。

新一代民主党派代表人士绝大多数是 90 年代以后加入党派的,甚至有相当比例的人是进入 21 世纪以后才加入党派,尤其是人才库中的处于潜在状态的代表人士。从表 2 可以看出:90 年代加入党派的占了省委委员中的一半以上,而 1990 年以前加入和 2000 年以后加入的各占不到 1/4。我们还注意到,80 年代加入的都集中在 1986 年以后,"1980—1985 年"这个组实际上是多余的。如果说,一个党派的省委委员(省委会正副主委和绝大多数地级市市委会主委、省直属支部主委都包含其中)是该党派代表人士中最重要的组成部分,也是最有代表性的,那么,根据调查我们可以推断:新一代民主党派代表人士中加入党派时间 25 年以上的已属凤毛麟角。

表 2 省委委员加入党派的时间分布

加入时间	委员人数(人)	占比(%)	库中非委员人数
1980—1985	0		0
1986—1990	13	24.53	4

续表

加入时间	委员人数（人）	占比（%）	库中非委员人数
1991—1995	19	35.85	15
1996—2000	8	15.09	16
2001—2005	13	24.53	25
2006年至今	0		9
合计	53		69

第三，受教育程度较高。

新一代民主党派中总的来讲高学历、高职称的人比较多，而其中的代表人士，其受教育程度就更高。以我们调查的党派为例，其省委委员的学历层次如表3。

表3　　　　　　　　　省委委员的学历结构

学历	委员人数	库中非委员人数
大专	3	2
本科	16	28
在职研究生	6	0
硕士研究生	15	20
博士研究生	13	19
合计	53	69

从表3可以看出，53名省委委员中具有硕士以上学位的有28名，占52.83%，而人才库中69名成员中具有硕士学位以上的有39名，占56.52%。说明总体学历层次是相当高的。

当然，不同层次的代表人士，其受教育水平是存在差异的。譬如我们抽查了3个地级市并对其市委委员共33名进行调查，结果是具有硕士以上学位的委员只有7名，占21.21%；再如我们抽查某市委会所有支部（30个）负责人的情况，发现他们的学历层次以及任职部门均呈现出与省委委员不同的特征。如表4所示。

表4　　　　　　　基层组织负责人状况（以某市委会为例）

出生年份	人数	学历	人数	工作单位	人数
1945—1949	1	大专	2	学校	7（中学5人）
1950—1954	0	函授本科	1	医院	4
1955—1959	7	本科	14	政府	0
1960—1964	12	在职研究生	6	职能部门	7
1965—1969	7	硕士研究生	7	公司	9
1970年及以后	3	博士研究生	0	律所	3
合计	30	合计	30	合计	30

第四，主要从事专业技术工作。

表5　　　　　　　任职部门分布

工作部门	委员人数	库中非委员人数
高校	20	23
医院	4	20
政府	7	0
政府职能部门	4	2
公司、企业	8	2
人大、政协机关	4	2
党派机关	5	4
其他	1	16
合计	53	69

表5中的分布告诉我们，该党派省委会委员中有37.74%的人是在高校任职，这个比例是相当高的，而在政府及其职能部门任职的共有11人，占20.75%。可是，人才库中的高校与医院两类人加起来竟然有43人，占62.32%，而且这些人中连一个在政府任职的都没有，在政府职能部门任职的也只有2名。

从抽查的三个地级市的市委委员来看，其任职部门分布就更加不合理了：三市共33位市委委员中，在学校（包括大中专院校、中学）、医院工作的有18人，占54.55%；而在市、县、区、镇各级政府任职的，竟然一个也没有。当然，也许抽取的三个地级市比较特殊，不具代表性，但一定程度上反映出民主党派实职安排确实太少，各级政府、各职能部门、高校等在给党外人士安排实职时都比较倾向于安排无党派代表人士，而民主党派代表人士的实职安排往往落实不了，这是值得关注的现象。

第五，重视学习，思想政治素质总体较高。

根据我们所做的问卷调查以及开座谈会的情况，可以间接获悉新一代民主党派代表人士是重视自身思想政治素质的提高的。譬如问卷调查，我们所设计的调查问卷的第9题如下：

"您觉得民主党派代表人士应该具备哪些重要素质？＿＿＿＿＿＿

（a）思想政治素质　　　　（b）理论素养
（c）组织协调能力　　　　（d）合作共事能力
（e）参政议政能力　　　　（f）无私奉献精神

（说明：可以多选，请把您认为最主要的选项的序号放在前面，依此把您所有选项排序写在横线上）"

结果：共有28个被调查对象把"思想政治素质"放在第一位；有6个被调查对象把"无私奉献精神"放在第一位；有13个被调查对象把"组织协调能力"放在第二位。

在座谈会上，有不少省委委员提出应该加强理论学习、党派光荣传统的学习、多党合作方针政策的学习，以提高民主党派成员的思想政治素质。

又如：调查问卷第14题："在您看来，各民主党派在其代表人士培养方面还可以在哪些方面下功夫？"接受问卷调查的人中共有27人对此问题作答，有的指出要在"政治素质，理论素养，社会活动能力"方面下功夫；有的强调要"多选拔优秀人才参加社会主义学院及中共党校的学习"。

第六，对党派工作比较热心，有奉献精神，在党务工作、参政议政工作方面有所付出并取得成效。

民主党派成员为党派做工作，不管是党务工作还是参政议政工作，其特点是兼职为主、无报酬。民主党派成员中能成长为"代表人士"的，一般都是对党派比较有认识、有感情，乐于奉献的人。这些人一般是本职工作相当出色，同时，又能为党派工作做贡献。如果仅仅是在本职工作干出成绩，对党派工作无所奉献，一般难以成为党派代表人士。

调查发现，成为党派省委委员或市委会委员的人，多数曾担任过基层组织负责人。我们设计的问卷有一个问题是："成为党派省委委员或市委委员之前是否担任过基层组织负责人？"结果有57.5%的受访对象人回答"是"；又一问题是："假如您是党派省委会或市委会的主委或者副主委，请问您在担任这一职务以前是否担任过基层组织负责人？"结果有54.54%的受访者回答"是"。

当然，还是有相当一部分人仅凭其高学历高职称和本职工作业绩，在尚未有一定的党派工作经历甚至党龄都很短的情况下就当上市委会委员或省委委员，有的甚至很快担任人大代表、政协委员，这造成一定程度的负面影响，给人留下民主党派选人用人不注重党派工作经验的印象。关于这一点，从调查对象对问卷所设计的一些主观题的回答可以得到验证。调查问卷第18题："您认为目前民主党派代表人士队伍建设存在的主要问题有哪些？"有人回答："只强调'三高'，有意无意忽视其为党派工作的热心程度，以致个别（部分）人在当上负责人后并不热心党派工作而只将其作为向上爬的敲门砖。"还有的指出："提拔的人很多只图名利，不愿意为党派工作付出，过分追求提拔高职称、高学位、高学历的人，不注意培养对象的个人素质。"

三　新一代民主党派代表人士成长的有利条件和制约因素

新一代民主党派代表人士基本上都是改革开放以后加入党派的，他们的成长环境跟老一辈的民主党派代表人士相比，既有有利的一面，也有不利的一面。当然，以下分析新一代民主党派代表人士成长的有利条件和制约因素时不一定每一点都是与老一辈比较的结果。

（一）新一代民主党派代表人士成长的有利条件

1. 受教育环境好

新一代民主党派人士绝大多数都有良好的教育背景，是高学历人群，不少人都成为各领域的专门人才、业务骨干，他们可以利用其专业优势做好建言献策工作，成为专家型的民主党派代表人士。

2. 政治环境好

新一代民主党派人士都是改革开放以后加入党派的，近几十年来政局稳定，环境宽松和谐，塑造出比较敢说真话，不人云亦云，善于提出有建设性的意见建议的新一代民主党派代表人士。

3. 政治安排机会多，参政议政能力得到锻炼

新一代民主党派代表人士很多是20世纪90年代加入党派的，即1989年"14号文"（《中共中央关于坚持和完善中国共产党领导的多党合作和政治协商制度的意见》）颁发以后才成为民主党派中的一员的。"14号文"明确了民主党派作为参政党应该发挥那些作用，也对民主党派的实职安排和政治安排做出了具体的规定，使新一代民主党派代表人士的成长过程中得到很多实践锻炼的机会，他们中的不少人在各种政治舞台扮演多重角色从而不断得到锻炼、提升。不管是任实职，还是当人大代表、政协委员或者特邀监察员，都使他们的参政议政能力得到一定程度的锻炼提高，政治经验也不断丰富。

4. "和谐社会建设"为民主党派代表人士发挥作用提供了广阔的舞台

随着改革不断向纵深方向发展，"改革—发展—稳定"三者之间关系的处理越来越考验着执政党的智慧。2004年9月19日中共十六届四中全会通过了《中共中央关于加强党的执政能力建设的决定》，《决定》明确提出了必须不断提高四个方面的能力：第一，驾驭社会主义市场经济的能力；第二，发展社会主义民主政治的能力；第三，建设社会主义先进文化的能力；第四，构建社会主义和谐社会的能力。2005年2月18日《中共中央关于进一步加强中国共产党领导的多党合作和政治协商制度建设的意见》（中发〔2005〕5号）的出台，表明执政党在改革事业不断发展、社会利益格局多元复杂、社会整合难度加大的关键时期，非常清醒地意识到提高其执政能力的必要性和紧迫性，同时希望民主党派能"在反映社情民意、协调社会关系、维护社会稳定方面"多发挥作用。中发〔2005〕5号文可以说是在新的社会历史背景下充分肯定民主党派的存在价值。不知大家是否注意到，过去一谈"为什么要坚持中国共产党领导的多党合作制度"，一般都习惯于从历史渊源上去找原因，譬如说各民主党派有与中国共产党亲密合作的历史和传统，我国的多党合作制度的建立和发展是历史选择的结果，之所以必须继续坚持，那是因为执政党需要听到不同的声

音，需要接受监督，等等。现在不同了，是中国的改革发展事业、中国的社会经济现代化进程要求强化中国的政党制度功能，充分发挥政党制度在社会整合中的作用。也就是说，新时代赋予新一代民主党派成员新的使命，使民主党派中的优秀分子大有用武之地。

(二) 制约新一代民主党派代表人士成长的若干因素

1. 相对陈旧、不尽合理的人才观、人才评价体系制约复合型民主党派代表人士的成长

民主党派人才观就是对民主党派人才所持有的态度、看法和观点。民主党派人才观不应该是一成不变的，不存在永远正确的民主党派人才观，只有适应新形势新任务要求的人才观才可能是正确的。2005 年 2 月 4 日胡锦涛同志在党外人士迎春座谈会上指出："要坚持执政党建设和参政党建设互相促进。……各民主党派要不断提高政治把握能力、参政议政能力、合作共事能力和组织协调能力，同中国共产党一道开创多党合作事业的新局面。"这要求新一代民主党派代表人士应该是复合型人才，最好是政治家兼社会活动家。可是，目前民主党派本身在选人用人时还是受比较僵化的人才观的影响，比较看重学历、职称、业务能力，而对加入党派时间长短、党派工作经历、组织协调和社会活动能力等却重视不够。很多党派负责人一方面感叹本党派复合型人才欠缺，另一方面又在人才选拔方面一味追求高学历、高职称，苛求身份和资历，这使得民主党派人才结构天生不合理的局面难以得到调整优化。新一代民主党派人士中专家型的人才偏多，提高他们的"政治把握能力、参政议政能力、合作共事能力和组织协调能力"（简称"四大能力"）显得非常必要和迫切，但至今似乎没有形成一种比较有效的机制以促使专家型的党派代表人士快速成长为"四大能力"强的能够适应时代发展需要的新型民主党派代表人士。

2. 人才培养机制不够健全，一定程度上制约民主党派代表人士的成长

具体表现在：

第一，人才培养缺乏规划性，一定程度上表现出盲目性与随意性。

目前虽然很多党派的省委会都建立了人才库，各个市委会也确定了一定数量的后备干部，但对于如何有目标、有计划地对他们进行培养却缺乏长远的整体规划。调查中不少被访对象反映党派在人才培养方面自主性太

差、过于被动。

第二，学习培训机会少，力度很不够。

前面对新一代民主党派代表人士的现状分析已经指出，新一代民主党派代表人士多数是20世纪90年代加入党派的，这些人加入党派组织之前对党派的历史，对多党合作的方针政策并没有多少了解，可是，加入党派以后，也没有获得多少学习、培训的机会。他们中有相当一部分人凭借其学历高、职称高、本职工作业绩而快速成为所谓的"代表人士"，但思想认识方面、对党派的感情方面、参政能力等并没有得到相应的提升。

第三，实职锻炼机会少，人才培养路径过窄。

民主党派的政治安排落实得比较好，而在实职安排方面却步履维艰。主要原因有以下几点：首先，仍有不少干部对民主党派人士实职安排存在着诸多思想认识问题。其次，统战部门和组织部门对培养选拔民主党派干部工作尚缺乏沟通协调和密切配合。再次，对如何管理好、使用好民主党派干部，尚未形成明确的规范。最后，民主党派人士实职安排工作中人为的因素过多，缺乏操作性强的程序性规定。种种原因导致民主党派实职安排的机会少之又少，大大制约民主党派代表人士的成长，这是值得关注的。

构建网络平台，提高高校
民主党派基层组织自身建设

施和平[*]

目前，随着数字化信息传播和网络技术的迅猛发展，以互联网为代表的新兴媒体迅速崛起。它不仅丰富了传播媒介，深刻改变着舆论传播态势，而且还日益改变或影响着人们的精神生活、物质生活和政治生活。同时，由于网络信息传递具有双向性、直接性以及信息交流成本低而快捷方便等特点，目前网络参政已在中国政治生活中作为一种新生现象逐渐兴起。它不仅可通过提高国民的民主意识和参与意识，使民意表达渠道更为畅通，使公民参政方式更为多元有效，也有利于有力推动政府与公民的直接互动和进一步加快民主化进程和成为有效监督权力的新途径。目前利用网络平台已被各级各类政府用作了解民意、监督权力和反腐倡廉的有效补充方式。可以说，网络平台或网络媒体已逐渐地根植于我们每个人的生活，并成为与我们大家日常生活和政治生活等密切相关，成为我们了解时事要闻、参政议政或反映我们政治诉求和加强彼此联系的一种有效工具之一。但迄今为止，未见利用网络平台来强化或完善高校民主党派基层组织建设或管理的更多系统研究报道。

民主党派基层组织建设是民主党派自身建设的重要内容和基础性工作，是发挥其参政党职能、增强党派活力、实现党派政治任务的基础，以及提高民主党派成员综合素质、树立党派整体形象的根本[②]。同时，作为高校民主党派基层组织还肩负着负责本党派各成员间的联络和信息交流，

---

[*] 作者简介：施和平，男，华南师范大学生命科学学院教授，农工党华南师范大学支部副主委。

[②] 窦瑞莲：《对当前高校民主党派组织建设问题的探讨》，《中国社会主义学院学报》2000年第9期，第21—24页。

收集和反馈各成员的政治诉求和凝聚各成员的参政议政热情和民意等。然而，目前在各高校民主党派基层组织中，各成员间的信息往来还大多采用纸质文本传送，或电话或开会交流或电子邮件交流；但由于人员间太分散（以大学为例，其成员组成可覆盖10—15个学院，或更多院、系、所），甚至更有不少成员，尤其是民主党派中的离、退休人员不住在校园或住得相距太远，甚至有时还间或住在外省、市；因而，各成员间平时多处于松散状态，而作为民主党派基层组织负责人也经常很难找到一致的时间在一起开会学习或过组织生活；加之平时也没有固定的办公地点来开会，来较多地进行组织生活及了解本党派各成员的政治诉求和参政需求。与此同时，各单位的民主党派成员也总感觉基层组织的活动太少，觉得彼此间互相的交流更少；或感觉没有畅通的渠道来发表其参政议政建议和政治诉求。另一方面，也正因如此，民主党派的基层组织负责人也因为成员间互相交往少，对各成员对执政党的决策或法规的建议或社情民意及其建议以及其政治诉求了解太少或根本不了解，因而不可避免地会可能出现基层组织负责人很难代表全体成员的政治诉求或全体成员的意愿来对政府的政策或法规或本单位（高等学校）的政策或管理条例或规章制度等来全面或及时地进行建议或发表其政治诉求。因而，对于国内各高校而言，都较普遍存在着在目前网络信息化时代如何采取有效措施或途径来完善或强化基层民主党派组织的自身建设和管理以及提高其各自的参政议政水平的问题。本文拟就利用构建的网络平台或网络资源来加强基层民主党派组织自身建设和提高其参政议政能力的做法进行交流，旨在为各高校单位如何提高民主党派组织的自身建设及参政议政能力提供参考。

一 利用网络信息平台营造高校民主党派基层组织的网络家园来强化组织的自身建设和管理

随着电信和网络的蓬勃发展，手机和电脑早已进入高校各家各户，成为高校教职工获得信息和与人交流的有效通信工具。而在目前阶段，挖掘网络电信中的"飞信"功能就可成为民主党派基层组织负责人开展民主党派组织自身建设所使用的有效方式之一。"飞信（英文名：Fetion）"是中国移动推出的网络"综合通信服务"，它融合语音（IVR）、GPRS、短信等多种通信方式，覆盖三种不同形态（完全实时、准实时和非实时）

的客户通信需求，实现互联网和移动网间的无缝通信服务。而作为民主党派的基层负责人，在使用飞信过程中，只需通过手机短信邀请本党派成员成为"飞信好友"后，就能够随时随地与"好友（本党派成员）"享受网络平台提供的免费短信、语音聊天、移动速配功能；而且通过飞信不但可以免费从PC（个人电脑）给"好友（本党派成员）"手机发短信，而且不受任何限制；同时"飞信"还能够满足用户以匿名形式进行文字和语音的沟通需求，在真正意义上为使用者创造了一个不受约束、不受限制、安全沟通和交流的通信平台。而本党派负责人或成员还可利用网络资源和电脑的优势，通过手机飞信等形式给本党派各成员免费即时（从个人电脑向各成员）发送诸如"组织活动通知"或"时政要闻"、"本党派党员先进事迹"，或"健康资讯"等内容的短信，而各成员不仅能即时收到信息，而且不需付费[因为目前电信规定，从PC（电脑）到手机的飞信短信是永久免费的]，这样就可实现各成员间信息交流畅通，而不需要像往常一样找地方开会或反复打电话逐个进行通知等。因而不仅有利于本党派负责人与各成员间或本党派各成员相互之间的即时联系，构建一个专属于本党派的网络家园来加强成员间的交流和合作，以及来强化本党派组织的凝聚力，增强各成员的组织认同感和归属感、集体荣誉感和自豪感，提高本党派各成员间的政治修养；同时还可以降低办公成本，解决目前各党派无固定办公地点的缺陷，但又不影响本党派组织正常的交流，实现与时俱进地促进本基层党派组织的健康发展。

二 利用构建的"网络互动平台（网站）"来提高高校民主党派成员的参政议政能力和水平

参政议政是民主党派的主要职能，建言献策是参政议政的重要表现形式之一。因而作为高校民主党派基层组织还肩负着凝练本党派成员共识，以及组织广大成员积极参加参政议政活动，要站在参政党的高度履行对本国、本地区甚至本高校的社会发展、文化教育以及经济建设相关的等重大问题建言献策的使命。而通过自身构建的挂靠高校网络服务器或宣传统战部的本党派基层组织的"网络平台（或称网页）"就可实现高效且及时荟萃本党派成员的政治诉求，凝练本党派成员的共识，提升本党派的参政议政的能力和水平的需要。所构建的网络平台除需包含通常网站所有的诸如

"时事要闻"、"支部组织活动"、"文献资料"以及"党员风采"等模块外，还可根据自身组织建设或适应内部网络参政议政的需要，在构建的网站中设置一些可供参政议政使用的诸如"社情民意"、"网络问卷"或"在线调查及回复"的功能模块。而通过自身建立的网站至少就可开展如下工作。

（1）利用网站的即时性，民主党派基层组织负责人（网络博主）就可在专属于本党派的网站上设置出可供本单位民主党派成员就学校或政府的一些政策法规发表其意见或建议的"在线交流空间"或"即时信息群"，并通过（免费的）手机飞信短信邀请本党派成员免费加入该"信息群"，本党派各成员通过验证登录，就可在网站的空间或信息群发表个人的看法或建议或政治诉求，实现自己的参政议政权利和义务。随后，由网站管理人（可以是基层党派负责人或其他设置信息群的本党派成员）登录网站进行信息收集和整理后，就可实现对本单位本党派社情民意的收集和政治诉求的凝聚，形成本党派成员对所讨论政策法规或条例的代表本党派大多数人的集体意见或建议。从而，不仅密切了本党派各成员间的交流，增进了了解和达成共识，真正提供机会和平台让本党派各成员都能畅所欲言地发表自己参政议政的建议、意见或政治诉求；还可大幅提高各成员的参政议政热情和效率；从而达到凝练所有成员的集体智慧，为参政议政职能的实现群策群力。

（2）利用构建的网络平台，党派负责人以及其他成员均可利用该网站平台来进行自己待提交的参政议政议题（课题）进行党内网络调研。首先可在本党派的网站或网页上对需要调研的课题内容设置一些诸如"在线问卷"功能模块，并置于本网站（页）中；然后，通过免费的手机飞信短信邀请本单位的本党派各成员。各成员收到短信后，可在规定的时期内登录网站并对设置的调研问题进行"在线填写（只需选项或简要填写意见）和在线提交"。之后，（参政议政议题）组织者再登录网站，并对党派成员提交的问卷进行分析和凝练，最终形成荟萃本党派大多数成员观点的参政议政共识。而通过自身网站的网络在线调研，不仅可及时收到（参政议政议题）组织者所需要的参政议政调研结果，而且避免了采用纸质问卷调研投递难、回收不全或漏交等不足，从而有效地提高了本党派的参政议政效率和可信度。

此外，除可利用构建的网站平台（或网页）的"在线问卷"和"即时信息群"等进行本党派成员参政议政和民意意见征集,以及开展民主党派参政议政议题(课题)的网络问卷在线调研外,本党派的负责人以及其他资深人士还可利用网站的即时性,开设诸如验证博客(Blog)(仅对本党派成员开放)、移动博客(Moblog)、微博客(Microblog)和播客(Podcast)等方式,来进行高校本党派各成员间信息的交流或政治诉求的沟通。

　　总之,通过建立挂靠本校网络服务器或宣传统战部的本党派基层组织网站(页),不仅可成为本党派成员的"心灵之家",也有利于高校基层民主党派组织加强其党派组织的自身组织建设和管理的效率,达到既增加基层民主党派组织的凝聚力和归属感,密切本党派各成员间的信息交流,增进相互了解和达成共识,又可大幅提高本党派各成员的参政议政热情和效率。

参考文献

1. 《马克思恩格斯选集》第1—4卷，人民出版社1972、1995年版。
2. 《列宁全集》第33卷，人民出版社1957年版。
3. 《列宁选集》第1—4卷，人民出版社1972、1995年版。
4. 《毛泽东选集》第1—4卷，人民出版社1966、1991年版。
5. 《毛泽东文集》第1—8卷，人民出版社1993—1999年版。
6. 《建国以来毛泽东文稿》第1—13卷，中央文献出版社1987—1998年版。
7. 《周恩来选集》下卷，人民出版社1984年版。
8. 《周恩来统一战线文选》，人民出版社1984年版。
9. 《邓小平文选（1957—1982）》，人民出版社1983年版。
10. 《邓小平文选》第1—3卷，人民出版社1993、1994年版。
11. 《邓小平论统一战线》，中央文献出版社1991年版。
12. 《江泽民文选》第1—3卷，人民出版社2006年版。
13. 《江泽民思想年编：1989—2008》，中央文献出版社2010年版。
14. 《朱镕基讲话实录》第1—4卷，人民出版社2011年版。
15. 《建党以来重要文献选编》第1—26册，中央文献出版社2011年版。
16. 《建国以来重要文献选编》第1—20卷，中央文献出版社1992—1998年版。
17. 《三中全会以来重要文献选编》上、下，人民出版社1982年版。
18. 《十二大以来重要文献选编》上、中、下，人民出版社1986、1988年版。
19. 《十三大以来重要文献选编》上、中、下，人民出版社1991、1993年版。
20. 《十四大以来重要文献选编》上、中、下，人民出版社1996、

1997、1999 年版。

21.《十五大以来重要文献选编》上、中、下，人民出版社 2000、2001、2003 年版。

22.《十六大以来重要文献选编》上、中、下，中央文献出版社 2005、2006、2008 年版。

23.《十七大以来重要文献选编》上、中，中央文献出版社 2009、2011 年版。

24.《新时期宗教工作文献选编》，宗教文化出版社 1995 年版。

25. 中华人民共和国外交部档案馆编：《中华人民共和国外交档案选编》第 2 集，世界知识出版社 2007 年版。

26. 中华人民共和国年鉴编辑部编：《中华人民共和国年鉴 2009》，中华人民共和国年鉴社 2009 年版。

27. 广东省统计局编：《2008 广东统计年鉴》，中国统计出版社 2007 年版。

28. 广东省人民政府侨务办公室编：《侨务工作政策法规选编（1955.2—1996.5）》，1996 年。

29.《华侨华人百科全书》编辑委员会编：《华侨华人百科全书·总论卷》，中国华侨出版社 2002 年版。

30. 李安山编注：《非洲华侨华人社会史资料选辑》，香港社会科学出版社 2006 年版。

31. 杜青林：《中共十一届三中全会以来多党合作理论、政策和实践的创新与发展》，华文出版社 2008 年版。

32. 中央统战部研究室：《统一战线 100 个由来》，华文出版社 2010 年版。

33. 中央统战部研究室：《统一战线实用工作方法》，华文出版社 2011 年版。

34.《统战工作》编写组：《统战工作》，中共党史出版社 2011 年版。

35. 陈家刚：《协商民主与当代中国政治》，中国人民大学出版社 2009 年版。

36. 何包钢：《协商民主：理论、方法和实践》，中国社会科学出版社 2008 年版。

37. 赵成根：《民主与公共决策研究》，黑龙江人民出版社 2000 年版。

38. 莫泰基：《公民参与：社会政策的基石》，香港中华书局有限公司1995年版。
39. 赵春丽：《网络民主发展研究》，经济科学出版社2011年版。
40. 石路：《政府党政决策与公民参与》，社会科学文献出版社2009年版。
41. 孙学玉：《公共行政学论稿》，人民出版社1998年版。
42. 王佃利、曹现强：《党政决策导论》，中国人民大学出版社2003年版。
43. 胡冶岩：《行为管理学》，经济科学出版社2006年版。
44. 孙萍、张平：《公共组织行为学》，中国人民大学出版社2006年版。
45. 王传宏、李燕凌：《公共政策行为》，中国国际广播出版社2002年版。
46. 张金马：《公共政策分析：概念·过程·方法》，人民出版社2004年版。
47. 庞德：《通过法律的社会控制》，商务印书馆1984年版。
48. 季卫东：《法律程序的意义——对中国法制的另一种思考》，中国法制出版社2004年版。
49. 周佑勇：《行政法基本原则研究》，武汉大学出版社2005年版。
50. 姜明安主编：《行政法与行政诉讼法》，北京大学出版社、高等教育出版社1999年版。
51. 刘莘主编：《法治政府与行政决策、行政立法》，北京大学出版社2006年版。
52. 黄学贤主编：《中国行政程序法的理论与实践：专题研究述评》，中国政法大学出版社2007年版。
53. 杨寅：《中国行政程序法治化——法理学与法文化的分析》，中国政法大学出版社2001年版。
54. 王锡锌：《公众参与和行政过程——一个理念和制度分析的框架》，中国民主法制出版社2007年版。
55. 吴浩主编：《国外行政立法的公众参与制度》，中国法制出版社2008年版。
56. 姜明安主编：《行政程序研究》，北京大学出版社2006年版。

57. 王名扬：《英国行政法》，中国政法大学出版社 1987 年版。

58. 程洁：《宪政精义：法治下的开放政府》，中国政法大学出版社 2002 年版。

59. 王名扬：《美国行政法》，中国法制出版社 1995 年版。

60. 方世荣：《论行政相对人》，中国政法大学出版社 2000 年版。

61. 应松年主编：《外国行政程序法汇编》，中国法制出版社 2004 年版。

62. 程延园：《集体谈判制度研究》，中国人民大学出版社 2004 年版。

63. 吴敬琏：《中国增长模式抉择》，上海世纪出版公司远东出版社 2006 年修订版。

64. 张五常：《中国的经济制度》，中信出版社 2009 年版。

65. 吴国林：《广东专业镇：中小企业集群的技术创新与生态化》，人民出版社 2006 年版。

66. 丁学良：《什么是世界一流大学》，北京大学出版社 2004 年版。

67. 钟启泉、崔允漷、张华主编：《〈基础教育课程改革纲要（试行）〉解读》，华东师范大学出版社 2001 年版。

68. 靳希斌：《中国教育经济学理论与实践》，四川教育出版社 2008 年版。

69. 戴康生、彭耀主编：《宗教社会学》，社会科学文献出版社 2000 年版，

70. 朱杰勤：《华侨史》，广西师范大学出版社 2011 年版。

71. ［法］卢梭：《社会契约论》，何兆武译，商务印书馆 2003 年版。

72. ［英］洛克：《政府论》下篇，叶启芳、瞿菊农译，商务印书馆 1964 年版。

73. ［美］阿尔蒙德：《公民文化：五国政治态度和民主》，马段君等译，浙江人民出版社 1989 年版。

74. ［德］施米特：《政治的概念》，刘小枫编，刘宗坤等译，上海人民出版社 2004 年版。

75. ［德］马克斯·韦伯：《新教伦理与资本主义精神》，于晓、陈维刚等译，生活·读书·新知三联书店 1987 年版。

76. ［德］尤尔根·哈贝马斯：《公共领域的结构转型》，曹卫东、刘北城等译，学林出版社 1999 年版。

77. ［德］尤尔根·哈贝马斯：《在事实与规范之间：关于法律和民主法治的商谈理论》，童世骏译，生活·读书·新知三联书店 2003 年版。

78. ［美］汉斯·摩根索：《国家间的政治：为权力与和平而斗争》，杨岐鸣等译，商务印书馆 1993 年版。

79. ［美］E. R. 克鲁斯克、B. M. 杰克逊：《公共政策词典》，麻理斌等译，上海远东出版社 1992 年版。

80. ［美］史蒂文·凯尔曼：《制定公共政策》，商正译，商务印书馆 1990 年版。

81. ［英］安德鲁·查德威克：《互联网政治学：国家、公民与新传播技术》，仁孟山译，华夏出版社 2010 年版。

82. ［美］詹姆斯·伯曼、威廉·雷吉主编：《协商民主：论理性与政治》，陈家刚等译，中央编译出版社 2006 年版。

83. ［美］阿尔文·托夫勒、海蒂·托夫勒：《创造一个新的文明——第三次浪潮的政治》，陈峰译，上海三联书店 1996 年版。

84. ［日］金子将史、北野充主编：《公共外交："舆论时代"的外交战略》，《公共外交》翻译组译，外语教学与研究出版社 2009 年版。

85. ［英］威廉·韦德：《行政法》，徐炳等译，中国大百科全书出版社 1997 年版。

86. ［德］哈特穆特·毛雷尔：《行政法学总论》，高家伟译，法律出版社 2000 年版。

87. ［美］伯纳德·施瓦茨：《行政法》，徐炳译，群众出版社 1986 年版。

88. ［英］凯恩斯：《就业利息和货币通论》，魏埙译，陕西人民出版社 2004 年版。

89. ［美］保罗·克鲁格曼：《克鲁格曼的预言》，张碧琼译，机械工业出版社 2008 年版。

90. ［美］尼葛洛庞帝：《数字化生存》，胡泳等译，海南出版社 1997 年版。

91. 张国祚：《中国文化软实力研究报告（2010）》，社会科学文献出版社 2011 年版。

后　记

《统一战线与当代经济社会发展——华南师范大学统一战线研究文集》顺利出版，我们由衷地感到高兴。出版这本文集，是为了反映华南师范大学统一战线理论研究的基本状况和广大统战成员通过各自专业特长服务广东经济社会发展的总体成效。2013年，适逢华南师范大学80周年校庆，同时也是学校侨联成立30周年，因此，本书的出版具有特殊意义。

伴随学校80年的历史，统一战线也经历了一个较长的发展历程。学校成立于1933年，其时中华民族正面临亡国之危，办学不久就爆发了抗日战争，学校颠沛流离，数度迁徙。在无比艰辛的办学环境中，无数前辈坚持信念、和衷共济，为学校的生存和发展开辟道路，可谓"筚路蓝缕，以启山林"。当时，许多前辈就是民主党派、无党派人士，他们在各个领域、各种平台上艰苦耕耘，不遗余力地做出贡献，与学校共克时艰，与社会同心共振。历数这些代表人士，可谓云屯星聚：教育学家汪德亮、心理学家阮镜清、文学家李育中是民盟盟员，古代文学家李镜池是民进会员，教育统计学家叶佩华是九三社员，无党派民主人士则有古汉语学家、书法家吴三立，逻辑学家李匡武，两人都担任过广东省人大代表。还有曾任全国政协常委、广东省政协副主席、九三学社中央常委、九三学社广东省委会主委的曾近义，中国侨联原副主席、广东省侨联原主席、广东省参事室参事古华民，等等。这些名师大家，一部分人后来加入了中国共产党，但不管是何种政治身份，都始终不渝地以其代表性、专业性和使命感，为国家和社会做出了巨大贡献，成为华南师范大学统一战线的杰出代表。

老一辈共产党人和民主人士经过历史沉淀凝结而成的诚挚情谊，为学校统一战线的发展奠定了坚实基础。学校统战部成立于1957年，各民主党派基层组织也于50年代开始相继成立：1952年民盟支部成立，1953年农工党支部成立，1956年民进支部、九三支社成立。其他几个党派基层组织成立稍晚，1985年致公党支部成立，1988年民革支部成立，1993年民建支部成立。在主要团体方面，1983年侨联成立，1992年台联成立。

今天，华南师范大学已经形成一支层次高、影响大，梯队建设完善，人力资源分布合理的统一战线队伍。学校目前共有民主党派成员465人，省直基层组织7个，无党派教职工中副高以上职称349人。在民主党派代表人士中，有中央委员1人，省委会委员14人，省委会常委8人，省委会副主委2人。学校有各级人大代表6人，各级政协委员17人，各级政府参事室参事、文史研究馆馆员6人。这支队伍能力强、层次高，副高职称以上的比例为43%，硕士以上学历的比例为47%，10多人次入选"长江学者特聘教授"、"珠江学者特聘教授"、"国家杰出青年科学基金资助获得者"、"广东省高校'千百十工程'培养对象"等各类人才工程。

从全国、全省统一战线大局来讲，统一战线的各界人士联系着各自的群众，代表着各自群众的利益和要求。从高校统一战线的层面看，队伍由各个学科各个领域的专家学者组成，反映了各自关注的焦点。他们往往站在不同的角度思考问题、研究策略、提出建议，他们的思考和研究既有共识，也有另辟蹊径之处，对于民主决策和科学决策意义重大、价值不菲。华南师范大学历来高度重视统战工作，学校党委始终以强烈的政治责任感和历史使命感，持之以恒地推动学校统一战线的发展，始终高度重视统一战线对国家发展、社会进步的重大意义，着力建设各种平台、畅通各种渠道、挖掘各种资源，使学校统一战线的发展顺应党和国家的决策大局，嵌入全国、全省统一战线的战略部署，为统战成员参政议政和服务经济社会发展夯实基础、营造环境、提供条件。

云集众多知识分子的高校，研究统一战线理论问题具有学科优势和队伍优势。因此，如何突出学校统一战线理论研究的特色、发挥学校统一战线理论研究的作用，是我们一直思考的问题，也探索了多种途径和方式。例如，通过学校统一战线研究课题，凝聚统战成员以智力优势服务社会，引导统一战线成员开展深入调研，并从经费和服务上给予支持，使统战成员以科研服务社会从"单兵"作战转变为有组织支持的"群体"合力。同时，学校统战部积极搭建服务经济社会平台，支持统战成员参加各种重大活动，提高建言献策、参政议政能力，以智力行动支持广东经济社会发展，这一系列努力取得了可喜的成效。

统一战线理论是党的基本理论中具有中国特色和特殊意义的组成部分，统一战线服务经济社会发展的实践探索是新时期统战工作由政治领域拓展到经济和社会领域的重要表现。这两个方面构成了本书的主要内容。近年来，学校统战成员针对统战理论做了一些专门的调查研究，在服务经济社会发展方面也形成了一批适应社会发展形势、针对性强、高质量的研究成果，这本文集就是对这些成果的阶段性回顾和整理。文集收录了共40多篇论文、调研报告、提案等，涉及经济转型发展、社会管理创新、教育改革、法治建设、多党合作、民族宗教、参政议政、海外统战工作、组织建设等多方面的内容。这些研究成果紧紧围绕当下经济社会和统战工作的重大问题，以敏锐的洞察力、宽广的视野、深入的调查、翔实的数据，分析新情况，研究新问题，探索新方法，总结新经验，提出新对策，是学校统一战线成员发挥智力优势，立足专业所长，不断实践探索的结晶，是在参政议政的大舞台上献计出力的沉淀。这些成果对于经济社会发展及统战理论的探索，获得了广东省政府和社会各界的认可和肯定。成果中，部分是得到时任省委书记、省长等批示的调研报告、省政协优秀提案，部分是获得中央统战部、省委统战部、全国和省高校理论研究会奖励的成果，部分是在专业学科领域获得好评和肯定的研究成果。

当然，我们也在反思统一战线理论研究存在的不足之处。从总体上看，学校统一战线理论研究仍存在研究热情不够、调研进程滞后等问题，与实现更高效地融入全国全省统一战线理论研究趋势的目标尚有不小差距。这些问题既是困难，也是动力。我们期待通过这些成果的结集出版，通过创新更多方式方法，鼓励统一战线成员继续以自身的热情和学识为社会发展贡献力量，期待华南师范大学统一战线的理论研究再迈新台阶！

本书的出版不仅体现了集体智慧，还展现了各方同心协力的合作精神。编辑过程中，学校领导高度重视，并得到了统一战线成员、相关专家的鼎力支持；统战部工作人员及相关专业的研究生同学为文稿的整理付出了辛勤劳动；中国社会科学出版社冯春凤编审为书稿出版尽心竭力。还有很多关注本书写作、出版并提出宝贵意见的同志，由于篇幅所限无法一一列举。谨向所有为本书顺利出版付出劳动、给予支持的单位和同志表示衷心感谢！

编　者
2013 年 5 月